本成果受浙江大学"双一流"重点建设项目
"中华优秀文化传承与创新计划"支持

爰止园学丛稿

关长龙 著

ZHEJIANG UNIVERSITY PRESS
浙江大学出版社

目　录

汉　语

敦　煌

儒　学

礼 俗

数 术

论《说文段注》之双声字

清代段玉裁《说文解字注》堪称历代治"说文学"之最高成就。段氏首创古韵分十七部说,于《说文》每字下注明其古音所属韵部,"俾形声相表里,因崈推究,于古形、古音、古义可互求焉"①。王念孙誉之为"千七百年来无此作矣"②。作为一部体大思精的小学巨著,必然要涉及声纽问题。王国维云:"段王诸君自定古韵部目,然其言诂训也,亦往往舍其所谓韵而用双声。"③段氏自注亦云:"部分以叠韵为重,字音以双声为重。"④观段注《说文》,每有指明某某双声者,而其所据之标准并非中古或后世之声类,本文即欲对此做一些董理和归纳,以便了解段玉裁对古声纽系统的看法。

章炳麟在《与友人书》中说:"近世治古韵者,分部密矣,而于双声犹有未了。顾君最憎字母,江君又胶固不化,段孔于此,议而不辨,……最精为钱晓徵,独明古纽与今纽异,其说古音无舌上、轻唇八纽,齿、舌两音亦多流变,虽刊落未尽,亦前修所无也。"⑤这段话概括说明了清代几位小学大家对古声纽的研究情况。古声纽的研究,确切可用的材料很少,至今各家对上古声母系统的建立,远不如韵部系统那样能取得较为一致的意见。段玉裁对上古声纽虽有所主张,但并未做明确的阐说。从《说文解字注》所标明的双声字的归纳看,段氏对古声纽的运用,大致有一个系统,只是不十分严谨而已。

本文拟从三个方面谈《说文段注》的双声字:一、《说文段注》之双声字辨

---

① 《说文解字注》"一"字注,上海古籍出版社1981年版,第1页。

② 《说文解字注》王念孙"序"。

③ 王国维:《〈尔雅〉草木虫鱼鸟兽名释例》序,上海古籍出版社1983年《王国维遗书》第6册。

④ 《说文解字注》"珋"字注,第19页。

⑤ 转自李新魁:《汉语音韵学》,北京出版社1980年版,第369页。

正;二、段氏所说双声字之依据;三、从段注双声字看段玉裁的古声纽系统。

一、《说文段注》之双声字辨正

关于双声字,向无十分严格的定义。王力云:"构词法上的双声叠韵,比较等韵学家(等韵图的研究者)所谓双声叠韵,范围要广些。凡十分接近的声母(如心母和山母)和十分接近的韵母(如上古的脂部和微部)都可以认为双声叠韵。"①段氏注《说文》,重于以声音通训诂,强调语音间的相同或相近通转,其双声字的范围不免宽泛些。我们以王力的古声纽系统为准,凡合于王力所云的"同纽双声"②"准双声""旁纽""准旁纽""邻纽"者皆为双声,乖于此者皆非双声。以此比照《说文段注》双声字,归纳分类如下。

(一)《说文段注》双声字正确者

1.同纽双声

同纽双声指同属一个声母的双声字。由于个别材料的取舍可能会因人而异,我们这里将一一例列我们所辑录的段氏双声字。

(1)唇音同纽双声40组③

帮—帮:别八(48 八)④、卑斑(424 頒)、樊柏(477 狛)。

帮—非:彪彪(209 彪/210 彪)。

---

① 王力:《汉语史稿》上册,中华书局1980年版,第46页。

② 王力:《同源字典》,商务印书馆1982年版,第18页。这里转录的是王力的古声纽表,文中所用的声母章昌船书崇生喻,分别为王力的照穿神审床山喻。

喉		影
	牙	见溪群疑　晓匣
舌	舌头	端透定泥来
	舌面	照穿神日喻审禅
齿	正齿	庄初床　山俟
	齿头	精清从　心邪
唇		帮滂并明

③ 我们确定一组双声字的标准是,段氏明确指出为双声字的,每两个算一组(两字以上的字组则以首字分别与另外的字组合计算)。

④ 本文页数均系段玉裁:《说文解字注》,上海古籍出版社1981年版。反切除注明外,均据徐铉所定。

非—非：非风（段"孚音切"）(349 痱)、非分(399 蠹)。

滂—滂：滂濞(548 濞)、澈漂（段"匹消切"）(564 澈)、坡泮(683 坡)。

滂—敷：颇偏(378 偏)。

敷—敷：访汎(91 访)、仿佛(370 仿)。

奉—奉：虮蜉(676 虮)、墦（段"符袁切"）墦（《广韵》"附袁切"）墦緐(312 墦)。

明—明：卯昴(19 珋)、茆（《唐韵》"莫饱切"）贸、莫蔑(48 莫)、莽蔑(48 莽)、谟谋(91 谟)、秣糜(112 秣)、麴末(232 麴)、冖冥(312 冥)、幔螟(358 幔)、莓蘼(399 莓)、霡霖(573 霖)、媒母(625 媒)、茅麦(674 蠹)、门扪(501 思)、闾（段"莫奔切"）穆慔瞢(91 闾)。

明—微：闾曼（《广韵》"无匪切"）勉(91 闾)、冒曼(115 曼)、蘪芜(25 蘪)。

微—微：靡亡无(583 靡)、亡无(634 亡/634 无)。

(2)舌音同组双声 95 组

端—端：琱敦(15 琱)、德登(76 德)、襡袛(391 襡)、敁揣(601 揣)、焞彤敦弸(639 焞)、蟊蝀(673 蟊)。

端—知：琱琢追(15 琱)、亶屯(64 亶)、跢（《广韵》"当盖切"）蛛（《广韵》"陟输切"）(67 跱/82 蹢)、楴剟(180 楴)。

知—知：趁（段"张人切"）趄(64 趄)、趮趪(64 趄/467 趪)、讟佁辆张(97 讟)、鼓（段"猪巳切"）撠(125 鼓)、鼀鼀(679 鼀)。

透—透：扽替(225 扽)、妥退(626 妥)。

彻—彻：蝩骋(668 蝩)。

定—定：唐逮(71 逮)、鐌锑(714 鐌)、唐庠(447 庠)、堤（《唐韵》"杜奚切"）蜓(668 蚨)。

定—澄：地陬(682 地)。

澄—澄：趠赵跱（段"直絷切"）簹（《集韵》"陈留切"）蹢(65 趠)、赵蹢箸蹢(65 趠)、蹢踟（《广韵》"直离切"）跱（段"直絷切"）跱（《广韵》"直由切"）簹（《集韵》"陈留切"）(82 蹢)、躅躅（《广韵》"直诛切"）躅躅（《集韵》"陈如切"）箸(82 蹢)、蹢躅(67 跱)、跱蹢(67 跱)、跱（段"直絷切"）躅(67 跱)、簹箸(67 跱)、蹢躅(67 跱/82 蹢)、储俟(371 储)、纠（段"文忍切"）雉緌（段"池尔切"）(658 纠)。

泥—泥：敜涅(125 敜)。

娘—娘：匿朒(313 朒)。

日—日：芮茷（《唐韵》"如融切"）(39 芮)、茸耳(47 茸)、众入(48 众)、尔汝(128 尔)、儿孺(405 儿)、聋耳(428 聋)、濡润(552 濡)、戎汝(630 戎)、壤柔弱(683 壤)。

喻₄—喻₄：台予(58 台)、蜒延(315 蜒)、宦养(338 宦)、犹豫夷(47 犹)、煜燿(485 煜)、台冶(571 冶)。

来—来：瑮列(15 瑮)、藥茆(26 藥)、娄赢(31 □)、凌《唐韵》"力膺切"遴(32 菠)、遭连(74 遭)、謰謱(96 謰)、讅累(段"力诡切")(101 讅)、雜离(143 雜)、劵劙(《唐韵》"吕支切")(180 劵)、陵淋(222 陵)、丽廔(314 冏)、鱺鱺(428 鱺)、履禄(402 履)、砢磊(453 砢)、騾骊(463 騾)、瘀瘌(481 燎)、燎烈(481 燎)、龗龙(582 龗)、了戾(642 整)、纚纇(647 纚)、綜留(652 綜)、寮螃(《唐韵》"鲁刀切")(668 蚗)、蜦蜞(670 蜦)。

章—章：众诸(90 诸)、祝祝(116 祝)、质贄(281 质)、埶至(621 埶)、輖挚垫(727 輖)。

昌—昌：臭芜(《唐韵》"昌终切")(28 蒩)。

书—书：设施(94 设)、叔少(116 叔)、睗睒(113 睗)、春黍(668 蚗)。

(3)齿音同纽双声 28 组

精—精：将(段"即羊切")齐(段"蒋细切")(121 将)、穄稷(322 穄)、稽积(325 稽)、宗尊(342 宗)、爵緅(651 才)。

清—清：数(段"七欲切")橐(6 橐)、将(段"即羊切")请(121 将)、切刌(179 切)、窃浅(210 虪/333 窃)、綪茜(650 綪)。

心—心：囟丨(段"思二切")(20 丨)、宣岁(68 岁)、卹惜(214 卹)、薮糭(《集韵》"写朗切")(266 橾)、穟粲(333 穟)、毡选(399 毡)、屟犀(447 屟)、思睿(501 思)、湑浚(562 湑)、霹斯(572 霹)、蚗蛸(668 蚗)、蟏蛸(669 蟏)。

邪—邪：俗习(376 俗)。

庄—庄：臻簪(729 臻)。

崇—崇：瀺(段"士湛切")潯(段"士卓切")(548 潯)。

生—生：潜(段"所为切")躧(139 巽/551 潜)。

(4)牙音同纽双声 83 组

见—见：裸灌(6 裸)、贯昆(17 珵)、工玨(19 玨)、矩(《广韵》"俱雨切")莒(24 莒)、蓍薢(27 蓍)、苦果(31 苦)、英光(32 菠)、擭蔽(32 菠)、哽介(59 哽)、更革(107 革)、鼓郭(110 輷)、輷急(110 輷)、紧急(118 紧)、更改(124 改)、鶂鸠(150 鶂)、古敢(161 敢)、关骱(165 骱)、刏剞(175 刏)、蓟筋(246 槛)、槛坚(246 槛)、榷杠(267 榷)、痂介(350 痂)、仉谨(371 仉)、衮公(388 衮)、兢丰(405 兢)、觉斠梗(409 觉)、苟急(434 苟)、尲尬(495 尬)、急悈(508 悈)、寁窘(《唐韵》"居戎切")(341 寁)、垍(段"几利切")冀(689 垍)、镜鉴(703 镜)。

溪—溪：迟曲(72 迟/275 稽)、诘诎(100 诎)、牼顑(146 牼)、肯可(204

可）、恺康（206 恺）、窠空（345 窠）、欿歉（410 欿）、欽（去音）歉欿（410 钦）、奎
胯（492 奎）、忼慨（503 慨）、摧敲（609 摧）、坎坷（601 坷）、敆隘（732 隘）。

群—群：祈求（6 祈）、脉膄（171 脉）、邛距（673 屦）、睘赞（730 辒）。

疑—疑：逆迎（71 逆）、言我（89 言）、嚣嚣（504 嚣）、谳言（566 灉）、冰疑
（571 冰）、蛾蝗（段"鱼岂切"）（666 蛾）、隍臬（733 隍）。

晓—晓：纅挥（185 纅）、虓唬（211 虓）、旭晓（303 旭）、歆歉（412 歉）、猲
獢（473 猲）。

匣—匣：祸害（8 祸）、薜苦（33 苦）、镐侯（45 莏）、督惑（135 督）、翮茎行
（139 翮）、曷何（202 曷）、榾完（269 榾）、项后（417 项）、户护（501 思）、缋画
（645 缋）。

喻₃—喻₃：爰于（160 爰/202 曰）、曰云（202 曰）、粤爰曰（202 曰）、爰于曰
（202 曰）、粤于（202 曰/204 粤）、炎熊（479 熊）。

（5）喉音同组双声 35 组

影—影：郁蔫菸（40 菸）、菸蔫（40 菸）、菸矮（40 菸/161 矮）、咽嗌（54
嗌）、忧噎（59 沙）、呹喔（61 呹）、讴尉（100 讴）、鸳鸯（152 鸯）、依晋（160 晋）、
殟乌（162 殟）、宛奥（338 奥）、伊阿（367 伊）、欧嗳（413 欧/414 兂）、欹欧嗳噎
唈（《广韵》"乌答切"）（414 兂）、欧噎唈（《广韵》"乌答切"）（414 兂）、唈噎嗳（414
兂）、嗳噎（414 兂）、衰煨乌（482 衰）、鼊魇（488 鼊）、壹壶（495 壶）、汙渊（538
澶）、泱瀯（557 泱）、乙燕鷾（《广韵》"於记切"）（584 乙）、厃乙（586 厃）、阏於（589
阏）、嫣婴（623 婴）、弙弯（641 弙）。

2. 旁纽双声

旁纽双声字指发音部位相同而发音方法不同的双声字。

（1）唇音旁纽双声 13 组

帮—滂：祥普（308 普/395 祥）。

非—敷：覆叓反（357 覆）。

帮—並：逋庳（445 庳）、螕比（18 批）。

帮—奉：鴎鵤（《广韵》"房六切"）（153 鴗）。

非—並：鵤（《广韵》"方六切"）鴗（153 鴗）、发拔（501 思）。

滂—並：普徧（308 普）、溥旁（2 旁）。

帮—明：蟊螯（667 螯）、蔽覕（410 覕）、

並—微：被彎（130 彎）。

（2）舌音旁纽双声 9 组

端—澄：跢（《广韵》"当盖切"）蹄（82 蹄）。

知—澄：跥（《广韵》"陟输切"）躅（82 蹢）。

端—定：蛁蜏（《唐韵》"杜奚切"）蜒（668 蚗）。

知—泥：籷挐（96 謰）。

透—定：通达（71 通）。

透—泥：妥挼（605 挼）。

船—日：顺若（43 若）。

船—禅：谁孰（113 孰）。

（3）齿音旁纽双声 9 组

精—从：雀戳（631 戳）。

清—从：糙（《广韵》"七到切"）粗（185 觕）、俎（段"千余切"）粗（377 俎）。

从—邪：泉矗（569 矗）。

庄—生：侧缩（313 朒）。

初—生：参縒差（646 縒）、差幓篸（646 縒）。

（4）牙音旁纽双声 16 组

见—群：禁忌（9 禁）、穷趣籧鞠（65 趣）、窾穷（65 趣／341 窾）、禁琴（110 鞆）、橨宴（212 殟）。

见—疑：迦牙（74 迦）。

见—匣：角苩（33 苩）、吁晧（304 晧）、甲会（740 甲）。

溪—群：穹穷（346 穹）、蛄渠（667 蝵）、蛲（《唐韵》"去羊切"）蝵（667 蝵）。

疑—匣：顽梱（418 顽）。

3. 准双声

准双声即指发音方法相同的舌音、齿音及舌齿音。

（1）舌音准双声 14 组

端—章：撴摭（727 拓）。

知—章：轻輖（727 輖）、张倲（97 诗）。

透—昌：推春（47 春）。

泥—曰：那甹（294 那）。

娘—曰：匿若（635 匿）。

喻$_4$—来：亃留珋茆聊骊颣刘（19 珋／714 刘）、亃窈（段"力救切"）（345 窈）。

（2）齿音准双声 12 组

精—庄：将（段"即羊切"）侧（221 将）、艘莘（405 艘）、轃簀（729 轃）。

清—初：聪察(592 聪)、鏓鎗(709 鎗)、酢醶(751 醶)。

心—生：蒀数(212 蒀)、迅史(218 㺪)、繛(《集韵》"写朗切")数㯕(266 㯕)、
貒省(475 貒)、洒灑(563 洒)。

(3)舌音与齿音准双声 2 组

彻—初：敕菑(124 敕)。

心—书：爕湿(115 爕)。

4. 准旁纽双声

准旁纽双声指舌音中的舌面与舌头、齿音中的正齿与齿头音之间发音
方法不同，发音部位十分接近的字之间的双声。

(1)舌音准旁纽双声 6 组

端—禅：峏揣(段"常绢切")(601 揣)。

定—书：沓骙(235 骙)、弟失(337 㑇)、突罙(344 罙)。

澄—禅：觝峙(段"直釐切")俦(82 觝)。

(2)齿音准旁纽双声 6 组

精—崇：纔爵緅(651 纔)。

精—生：将帅(121 将)。

清—崇：浅纔(651 纔)、粗觕(185 觕)。

从—初：姕沙(624 姕)。

5. 邻纽双声

邻纽双声是指发音部位比较接近的喉音与牙音，或舌音与齿音(指合于
准双声以外的字)也包括发音方法相似的鼻音与鼻音、鼻音与边音之间的字
的双声。

(1)喉音与牙音之间的邻纽双声

影—见：奥乔(338 奥)。

影—晓：扜摩(610 扜)、黿耿(679 黿)。

(2)舌音与齿音之间的邻纽双声

澄—心：杼棱(244 棱)。

喻₄—邪：延巡(70 巡)、允籭(310 籭)。

来—心：缭亘(685 墫)。

来—生：沦率(549 沦)。

(3)鼻音与鼻音邻纽双声

泥—疑：懋宁甯(504 懋)。

（4）鼻音与边音邻纽双声

明—来：蛣（《集韵》"莫卜切"）寮蟧（《唐韵》"鲁刀切"）蠦（《唐韵》"卢谷切"）（668 蚗）。

疑—来：厄偻（382 偻）。

（二）段氏说双声之有错误者

这类主要是指与我们所据的标准（即王力所定的古音结论）相比，发音部位相隔较远，发音方法差别较大的字。共有五类，计 45 组[①]。

1. 误以舌音与牙音为双声者 30 组

端—见：褥躬（392 褥）、耆耿（398 耆）。

端—匣：蛣蟋（668 蚗）。

透—溪：歆歉欹钦（410 钦）。

定—群：鐯钤（707 钤）、沓极（235 鞣）。

澄—群：持錂（126 錂）。

定—匣：螻蛣蜓（668 蚗）。

喻₄—见：沇潏（548 潏）、容谷（340 容）。

喻₄—匣：何台予（58 台）、鸢（《唐韵》"与专切"）鹇（154 鹇）、尹衡（367 伊）、营环（436 厶）。

喻₄—喻₃：引瑗（12 瑗）、嬴炎熊（479 熊）。

来—见：扑矿（6 祼/448 矿/680 卵）、律均（76 律）。

泥—群：籯箝（195 籯）。

章—见：踵跟（67 踵）、鼓（段"之录切"）击（125 鼓）、章贯（137 百）、积秽（275 稭/稭）、嬾倨（620 嬾）。

书—群：鞣极（235 鞣）。

2. 误以齿音与牙音为双声者

精—见：艘届（400 届/403 艘）。

清—溪：趡趀（64 趀）。

心—晓：肃王（11 王）。

心—匣：亘回（681 亘）。

---

① 段氏有"衺焖"双声一组（页 482），因"焖"为后起字，不见于《康熙字典》及以前的字书，故不计入统计数中。

庄—见：莽屆（403 艘）。

3. 误以唇音与舌音为双声者

帮—章：卜灼（127 卜）。

并—澄：畔姚（693 姚）。

奉—书：丿（段"房密切"）少（48 少）。

4. 误以唇音与齿音为双声者

非—心：葑须（32 葑）、奋奞（144 奞）。

滂—心：蠱蛸（675 蠱）。

5. 误以唇音与牙音为双声者

敷—溪：幅愊（502 愊）。

明—见：玫瑰（18 瑰）。

微—见：鮱鮔（576 鮔）。

微—晓：蠻蠻（15 璊）。

从以上的分类辨析可以看出，段氏之双声并不囿于传统的五音三十六类，其所定之双声字，亦多有合于今人对古声研究所得出的结论。而其不合者，亦不能遽断为非。段氏所明之双声，绝大多数是有依据的，本文所定之是非，乃以一家之说以为参照，以便更清楚地了解段玉裁对于古声纽系统的认识。

二、段氏所说双声之依据

作为一位杰出的训诂学大师，段玉裁虽然没有像研究上古韵部那样明确建立起一个上古声纽系统，他在《说文解字注》中所指明的双声字却多非凿空之说，而是自有其持论的依据。我们从《说文段注》的双声字中可以看出，段氏所据以判断双声字的材料主要可分十种。

（一）据声训

声训亦称音训，因音求义，即以音同或音近的字来解释词义。音近字主要是指双声或叠韵的字，若二字非叠韵，则多为双声，故段氏往往据此以定古双声。

《说文》宀部："宦，养也。"段注："以双声为训。《周易·颐卦》亦训为养。《释诂》曰：'颐，养也。'"此云《说文》《周易》《尔雅》皆以声训释义。按：宦养皆隶喻₄，二字同纽双声。

《说文》马部："騋，马七尺为騋，八尺为龙。《诗》曰：'騋牝'，骊牝。"段注："《释兽》曰：'騋牝，骊牝。'今《尔雅》讹作'骊牡'，而《音义》不误，可考。《音义》曰：'騋牝，频忍反，下同。'下同者，即为'骊牝'也。此以'骊牝'释《诗》之'騋牝'，骊与騋以双声为训，谓騋马骊色，亦兼牝马也。"此引《尔雅》之声训以说双声。騋骊同隶来纽，同纽双声也。

段注四百多组双声字，有一百余组是因声训而定其为双声的。声训在我国古籍之正文和注疏中的应用是很广泛的，从声训有许多是同源词等角度看，是可因之以求古音的，然以同源词为声训与以一般的同义词为训，在未明古音前，其界限往往难以分清。所以利用声训以求古音，须十分慎重，并应同时利用其他材料以为佐证。

（二）据同源字

王力先生于《同源字典》中云："凡音义皆近，或义近音同的字，叫同源字。这些字都有同一个来源。或者是同时产生的，如'背'和'负'；或者是先后产生的，如'氂'（牦牛）和'旄'（用牦牛尾装饰的旗帜）。同源字，常常以某一概念为中心，而以语音的细微差别（或同音），表示相近或相关的几个概念。"段注双声字有许多因同源而定者。

《说文》毛部："毊，以氄为纲，色如虋，故谓之毊。虋，禾之赤苗也。"段注："与虋双声。"虋有赤义，毊布之赤者即因虋而定名并制字为毊。二字同源，皆隶明母，同纽双声。

《说文》欠部："钦，欠皃。"段注："钦歁欥歎皆双声叠韵字，皆谓虚而能受也。"按：钦歁歎同隶溪母，同纽双声。步，徐弦音他含切，隶透母。《集韵》"步，他含切，欥得也。"又"步，枯含切，贪惏也。"《玉篇》："步，口感、口含二切，贪惏曰步。"《经典释文》春秋左氏音义之四："步，口感反。"据此，则步古音或亦隶溪母。又今之学者亦有许多人认为有部分舌齿音是由古代相同的牙音声纽分化来的。从段氏自己的声纽系统中也可看出这点。

同源字虽语音相同或相近，然据古音义以定同源则可，相反，不知其古音，唯以义定同源而云其音同或音近，则不尽可靠。

（三）据假借字

假借即是借用与该字音近而意义无关的另一字来记录该字的一种文字

使用现象。段玉裁谓:"凡假借多叠韵或双声也。"①

《说文》目部:"矕,目矕矕也。"段注:"《广雅》曰:'矕,视也。……'班固《答宾戏》:'矕龙虎之文。'孟康、苏林皆曰:'矕,被也。'此双声之假借也。"按:矕属微母,古音归明,被属并母,是二字旁纽双声。

《说文》炎部:"尔,丽尔,犹靡丽也。"段注:"后人以其与汝双声,假借为尔汝字。"汝本训汝水,借以表第二人称,是尔汝皆为借字而表同一词,且久借不归,一直沿用下来。二字皆属日母,同纽双声。

由于假借字之间的语音关系较复杂,既可以是语音相同,也可以是声母相同韵部相近或不同,也可以是韵部相同而声母相近或不同,还可以是声母韵部皆只相近,所以声母之间的关系就可能是同纽、旁纽、准双声、准旁纽、邻纽,甚至完全不同。利用假借考求古音的工作亦须格外谨慎。

(四)据连绵字

连绵字又称连语,指由两个音节联缀成义不可分割的词,它只包含一个词素,不可分释。连绵字两字间的关系有双声、叠韵、双声叠韵、非双声叠韵以及迭字五种,可据以求古音。段氏所注双声字中,有八十余组是利用连绵字推求的。

《说文》犬部:"犹,玃属。"段注:"按古有以声不以义者,如犹豫双声,亦作犹与,亦作冘豫,皆迟疑之皃。"犹豫为连绵字,其中犹和豫二字皆非用其本义,只是借其形音以表示有"迟疑"义的这一个词。二字皆隶喻₄,同纽双声。

《说文》走部:"趌,趌赵,夂也。"段注:"夂,行迟曳夂夂也,楚危切,各本皆讹久,《玉篇》《广韵》不误。趌赵双声字,与峙踌、篿箸、踟蹰字皆为双声转语。"按:八字皆属澄母,为同纽双声连绵词,各词之间又是双声转语。

(五)据声旁

形声字依许慎定义为:"以事为名,取譬相成,江河是也。"段玉裁云:"以事为名,谓半义也;取譬相成,谓半声也。江河之字,以水为名,譬其声如工可,因取工可成其名。"②形声字之声旁与形声字本身多为音同或音近的关系,这是研究古音的一种十分重要的材料。段注双声字有据此而定者。

---

① 《说文解字注》"洒"字注,第 585 页。

② 《说文解字注》卷 15 上,序注。

《说文》髟部:"鬓,乱发也,从髟耳声。"段注:"各本作茸省,今正。此于双声取声也。"按:段说是。鬓耳皆属日母,同纽双声。

《说文》玉部:"瑈,石之有光者,出西胡中。从玉丣声。"段注:"玉裁按:古音卯丣二声同在三部,为叠韵。而留瑈茆聊劉嫏刘等字皆与丣又叠韵中双声。昂貿茆等字与卯叠韵中双声。"段氏于此以声旁系联两组双声字,其说是。前者皆隶来母,后者皆隶明母。

形声字声旁虽然是考订古音很重要的材料,但是,必须了解"汉字不是一时一地一人所造,方音的差别,语音的发展,造字用字的审音能力都直接影响着谐声材料在古声韵系统建立中的科学价值"①。或者是由于复辅音的关系,或者是由于字音中韵母为主、声母为辅的原因,韵母可独立构成音节,声母则不能。我们可以认为凡同声旁必同部,却不能说凡同声旁必同纽,这也是古声纽系统考订的又一重困难(韵部考订还可据大量的古诗文韵脚字的系联,而声纽则无此材料可据)。

(六)据读若

"读若"是我国古代的一种注音方法,段玉裁在《周礼汉读考》中已发其凡。它主要是以音同或音近的字来注音。《说文》中有许多"读若",这标志着最晚在西汉时代这两字之间是音同或音近的关系。段氏亦据此以定古双声。

《说文》虫部:"蚩,虫申行也,从虫中声,读若骋。"段注:"中读若彻,中声而读骋者,以双声为用也。"按蚩骋皆隶彻母,古音归透,二字同纽双声。

《说文》又部:"燮,和也。从言又,炎声,读若湿。"段注:"与今切音不同而双声。"按:燮,苏叶切,属心母;湿属书母,二字为准双声。

此外如史迅、普祥、楳薮、霹斯等双声亦皆因"读若"而得。

(七)据异体

异体字是指音义相同而笔画不同的字,包括俗体、古体、或体、帖体等等。其中有许多异体字是取用不同的声旁而造,异体字的声旁之间以及声旁与异体字之间往往音同或音近(包括双声或叠韵)。《说文》中的重文、或体等皆属异体字,是研究古音的重要材料,故段氏利用它们来推求字之双声。

---

① 陈振寰:《音韵学》,湖南人民出版社1986年版,第8页。

《说文》玉部："琨，石之美者，……瑻，琨或从贯。"段注："贯声在十四部，与十三部昆声合韵最近而又双声。"按：贯昆皆隶见母，二字同纽双声。

《说文》瓜部："瓞，瓝也……瓝，瓞或从弗。"段注："按弗当作弟，篆体误也。《尚书》'平秩'亦作'平艜。'《释草》稊亦作芺，是其例。弟与失双声。"按：弟属定纽，失属心纽，二字邻纽双声。

（八）据转语

"汉字的字音随着意义分化或方言差异而产生变化，从而在书写上改用另形的现象，叫做音转。"[1]音转即转语。这是传统语言文学早已注意到并且加以研究的课题，汉代扬雄《方言》中首用"转语""声转"等说法，只是其所言之'转语''声转'唯以方音不同，书写时用另一个读音不同的字而已。转语所用之字往往与原字语音相近，此亦为研究古音系统的一个十分重要的材料。段氏已有意因之以求字之双声。

《说文》肉部："脉，齐人谓瞳脉也。"段注："瞳，齐人曰脉，双声之转也。"按：二字皆隶群纽，同纽双声也。

《说文》艸部："苦，苦蒌，果蓏也。"段注："《释草》曰：'果蓏之实栝楼也'。《毛传》同。李巡曰：'栝楼，子名也'。《本草经》：'栝楼，一名地楼。'玉裁按：苦果、蒌蓏皆双声，藤生蔓于木，故今《尔雅》《本草》字从木，草属也，故《说文》字从草。"按：苦果皆属见母，蒌蓏同隶来纽，皆同纽双声。苦蒌即果蓏之转语，程瑶田氏《果蓏转语记》专为此说。

（九）据异文

"所谓异文，是指某一句中的某一个字，在不同的版本或篇目中换成了另一个字。"[2]异文之间的关系有错讹字、异体字、同源字、假借字等，而其中后三者与正字间必有音同或音近的关系。这也是段氏注双声字的一个依据。

《说文》手部："拓，拾也，陈宋语，从手石声。摭，拓或从庶。"段注："《仪礼》摭，古文作撫，此实非一字，因双声而异。"按：拓属章母，《说文》手部："撫，撮取也。"大徐音都计切，属端母，二字为准双声。

《说文》女部："妥，安也。"段注："《说文》失此字，偏旁用之，今补。……

---

① 王宁：《音转原理浅谈》，戴淮清：《汉语音转学》，中国友谊出版公司1986年版。

② 郭在贻：《训诂学》，湖南人民出版社1986年版，第88页。

若《檀弓》'退然如不胜衣。''退'或为'妥',则二字双声。"按：段说是,退、妥皆隶透母,同纽双声。

据异文以求古音,在港台及国外尤受重视,如周法高、陈新雄等都曾对古代专书的异文做过研究,而大陆此类文章鲜见,对异文没有给予足够的认识。

（十）据骈字

骈字指两字相连的词语,包括连语。连语因其本身特点显著,前已专述。此处所说的骈字主要指意义相近或相关而联用的词,这些字往往也有音同或音近的关系。

《说文》目部："䁯,目疾视也。"段注："锴本疾作孰,非。古睒䁯联用,双声字也。"按：《说文》目部："睒,暂视也。"睒䁯义近。二字皆属书母,同纽双声。

《说文》土部"墝"字注："《西京赋》曰：'缭亘绵联。'薛注：'缭缭犹绕了也。'按：《魏都赋》亦曰'缭亘开囿。'今本皆讹作'缭垣',非也。缭亘双声。"《说文》"缭,缠也。""亘,求回也。"缭属来母,亘属心母,二字邻纽双声。

此外,段氏还利用一些材料,如稯稷双声（322 稷）利用"俗误",艘届双声（400 届）利用古今字等等。

以上是段氏用以判断双声字的主要材料,这也是我们现在研究上古音系统所必须利用的材料（当然现在已不止这些,另有方音材料、译语对音材料等等）。从这些材料的利用中我们可以看出这位训诂学大师的谨严态度,他不墨守成规（中古音声母系统）,亦不为无稽之谈。当然,段氏所云之双声字也并不都可靠,有些也是错误的,这主要是由于对这些材料取舍的标准难以严格地确定造成的。段氏是为训诂学的目的以定字之双声,故其范围也自然是要宽泛些的。

三、从段注双声字看段玉裁的古声纽系统

从第一部分对段注双声字的辨正可以看出,虽然段氏双声的范围较宽,但其中却有一些主要的倾向,即与中古音比较,有些声母经常与另一些声母双声,据此,我们可以大致推寻出段氏的古声纽系统。

（一）唇音

段注双声字中,非敷同纽双声各二组,奉同纽双声四组,微三组,帮非双

声一组,滂敷一组,明微双声四组,而帮母滂母同组双声皆三组,明母十七组,微母归入明母是可以肯定的。据此,我们也可以认为段氏的轻唇非敷是归入重唇帮滂二组的。

又并母未见同组双声字,但却与唇音另外的声母有六组旁组双声。其中与帮母三组,与非母二组。所以并归入帮似可无疑,又帮奉旁组双声一组,依类相从,我们把段氏的奉母亦归入帮母。

另外,唇音与齿音有三组双声,齿音的三组皆为心母。从第一部分"辨证"看,心与中古齿音双声只有一组,与舌音一组,二组分别为书、澄。从段氏的声母系统考虑,把心母归入唇音似更合适些,这样对段氏所定之双声字的解释性也更大些。从后面的归纳中我们可以看出心与书、澄的发音方法应属一类。心母同组双声十四组,生母同组双声一组,心生双声六组,是以生母理应归入心母。心母虽与晓匣各有一组双声,但从发音方法的角度也可以得到解释。

据此,段氏的唇音声母当为:帮(非並奉)、滂(敷)、心(生)、明(微)。

至于唇音与舌音的六组也可以用发音方法的相同或部位的相近来说明。还有唇音与牙音的四组双声字,如果包括心母的两组共是六组。其中有三组的唇音是明微二组,因其对应关系并不固定,姑存而不论。

(二)齿音

庄崇生同组双声各一组,初俟皆无,精系的同组双声要多些,计二十五组。精系与庄系的准双声情况是:精母与庄母三组,清母与初母三组,心母与生母六组。因此认为段氏把庄系归入精系是较合理的。精系和庄系同组双声字中,从母俟母皆无,邪母崇母各一组,这四组于中古皆为浊音,其与精系庄系另六组双声的情况是:从母四组,其中与精一组,与清二组,与初一组,崇母四组,包括与精清各两组。由此看来、崇从二母归入清母似较合理。考虑到另几个部位浊音字的归属情况,我们把崇从也附入不送气塞音中。

又半舌音来母同组双声二十三组,未见与舌音双声者(与喻4准双声除外,且段氏古声组系统中,喻4不归舌音,详后),而与齿音双声却有四组,与心生各一组,邪二组。来与唇音邻组双声三组,与牙音有三组,考虑到中古的发音部位,我们认为把来母归入段氏的齿音似乎是较妥当的。心来的关系可以理解为发音部位相近,发音方法相同。而邪纽并入来纽,以类相从,俟纽亦入此。至于章昌船书禅日六母,从双声字的情况看,与舌音的关系要比与精庄组更多,更应归入舌音,详见"舌音"部分。

这样,段氏的齿音系统应是:精(庄从崇)、清(初)、来(邪俟)。

齿音中初与生有四组双声,但清与心生二母无双声,顾及整个声组系统,我们对此不加归并,又齿音与牙音共有五组双声,除去心母二组外则为三组,皆可以发音方法的相同来解释。

(三)舌音

这一系声纽比较复杂,我们分别加以讨论。

首先是舌头音与舌上音的问题。端母同纽双声八组,透母二组,定母四组,泥母一组;知七组,彻一组,澄二十三组,娘一组,端知双声五组,透彻无,定澄一组,泥娘无。由此看来,知并入端母是正确的,考虑到与章系字的关系以及章系字的归属问题,我们依类相从,并从宽计,以舌上归入舌头。章系中古属于齿音,在段氏双声中,未见章系与精庄二系双声者;而与舌音双声情况是:端章准双声一组,知章二组,透昌一组,泥娘与日各一组(我们把日母放入章系中来一起讨论,以免费辞)。另有端系与章系准旁纽双声六组,是以章系归入舌音问题不大。又章母同纽双声六组,昌一组,日十组,章昌分别归入端透,泥娘归入日母似合于段意。船禅同纽双声没有,书有四组,船禅双声一组,禅又与端日各有一组双声,与澄有二组双声,书母唯与定有三组双声。据此,我们把船禅书皆归入定母。

这样,段氏的舌音当为:端(知章)、透(彻昌)、定(澄船书禅)、日(泥娘)。

从第一部分"辨正"中可以看出,舌音与牙音的关系是较密切的,段氏以这两部位为双声的字计有十七组(晓匣喻$_3$喻$_4$中古属喉音,来在段氏体系中已归入齿音,故皆不计入舌牙音内),我们不能简单地用发音方法相近或段氏判断有误来解释这一现象,必须承认这两系字定有一些分合归属的关系。从这十七组双声字看:端(包括知章)见双声七组,透(包括彻昌)溪双声三组,定(包括澄船书禅)群双声四组,泥疑双声二组,各自的对应关系十分整齐。但我们不能说段氏的见系字全部归入端系或者相反。从"辨正"的同纽双声及旁纽双声(舌音包括准双声及准旁纽双声)的数量可以看出,见端二系各自的系统性都很强,考虑到发音部位的客观性,我们认为段氏的见系字是有一部分归入端系的。如果进一步观察,我们就会发现端系与见系双声的十七组字中,见系有十组为三等,四组四等,二组一等,一组二等。我们以三等字为代表,凡可与端系双声的见系字标为见$_3$溪$_3$群$_3$疑$_3$,余者不做标志,以相区别,由此以及后面喻母的归属问题可以看出,所谓的四等归字现象在上古似乎不大合适。我们把段氏的见系字的一部分归入端系而不是相反,这样能更好地解释段氏见系与精系、帮系双声的情况。舌音与齿唇部位较近,而牙音则过远,见系与唇齿双声的可以认为皆是我们所谓的见系三等字(实际上并不仅限于三等字,也不包括三等声的全部)。另外,见系与唇齿双声的数量也较少,我们不必再把见系划出一部分归入唇齿音中。我们是否可以怀疑段氏舌齿音不分或至少章系与庄系不分呢?不可以!章庄二系前已辨明,王力先生认为舌齿音是可以相通的,如我们在"辨正"中谈的准双声和邻纽双声中的一部分字,而且,段氏舌齿音各自的同组双声数较多,内部系统性都很强。舌齿二音的旁纽双声数也都超过彼此双声的数量,顾及发音部位的客观性,我们更不应把段氏的舌齿音混为一谈。

从以上的分析中我们得出段氏的舌音系统应是:端(知章见$_3$)、透(彻昌溪$_3$)、定(澄船书禅群$_3$)、日(泥娘疑$_3$)。

(四)牙音

从段注双声字看,喻$_3$同组双声八组,喻$_4$同组双声亦八组,喻$_4$喻$_3$双声三组,又喻$_4$与匣母双声五组,与见二组,喻$_3$与匣母双声未见。如此则喻$_4$归入匣母是较合理的,而喻$_3$似乎更应独立一纽,考虑到与另几个部位的对应关系,我们把喻$_3$也并入匣母,只是要说明的是,就段注双声字本身来说,这种倾向并不很明显。

匣母(包括喻$_3$喻$_4$)未见与影双声者,而其与见系双声六组,是知匣宜为牙音而非喉音。

又匣母虽与见母有三组双声(包括喻$_3$喻$_4$则共五组),然见母同组双声三十四组,匣母十一组(包括喻$_3$喻$_4$则二十七组),是以各自独立而不互相归并。

此外,群母同组双声四组,而其与见母双声八组,与溪母双声三组,因此我们可以断定,段氏的群母是归入见母的。

溪母同组双声十四组,它仅与群有三组旁纽双声,是以溪母独立一纽是没有问题的。

疑母的情况与溪母相似,我们也认为它是独立的一组。喻$_3$喻$_4$我们仍合写为喻,这样段氏的牙音系统就可以定为:见(群)、溪、匣(喻)、疑。

不过其匣母还要做一些说明,喻母四等字有八组与来母双声,我们必须把喻母四等字的一大部分划归来母,仍用喻$_4$标识,但这并不表明喻$_4$全部归入来母。此与牙音其他声母的三等字归入舌音的情况相似。

影母同组双声三十五组,与牙音邻纽双声二组(不包括晓),是影仍为独立的喉音无疑,晓母同组双声五组,与影双声一组,无与牙音双声者,晓仍宜留在喉音中。从发音方法的对应来看,舌齿音准双声二组:彻(段归透)与初(段归清);心(段入唇音)与书(段归定)。又帮与章(段为端)双声一组,敷(段入滂)与溪双声一组,精庄与见、清与溪、心与匣各有一组双声,据此我们又可以大致拟出段氏古声系统中发音方法的对应关系。

通过以上分析,段氏古声纽系统表大致可做如下归属和排列:

唇音	帮非並奉	滂敷	心生	明微
齿音	精庄从崇	清初	来邪俟喻₄	
舌音	端知章见₃	透彻昌溪₃	定澄船书禅群₃	日泥娘疑₃
牙音	见群	溪	匣喻	疑
喉音	影			晓

前面我们较粗略地论述了《说文段注》的双声字,并对段氏的古声纽系统进行了推测,其中容有不合理处,但求能大体不违段意,也就达到了我们的愿望。与现在的古声纽研究结果相比,段氏也必有疏舛之处,但其中有些意见还是与后来一些学音对古声纽研究的结论相合,如黄侃即以晓母归喉音,为影之变音,群为见溪疑之变音。李新魁先生对上古音的构拟即认为牙音中有一部分是舌面化声母。至于段氏的轻唇归入重唇、舌上归入舌头,照二归精、照三归端,更是后来大多数人所接受的。当然,我们对段氏的这些看法的归纳是从宽而论的,我们亦不能由此而认为段氏是古声纽系统研究的权舆,因为段氏本人并没有明确提出过研究古声纽的问题,正如章炳麟所云,是"含隐不言"①。我们对段注双声字做了这一番总结,目的是为了了解这位训诂学大师对古声纽问题的看法,以更全面地认识段玉裁对古代汉语研究的贡献。

(原载《语言研究》1989 年第 2 期)

---

① 《国故论衡·小学说略》,《章氏丛书》第 14 册江苏广陵古籍刻印社 1981 年版,第 3 页。

联绵词名义再认识

　　"联绵词"作为一种特殊的语言现象,很早就受到人们的注意。自《尔雅》起,历代"雅书"在"释训"中就有所蒐集,但并无明确的称名和标准。宋代张有提出了"联绵字"这一名称,明代方以智为之下了第一个定义,朱谋㙔有目的地著录《骈雅》,此后,对联绵词名义的看法就一直存在着分歧,本文即拟对此做一些综述和分析,以求进一步认识这一语言现象。

一、联绵词名称的确立

　　自张有在《复古编》中提出"联绵字"这一名称之后,学者们在探讨这一语言现象时就有了一些不同的名称,大致说来,有以下几种:

1. 謰语

　　又作连语。"謰语"一词,最早盖见于汉代贾谊的《新书》,不过《新书》所述之义,与作为一种语言现象的"謰语"无关。从语言的角度较早使用"謰语"一词并为之做了说明的当为明代方以智,他在《通雅》卷六中说:"謰语者,双声相转而语謰謱也。"其中的"语"大致相当于今日之词(包括音义),"謰謱"即联绵不解之意。方氏的"双声相转"指的是謰语各转语之间的声音相转变。其后王念孙沿用此名,义与方氏略异,谓"凡连语之字,皆上下同义,不可分训"①。然就其引例而言,亦与方氏差别不大。这一称名虽然是探讨"联绵词"这种语言现象的一个主要名称,但方、王二氏之界定与人们心目中的"联绵词"似乎并不能完全吻合。

2. 骈字

　　此用为语词之义盖始于明代杨慎的《古音骈字》,其书与《复古编》之"联绵字"相似,亦未加说明。朱谋㙔于《骈雅》"自序"中云:"乃联二为一,骈异

---

　　① 《读书杂志》"《汉书》第十六",江苏古籍出版社 1985 年版,第 407 页。

为同,析之则秦越,合之则肝胆。"朱氏虽未用"骈字"一词,然其书名《骈雅》即已明之矣。至若清代庄履丰、庄鼎铉合撰的《古音骈字续编》及胡鸣玉的《骈字分笺》,收词皆趋于宽泛芜杂。而康熙朝的《骈字类编》,则使骈字的内涵走向宽泛的极端,其序云:"比事属辞,盖骈之义也。"把"骈字"的意义解释为比拟事物连缀成词,亦即泛指一切双音词,全书分十二门,二百四十卷,足见其收罗之滥。以此今人一般不用这个名称来表示联绵词。

3. 双声叠韵

双声叠韵的起源很早,然用来表示联绵词,当以清儒为多。不过,现在多数人认为,联绵词并非都有双声叠韵的关系。究其实,盖因语词中以联绵词的上下字间具有双声叠韵关系的为多,而清代声韵学大盛,有双声叠韵关系的联绵词是研究古声韵的一份重要材料,是以往往用双声叠韵代指联绵词。王念孙《广雅疏证》《读书杂志》中"双声叠韵"与"连语"交互使用。段玉裁注《说文》亦以之与"联绵字"并提,称之为"合二字为双声叠韵,实合二字为一字"。[①] 钱大昕《十驾斋养新录》卷五"双声叠韵"亦云:"古人多取双声叠韵……草木虫鱼之名多双声。"王筠著有《毛诗双声叠韵说》,其后云:"以上诸字皆合两字之声以成一事之意,故泥字则其义不伦,审声则会心非远。"俞樾《群经平议》"伴奂"条下亦谓"盖古人言双声叠韵之字皆无一定"(按:指形体)。今天看来,就双声叠韵与联绵词之间的关系来说,只是有交叉处,互有包含,而不能等同视之。

4. 单纯双音词(又称单语素双音词)

这一名称多见于普通语言学及现代汉语著述中。现代语言学家从词的形态结构来考察词,即从语音和语义的最小结合体——语素(又称词素)出发来对词加以分类。所谓单纯,即指意义单纯,单纯复音词只包含一个语素,拆开则无意义可言。有人认为它的处延要比传统的联绵词小,也有人认为传统的联绵词义界不明确,严格说来就应该是单纯复音词。我们认为,把联绵词的范围局限于单纯复音词,不利于对这种语言现象的探讨,关于这一点,我们在后面还要提及。

5. 联绵词(联绵字、连绵字)

这一名称最早见于宋代张有的《复古编》,然而张有并没有给联绵字下定义,但我们从他所收集的联绵字中可以发现一个共同的特点,即都有别

---

① 《说文解字注》"壶"字下,上海古籍出版社1981年版,第495页。

体,如"滂沛……别作霶霈"。元代曹本的《续复古编》收词的范围及标准也大致与《复古编》同。这种别体往往是因为联绵的两个字经常在一起出现,后人为使其意义明确而补加意旁,或换用联绵字的异体、通假字等等。"联绵"就是比较紧密地结合在一起,"字"是记录声音表达意义的形体单位,因此它也包含现代词的概念。十九世纪末,西方语言学"词"的概念传入我国,于是有的人便改称"联绵字"为"联绵词"(也有作"连绵词")。魏建功云:"我们现在称这种连绵字为'连绵词',以明其都具有文法上的独立成意的词类作用。"①此后,"字"的名称也逐渐倾向于专指汉字的形体了,联绵字因之也偏重于指有形体变化的词②。而联绵词则偏重于涵盖音义有特殊关系的双音词。今以古代字词不分而承用"联绵字"者,其意多与"联绵词"无殊。

此外,还有其他的称名如"联字"③,见于《焦氏笔乘》续集卷五;"双声假借字",见于戴侗《六书故》卷五。以其为个人偶立之名,不烦析解。

以上这些称名都是对汉语中这种特殊的"双音词"④现象的概括,通过比较以后,我们采用"联绵词"这一名称,因为它既顾及到现代语言学字词的分别,又与传统的称名有承继关系,并且,它也没有被用来表示一些特别的含义,有利于我们对它的名义做进一步的概括。

二、联绵词定义综述

前面所提到的几种名称,虽其内涵不尽相同,但都是人们对相似的一种语言现象的考察和规范。我们认为,在讨论中可以把它们看作是联绵词的别称,也代表人们对联绵词名义的一些不同看法。现对联绵词定义的各种观点分类归述如下。

1. 主义说

这是目前联绵词最流行的一种说法,从其前提条件看,有三种情况:

其一,由两个音节构成。如蒋礼鸿与任铭善合著的《古汉语通论》云:

---

① 魏建功:《古音系研究》,国立北京大学出版组 1935 年版,第 69 页。

② 李长仁:《联绵字和符定一的〈联绵字典〉》,《松辽学刊》1988 第 1 期。

③ 此为"联绵字"的省称,符定一《联绵字典》(中华书局 1983 年版)中多次用到。

④ 也有人认为联绵字不仅包括双音词,也应包括两字以上者,如《联绵字典》王树枬序云:"所谓联绵者,不第两字然也。《诗》之'仪式刑、文王之典',则以'仪式刑'三字为联绵。"此说不足取,三字单纯词不是没有,但极少,以之杂入庞大的两字联绵词领域,则相互之间格格不入,不利于探讨这种语言现象。此亦为多数语言学家所不取。

"用两个音节表示一个整体意义的双音词,其中只包括一个词素,不能分析为两个词素的,古人管这种词叫作连语或联绵字。简单地说,连语是单纯的双音词。"赵仲邑主编的《古代汉语》亦以为双音节单纯词"古人叫它做联绵字","这些词都不能拆开来讲"。黄伯荣的《现代汉语》亦定义为"由两个音节连缀成义不可分训的词",并把它纳入单纯词的范畴中。《辞海》即采用这种说法。持这一观点的前提条件是由一个语素构成,排除了由两个语素构成的可能,并且对联绵词的规范十分严格。

其二,以两字配合为条件。"字"乃记录音义的书面符号,有时就不免要使形音义纠缠在一起。明代朱谋㙔《骈雅》"自序"云:"乃联二而为一,骈异而为同,析之则秦越,合之则肝胆。"王国维以一语概之曰:"联绵字者,合二字以成一语,其实犹一字也。"殷焕先阐发王氏定义时说:"联绵字实为一个语言单位(文献可考,它是包含两个音节的),而表之以两个字,非由字所合成。因此,联绵字是用一个语音单位来表示一个意义的。"①殷氏的解说似受前一种说法所影响。孙德宣谓"连缀数字数音以表示一语义,成为一联绵词……此类联绵词有一种粘着性,不可脉析",此亦有前一种说法的倾向在里边,于"数字"后补加"数音"二字。周祖谟于《中国大百科全书》"语言文字"分册中亦持此说,认为联绵词是"由两个字联缀在一起不能分开来讲的双音节词。从语言的角度来说就是'联绵词'"。这一说法所涵盖的范围比前面的几种略宽泛些,一般来说是包括一些结构比较紧密的复合词,但并非包括全部的复合词,其间的界限不免有些模糊。

其三,以同义合成为前提,即王念孙于《读书杂志》中所提出的:"凡连语之字,皆上下同义,不可分训。"但现在多数人认为这一说法不能包容所有的联绵词。

2. 主音义说

这一说法把联绵词的两个字间的语音关系当作一个必要条件,在语音和语义上有双重规定。

周法高称联绵词就是"部分叠音的不易分析的双音词",并强调所谓部分叠音形式的音是一种宽的双声叠韵关系:"所谓宽的双声叠韵,都是联绵词最远的一个界限;超出这个最远的界限,我们便已无因去承认它是联绵词了。"②

---

① 殷焕先:《联绵字的性质、分类及上下两字的分合》,载《山东大学文科论文集刊》1979年第2期。

② 周法高:《中国古代语法·构词篇》(内部版三卷本)。

王力认为:"中国有所谓联绵字,就是声音相同或相近的两个字,叠起来成为一个词。(声音不近的,如'淹留'之类,我们只认为双音词,不认为联绵字。我们对于联绵字所下的定义和前人不尽相同)"①据此,我们当以之入"主音说"中,然其主编的《古代汉语》教材又说:"单纯的复音词,绝大部分是连绵字。"虽亦未明言联绵词必然都是单纯的复音词,然而后面又提及"刚强""玄黄"等"非常接近连绵字",由此知他于意义上的要求也不是没有的。

朱星在其所著的《古汉语概论》中为"主义说",而在他后来所编的《古代汉语》教材中则改变了看法,认为:"连绵字是由两个同声或同韵的字组成,表示一个完整的概念,音节虽是由字表示的,但同该字的意义毫无关系。"

主此说的还有一种情况,即以语音之转变为一必要条件,此即明代方以智为之所做的界说:"謰语者,双声相转而语謰謱也。"这一派试图对传统的联绵词的框范另辟蹊径,然而现在已为大家接受的"非双声叠韵"联绵词就不得不排除在外,且与传统的联绵词观念也不尽吻合。

3. 主形说

朱骏声于《说文通训定声》中径以联绵词归于"假借之用"中。胡适为《辞通》作序云:"在方法上朱骏声用假借("依声托字"为假借)的原则来解释连语,为字典学上的一大进步。"同时,胡适认为:"朱丹九先生的《辞通》在方法上只是继承《说文通训定声》的'连语'部分,专收连语,而用同声假借的原则来整理他们,解释他们,这是《辞通》的主要方法。"

吴文祺则认为《辞通》所收不尽是连绵词,只是"通假词和词组"。而朱起凤自己对联绵词的范围则未作出明确的界定。

4. 主音说

陈兆年于《连语丛说》中认为,联绵词是"双语中之有声音关系者",分为"复语连语"和"纯连语",前者指分用与连用无异者,后者指不能分用者。前所提及的"双声叠韵"类亦属此论。

5. 对形音义不做要求的

张寿林于《三百篇联绵字研究》中云:"举凡连二字以成一义者,无不包内,故谓之连语,盖准音以求字,缀字而成词也。"此说即认为古代之复音词皆为联绵词。

---

① 王力:《中国语法理论》,《王力文集》第1册,山东教育出版社1984年版,第384—385页。

许维贤在《论联绵字》中说:"我们认为前代学者所提出的联绵字(连语),其性质应是复音词,当然是限于两字(双音)的复音词,它包括单纯与合成词(复合词、派生词)。不过前人判定复音词的标准与现代语言学者不尽相同,前人彼此之间也不太一致。"①

这是关于联绵词范围的最为宽泛的一种观点。

6. 来源说

即从联绵词的来源角度限定联绵词的范围。这主要就是"记录口语说"。

赵克勤于其《古汉语词汇概要》中说:"连绵字是古代生动的有声语言的记录。"严承钧认为:"习惯上所谓联绵字,是人们用汉字记录口语中的双音节单纯词,形成的一种特定的书面形式。"②这是从纵的角度来解释联绵词,只是如何判断哪些词是口语中的双音单纯词,仍是一个难以解决的问题。

7. 描述说

就是不做出明确的定义,而只对其性质及特点加以描述。胡楚生在《训诂学大纲》中对联绵词所做的框范就是采用这种方式来阐说的:"所谓联绵字,具有下列一些特点:(1)联绵字的构成分子,大体在语言上有相似之处,如双声、叠韵、叠字等。(2)联绵字因为所重在声,所以在字形上往往不很固定。(3)联绵字大部分为状词,又有一些为名词、叹词等。(4)联绵字中有不少双音词即一个语位(morpheme)包含两个音节者。"

另外也有一些语言学家在著述中回避了联绵词的定义问题,只在探讨构词法时提及这一语言现象,因无明确定义,故不分述。

三、联绵词定义再认识

对于联绵词这样一种特殊的语词现象,不应忽视其存在,所以不能把它与普通语词等同起来,也不能仅做描述而不对其名义加以概括。而且作为一种语词现象,仅从音、形角度阐述也是不合适的,不能避开意义这一关键因素不论。但如何从意义角度来概括这一现象,似乎前所提及的主义说与主音义说都不够合理,其中主音义说虽是基于主义说的不足而提出,但其不当之处也是很明显的。

---

① 许维贤:《论联绵字》,《南京大学学报》1988年第2期。
② 严承钧:《重言与同义联绵词"音转字变"示例》,《湖北大学学报》1987年第2期。

综合各家名义之说,我们可以发现,其分歧之焦点就在于是否可以包括一部分可以分析的双音词。

一种意见认为联绵词具有不可分析性,如"蜘蛛""徘徊""参差""间关"等等,构成联绵词的两个字不能分开解释,而且也不具有任何与联绵词相关的意义。这种意见的最后代表就是"单纯复音词"说。

另一种意见认为,联绵词可以包括部分较特殊的可以分析的双音词,如"游泳"①"魁梧"②"缠绵"③等等。但对于这"特殊"的界线却没有明确规定。

因此,持前一种意见的人认为,如果按照后一种意见的观点,那么诸如"先生""友于""国家""社稷""宇宙"之类的词就都应该算做联绵词,因为它们都是古代常用的复音词。虽然有人从音、形以及来源、特点诸方面加以限制,但仍然摆脱不了这种困境。于是一些语言学家就索性提出"联绵词就是复音词"这一结论。这样一来,也就湮灭了古代的这种特殊的语言现象。而持后一种意见的人认为,联绵词如果只限于不可分析的双音词,那么许多他们所举的词例就应排除在外了,如"犹豫"④"魁梧""游泳""颠沛"⑤等等。持前一种意见的人为维护自己的理论,不得不忍痛割爱,因此,持这一说法的人将随着古代汉语修养的提高而把联绵词的范围限制得越来越小。这对联绵词的溯源研究是很不利的。李国正在《联绵字研究述评》中说:"现行有关理论照顾到了现代汉语单纯双音词的这一特点,如果要对不同历史时代的联绵字作断代研究,这个理论框架则大有力不从心之虞。"⑥

我们认为,对一种语言现象加以考察,首先要对其实例加以考察。但这种考察不能停于表层,而是要拨开表象去钩稽其深层意蕴。通过比较,我们发现,以上两种意见虽然在名义争辩中针锋相对,但在具体讨论词例时,双方的意见还是比较一致的,他们都有一条潜在的心理标准,即大都认为"缠绵""犹豫""徘徊""游泳""颠沛""魁梧"这一类词是联绵词,而"先生""国家""社稷""友于"这一类词不是。

考察这种"潜在"标准所确定的联绵词,其分化演变的情况大致有两种。

---

① 参朱广祁:《诗经双音词论稿》,河北人民出版社 1985 年版,第 99 页。

② 参王念孙:《广雅疏证》卷 6 上"魁岸"条下,江苏古籍出版社 1984 年版。

③ 《说文解字》即分别释义。

④ 参《广雅疏证》卷 6"踌躇,犹豫也"条下。

⑤ 参韩振玉:《联绵词乎? 复合词乎?》,《语文研究》1989 年第 1 期。

⑥ 李国正:《联绵字研究述评》,《语文导报》1987 年第 4 期。

第一,由于文字使用异体、假借或由于方音的不同等等而引起书写形式的变化。如"委蛇"又写作"逶蛇""逶迤""委佗"等等,它们的形音稍有变化,而意义完全相同。第二、由于词义的引申和借喻等而产生了新的义项,文字的形体和读音有的发生了变化,有的没有变化,如"附娄"与"墦堁""瓨甄""蚹赢",它们声纽相同,但韵母则不尽相同,其意义也都相关(都有圆混凸起义)而又有差异。

有鉴于此,我们认为,联绵词不仅具有横的意义上的完整严密性,而且还具有纵的历史演变的完整严密性。它是一种历史现象,有些词在某一个历史时期是不可分析的,后来由于各种原因,如语词的分化以及人们有意寻找意义与联绵词意义相关或相同的字来书写联绵词等等,遂造成单就某一个孤立的词来说,是可以分开解释的。如"婆娑"喻舞步繁密旋转不进之意,后来又写作"便旋",似乎就可以分析为"轻快旋转"之意。又如"果蓏",《说文》有"在木曰果,在地曰蓏"之说,则为可分析的词无疑,但这个词又经常连用不分,而专指圆的果实。因循音义而考其语根,则知当为不可分析的双音词"咕噜"。也就是说,这些词如果从历史演变的角度考察,追本溯源,它们都有同源词可以系联,都是以一个整体(双音)的形式来接受和表达意义,而不是因为特定的语境或由可分析的两个字合成表义。如前所举"婆娑""便旋"一族又有同源词"蹁跹""蹒跚""便姗"等等;"果蓏"一族又有"蜾赢""蛞蝼""橄榄""昆仑""疒瘤"(肉起)、"魗戾"(骨盘结貌)等等。

因此,我们说:联绵词就是不可分析的或有同源佐证不必分析的双音词。据此所确定的范围以探讨和归纳这种汉语中的特殊的语词现象,是比较便利和可行的,尤其对于同源联绵词的推阐更有意义。

四、和联绵词相关的几个问题

作为几千年延续下来的一种语词现象,它必然要与相关的许多因素互相影响、互相渗透,也要受到许多因素的制约。我们这里只对其中能够影响联绵词判定的几个因素做一简略说明。

1. 转化

联绵词作为语言发展史上的一种特殊词汇现象,在其漫长的衍变过程中,必然会产生与普通词汇互相转化的现象。

如前所提及的"果蓏"一词,本来两字各有其义,可以单独使用,后来由于受"k-l"族同源联绵词的影响,遂至不复单用。

又如"妯娌"一词,《汉书·郊祀志上》云:"神君者,长陵女子,以乳死,见神于先后宛若。"颜师古注:"古谓之娣姒,今关中俗呼为先后,吴楚呼之为妯娌。"《广雅·释亲》云:"妯娌、娣姒,先后也。"是知其初当为可分之词。与之相同的又有"舳舻"一词,《汉书·武帝纪》:"自寻阳浮江……舳舻千里。"颜注:"舳,船后持舵处;舻,船前刺櫂处也。"二词后因"t-l"族同源联绵词(多有绵连不解义)的影响,而转为联绵词。

相反,也有从联绵词转化为普通语词的。如"狼狈",本属"l-p"族联绵词,后来由于俚俗语源的影响,而指代两种动物,遂有"狼狈为奸"之语,则此一"狼狈"已非联绵词矣。"首鼠"转为"首尾",亦同此例。还有一种转化现象,如"游泳"当为"ʎ-ʎ(喻四)族联绵词,但其同根衍生而有"游荡""游动"诸词,因其前后两字皆为能产的基本词汇,则此二词便不应再看作联绵词了。

2. 通假

有些普通词,因为各种原因被改以通假字,而考其源流,又无共同的语族堪为佐证,我们认为这种词不应视为联绵词。

如"司徒"本为官名,后用为姓氏,而其字遂有"申徒""申都""信都"等等多种写法。若单就"申都"而言,当为不可析解之词,但推其本原"司徒",则有义可说,且此数词钩稽起来,既无共同的语义可求,又无其他的同源词(音义相关)佐证,其所以不可解之原因,仅仅是由于临时用了通假字而已。

又"陆梁"一词,《后汉书·张王种陈列传》"陈球传"云:"是时,桂阳黠贼李研等群聚寇钞,陆梁荆部。"同书又有"陆掠""卤掠""虏略""虏掠"诸词,其用例相近,而通假之迹昭然可寻。为谨慎起见,我们不把它划为联绵词。至于它与"l-l"族联绵词"奎梁"(杂乱不平)等在语义上有相似之处,我们只看作是语言中的一种偶合。

反之,有些联绵词,由于被换成意义相关的能产的普通字表示,它也就失去了联绵词所特有的意义的完整严密性,而转为普通语词。如联绵词"鞠躬"又写作"曲躬",后者便不能再视为联绵词了。

3. 讹误

汉语中有些本来是易懂的合成词,由于在传抄及刻写过程中出现了讹字而致不可索解。

如"奢比",《路史·黄帝纪》"奢比辨乎东,以为土师而平春。"注云:"即奢龙",朱起凤认为,"比'盖为'邻'之讹,邻古有作"屵"形者,'邻'"龙'双声之转[1],推究而知"奢比"即为"奢龙",乃"苍龙"之音转,是不当以联绵词视之。

又如"乘驹"之转为"乘驵"乘且",而终讹为"乘旦",《汉书·王褒传》"驾齧膝,骖乘旦。""乘旦"晦解,但不得算作联绵词。

4. 音译词

语言学研究者在论及联绵词时,即使十分强调其不可分析性的人,也多不愿把"沙发"(Sofa)、"引得"(index)、"日本"之类的词归入其中,而宁愿把它们放到现代语言学的"单纯双音词"中加以讨论。我们认为这有一定道理,即联绵词是汉语词汇史上的一种特殊现象,而这些词却是外来词,并且大多是在古代汉语已经不再流行的近代之后传入的。至于古代汉语中的外来词,我们认为也应分为两部分:

其一为汉藏语系内部的音译转写,它们由同一原始母语分化而来,各自带着部分共同的因素重新渗入一起,与汉语融合之后又会共同衍生新的词语。如"骆驼"盖由匈奴语音译而来,因其特征与"l-d"族(圆混特出)义根相合,遂得融汇而为一体,其同源词有"龙钟""碌碡""了吊""银铛"等等。

其二为非出于同一母语的其他语系的译语,如较早的"阿尔泰语系""印欧语系"等等。不过印度有部分地区属"汉藏语系",也就是说梵语当有一部分与汉藏语系有关联,不可概以非同一语系论之。非亲属语系之间的语词影响是个较复杂的问题。而音译词中,有的本来就是单语素词,有的本来却是双语素词。进入汉语词汇体系后,有的以其强大的生命力而衍生出新的联绵词,或与汉语固有的联绵词族融合为一体。如"琉璃"本为梵语音译词(其译音也许受了汉语的改造),但它有同源词"玲珑"(明彻貌)、"矖睫"(目明)、"陆离"(光彩四射貌)等等,此类词完全有资格称为联绵词。有的却一直凄清冷落,独来独往,如"净魔"(为梵语 yama 的译音)、"菩萨"(为梵语Bodhisattva 的译音)等等,我们认为,这些词与汉语里的"先生""友于"等词相似,其义虽有转移,且就字面来说也不可分开表义,但其源易溯,可得解说,而其本身既不能衍生也不能融合,是以此类音译词是另一领域的研究范畴,它与联绵词的关系也有待于进一步研究。

5. 析音词

指由一个音节的词分化为两个音节的词。这有两种情况:

---

① 参朱起凤《辞通》"苍龙"条下,上海古籍出版社 1982 年版,第 55 页。

一是"析音合义词",如"叵—不可""诸—之乎"等等,可以明确排除于联绵词之外。

另一种是"析音单纯词",这一种稍为复杂一些,我们认为,这一类词是否为联绵词,其判断方法应与"音译词"同。能够衍化新的联绵词或与故有的联绵词融为一族的方可视为联绵词,如"笔—不律",符合"p—1"族"特立稀落"义根的要求,其同源词有"爆烁"(叶疏貌)、"槟榔"(木名,无枝)等等。而不能衍生和融合的析音词(此多为临时析音词)则不能归入联绵词范畴,如"越—于越"。又如《镜花缘》中红衣女子所说的"吴郡大老倚闾满盈"为"问道于盲"的析音隐语。清郝懿行于《晒书堂文集》中云"今俚人作隐语,如载蛤为咱,捏几为你之类,其人不必知书,自解反语,明此是天地自然之声也。"至于这两类析音单纯词的明确界线,仍是一个尚需探索的课题。

6. 造字

由于联绵词大多形无定体,在其使用过程中,专为之造字的现象也很普遍。

如"阿那"又写作"婀娜","委蛇"又写作"逶迤","龙钟"又写作"胧肿",等等。但并不能认为所有的有新造字的词都是联绵词。如《集韵》平声十一模韵:"蹦:蹦跪,夷人屈膝礼。"此盖指胡人的一种不同于汉人的屈膝礼,为求一致,而把"胡"字加上"足"字旁,以表明与足有关,但我们不能因为这里有一个字不能单用,并且二字有同样的足字旁就认为它是联绵词。

它与"委积"又写作"矮癪"不同,虽然"委积"可以看作合成词,但这一词又有一特别的意义,即《集韵》去声五韵:"委:委积,牢米薪芻之总名。"而"矮癪"则为羊死堆积之意,为一种特殊的羊肉制作方式。此外,又有同源佐证,如"崦嵫"(山名)、"麤糟"(尽死杀人)等等,因此,它可以归为联绵词。

除以上六种情况外,还有一个专有名词如草木虫鱼之名称的问题。因这些名称大多是与俚俗语源相关,对它们的判断尤为复杂,在文献不足而俚俗语源的研究尚未出现集大成之作的时候,我们只好参照有限的同源佐证而论定其归属与否,其间衍脱损益,唯俟达者正之。

(原载《浙江大学学报》1995 年第 6 期)

联绵词语源推阐模式刍议

英国语言学家 G. 利奇认为,语言学乃至整个人文科学的一般趋势就是:"倾向于研究模式,而不是探究理论。""理论使人们了解现实的真相,而模式使人们通过一定的推测,得知现实能够是以及可能是什么样的。"①也就是说,模式是现实的一个整体框架,通过它,我们可以更详细、更全面地认识某一领域。

联绵词语源的研究,经过历代学者的努力,积累了丰硕的成果,因此,对于其推阐模式的探讨,就显得日趋重要了。齐佩瑢云:"语根的探求本为一种归纳的公式,系构拟的而非确知的,换言之,探求语根是以语言(音义)为主,而不以字形为主。但此种事业浩大,非暂时所能及。"②继齐氏之后,语言学的发展又走了半个世纪的历程,这种构拟虽仍不能确定,但对音义多变的联绵词来说,语源模式的推阐确乎值得试而为之了。为此,本文拟从以下几个方面略为剖析。

一、语音模式——"音轨"之确立

严学宭先生认为:语源的探讨应"以语音为纽带,加以归类,进行词群同族词的研究,从而比次异同,划分界限,讲求音素,严格条件,以寻求词核,探索汉语词构词构形的变换模式,借以明其衍化轨迹的规律性"③。这是确定语源推导模式的基本法则。俞敏先生亦云:"正经的语源学(etymology)是一种规矩极严的科学,对于一种话的历史、跟它有关系的别的话、音轨……这些东西弄不熟的人,简直不能做。"④如何以语音为纽带对联绵词加以归

---

① [英]G. 利奇:《语义学》,李瑞华等译,上海外语教育出版社 1987 年版,第 125 页。
② 齐佩瑢:《训诂学概论》,中华书局 1984 年版,第 108 页。
③ 严学宭:《论汉语同族词内部屈折的变换模式》,《中国语文》1979 年第 2 期。
④ 俞敏:《古汉语里的俚俗语源》,《燕京学报》第 36 期,1949 年。

类,这就是我们所要讨论的"音轨"问题。

　　"音轨"即指同源词语音变化的轨则。它又可称"语音转换法则"(高本汉《汉语词类》,*Word Families in Chinese*)、"音变模式"①、"声母格式"②。可以说,音轨既是同源联绵词演变之法则,又是同源联绵词系联之纲维。

　　首先提出"音轨"一词并为之创设凡例的人当为魏建功,他在《古音系研究》"音轨原则"一节中云:"凡三部,二十轨,百又六系。古今绝代,殊方别邑,语言变异之迹,可按而求其递异和同之邮也。"其中第三部"词类轨",是专门用来解释由几个单字联缀成的词的声音组织,前人的"转语""连语""连绵字",都包含在这一部分条例里。此部共分五个音轨,即"声同轨""韵同轨""声韵皆同轨""声韵均异轨""声韵混合轨"。魏氏云:"我想要完成一个工作,其名为中国语连绵格。"此业甚伟,惜魏氏未能毕此功而殁。观其所建之词类轨:"声同轨"即相当于双声,"韵同轨"即所谓叠韵,"声韵皆同轨"指既双声又叠韵的联绵词(含重言词)语音组织,"声韵均异轨"包括由古代单音词分化而成的复音词(指复辅音分化词,析音词等),"声韵混合轨"与前一轨的析音词相似,所别在于对前一轨"析音词"的上下字在声音上另有限制,而对本轨则无限制,其所举两例为"不用"(甭)、"勿曾"(甑)。

　　由上可知,魏氏"中国语连绵格"之框架(即他的"词类轨"),与联绵词的一般分类——双声、叠韵、双声叠韵(包括重言)、非双声叠韵比较,所不同仅在于他把"非双声叠韵"一类分得更细致一些而已。这样仍然较难以一条简明的标准贯穿到底。且上古有无复辅音,有多少种复辅音,至今仍未有定论,这就使此项工作至今仍难以尝试着去做。

　　对于如何建立联绵词音轨,以能最广泛地系联同族联绵词,还有许多人做过这种尝试。如王念孙有"叠韵转语"③,以中古声纽为纲排列四百余条联绵词。王国维的《联绵字谱》分三部分:双声(包括重言、双声叠韵)、叠韵、非双声叠韵。其中"双声"与"非双声叠韵"皆以上古声纽为轨则排列,"叠韵"以上古韵部为轨则排列。如以王念孙词谱的排列方式替换王国维的"叠韵"之部(两者都是排列叠韵词的),则全部的联绵词尽可以声统之矣。陈兆年曾"择叠韵连语之较古者数条,以上字之纽为经,以下字之纽为纬,列为一表

---

　　① 参严学宭:《论汉语同族词内部屈折的变换模式》,《中国语文》1979 年第 2 期。
　　② "声母格式"在语源推导模式确立以前只能说是"音轨"之一种。参董为光:《汉语"异声联绵词"初探》,《语言研究》1986 年第 2 期。
　　③ 见魏建功:《古音系研究》"附录二",国立北京大学出版组 1935 年版。

以比较之"①。陈氏虽非旨在系联同源联绵词,然而却实可称得上是建立"音轨"的一种尝试,只是这种"表"式音轨所受的约束太多。魏建功虽自创音轨凡例,但他以"声音组织"为统系而推阐的联绵词例,却并非如他的"词类轨"所设计的那样,而是自己解释说:"这些却是从声母上定的,再由声母的关联去求韵母的状况。"②由此可知,魏氏虽自创音轨,但实例推阐时仍偏重以声纽系联。董为光亦曾以声纽为纲系联九组同源的"异声联绵词"(即除双声以外的联绵词),并因此论述"异声联绵词"③语音转变的轨则——"声母格式"。冯蒸亦据声纽而归总二十组同源联绵词④。

瑞典汉学家高本汉(B. Karlgren)云:"中国语里也正和其他一切语言里一样,语词组成很多族类,各类的亲属语词由同一本原的语根所构成的。""中国语里的语词必须依照原初的系族关系把它们一类一类的分列起来。"⑤他在《汉语词类》一书中,依他自己对上古汉语语音构拟的结果,按声母与韵尾配合的情形,区别为十个"词类"(word families),同类之内,又按意义之关联情况,细分为若干小类。全书收词 2379 个,每字后附通用意义。由于是首创,高本汉于其所收之词也有一些特别的限制,并且所选用之语词,均为语言中最普遍流行者。尤为不足的是不收联绵词。另外,高本汉的古音系统为后来学者多所修订,盖他所创建的"词类"并不能令人满意。严学宭先生在《论汉语同族词内部屈折的变换模式》一文中,除对高氏的"语音转变法则"加以改造外,又增收联绵词例,严先生共析六种具有规律性的"音换模式",其中联绵词是列入第一种变换模式——变换辅音声母中阐发的。

我们认为,以声纽作为联绵词的音轨是较可行的。这并非说联绵词全部是以声纽为转变轨则的,只是说借助声纽可以系联起来大多数的联绵词。如"徘徊"与"彷徨","锒铛"与"了吊",它们的形体、笔画皆有差异,如果据偏旁系联(如《联绵字典》),那只有前一组"徘徊"与"彷徨"可以排在一起,而另外一组就不得不分开排列;如果依照韵部排列(如《辞通》),中古韵部过细,固然难以系联在一起,即使上古韵部也不行,"徘徊"古属微部,"彷徨"古为

---

① 陈兆年:《连语丛说》,《河南图书馆馆刊》第 3 期,1933 年。
② 《古音系研究》第 191 页。例如:"凡舌根舌头爆发音的连绵词是事物突起或沸涌椭圆成椎的形况语根,语根代表词'科斗''骨朵''疙瘩'。""凡舌根爆发音舌头边音的联绵词是事物圆混球系或辗转环滚的形况语根,语根代表词'果蓏''轱辘''骨鹿'。……"
③ 见董为光:《汉语"异声联绵词"初探》,《语言研究》1986 年第 2 期。
④ 参冯蒸:《古汉语同源联绵词试探》,《宁夏大学学报》1987 年第 1 期。
⑤ [瑞典]高本汉著,张世禄译:《汉语词类》,商务印书馆 1937 年版,第 1—2 页。

阳部;"锒铛"古属阳部,"了吊"古属宵部,如果据韵系联,不仅不能使同源词归为一组,反而使"彷徨"与"锒铛"相为比邻了。而当我们从声纽角度考察,就会看出,前一组皆属并纽,后一组皆属来纽,每组的两个词意义都相关联,得以系联在一起,同源与非同源之界域判然。

与语言其他要素的变化比较起来,声纽较为稳定,也更重要,故名之曰"纽",这也是经过许多语言学家证明了的。王国维云:"近儒皆言古韵明而后诂训明,然古人假借、转注多取双声;段王诸儒自定古韵部目,然其言训诂也,亦往往舍其所谓韵而用双声,其以叠韵说诂训者,往往扞格不得通。然则与其谓古韵明而后诂训明,勿宁谓古双声明而后诂训明欤?"①钱玄同亦云:"窃以古今言语之转变由于双声者多,由于叠韵者少;不同韵之字以同声纽之故而得通转之者,往往有之。"②高本汉在《汉语词类》一书中说:"从西藏语上所得的经验指示着我们,这种语言的演化有很多的'元音变换',因之在同一语根之内容有极多变异的韵素,我也要判定中国语里也可以得到同样的现象。"③这说明在语言演变中,韵部是极易变化,不易把握的。对于以什么作为标准能较广泛地统系同源联绵词,殷焕先先生曾有评述,他在具体分析了韵部统系法和双声、叠韵、非双声叠韵统系法的弊端后说:"为什么要用侧重声纽的分类法来安排联绵字呢?这因为汉语言的转变,声纽较为固定些,侧重比较固定的声纽来分类,隔阂的流弊就可以大大减少。"④侧重声纽分类,正符合语言转变的特点(古即云"一声之转"),这对联绵词语音演变线索的把握及意义的系联都很有益,由于同类声纽(唇舌齿牙喉五类)相邻排列,而声纽之通转又大体不出其类,以此为语音转变之轨则,以推求同源语义,是比较便利和准确的。

二、语义模式——"语象"⑤推阐类例

以上我们对如何确定联绵词的音轨问题在理论上做了一些考察,但在

---

① 见王国维:《尔雅草木虫鱼鸟兽名释例》,《王国维遗书》第 6 册,上海古籍出版社1983 年版,第 2 页。

② 钱玄同:《文字学音篇》,北京大学出版部 1924 年版,第 23 页。

③ 高本汉著,张世禄译:《汉语词类》,商务印书馆 1937 年版,第 107 页。

④ 殷焕先:《联绵字的性质、分类及上下两字的分合》,《山东大学文科论文集刊》,1979年第 2 期。

⑤ "语象"指同源词所赖以得名的原始意义(除去语音和形体因素)。参关童:《联绵词语象浅析》,载《浙江大学学报》1991 年第 1 期。

实际应用时,我们必须确定采用哪一家的古音构拟来建造联绵词的音轨。自钱大昕以后,古声纽系统的推测就越来越完善,只是音值的构拟是从高本汉才开始的,其后经王力、董同龢、周法高、李方桂等人的修订,日臻完善。其中李方桂对其余诸家之说又提出全面修订,使上古声纽系统更切于实际,惜李氏系统未制词表,不便应用。因此,我们决定仍采用国内较流行的王力先生所拟的古音系统制定音轨,该系统古今对应严整,以之建构音轨亦便于查阅。今录王力先生上古声纽系统如下:

　　唇音:p(帮非)p′(滂敷)b(並奉)m(明微)

　　舌音:t(端知)t′(透彻)d(定澄)ʎ(喻四)l(来)n(泥娘)ȵ(日)ȶ(照)ȶ′(穿)ȡ(神)ɕ(审)ʑ(禅)

　　齿音:ts(精)ts′(清)dz(从)s(心)z(邪)tʃ(庄)tʃ′(初)dʒ(床)ʃ(山)ʒ(俟)

　　牙音:k(见)k′(溪)g(群)ŋ(疑)x(晓)ɣ(匣)

　　喉音:o(影)

以上共计 33 个声纽,两两比并,以排列式计之,当有 1089 个音轨。

同源联绵词之论定,当以音义为枢纽,据音以归系,据义以定其同源关系。我们即以上所确立的音轨为则,从而推阐每个音轨内各个同源词词族的语象(语源意义)。今择其要者,例举于下(因印刷困难,我们每个音轨的代表语象只选一个代表词来说明)。

代表音轨	主要语象	代表词
p－p	繁密杂乱不定	毕剥
p′－p′	盛多、繁密杂乱	缤纷
b－b	浅淡不清	叕艳(浅色)
m－m	①繁密貌 ②细小貌 ③幽远貌	覒跀(草木丛生貌) 蠛蠓 冥冥
p－d	斜顷貌	陂陁
p－l	①特立疏落貌 ②分离 ③杂乱敷散貌	槟榔(指树) 扒拉 斑斓
p′－ȵ	蓬起敷散貌	袍襃(衣缓貌)
p′－l	①特立貌 ②分离 ③杂乱敷散	砰磷(峻貌) 霹雳 玻璃

续表

代表音轨	主要语象	代表词
b—ʌ	动荡不进	彷徉
b—n	蓬起杂乱貌	丰茸
b—l	①蓬起不泄貌 ②特立疏落貌 ③特立不泄貌	附娄(小土山) 毗刘 筢篱(织竹为障也)
m—t	迷蒙不明	酩酊
m—d	迷蒙不清	酕醄(极醉)
m—ʌ	幽渺不明	望洋
p—ts	繁乱	諀訾
p—s	短小	婢㜏(短小貌)
b—ts	繁乱	咆嘈(乱语)
b—s	①繁乱不定 ②短小 ③遮蔽	蹒跚 樸樕(小木) 㮇㮸
m—s	①迷蒙不清 ②微小不明	冥眴(视不见也) 樠楔(细小)
p—ŋ	遮蔽	埤堄
p—ʌ	广大敷散	布获(散也)
p'—ŋ	①遮蔽 ②雄壮	壀堄(城上垣) 頗峨(山)
p'—ʌ	广大散乱	伴奂
b—k	蓬起突出貌	盘结(骨貌)
b—k'	短小	缵结(短貌)
b—x	充溢貌	彭亨
ʌ—d	①邪逆不安 ②回转不定	跋扈 徘徊
m—k	愚钝不明	懵恒(痴貌)
m—x	迷蒙不明	矇眛(目不明)
m—ʌ	迷蒙不明	溿沄
b—o	混沌不泄	膈臆

限于篇幅,我们只列唇音首字的联绵词,且其中亦抉择主要的音轨及语象。至于其他诸轨之同源词,俟日后再与同道讨论。

三、同源联绵词语源推阐模式之意义

目前辑录联绵词的词典只能提供我们形体的或韵部的索引,而这两者正是联绵词本身最多变的因素,难以查检。如果查检不到,各词典又不能提供一个可能的释义,只能付之阙如,以冀来日于浩如烟海的典籍中寻找同源佐证的蛛丝马迹。训诂学发展至今,学者考释及推阐的联绵词尤其是同源联绵词族及意义的实例甚多,但非常零散,没有人对此做一全面的董理并以某一线索把它们贯穿起来,以利检索和用以与不同的语言进行比较。以上几种情况都迫切要求建构一个较合理而且实用的同源联绵词推导模式,这个模式也可以看作联绵词存在与变化的一个轨则,通过它,能使我们全面、准确地了解联绵词以及相关的许多问题。

第一,有助于语言理论的探讨。

张永言先生说:"探讨词的内部形式(即相当于我们所谓的语象,引者按),能够帮助我们认识词与词之间的关系,认识词汇的系统性。"[1]在相同音轨及语象下面的一组联绵词,彼此之间皆有语音及语义两方面的联系,它们是由同一种语义得以命名,由同一语源演变过来的。乌尔曼(Stephen Ullmann)在其所著的《语义学》(*Semantics*:*An Introduction to the Science of Meaning*)一书中曾说汉语是理据性最缺乏的语言[2],联绵词语源推导模式的构建与推阐是这一观点的一个有力反证。

另外,联绵词语源推导模式又能为汉语与各亲属语言的比较提供系统而可靠的依据,促进比较语言学的发展。高本汉云:"当印度支那比较语言学能够安全着手以前,在各语系当中,还有一种伟大的工作须待完成的,中国语里的语词必须按照原初的亲属关系把它们一类一类的分列起来,在台语和西藏缅甸语里也是如此。从此,也只有从此,我们才可以把这三大语系的'语词族类'加以比较,而期待可靠的结果。"[3]如果真能做到高本汉的预言,汉藏语系每个语支都有这种语源推导模式(包括单音词的),则各语支的

---

① 参张永言:《关于词的内部形式》,《语言研究》1981年第1期(创刊号)。
② 参引自严学宭:《论汉语同族词内部屈折的变换模式》,《中国语文》1979年第2期。
③ [瑞典]高本汉著,张世禄译:《汉语词类》,商务印书馆1937年版,第2页。

语词进行全面的比较就成为可能,而结果也更为可信。

第二,有助于考证语源。

有些专有联绵词,世知其义而不知其得名之由,以致众说纷纭,莫衷一是。然而这些词通过语源推导模式的引导,大多在语言上可以得到一个较可信的解释。

如"扶桑"①一词,历史上说法很多,归总起来,约为两种:一指"神木",生在太阳出来的地方。二指在东方的一个国家。关于"神木"到底是怎样的一种木,主要亦可约为两种说法:《楚辞·离骚》王逸注引东方朔《十洲记》:"扶桑生碧海中,叶似桑,树长数千丈,大二千围,两两更相依倚,是名扶桑。"另一种说法见于《南史·夷貊传》:"扶桑在大汉国东二万余里,其上多扶桑木。扶桑叶似桐,初生如笋,国人食之,实如梨而赤,绩其皮为布,以为衣,亦以为锦。"是以后人或以为桑,或以为木棉树也。而指国家则自《南史》起,谓于汉帝国东两万余里处的国家,后人考之,则或谓日本,或谓墨西哥。

以上诸说皆以"扶桑"为一专有名词,附以各种传说,而多囿于"桑"字意义。是以东方朔望文而训为两两相扶持的像桑木形状的大树;而《南史》则以"神木"当能供给人们最基本的生活需求,因而附会成可衣可食之木。"扶桑"由日出之处借指东方的国家,则又臆想其国因生"扶桑"而得名,从而使人愈为迷惑。

按"扶桑"一词为联绵词,其得名之由(即语义模式)当为"繁密、遮蔽"意,字又写作"榑桑""浮桑"。如《说文》:"榑,榑桑,神木,日所出。"张衡《髑髅赋》:"西经昧谷,东极浮桑。""昧谷"即"幽暗之谷",亦古人所想象中的蔽日之所。又以太阳之光热而称"汤谷",如《山海经·海外东经》:"汤谷上有扶桑,十日所浴。""汤"即"热水",后因日造"旸"字,遂又写作"旸谷"。"扶桑"之语音模式——音轨为 b—s(扶古隶並纽,桑为心纽),其同语义模式(语象)之词有"罘罳""罦罳""扶疏"(生纽古与心纽近)、"箄星"。崔豹《古今注》:"罘罳,屏之遗象也。"《广雅》:"罦罳谓之屏。"王念孙云:"字或作罘思,或作桴思,或作浮思,或作覆思。《水经》谷水注、《太平御览》引《广雅》并作复思。《尔雅》'屏谓之树',李巡注曰:'以垣当门自蔽曰树'。"《说文》"扶,扶疏,四布也。"四散布出必有遮蔽之义。"箄星,车播,车蔽。"字又作"屏星",车上用以屏蔽尘土之挡板。"翬翟,凤舞貌,鸟羽张貌。"张翼亦有屏蔽之象。

———————————

① 按"扶桑"一词,《山海经》又有云为"扶木"者,此"木"字当为"桑"之讹写。"桑"有古体"桒",与"木"形似而致误。

"攘槊,唐卫仗名"(槊为生纽,古与心近)。守卫之仪仗,亦有遮拦之义。又,与 b—s 相近之音轨亦多有繁密或遮蔽之语象,如 p—ts"芭蕉,草名""菖苴,襄荷也",此二词皆以叶大蔽阴而得名。"硇磋,砲也。"即岩石林立也。此外,披散杂乱之语象亦与遮蔽语象相关,如"婆娑,茂貌"。p—ts"苯蓴,草丛生"。p—tʃ"髟髟,发垂貌。"p—tʃ"稫稄,禾密貌。"盖"屏蔽"之义初即由此"繁密""披散""杂乱"之义引申而来,是上所列各词之为同源可知也。

古人认为太阳是从遮蔽它的地方升起,用口语称遮蔽处即为"扶桑"之音,又以树多荫翳而得以同音之木名"桑"字表之。后人不知其源,遂臆附为大桑树,今人遂有据其能供衣食之特征(实亦《南史》臆说)而考之为木棉。然今所见之桑树、木棉,与"椿""松""竹"一般,无由以得参天蔽日之殊荣。又因太阳总是从东方升起,便借此指代遥远的东方的地名,以示对大海深处的一种神秘幻想。至于是指日本还是墨西哥,抑或兼指二者,皆为后代约定俗成(主要指民族交往),要借助文献资料予以证明。据日本学者福永光司教授的《日本文化与道教》一文云,日本祝天皇长寿之辞有:"……咒曰:东至扶桑,西至虞渊,南至炎火,北至弱水,千城百国,精治万岁,万岁。"此即表明,扶桑在日本人眼中也只是一个东方的象征而已。就语言本身来讲,这只是一种借代引申,凡是在遥远的东方的地方都有可能被称为"扶桑"。

第三,有助于训释语词。

考释文献之联绵词,历来被看作是一件十分棘手的工作,但有了联绵词的语源推导模式,这项工作的进行就不会再事倍功半了。如《敦煌变文集·秋吟》:"庭前赏翫,绮罗呈艳拽之衣;帘□□□,雾縠显轻盈之服。"又"绮罗香引轻盈,雾縠花红艳曳。"其中"艳曳"(又作艳拽)为历来悬而未决的一个词,蒋礼鸿先生在《敦煌变文字义通释》中把它纳入"待质录",先师郭在贻先生于《训诂丛稿》中亦以之列为存疑。在我们构建了联绵词的语源推导模式之后,就不难查知,这是一个 ʎ—ʎ 音轨的联绵词,其语象当有轻丽飘逸之义。今略举数同源词例以明之。

"犹豫,不决也","尤惕,游也。""尤豫,未定","懊懊,行步安舒也","奕奕,轻丽貌","俗俗,便习意,一曰不安"等等。ʎ—ʎ 邻近音轨亦有相似之语象,如 ʎ—d"佚惕,缓也"。d—b 轨此类词更多,如"阗嬛,迟钝也","折折,安舒貌","溃沱,水流沙动貌","憧憧,往来不定貌"等等,皆有"舒缓不定"之意。

据此之导引,并参以文义推敲,知"艳曳"一词当有流宕飘动之义,是则"轻盈"与"艳曳"对文,皆喻衣饰之飘逸秀美。而以此义释同类语例,则莫不涣然冰释。如白居易《花楼望雪命宴赋诗》:"绊惹舞人春艳曳,勾留醉客夜徘徊。""艳曳"与"徘徊"对文,喻纷扬之雪花招惹舞乐的人们在春天里流连忘返,勾引欢醉的游客在夜晚里徘徊不已。唐代杨巨源《杨花落》:"此时可怜杨柳花,萦盈艳曳满人家。""艳曳""萦盈"(回绕洒满)共喻人家庭院中飘飞舞动的杨柳花。薛用弱《集异记》(《顾氏文房小说》本)王涣之条:"俄有妙妓四辈,寻续而至,奢华艳曳,都冶颇极。"此与《敦煌变文集》之例同义,喻艺妓们衣饰华丽,在行走时随着被荡起的微风飘逸不止。又李白《折杨柳》:"垂杨拂渌水,摇艳东风年。""摇艳"一作"艳裔"。此二句当为一种绮错用法,其所描绘的情景按正常顺序当解释为东风摇艳垂杨,垂杨拂动绿水这样一个云淡风轻、一片和合的年月。至于异文"艳裔",亦为喻四音轨之词,盖初如此作,后人不解或为求易懂,遂换作"摇艳"。唐代宋之问《秋莲赋》"映连旗以摇艳"即用之。此词又有作"摇曳"者,如南朝鲍照《代棹歌行》"飂戾长风振,摇曳高帆举",今习用,亦并喻四音轨之联绵词。

此外,语词的引申、借代,同源词之间的关系,某些名物词的起源等,尤能反映一个民族的文化心理,"因为一个民族的物质生活和精神生活的特点及变化都会在词汇中留下它的痕迹"①。我们所建构的模式,力求系联同源联绵词并推阐其得名之由,希望能为汉语语源推导模式的全面构拟并付诸实践提供一个可行的尝试,从而为中国及汉藏文化的探讨提供一批可资信赖的"语言化石"。

(原载《浙江大学学报》1996 年第 3 期)

---

① 张永言:《词汇学简论》,华中工学院出版社 1982 年版,第 8 页。

联绵词语象浅析

　　联绵词是汉语发展史上一种特殊的语词现象,历代对它的研究总是分析实例者多而探讨理论者少,并且这种理论探讨又多是针对其名义的争论。本文在总结实例分析的基础上,运用现代语义学的方法探讨了联绵词的内部形式——语象的组成及其推阐,以为联绵词的研究另辟蹊径,并为联绵词典的编纂提供一种语义钩稽的理论依据。

　　联绵词是汉语研究的一个重要课题,历代学者对此作过许多探讨,积累了大量材料,但自从认识到联绵词是一种特殊的语词之后,这种探讨就一直处于聚讼纷纭之中,考察前人的研究成果并结合现代的语言理论,我们认为:"语象"问题当为联绵词研究的一个枢纽所在。本文拟对此做一些粗浅的分析。

一、"语象"是联绵词研究的中心课题

　　"语象"一词,即相当于传统语言学所谓的"得名之由"。这一术语的运用,盖始于俞敏先生 1949 年发表的《古汉语里的俚俗语源》①一文,俞敏先生以英文名之为"speech image",然而并没有具体地阐说,不过从其使用的情况我们可以知道这一术语的含义。

　　　　《庄子·秋水篇》说:"河伯始旋其目,望洋向若而叹。"《释文》说:"司马崔云:盲羊犹望羊,仰视貌。"音 mianjian。这个词儿要是《诗经》时代有的话,该念 mɪaŋdɪaŋ。这是个 m—d—根的连绵字。跟它同根的还有"沐秃""蒙憧""莽荡""芒砀""酩酊"……多至哪! 意思都是"迷糊"一类的,也都不能拆开讲。到《论衡》里就说"武帝望阳",言望视太阳也。

---

　　①　俞敏:《古汉语里的俚俗语源》,《燕京学报》第 36 期,1949 年。

他的语象就是"看太阳"的语象了。①

从这一例的后部分我们知道,"望洋"一类同源词的共同语象是"迷糊"之意,至于"望阳"指"看太阳",其语象也就变了。

"语象"在现代语言学中称作"词的内部形式"(inner form)。它最先由德国语言学家洪堡特(W. von Humboldt)提出,开始并没有明确的定义,后来语言学家对它的看法不尽相同,其中最主要的一种即如张永言先生所云:"所谓词的内部形式,又叫词的词源结构或词的理据,指的是以某一语言表达某一意义的理由或根据。"②换言之,"用作命名根据的事物的特征在词里的表现就叫作词的'内部形式'。"③

"语象"一词的提出也并非前无所本。清代黄承吉于《字诂义府合按》中屡次用到"象"字,以之与"声""义"并行,如"乙"字条后云:"夫二字何以同义(引者按:指乙�二字),则即公(引者按:指黄生)所云'借形屈而未申之象'。象同则义同,皆由于声同也。其声何由而同?曲也,屈而未申,正是曲也。此即承吉之所谓曲声。唯曲声故曲义、曲象充之。……盖从来以声、义、象合明文字者,唯公为先觉也。"这里的"象"字之义较难找到合适的对译词,我们只能推知它的意思是语词所以得名的初始形象。近人刘师培在《字义起于字音说》一文中明确使用了"义象"一词,云:"古人观察事物以义象区不以质体别,复援义象制名,故数物义象相同,命名亦同。及本语言制文字,即以名物之音为字音,故义象既同,所从之声亦同,所从之声既同,在偏旁未益以前仅为一字,即假所从得声之字以为用。"④这里的"义象"实与俞敏先生的"语象"意思相同。"语象"的含义,又常常包含在"语根"一词中,"语根"为治训诂者使用较多的一个术语,但对它的定义却有不同的说法。沈兼士云:"语根者,最初表示概念之音,为语言形式之基础。"⑤魏建功云:"所谓'语根',是音义源派同一的意思。"⑥一般来说,多数人是把同源词中最初产生的词称为"语根",包括原始语音和原始意义。后来,为研究之便,又专称"语

---

① 按:《论衡》之"望阳'义当亦为联绵词。参郭在贻先生《训诂丛稿》,上海古籍出版社1985年版,第57页。

② 张永言:《关于词的内部形式》,《语言研究》1981年第1期(创刊号)。

③ 张永言:《词汇学简论》,华中工学院出版社1982年版,第27页。

④ 刘师培:《左盦集》卷4,宁武南氏校印1936年版,第16页。

⑤ 沈兼士:《右文说在训诂学上的地位及推阐》,《沈兼士学术论文集》,中华书局1986年版。

⑥ 魏建功:《古音系研究》,国立北京大学出版组1935年版,第195页。

根"中的原始语义为"义根"。如张永言先生在《训诂学简论》中所举例云：

> 我们在充分占有有关的文献资料的前提下，依据古音、联系古义，不受字形的限制，深入分析"盘桓"（洀桓、盘桓）、"判涣"（伴奂、判援）、"彷徨""屏营""徘徊"这一系列的词，就可以探明它们都是从同一语根 $\sqrt{B-H}=孳乳$ 而来的，其共同的义根是"回转往还的动作或情状"，而它们各自具有的"回转""不进""徜徉""玩乐""犹豫""迟疑"等意义都是从这一义根派生出来的。[①]

这里的"义根"与前面提到的"义象"都与"语象"意义相同，我们所以采用"语象"一词，只是为与"探语源""求语根""明语义"相谐，且既求"语词得名的初始之象"，则不免与声音相关，使用语象一词，似更强调这种相关性。

对于"语象"的推阐，在我国很早就已受到重视。许慎在《说文解字》中即已有意用语象的同否钩系同源字族。如"句"有曲义，则别立一部，以统系同源的"笱""拘""钩"诸字，不然，依许慎之分部，"句"可入"丩"部，另三字亦可分别归入"竹""手""金"部。又如刘熙的《释名》，可谓早期探讨语象的杰出标志，他在"自序"中说："夫名之于实，各有义类，百姓日称而不知其所以然之意，故撰天地阴阳四时、邦国都鄙、车服丧纪，以及民庶应用之器，论叙指归，谓之《释名》。"刘熙所谓的"所以然之意"，也就是指词所以得名的原因。只不过那时对语源的研究尚属启蒙阶段，《释名》所云，亦多刘氏臆说。使"语象"的探讨成为一种较可信的语言研究方法的仍是清代。段玉裁、王念孙是开拓这一方法的卓越代表。试举《广雅疏证》一例为证：

> 魕与侏儒语之转也。故短谓之侏儒、又谓之魕，梁上短柱谓之棁，又谓之株檽，……盖凡物之短者，其命名即相似，故屡变其物而不易其名也。[②]

此例中的"短"即"魕""侏儒"等词的共同语象。段玉裁于《说文解字注》中亦屡屡指出"凡某声之字多训某"数十处。近人魏建功于《古音系研究》中收录六条不同"声音组织"连绵词的"形况语根"。如：

> 凡舌根舌头爆发音的连绵词是事物突起或沸涌椭圆成椎的形况语根，语根代表词"科斗""骨朵""疙疸"。

---

① 张永言：《训诂学简论》，华中工学院出版社1985年版，第28页。

② 参见王念孙：《广雅疏证》卷2"魕，短也"条，江苏古籍出版社1984年版。

凡舌根爆发音舌头边音的连绵词是事物圆混球系或辗转环滚的形况语根,语根代表词"果蠃""輘轉""骨鹿"。①

魏氏的"形况语根"就是我们所谓的"语象",这里也显示出了一种联绵词语象谱的框架。

有清至今,从事汉语史研究的学者,几乎都对"语象"的问题有所关注和探讨。"语象"是汉语史研究的一个较重要的纲,抓住这样一个纲,就可以阐明事物和现象为什么要如此命名,并借以考证未知语词的意蕴,从而认识语言里词与词之间的语义关系和词汇的系统性,寻求词义演变和词汇发展的规律②。

二、联绵词语象的分析

在传统训诂学中,词的分析一直是以义项为基本的单位,这使得词义的同源以及演变的研究都受到限制。现代语义学提出了"义素分析法"(又称语义成分分析法)③,对传统的义项又做了更进一步的分析。正如原子论取代分子论对自然科学的冲击一样,"义素分析法"的出现也必然对传统训诂学的研究起到重要的促进作用。义素分析在汉语词汇研究中的应用尚属启蒙阶段,我们拟借用"义素分析法"来考察一下联绵词的语象。

语象与义项虽然重合较多,但并不完全一致。首先是推阐方法不同,语象是在义项基础上通过同源比勘获得的,而义项却是由文献语境归纳得到的。第二,一个词的得名语象通常只有一个,而义项却可以不止一个。因为语象是词的"得名之由",一般来说,一个词不会有几个"得名之由"。第三,义项有的与语象是一致的,有的是在语象基础上通过引申借代等方式发展出来的。

我们这里要使用三个术语来对联绵词的语象作进一步的分析:基本语象、附属语象、具体语象。下面举例说明。

√o−n(影泥)轨联绵词:趹跳(长貌)④、勪跏(长而不劲)、茢芀(草长貌)、腜腪(肥貌)、膃肭(肥也)、繼纕(多也)。通过比较,我们知道它们共同

---

① 魏建功:《古音系研究》,国立北京大学出版社 1935 年版,第 190 页。
② 张永言:《关于词的内部形式》,《语言研究》1981 年第 1 期(创刊号)。
③ 参见[英]G. 利奇著:《语义学》,李瑞华等译,上海外语教育出版社 1987 年版。
④ 本文未注明出处的语词均取自《集韵》,上海古籍出版社 1985 年影宋本。

的得名理由和依据是“柔弱”，这种同源联绵词共同的得名理据就称为基本语象。然而上面所列的六个词，就《集韵》所取的意义（一般是主要而又常用的）来说，并不仅仅包含“柔弱”一个含义，稍做分辨，我们就可以看出前两组又都有“细长”的意思，后三组又有“肥盛”的意思，但这并非是同源词所共有的成分，这种由基本语象所附着或能引申出基本语象的意义，我们称为附属语象。如果对上面的词再作分析，我们会发现，其中“葝苿”一词义为“草长貌”，这就表明这个词的“柔弱细长”义只用于“草”，而须发或丝带的柔弱细长就不用这一个词来表示。“草”在“葝苿”的词义中就是基本语象“柔弱”和附属语象“细长”所依附的具体名物，这就称为具体语象。

在一组同源词内，基本语象与附属语象有时会发生转化。如√t′－t′（透透）轨的“㥏忒”（心不宁）族联绵词，其基本语象为“不定貌”，而本族中“䑙舑”（吐舌貌，长貌）、“蝻蛥”（兽吐舌貌）则有附属语象“特出”，但其基本语象仍为“不定貌”，如犬因热而伸缩舌貌。然本轨之词“倜傥”（卓异貌）、“瘃瘃”（瘦也）、“籉籉”（竹长杀貌）则以“特出”为基本语象，在这里已不存在“不定貌”这一语象了，它们与“蝻蛥”“䑙舑”有共同的语象成分，而与“㥏忒”等词的关联要通过中介“蝻蛥”“䑙舑”诸词方能理解。此与语词的远引申近引申颇有相似之处。从这一例中我们可以看出两种语象成分间的转化。

联绵词意义的变化大多是由附属语象和具体语象的增减变换来实现的。我们仍以√o－n（影泥）轨为例。以基本语象“柔弱”显示意义的词有“猗傩”（柔貌）、“䵨䠓”（软也）、“猗狔”（弱貌，物从风貌），如果增加“美好”这一附属语象，语词的显示意义就变了，如“嫋嫒”（妍也）、“婀娜”（弱也，美貌）；增加了“细长”的附属语象，就成为“跃跳”（长貌）、“㽸㽷”（长而不劲），增加了“肥盛”语象，就变成了“腲脮”（肥貌）、“膃肭”（肥也）等等。如果加上附属语象“美好”外，再加上具体语象“妇人”，则为“媪媪”（妇貌），基本语象“柔弱”加上附属语象“细长”和具体语象“树枝”为“橠榱”（树枝长弱貌），又如基本语象“柔弱”依附于“衣服”则为“裒袲”（衣貌），依附于“树木”则为“椅柅”（木弱貌）。

这三种语象成分在表现词义时显示的情况不同，词义也就不同。这主要有两种情况。一是各语象成分单独显示词义，一是互相配合显示词义。在单独显示词义时，基本语象和附属语象所显示的词义一般来说是非名词性的，其中以形容词和动词为主，如前例所举之词。而具体语象单独显示词义时，则多为名词性联绵词，其中尤以名物性词为主。如“欙樦”（草名）、“篃箵”（竹名），二词皆为名物，其词义所显示的语象只是具体语象，它们所赖以得名的基本语象湮没不显。这是两个√l−s(来心)轨的联绵词,通过同源系联并考虑到草、竹所可能具有的特性,推知基本语象与附属语象当为"杂乱细长",盖其得名之据乃草或竹之主干细长而枝叶杂乱。

至于语象成分配合显示词义,前所举例已有所显示,这里着重要提及基本语象与附属语象配合显示词义时所呈现的两种情形:一是二者互相补充,不可分离,如上例所举√l−s(来心)轨的语象为"杂乱细长"的一族联绵词,"流苏""褦襶""樏槷""簜箸""鬅鬆""繿襂"等等。通过比较,我们知道它们的基本语象应为"杂乱",在表现意义时,附属语象"细长"已与"杂乱"结合在一起,互相补充,不可分开,表明这种杂乱是细长之物的杂乱,而不是圆浑之物如沙子与粮食混在一起的杂乱。在一定程度上说,这里的基本语象与附属语象自产生起就结合在一起,在表达词义上,两者几乎是同等重要的。第二种情形是基本语象由附属语象引申出来,两种语象成分融合在一起表达意义。如√m−m(明明)轨语象为"幽暗不明"的联绵词"冥冥""民民""媒媒"等等,其基本语象为"不明",附属语象为"幽暗",两者在表义上融合为一,幽暗很自然会引申出不明。而这些词正是因为"不明"才得以命名。

我们认为,就某一个具体的联绵词来说,其得名之由都要包括这三种语象成分(不是三个语象),只是在使用中,有些只用到其中一个或两个成分,而其他的成分湮没不显而已。

语象成分虽与义素相似,都是对传统的义项进行比较分析后得到的,但是二者又是有很大差异的。第一,义素是最小的语义单位,而语象成分却不是。第二,基本义素多为通行之基本意义中的主要成分,它不会消失,而基本语象却是同源联绵词所共同赖以命名的意义,它有时会湮没不显。

三、联绵词语象推阐的方法

以古音为纲,据音系联,是推阐联绵词语象之前提。具体的系联方式我们将另外撰文讨论,此不赘述。这里主要探讨因意义而推阐同源联绵词语象的问题。前人对此的研究从系联同源词的范围上看可分两种:

第一,归纳推阐形音相同相近而意义相同的联绵词。如段玉裁于《说文解字注》"佝"字下云:"佝瞀也,……叠韵字。二字多有或体,子部瞉下作瞉瞀,荀卿《儒效》作沟瞀,《汉·五行志》作区霿,又作傋霿。《楚辞·九辨》作怐愗。《玉篇》引作怐愁。应劭注《汉书》作瞉霿。郭景纯注《山海经》作瞉瞀。其音同,其义皆谓愚蒙也。"

第二，扩大范围，对音义相近相关之联绵词进行广泛的系联，如程瑶田之《果臝转语记》，系联近二百条音义有别而相关的联绵词，并指出："声随形命、字依声立，屡变其物而不易其名，屡易其文而弗离其声，物不相类也而名或不得不类，形不相似而天下之人皆得以声形之。"然程氏又持"双声叠韵之不可为典要，而唯变所适也"之观点，是以其音变轨则较宽，难免有通转过泛之弊。又如俞樾《古书疑义举例》卷七："娄空，古语也。……凡物空者无不明，故以人言则曰离娄，以屋言则丽廔，离与丽皆娄字之双声也。"蒋礼鸿先生申其言曰，心明曰娄空，目明为离娄，屋明曰丽廔、娄娄，其义一也。后世或言玲珑、伶俐，其义并与娄空同，即所谓剔透聪明者是也。此即离娄、伶俐之声转也。又转为娄罗，娄罗亦即伶俐矣[1]。

语言大师们推阐语象之方法已经显示于具体的实践之中，由此可知，在推阐同源联绵词语象时，首先要确定一比较归纳范围，这正如义素分析首先要确定语词比较的语义场一样。唯确定范围要以语音为纲，音隔远则不能断为同源联绵词，然后先比较意义相同和相近的词，再据其共有的意义与另外一些意义相似或相关的词比较。如√b−s(并心)轨的一组词：行走不稳定为"蹩躠"、为"勃屑""踂跰""蹁跰""蹒跚""蹁跹"，跳舞旋转不定则为"儴跰"，亦作"蹁跹"，鸟舞动不停则为"䟓䟔"，衣服舞动不定则为"㣆徦""褊襈""便姗""婆娑""妭姗"；草木摆动不定为"蔽薆""婆娑"；行为不正为"跛躃"；心内不安定则为"悖侻"；心念奸邪不定则为"彼憸"。通过比较，知其共同语象当为混乱无定、杂乱不正之意。

此外，同化之偏旁往往能反映造字者之心理，如前例"蹁跰""褊襈""蔽薆"，即表明古人认为人、衣物、草木之摆动不定，其性质是一样的。据此，我们也可以推断表面意义相隔稍远的词为同源词。如√b−k′(并溪)轨，"菝葀"(草名)，归于"短小强健"之语象下，即以有同偏旁之词"妭结"(短貌)为证。又如√P′−n(滂疑)轨，"軯輗"(车名)、"睥睨"(邪视也)归入"遮蔽不明"之语象下，即缘√p−n(帮疑)轨有"埤堄"(城上垣)为"遮蔽不明"语象而得与"僻堄"(城上垣)归为一组，而"睥睨"之邪视义盖为"城上垣"常有卫兵监视之功用引申。

相近音轨的比较，往往有助于语象的分析和确定，如√p−p(帮帮)轨有"飘动繁密""闪动繁密"之语象，√p′−p′(滂滂)、√b−b(并并)轨亦皆有此语象。又如 p′−b(滂并)、√b−b(并帮)、√b−b′(并滂)、√b−b(并并)诸

---

① 参见蒋礼鸿：《义府续貂》，中华书局 1987 年版，第 39 页。

轨之"支撑繁密"（即指附着面大或支脚多之意），即因相互参校而得以确定的。

利用比较法并不限于有文字记载的汉语本身，我们也可以利用汉藏语言的其他分支和现存的非书面的方言俗语来与汉语的书面联绵词相比较，如古书称大门口的影壁叫"罦罳"，跟西藏话的 PuClu（篱笆）、汉语的"扶疏""婆娑""勃窣""槃姗"是一个根的联绵词①，这些词都有屏蔽、遮拦、杂乱不明之意。又如藏文有双音节方言字 gi－gu，有"尖、角儿、碰头儿、顶牛儿"等意思，它和古汉语的"薜苦""邂逅""芙苪""撅攥""馋诟"（婆媳不合）等是一个语根的联绵字②。董为光先生说："前人称'联绵字'，是从书面语角度观察问题。实际上，'联绵字'与口语的关系异常密切，我们理所当然地把同类方言俗语归于联绵词的范畴，尽管它们也许无'字'可记。"③如晋中话表分离义的材料有：

Pala（跋踉）：叉开腿。

Pola（薄腊）：拨往一边。

Pala（跋躐）：妨碍。

Polau（薄捞）：把堆放的颗粒分散开。

汉语文献中，"扒拉"族词先秦两汉已很不少：

仳离：人相别离。（《诗·中谷有蓷》）

布路：四散离去。（《左传·襄公十二年》）

披离：离散之貌。（宋玉《风赋》）

霹雳：疾雷迅电之名。

拨攦：手披也。（《广韵》十二曷）

辟历：辟，析也，所历者皆破折也。（《释名·释天》）

董先生又举大量的汉藏语系各亲属语言中表"分离"义而音与"扒拉"相近者，如：

苗语：Phlua'分开。

瑶语：Phla^2 扒拉、散开。

---

① 参见俞敏：《古汉语里的俚俗语源》，《燕京学报》第 36 期，1949 年。按俞先生之说较宽泛，我们是把"遮蔽不明"与"杂乱不定"分为两个语象。

② 俞敏：《汉藏比较的范围应该扩大》，转引自冯蒸：《古汉语同源联绵词试探》，《宁夏大学学报》1987 年第 1 期。

③ 参见董为光：《汉语"异声联绵词"初探》，《语言研究》1986 年第 2 期。

……

推阐联绵词语象之方法,至此可谓旁搜远绍,蔚然称善矣。

最后还要说明一点,推阐同源联绵词之语象,首先应努力找出它们的主要意义,尤其是它们在使用中所表现的各种意义,意义之归纳越全面,系联的可能性越大,结果也就越为可信。

（原载《浙江大学学报》1991 年第 1 期）

"断桥"考

唐代诗人张祜(约 785—约 849)《题杭州孤山寺》诗中有"断桥荒藓合[①]，空院落花深"句，此中的"断桥"即被视为今日西湖十景之"断桥"的最早文献记录。断桥在南宋咸淳年间(1265—1274)曾因隶属宝佑坊而改称宝佑桥[②]，唯当时盖即有因"断桥"不断之故而别以谐音"段桥"解之作"段家桥"者，如周密《武林旧事》卷 5"断桥"下即载云"又名段家桥"，然南宋末年之董嗣杲在《西湖百咏》卷上《断桥》一诗的题记中已斥其非。但因"断桥"不断的问题未有共识，故其后于"断桥"之名义问题聚讼渐多，约其大者可别为七说：唐时桥本中断说，段家桥之误称说，孤山之路至此而断说，送别分手之处说，短桥(与湖对面的长桥相对)音误说，雪后桥上融化两端尚存远观似断说，桥隔水断说，等等，皆臆度寡据之论，陈相强先生于《西湖之谜》一书中已略有驳斥，并谨慎判之云"谜底难断"[③]。今阅文籍，偶见诗文中言西湖之外不断之"断桥"尚有多例，故此稍作诠考，聊增"断桥"之一新解云。

一、西湖之"断桥"不断非孤例

明代仁和(今杭州)人邵经邦《弘艺录》卷 8《断桥》诗云："闻道桥名断，从来金勒过。"金勒本指用黄金装饰的带嚼子的马笼头，这里当泛指骑马者，此诗即明白地提出了他对杭州西湖之断桥名"断"而实不断的困惑。金代赵秉

---

① "合"字通行本《全唐诗》等皆作"涩"，唯(宋)董嗣杲《西湖百咏》卷上《断桥》诗题记所引、(宋)刘克庄《后村集》卷 184《诗话新集》所引、(宋)潜说友《咸淳临安志》卷 23《题咏孤山》所引等皆作"合"，谓断桥行人较少而以致荒藓长满，与下句空院无人打扫而致落花积厚相呼应，于义为安，盖或以"断桥"为断了的桥，其荒藓不可合，故以他字改之。

② 《咸淳临安志》卷 21 桥道部之"断桥"下注"今名宝佑桥，孤山路口"，于"宝佑桥"下注"宝佑坊内"。

③ 参《断桥不断谜底难"断"》篇，杭州出版社 2006 年版。

文《釜水集》卷 8《暮归》:"贪看孤鸟入重云,不觉青林雨气昏。行过断桥沙路黑,忽从电影得前村。"其所行之"断桥"亦名断而实未断。清代顾于观《澥陆诗钞》卷 9《南楼四咏》之四:"门前空有断桥在,十日人无款竹扉。"以十天无人过断桥来访为憾事,可知其所谓"断桥"亦是未断之桥。则不断之"断桥"似为古代一种常见事类,非杭州西湖之所独有。检文籍所载,名为"断桥"而实不断者多是水乡村落、寺院甚至隐居者出入的通道,如:

> 元代刘仁本《羽庭集》卷 3《题上虞长庆寺林壑尤美亭》:"野水断桥争渡客,落花啼鸟坐禅僧。"

> 明代文征明《甫田集》卷 6《张明远索画,久而未成,岁暮阴寒,雪霰将集,斋居无聊,为写溪山欲雪图并赋短句》:"岁暮天欲雪,郊原风色饶……野水照茅屋,归人争断桥。"

> 明代徐𤊹《鳌峰集》卷 13《宿邓汝高竹林山庄》:"流水断桥通古路,斜阳残磬下空山。"

> 清代张豫章《四朝诗》卷 45 载元代曹文晦《九月一日清溪道中》:"老树依沙岸,柴门上下邻。断桥归郭路,细雨过溪人。"

> 清代黄钺《壹斋集》卷 10《姑溪道中》:"断桥秃柳两三家,桥未通流柳未芽。枨触去年新岭路,一群啼鸟一丛花。"

> 清代廖元度《楚诗纪》卷 17《螺溪杂述八首》题记"环山皆溪,溪边人家不数武一桥,峭壁蹲踞如虎,池有菱芡,岭有松竹。运际时艰,予奉母偕弟,携妻挈家焉。孤吟偶得,即与牧樵高歌搔首云尔"之一:"野水横溪似隔河,弟兄家外断桥多。茶经酒史时相访,赢(赢)得醉携樵子歌。"

> 清代魏宪《百名家诗选》卷 13 杨思圣《游百泉》:"断桥通寺径,古木隐人家。"

断桥于市镇则甚少见,今检书例,仅得元代王恽《秋涧集》卷 13《召伯埭》"离离平野树,人指是甘棠"注载异文云:"一作'断桥穿市过,十里藕花香。'"召伯埭传为晋谢安所修,《晋书·谢安传》:"及至新城,筑埭于城北,后人追思之,名为召伯埭。"址在今江苏高邮市南之邵伯镇。

断桥既然可以通人,那么它的形制又是如何呢?也许我们可以通过以下诸例略窥一二:

> 唐代杜甫《过故斛斯校书庄二首》之二:"断桥无复板,卧柳自生枝。"

> 金代赵秉文《闲闲老人滏水文集》卷 7《百五日独游西园》:"断桥没

板横斜艇,古木欹垣碍去轮。"

明代徐燉《鳌峰集》卷 16《夜溪岭题主人壁》:"断桥白板归耕路,小屋青旗卖酒家。"

清代纽琇《觚剩》卷 1 吴舸载吴南村《田家秋兴》诗:"九月筑场后,田家事事幽。断桥霜下板,修竹水边楼。⋯⋯"

明代文征明《甫田集》卷 2《夏日雨后书事》:"一番浓绿催朱夏,昨夜新波失断桥。"

清代黄钺《壹斋集》卷 27《八月七日承晖山馆作》:"积雨泥成海,惊湍渡断桥。都将行李滞,难骋紫骝骄。"

清代刘嗣绾《尚絅堂集》卷 15《途中杂诗》:"一灯残梦驿尘昏,天未明时已出门。行过断桥愁马滑,晓来满地是霜痕。"又卷 39《断桥》:"略彴前头问渡回,残虹影落一徘徊。荒烟倒卧全身柳,长板斜支几尺苔。依旧天连春水尽,更无人蹋晓霜来。寒槎断了溪坳路,从此闲门日日开。"

由前四例可知断桥之形态盖是在竹木架上加长板相连接而成,故在秋冬季节可通行人,而在春夏水涨之季则其上之长板或为水所漂,从而多现"断桥无板"之现象。虽有板无板皆可称断桥,但无板之断桥不能行人,如张豫章《四朝诗》卷 68 载明代刘基《萧山山行》诗所谓"偶值断桥妨去路,却随修竹到邻家"中所言的"断桥",似乎即兼契于"断桥"字面意义上的"毁坏的桥梁"之义。

见于诗文以外的用例如清"桐城派"学者刘大櫆的故乡安徽省枞阳县汤沟镇,在清时有闻名遐迩的汤沟八景,其一为"断桥渔火"。又浙江省临海县博物馆藏有清康熙四十六年(1707)刊本的居于浙江省仙居县的《断桥林氏宗谱》一卷,在浙江省仙居县福应街道至今犹有断桥村(现分为断桥上宅村和断桥下宅村)。又浙江省余杭县五常开发区及湖南省保靖县梅花乡以及四川省合川市官渡镇、广元市元坝区丁家乡、岳池县新场镇、重庆市巴南区南彭镇、贵州省安顺市关岭县诸地皆有断桥村,疑并与前述不断之"断桥"为同科。

二、"断桥"之命名理据拟说

然则桥既不断,何以名之"断桥"? 疑此"断桥"实即"簖桥"之故字,而"簖桥"则是与捕鱼、蟹等之"簖"相伴的一种桥:

清代方浚颐《梦园书画录》卷四"宋苏汉臣渔村聚乐图立轴"："湖光山色,极浦横桥,两渔艇分,簖桥下一船泊苇间,……"

清代冯桂芬《(同治)苏州府志》卷 33"府城外吴县治桥"条载:"簖桥,跨面杖港。"

清代潘衍桐《两浙輶轩续录》卷 54 载海盐才女李壬《由武原至梅里》诗:"沿塘两岸遍桑麻,画舫朝移日又斜。望见簖桥心便喜,急收帆脚到侬家。"

此中之"簖桥"便是与置放鱼簖、蟹簖(在江南地区尤以蟹簖为主)有关的桥,其称法在部分地区至今犹存,如浙江省嘉兴市王店镇东首之长生桥(原名梅溪桥)俗多称作簖桥,江苏省泰兴市黄桥镇三里村亦有称作簖桥之桥。"簖桥"的主要功能是用来协助捕鱼蟹的,这与"鱼梁桥"之功能当亦相同[①],其操作方法可从下二诗例中看出:

清代汪师韩《上湖诗文编·纪岁诗编》卷四载《友人先后惠蟹》:"正是江村稻熟时,见蒉郭索动乡思。溪湾下簖桥收笼,《蟹略》何人录小诗。"

清代高士奇《高士奇集·苑西集》卷五《题严耦渔宫允所画江村草堂图》:"一湾流水绕柴门,三径荒芜松菊存。归去纬萧为蟹簖,桥头消长验潮痕。"

每年秋冬之交,螃蟹会进行生殖洄游,成群结队,顺流而下,到江海交界的浅滩中繁殖后代,了此一生,来年初夏,孵出的蟹苗又逆流而上,返回内陆淡水湖港生活,人们便利用螃蟹的这种生活习性来加以捕捉。唐代陆龟蒙《蟹志》云:"蟹始窟于沮洳中,秋冬交必大出。江东人云:稻之登也,率执一穗以朝其魁,然后从其所之也,蚤夜磨沸,指江而奔,渔者纬萧承其流而障之,曰蟹簖。簖,断其江之道焉尔。"[②]即渔人把芦蒿、竹竿等编连起来插在江河之中,挡住螃蟹向下游行进之路,然后螃蟹必沿簖爬上来以求越过下行,于是渔人便在簖侧的桥上捕捉之,或又于簖上装竹笼以诱其入。清代焦循《雕菰集》卷 7《续蟹志》述此甚悉:"濒湖而居者以蟹为田,编竹以为簖。簖者断也,所以断截其路而诱取之也。每簖值百金,大者数百金,或东而西,或北

---

① 李贤《明一统志》卷 56 载吉安府之关梁牛王寨有鱼梁桥,黄廷桂《(雍正)四川通志》卷 22 下载重庆府綦江县亦有鱼梁桥。

② (清)董诰:《全唐文》卷 801,中华书局 1983 年版。

而南,随两岸相去之远近布焉。间三四步曲其势作门,门内歧以邃,忽宽忽狭,忽曲忽直,其奥覆以笛,空一隅置竹匣,形圆而锐,字之曰老人头,高出籪上尺许,蟹之随流而下者阻于籪,不知返也。求所以越之者,则必循而行,见门焉,喜且入,……必缘以上,于是乃困诸匣中。"当然亦有不别设桥而是划船前往捕蟹或收笼者。这种捕蟹方法在江南一带尤为常见,如宋代陆游《剑南诗稿》卷65《稽山行》云:"村村作蟹椴,处处起鱼梁。"[1]郑继荫先生在《外婆家的鱼籪》一文中回忆其小时在嘉兴外婆家所见的鱼籪之情形时提到:"鱼籪的收获,季节性很强,梅雨季节,河水暴涨可捉到大鱼,白露鳗鲡多,霜降河蟹多。当时的鱼籪很多,如西南湖靠汪家花园西边,施家有一鱼籪;南湖出口处,南堰有一鱼籪;北门百步桥北面有一鱼籪;塘汇长纤塘有一鱼籪……河中鱼籪可谓星罗棋布。"[2]这一捕捉鱼蟹的方法当即是在周代"鱼梁"捕法基础上的一种改良,然因其用力较省而且收效更快,且尤其适用于水流较缓而水面较大的河港地区,故而在隋唐以后得到普及。但因鱼籪或蟹籪多植对河流及湖面的水流影响较大,古时官府即或有所限制,近代以来,更随着养殖业的兴起而逐渐遭到淘汰。

由上可知,"籪"字盖行于宋,为"断"之孳乳字,其字亦或作"椴"形,是以"断桥""籪桥"并行,而尤以用"断桥"者例多。唯作"椴桥"者虽未见用例,然颇疑西湖之断桥在南宋末被误解作"段家桥",乃与蟹籪又作蟹椴之字形有关。

杭州之西湖为钱塘江泄湖,在中唐以前,钱塘江与西湖的水域连成一片,涨潮之时,或有"海水翻潮,飘荡州郭"之害(《旧唐书·五行志》载大历十年七月事),湖中水流又因孤山之分流而形成了白堤,阙维民先生在《钱塘湖白堤与西湖白堤》一文中考证说:

> 至少在汉代就已见载的武林水,挟带武林山泥沙,按武林山地所决定的方向,自西南向东北流,途遇孤山之阻,分成两股,一由孤山与栖霞岭之间,一由孤山之南,都仍向东北流,在孤山东北角汇聚,渐渐地斜拖出一条长辫——白堤。水流的方向也决定了白堤西南—东北的方向。由于孤山与栖霞岭之间的一股分流的存在,使得白堤东北端纵使伸得与宝石山东麓近在咫尺,也只能断而为堤,不能相接而成连岛坝。难怪

---

① 《剑南诗稿》卷26《冬晴闲步东村由故塘还舍作》之二"水落枯萍黏蟹椴,云开寒日上鱼梁"自注:"乡人植竹以取蟹,谓之椴。"

② 原载百度贴吧(http://tieba.baidu.com)之浙江吧。

有"岂以孤山之路至此而断,故名之(按:断桥)欤"的疑问。[①]

流经孤山的两股水流在宝石山东南端合流而出,白堤也便成为一道天然"鱼梁",渔人们在白堤东端设簖以捕鱼蟹[②],且依簖设桥,以为取鱼蟹及通孤山路两得之便,谓之"簖桥"(张祜诗作"断桥",盖彼时"簖"字或未产生,或少人用),自在情理之中。阙维民先生据史料水患记载情况认为:"西湖与钱塘江最后隔绝,真正成为淡水湖的具体年代,可能在唐大历年间。"[③]五代以后,特别是自吴越国王钱镠筑埭海塘后,钱塘江之鱼蟹经西湖而洄游者遂绝,然因杭州都城文化的发展和西湖之旅游形象的提升,已失去设簖捕捉鱼蟹功能的"断桥"本义遂为湮没,其后虽屡经改建,而"断桥"之名却因文人作品之称颂和民间口承之相传而得以沿用,对其语源的猜想也便成为游客特别是不知渔人文化的游客们乐此不疲的游戏。

三、"断桥"之符号象征小引

断桥作为一个文学符号,其间蕴含着丰富的象征意义。约而别之,可分为三种类型。

第一种,表示离别和宦游情绪,此又多与柳相并提。

宋代李昉等《文苑英华》卷 295 载前人《随计》诗:"徒步随计吏,辛勤须易凋。归期无定日,乡思羡回潮,冒雨投前驿,侵星过断桥。何堪穆陵路,霜叶更萧萧。"

宋代刘辰翁《须溪集》卷 7《送李鹤田游古杭》:"平生高李经行处,寂寞断桥漂落絮。"

明代史鉴《西村集》卷 4《断桥分手次刘邦彦韵》之二:"断桥无数垂杨柳,总被行人折渐稀。"

明代王褒《王养静先生集》卷 7《题小山水图》:"断桥与落叶,总是行者愁。"

---

① 阙维民:《钱塘湖白堤与西湖白堤》,周峰主编:《南北朝前古杭州》,浙江人民出版社1997年版。

② (宋)潜说友《咸淳临安志》卷 58"物产"之"蟹"下注:"《淮南子》云:'蚌蟹珠龟,与月盛衰,皆阴属也。'西湖旧多葑田,产蟹,土人呼湖蟹。和靖诗云:'草泥行郭索。'又《湖西晚归》诗云:'水痕秋落蟹螯肥。'今湖蟹绝难得。"

③ 参前引《钱塘湖白堤与西湖白堤》文。

清代韩骐《补瓢存稿》卷5《庭院深深·山中口信》:"病中言别,杨柳断桥边。"

折柳赠别之俗盖始于汉朝,《三辅黄图·桥》:"灞桥在长安东,跨水作桥,汉人送客至此桥,折柳赠别。"其后此俗广布,解者以为这是取柳枝易活之意来祝福行者能早日适应他乡的生活,清代褚人获《坚瓠集·广集》卷4载云:"送行之人岂无他枝可折而必于柳者,非谓津亭所便,亦以人之去乡正如木之离土,望其随处皆安,一如柳之随地可活,为之祝愿耳。"俗论亦以为这是取"柳"和"留"谐音,借以表示挽留不舍之情。"断桥"则以其"断"字的常用意义而蕴含了这一诀别的无奈,较汉之灞桥更具一种沉痛之感。而宦游者睹之,亦蓦然而增一种与家乡悬隔的凄凉情怀。

第二种,表示隐逸情结,此又多与竹、梅相并提。

宋代陆游《剑南诗稿》卷3《长木晚兴》:"断桥烟雨梅花瘦,绝涧风霜槲叶深。"又卷26《探梅》:"我游东村冲暮烟,断桥流水鸣溅溅。欲寻梅花作一笑,数枝忽到拄杖边。"又卷39《书怀》:"羸马常愁趁早朝,乞归幸复侣渔樵。青黄未胜沟中断。宫征何殊蚌下焦。心乐箪瓢同鼎食,身安山泽谢弓招。数间茅屋谁知处,烟雨蒙蒙隔断桥。"

宋代杨万里《诚斋集》卷2《族叔祖彦通所居宛在水中央名之曰小蓬莱为作长句》:"屋后有竹前有花,断桥才整已半斜。"

宋代杨冠卿《客亭类稿》卷13《题画扇》:"断桥流水小舟横,卧看林梢素月明。双鹤不知何事舞,风前时送九皋声。"

宋代徐玑《二薇亭诗集》《春雨》:"断桥横落浅沙边,沙岸疏梅卧晓烟。新雨涨溪三尺水,渔翁来觅渡船钱。"

宋代佚名《宣和画谱》卷12山水三论巨然山水画:"巨然山水,于峰峦岭窦之外,下至林麓之间,犹作卵石松柏、疏筠蔓草之类,相与映发。而幽溪细路,屈曲萦带,竹篱茅舍、断桥危栈,真若山间景趣也。"

清代张豫章《四朝诗》卷32载明代王冕《秋山图》:"触景感动客邸愁,便欲卜筑山之幽。断桥流水无人处,添种梅花三百树。"

清代卢綋《四照堂诗集》卷9《咏梅花二十绝》其四:"断桥横出一枝斜,素影澄波漾浅沙。疑是临窗窥镜女,无言自对惜年华。"

竹之与隐结缘,盖盛于魏晋"竹林七贤"之后;梅之与隐结缘,盖盛于北宋林逋隐居孤山植梅放鹤而称"梅妻鹤子"之故典。"断桥"多处于荒野渔村,故与士人之隐逸情结相合,可谓江南渔隐之象征符号。只不过中国式的隐逸者多持有一种儒家的仕隐情怀,即"天下有道则见,无道则隐"(《论语·泰伯》),其归隐多因世道不正、才志难施而不得不然,其心中之家国天下关怀则未尝泯也,若陆游《卜算子·咏梅》之词①,盖亦当作如是观。

第三种,以桥能连接两岸而为夫妻合缘之象征,此与七夕"鹊桥"及上元节女性"走三桥"之俗的寓意相同。其代表故事则为白蛇许仙会于杭州西湖断桥的传说。明代冯梦龙《警世通言》卷28"白娘子永镇雷峰塔"记许宣清明节日到宝俶塔寺进香荐祖后与白蛇娘子邂逅之状:

> (许宣)吃斋罢,别了和尚,离寺迤逦闲走,过西宁桥、孤山路、四圣观,来看林和靖坟,到六一泉闲走。不期云生西北,雾锁东南,落下微微细雨,渐大起来。正是清明时节,少不得天公应时,催花雨下,那阵雨下得绵绵不绝。许宣见脚下湿,脱下了新鞋袜,走出四圣观来寻船,不见一只。正没摆布处,只见一个老儿摇着一只船过来。许宣暗喜,认时,正是张阿公。叫道:"张阿公,搭我则个。"老儿听得叫,认时,原来是许小乙。将船摇近岸来,道:"小乙官,着了雨,不知要何处上岸?"许宣道:"涌金门上岸。"这老儿扶许宣下船,离了岸,摇近丰乐楼来。摇不上十数丈水面,只见岸上有人叫道:"公公,搭船则个。"许宣看时,是一个妇人,头戴孝头髻,乌云畔插着些素钗梳,穿一领白绢衫儿,下穿一条细麻布裙。这妇人肩下一个丫鬟,身上穿着青衣服,头上一双角髻,戴两条大红头须,插着两件首饰,手中捧着一个包儿,要搭船。那老张对小乙官道:"因风吹火,用力不多,一发搭了他去。"许宣道:"你便叫他下来。"老儿见说,将船傍了岸边,那妇人同丫鬟下船,见了许宣,起一点朱唇,露两行碎玉,向前道一个万福。许宣慌忙起身答礼。那娘子和丫鬟舱中坐定了,娘子把秋波频转,瞧着许宣。许宣平生是个老实之人,见了此等如花似玉的美妇人,傍边又是个俊俏美女样的丫鬟,也不免动念。

《白蛇传》故事的形成时间,论者虽有不同看法,但以出现于南宋前期,盖失之不远②。然今所见之文献,却以上引冯氏所辑为最详。但从上引文字中亦可看出,许宣上船之所是在四圣观附近,而四圣观是位于孤山的,所以他和白蛇相见的地方是在白堤的西头,而不是东头的断桥。但在清以后的

---

① 其词云:"驿外断桥边,寂寞开无主。已是黄昏独自愁,更著风和雨。无意苦争春,一任群芳妒。零落成泥碾作尘,只有香如故。"

② 参陈泳超:《〈白蛇传〉故事的形成过程》,《艺术百家》1997 年第 2 期。

各种《白蛇传》戏中,则已明确二人相遇之地在断桥,经典作品的创作对象征符号的认同和选择是一种必然的趋势,由此亦可见一斑。循此以进,西湖之断桥也便被后人视为可以邂逅爱情的"情人桥"了。

结语

《汉语大词典》"断桥"条下收二义项:"1.毁坏的桥梁。""2.桥名。在浙江省杭州市白堤上。自唐以来已有此名。或言本名宝佑桥,又名段家桥,今罕有称者。"其中前一义项下引有四个书证:

> 唐代杜甫《过故斛斯校书庄》诗之二:"断桥无复板,卧柳自生枝。"
> 宋代苏轼《正月二十四日与儿子过同游罗浮道院及栖禅精舍,过作诗,和其韵寄迈迨》:"断桥寻胜践,脱屦欣小揭。"
> 元代曹文晦《九月一日清溪道中》诗:"断桥归郭路,细雨过溪人。"
> 清代王韬《淞隐漫录·乩仙逸事》:"或遇枯木寒花,断桥流水,辄低徊不忍去。"

但从我们前文的考证来看,除第一例因故与"毁坏的桥梁"相合(参前引及所述),余三例皆当是一种可供行人通过的"簖桥",是其"毁坏的桥梁"之义当别取用例,而该词条下则当别增一义项作:"亦作簖桥。为渔人方便用簖捕捉鱼蟹等而设的简易梁桥,亦可行人。"另外,其第二个义项对于西湖断桥与异称间的关系亦判断失当,可据本文所考加以订正。

(原载《浙江社会科学》2009年第2期)

"鬼"字考源

——兼论中国传统生命理解中的鬼神信仰

源于图腾崇拜的祖先信仰一直处在中国传统民众信仰的核心地位,儒家有云:"慎终追远,民德归厚矣。"(《论语·学而》)即认为对祖先由何而来(所谓追远之意)以及他们在生命终结时又归于何处(所谓慎终之思)的思考是生民道德修养的关键所在。其实这里隐含着的延伸话题才是学人关注的核心所在,那就是我们的生命由何而来? 我们又将归往何处?[①] 本文即拟结合"鬼"字的形义考察而对后一问题做出些讨论,钱穆先生在《孔子与心教》一文中指出:"人生最大问题,其实并不是生的问题,而实是'死'的问题。凡所谓人生哲学、人生观等,质言之,都不过要解答此一'死'的问题而已。若此问题不获解答,试问人生数十寒暑,如电光石火,瞬息即逝。其价值安在? 其意义又安在?"[②] 希望本文的讨论能对理解中国文化传统中的生命信仰有所裨益。

一、"鬼"字形义旧说平议

汉代许慎《说文解字》云:"鬼,人所归为鬼。从人,甶象鬼头。鬼阴气贼害,从厶。"对鬼字训为归的说法,当是先秦以来学人的共识,清代段玉裁注云:"《释言》曰:'鬼之为言归也。'郭注引《尸子》:'古者谓死人为归人。'《左传》子产曰:'鬼有所归,乃不为厉。'《礼运》曰:'魂气归于天,形魄归于地。'"而《列子·天瑞》所言更详:"众生必死,死必归土,此之谓鬼。鬼者,归也,归其真宅。"但对于鬼字的构形解析却颇有不同,其代表说法如段玉裁《说文解字注》解之为会意字:"自儿(人)而归于鬼""神阳鬼阴",即以"甶"所代表的鬼

---

① 这一追问与同处轴心时代的希腊德尔斐(Delphi)阿波罗神庙(约前八世纪至前四世纪)碑文"认识你自己(know yourself)"的神谕有着殊途同归之妙。西方学术界至今影响甚巨的哲学三大公案"我是谁? 我从哪里来? 我要到哪里去?"也正是由此敷演而得。

② 钱穆:《灵魂与心》,广西师范大学出版社 2004 年版,第 16 页。

头为鬼之象征,而人死归之,又以与神相比鬼为阴性的存在,故加与阳"公"相对的阴"厶"之形以会其意。王筠《说文释例》则解之为象形字:"鬼字当是全体象形,其物为人所不见之物,圣人知鬼神之情状,故造为此形,不必分析说之。……古人言鬼,无不谓人之祖先者,故古文作槐,岂可以贼害说之。且此及兄、儿等字皆不必谓之从人,只是有首有足象人形而已。"①以为鬼作此形状是圣人体知出来的,似乎比较玄妙。然而"鬼"何以用"⊕"为其形体象征,圣人又如何体知出这样一个"没有理由"的形体来表示如此重要的一个概念的,则全无说法。自清末甲骨文发现以来,人们看到了更多的鬼字古文形体,因此对鬼之形义关系也便有了更多的反思余地②。叶舒宪先生曾总括旧说,分为五派:死人说、异族丑人说、类人动物说、骷髅说、魖头神像说③。今因而申论之,别作六派八说。

1. 大头怪物说。这一派取"鬼"为象形字,细论又可分为两种情形:

其一谓鬼字之构形乃是想象中的人死后所化的怪物,此承前述王筠旧说又有所演绎,如许敬参先生《释鬼》云:

> 考古籍所载,言鬼者未有只言鬼头,亦即甶未有独立成文可知。特鬼之异在头,故甶不变。甲骨文、金文鬼字或从女,或从爪,甚不一致,然皆从甶,甶为鬼,其下之人、女、爪等皆为实物,人或兽之一体,盖鬼为无质物,亦即于天地间为特类,故有特形,下体随时更易,不可捉摸,故随其所状之物以形容之,其后互相引申,皆为专类。④

① 《说文释例》卷 2,中华书局 1987 年版,第 33 页。

② 按甲骨文和金文迄今所见鬼字的代表形体主要有九种(参《古文字诂林》第 8 册,第 177 页):𢥠(甲 2915)、𢀜(424)、𢀝(865)、𢀞(6684)、𢀟(续 6.13.2)、𢀠(邺三 48.1)、𢀡(鬼壶)、𢀢(为三八)、𢀣(睡虎地秦简文字编),另有一些在此基础上加形旁戈、示、攴等形者,皆是在此本字基础上所产生的后起字,故不赘附。在这些早期文字中,"人"字作正侧、左右、站蹲等形体时在表意上一般是没有区别的。另外,见于小篆"𢀤"字的那个"厶"形符号在古文字中是不存在的,但由战国秦汉之际的文字形体可推知此"厶"形盖源于其左臂弯曲而造成的俗写讹传,这种情况在刻本产生以前的抄写时代是常见现象,董莲池《说文部首形义新证》(作家出版社 2007 年版,第 252 页)已发其微,唯其以"厶"形为腿部形画,恐非是耳。故诸以"鬼"字从"厶"形论义者,皆不以别作"鬼"字解形之一派,如以厶为形符之怪物尾巴、捆鬼绳索、鬼用以害人之器形、死之初文变形、私人殉葬品、求字形茂美以至解作声符(如为口之变、肱之初文)等等。

③ 叶舒宪:《"鬼"的原型——兼论"鬼"与原始宗教的关系》,《淮阴师范学院学报》1998 年第 1 期。

④ 许敬参:《释鬼》,《河南博物馆馆刊》1936 年第 2 期。按许说古文鬼字下部从"女""爪"云云者,乃以畏鬼同字,且以鬼字下部所从之交臂形人字为女形而言。

李孝定先生《金文诂林读后记》第九卷载"鬼"字条云：

> 鬼字古文作🦴，当是全体象形，鬼神之为物，虽曰视之而弗见，听之
> 而弗闻，然人死为鬼，盖先民既有之观念，其制字也遂仿人字为之，"人"
> 字古作'🧍'，其上圆者颅也，鬼字仿人，又必欲有以别之，则唯变异其头
> 部之形状，盖古文动物象形字如虎象马诸字，其别唯在头部，牛羊则全
> 为头部象形，鬼之与人，其形相类，欲于头部示其区别，亦觉不易，古文
> 虚实无别，则鬼字不得作🧍，于是就🧍字而变化之，遂作🦴耳，非谓先民果
> 见鬼之作此形也。①

徐中舒先生《甲骨文大字典》载云：

> 象人身而巨首之异物，以表示与生人有异之鬼。其下从🧍、🦴、🦴、🦴无
> 别。……殷人神鬼观念已相当发展，鬼从人身明其皆从生人迁化，故许
> 慎所释与殷人观念近似。②

其二认为鬼字的构形是取象于人死后所化之骷髅骨骼。如姜亮夫先生
《古文字学》载其例云：

> 从考古学看，人死后肌肉萎缩只剩骨骼，骨架中头最大，这就是鬼
> 字本义（原始人必定常见死人的大头骨），这也是唯物的，并非后世以鬼
> 为死后人的灵魂的唯心解法。③

又陈邦怀先生《古字今释》一文载有"释鬼"条云：

> 检甲骨文鬼字皆从田，金文及小篆作🦴，已讹变，《说文解字·鬼部》
> 云："🦴象鬼头"，鬼头当依甲骨文作田形为是。按鬼头之田，与商赫乍白
> 妇殷铭🦴之首甲形相似。《说文解字·甲部》引《大一经》曰："人头空为
> 甲。"……段氏又云："人头空，谓髑髅也。"《广雅》云："项颅谓之髑髅。"
> 《说文解字·页部》云："项颅，首骨也。"今观鬼前缀骨之田，与甲骨文首
> 甲之 $\boxplus$ 正相似也。④

现代字典多取此派说法，如谢光辉先生主编《汉字字源字典》云："甲骨

---

① 李孝定：《金文诂林读后记》，台湾"中研院"历史语言研究所 1982 年版，第 348 页。
② 徐中舒：《甲骨文大字典》，四川辞书出版社 1990 年版，第 1021 页。
③ 姜亮夫：《古文字学》，浙江人民出版社 1984 年版，第 85 页注。
④ 陈邦怀：《一得集》，齐鲁书社 1989 年版，第 6 页。

文的鬼字，下部是人形，说明鬼是人死后变成的；头部特大而且怪异，这就是我们今天所说的'大头鬼'。鬼的本义是指人死后的魂灵。它惯居幽冥，出没无形。"①苏宝荣先生《〈说文解字〉今注》："甲骨文作👹，不从厶，正像人身，上像鬼头。古人迷信，以为人死为鬼，其面目丑恶。"②唐汉先生《汉字密码》："在上古先民看来，人活着称为人，人死后为鬼。显然，这里的鬼头取形于人（不包括王）死后化为白骨的骷髅头……鬼只是人的一种归宿。"③

大致说来，"大头怪物说"中的第一种看法即以"鬼"字像"人死后所化的怪物"之形并不能获得理性时代人们的认同，故沈兼士先生讥此说为"活见鬼"；而第二种看法的"骷髅说"却不能解释为什么不用从人上加一个髑髅的常见形象即"魌"（或作倛、顛诸形）字的古象形字来表示鬼义，却要用一个不可理解的十字外加框形来表示之，但也许正因此而导致以魌头解"鬼"说的出现并一度成为鬼字解形的主流说法。

2.魌头说。此派取"鬼"为会意字，其下部从人没有异议，然上部所从之形的取象则有不同，细论亦可分为两种情形：

其一以鬼字上部的"田"字形为从事驱鬼活动的巫师所戴的面具。此说最早盖出于姚华先生的《说鬼》一文：

……故鬼无形也，而人心则有形；鬼无物也，而人装则有物。以人装鬼，其式如何？以文字想象之，必其头有所被而身有所识，若今戴假具而衣章服者，则装鬼之为式亦即鬼之为形也。且《周礼》方相氏有"黄金四目"之文，是亦装饰为之者，益知装鬼之法其来也远。④

与姚先生同时而略晚的叶玉森先生在《殷虚书契前编集释》卷七解"👹"字云："予旧释鬼之奇字，◉象鬼头，↯象耳饰，木象身臂股形。"唯此字郭沫若先生释之为"倛"，以与"从人从田"一系的古文鬼字相区别，颇为后世所取。张舜徽先生《说文解字约注》卷17鬼字条下盛赞姚氏之说，并为补证云："若以声求之，则鬼之于椢，语源同也。物之可戴于首者，古谓之椢，亦谓之鬼，今谓之盔，皆一语之转，姚说信可从已。自后世专用鬼为鬼神字，而鬼之本义废⑤。"国光红先生在《鬼和鬼脸儿——释鬼、甶、巫、亚》一文则别有申论：

① 谢光辉主编：《汉字字源字典》，北京大学出版社2000年版，第141页。
② 苏宝荣：《〈说文解字〉今注》，陕西人民版社2000年版，第324页。
③ 唐汉：《汉字密码》，学林出版社2002年版，第832页。
④ 姚华：《弗堂类稿》，台北文海出版社1974年《近代中国史料丛刊续辑》本，第138—139页。
⑤ 张舜徽：《说文解字约注》，中州书画社1983年版，第42页。

　　然则甲骨文诸鬼字，正是从戴四目面具或四面而每面四目的方相氏取形，如此，则甲骨文和古代文献适可两相印证。仿《说文》之体例，鬼、甶字当释为：鬼，归也，神魂之所归也。从人，象戴四目鬼脸儿之巫鬼形。甶，古巫所戴之鬼脸儿也，象面具而有四目之形。①

藏克和先生在《说文解字的文化说解》中亦取此说：

　　"鬼"实即取象于人，这个人的身份为巫师，巫师或披头散发，或戴了面具进入事神弄鬼的状态，或者说'鬼'字取象就是巫师事神作鬼的奇异形态。这位事神作鬼的巫师在招祭死者灵魂之际，自身又就是所招祭之鬼；在进行驱鬼逐怪的巫术仪式中，自身又须扮成怪异可怖之鬼，也就是所被驱赶之异物：是二是一，亦此亦彼；人鬼同体，神怪一源。②

　　其二以鬼字上部的"田"字形为古代之一种"祭头"仪式中所用的装饰过的人头形物，此主要是用来收藏死者魂气的一种仪式用"道具"，它与前一种巫师戴在头上用于驱祟的面具形供头在样式和用途上都不同。《太平御览》卷552方相氏条下引《风俗通》文云："俗说亡人魂气浮扬，故作魌头以存之，言头体魌魌然盛大也。"又《魏书·獠传》亦云："其俗畏鬼神，尤尚淫祀。所杀之人多美鬓髯者，乃剥其面皮，笼之以竹。及燥，号之曰鬼，鼓舞祀之，以求福利。"日本学者池田末利先生首引此说以论鬼之本义③，其后夏渌先生在《古文字的一字对偶义》中也持以为说：

　　甲骨文"鬼"字，古代南方民族有将人头面剥制，蒙于篾笼之上，干后置室中，加以膜拜的习俗，人头部的纵横形即衬里的竹木支撑和笼筐形，古代迷信"灵魂不灭""万物有灵"，并有"天神""地祇""人鬼"之分，"鬼，归也。"认为人死归于图腾，具有灵性，能祸福人……。④

　　也有学者杂糅二说以为论，如叶舒宪先生在总结了前人对鬼字的五种解释后说："综观以上五种说法，似乎每一种都是言之有据，自成一家之言。……不过，若论个人意见，我觉得第五说更具有包容性，它实际上除了第二

---

　　① 周光红：《鬼和鬼脸儿——释鬼、田、巫、亚》，《山东师大学报》（社会科学版）1993年第1期。按国氏所谓的"或四面而每面四目的方相氏"说乃指甲骨文中的"▮"字造形言。
　　② 藏克和：《说文解字的文化说解》，湖北人民出版社1995年版，第336—337页。
　　③ 参池田末利：《中国における祖神崇拝の原初形态——鬼の本义》，池田末利《中国古代宗教史研究制度と思想》，日本东海大学出版会1981年版。
　　④ 夏渌：《古文字的一字对偶义》，《武汉大学学报》（社会科学版）1988年第3期。

说'异族丑人'说以外,大致上包容了其余几种说法。"叶先生还从考古学和人类学的角度对此一崇拜的理据做了解释:

> 早在旧石器时代的人类居住遗址中,考古学家们就屡屡发现类似宗教祭坛的布局,如用一些专门精选出的圆形石头围成一堆或一圈,中间放置一颗骷髅头。有时也可发现动物特别是熊的头骨。可见这是一种沿续了几千几万年的古老崇拜习俗。根据人类学家的比较考察所得出的结论,头骨崇拜的实质在于生命力的崇拜:史前人类确信灵魂即人之生命条件是寓居在头骨之中的。许多未开化的部落都曾盛行"猎头"风俗,以吃人脑髓著称于世,原来这种残酷的食脑习俗也是以上述信仰为背景的。①

郑宇先生在《释"鬼"》一文中亦杂糅之云:"先人们在进行各种祭礼鬼神活动的时候,总是装饰巫祝的头部,或是将真的骷髅头做鬼头,或是演变为后来模拟的鬼头竹笼,又或是仿造死者面目做假面,又或是将其他人身神兽之头象画于假面上,'鬼头'由很显然就是巫祝进行祭祀活动时装饰的头部形象。"并结合鬼字的本义"人所归为鬼"而申释云:"'鬼'可以理解为'归来的死人',这'归来的死人'是戴面具蒙面装扮祖先或神的巫祝。死去人们的鬼魂附体于这些巫祝身上,这些巫祝代表着死者的归来,这才是'鬼之为言归也'的真正含义。这里的"归"不指骨骸归土,而是指逝去的灵魂重归'鬼头'。"②

这一派的两个主要说法也存在着无法自圆其说的困境,那就是魌头本有其字,纵以其为鬼字衍生出来的分别文,那鬼字本身仍然要有其自己的构形意义,但产生更早的鬼字却并不作魌头之形,国先生以为"田"形像四目之形,但考古发现的魌头面具并未发现有做四目形者,而作二目形者倒甚是常见③,还有戴魌头面具的巫师皆是驱鬼(或称驱傩)者,也就是说这个"魌头"是鬼所畏者,它不可能同时又是鬼的归宿地,特别是刚去世的亲人们的归依

---

① 叶舒宪:《"鬼"的原型——兼论"鬼"与原始宗教的关系》,《淮阴师范学院学报》1998年第1期。

② 郑宇:《释"鬼"》,《晋中学院学报》2007年第1期。

③ 詹鄞鑫在《神灵与祭祀——中国传统宗教综论》:"考古发现的傩头实物及古画中戴傩头的方相氏都是两目而非四目。时代最早的实物大约是汉中城固县出土的商代铜面具二十三件。这批面具形制大抵相似,但脸型有圆与椭圆之分,双耳有长方、椭圆之异,目眶凹陷,眼球外凸,鼻有两孔,巨口露齿,狰狞可怖。……方相氏蒙傩索室的场面,除了史书所载以外,还屡见于战国汉魏的墓道壁画或棺椁纹饰上。其宗教意义无疑是为了驱除阴宅鬼魅,使墓主得到安宁。"江苏古籍出版社1992年版,第398—399页。则颇疑所谓方相四目之说或与今日俗称戴眼镜者为四眼人有某些能指上的一致性。

处;至于"崇拜鬼头"说者虽然能牵合"鬼"的归宿之义,但却不能解释其所割下的头颅或是剥头皮蒙竹笼所用的"材料"并非取自死去的亲人身体,所以那个"鬼头"也就不可能是死去的亲人的所归处。郑宇先生以巫师附体之鬼来解释魌头说中的鬼之"归"义问题,但据今所知之巫师(包括萨满)传统,巫师所用以附体的神灵众多,而独以人鬼为少,且其以术所招附之人鬼亦皆为暂时行为,事实上,做法结束后鬼的离去才是回到其真正的归处;另外,据文献所载,在丧礼中有以重、幡、牌位等为鬼魂之暂时依托处,独不见有归依巫祝之说者,是以其说亦属臆断。由此可知,魌头说在构形和表义两个方面都与"鬼"字形义本身扞格不合。

3. 类人动物说①。此论由章炳麟先生发其端,他在《小学答问》"夔,神魖也"条下云:

> 古言鬼者,其初非死人神灵之称,鬼宜即夔。《说文》言鬼头为甶,禺头与鬼头同。禺是母猴,何由象鬼?且鬼头何因可见?明鬼即是夔。……魖为耗鬼,亦是兽属,非神灵也。韦昭说夔为山缫,后世变作山魈,魈亦兽属,非神灵。……故鬼即夔字,引申为死人神灵之称。然古文鬼作𩲡,从古文示,则鬼神之字或当别作䰴耳。②

沈兼士先生在《鬼字原始意义之试探》一文中深持其说,并从古文字和古文献两方面对章说加以补证,又进而总结其词义引申系列云:"1. 鬼与禺同为类人异兽之称。2. 由类人之兽引申为异族人种之名。3. 由具体的鬼引申为抽象的畏及其他奇伟谲怪诸形容词。4. 由实物之名借以形容人死后所想象之灵魂。"③马叙伦先生于《说文解字六书疏证》卷17鬼字下亦以音训为说,而释之作形声字,其所论与章氏说相近:"鬼畏一字,乃人鬼之鬼本字。从厶𢔃声,厶为死之初文也。……此部当以𢔃为部首,𢔃者,傀之初文,为今言奇怪之怪本字,从人甶声。……𢔃从人者,盖人自拟于兽类,及见所谓山都木客,则惊而异之曰𢔃,𢔃为彪之初文,此魖魅魋魌之字所以皆从𢔃也。山都木客之类,谓之兽不可也,其形似人也,谓之人则又与己异其类也,故谓之𢔃,而字所以从人也。"④

---

① 此与下"异族丑人说"二目皆用叶舒宪《"鬼"的原型——兼论"鬼"与原始宗教的关系》一文中所拟的类名。

② 《小学答问》,《章太炎全集》第7册,上海人民出版社1999年版,第431页。

③ 《沈兼士学术论文集》,中华书局1986年版,第199页。又按《鬼字原始意义之试探》一文原载北京大学《国学季刊》第5卷3号,1935年。

④ 马叙伦:《说文解字六书疏证》第5册,上海书店1985年版,第69页。

从语源和字源比较中得出鬼与夔、禺同为类人动物从而引申指死人神灵的说法似乎在语言学上颇有理致。细论之,章先生所言犹当以"鬼"为象形字,像类人动物之形,而指死人神灵的引申义后来造专字作"槐"形;马先生则以"鬼"字为形声字,从"乚"("厶"即其变形,为死之初文)𢓨(怪之本字)声,但这样无疑也要先承认甲骨文中诸从人从加框十字形的"鬼"字乃是假借用法,即作为上古最重要信仰之一的"鬼"概念在早期并未造有专字,这总让人有一种不放心的感觉。李孝定先生《金文诂林读后记》论此云:"鬼神之观念既早已存在,其制字亦必甚早;禺为母猴,其字最早者当为象形,夔字是也,禺字从𦥑从内,既非象形,则例属后起,盖猴之属类甚繁,故后制之分别字亦甚多,其中亦必有若干方言字,鬼神之字,固不得衍自后出之禺字也。"[1]

4."异族丑人说"。在卜辞、金文及早期传世文献的《周易》《诗经》及《竹书纪年》中都有"鬼方"的记载,学者多以为此是商周时期活动于中国西北方的一个民族,但早期文字学家并未见有以鬼方为"鬼"字之最早造字理据的说法,叶舒宪先生在《"鬼"的原型——兼论"鬼"与原始宗教的关系》中列有此类,并为申说云:

> 由于华夏人逐渐产生的"非我族类,其心必异"的种族偏见,总是把异族人视为丑陋的劣等人,惯用一些侮辱的称呼加在异族人身上,或者把它们原来并无贬义的名字加以曲解,像犬戎夷狄,蛮,等等,鬼亦是其中之一。按照这样的看法,鬼的原型不是死人,而是活着的异族人。出于自我中心的优越感和审美偏见,异族人总是丑恶的,用"鬼"来称呼,正体现了这种蔑视心理。直到今天的口语中,人们不是还把外国人叫"洋鬼子",把日本人叫"日本鬼子"吗?[2]

只是叶先生并未交代其论之所自出,不知是否参考唐善纯先生《中国神秘文化》之论而别作申说。唐先生云:

> 鬼,《说文》释为"人所归",此乃音训,是汉代人的解释,在甲骨文中是北方民族的族称,在突厥语中意为太阳,甲骨文中的鬼上部为人头、下部为人腿,人面上有十字。北方阿尔泰人有黥面习俗,因而留有刀伤。另外,圆内有"十"字,也是古代中亚太阳图腾的标志,商周时期,鬼

---

① 李孝定:《金文诂林读后记》,台湾"中研院"历史语言研究所1982年版,第349页。

② 叶舒宪:《"鬼"的原型——兼论"鬼"与原始宗教的关系》,《淮阴师范学院学报》1998年第1期。

方民族始终为中原华夏族的劲敌,故"鬼"转义为可怖。如此看来,"鬼"字是由以太阳为图腾的民族名演变而来。①

胡津龄先生2003年在《学语文》杂志上撰《释"鬼"》一文,亦推测鬼之本义当由异族之名(居于陕西西部的突厥人)而引申指可憎可怕并进而指"可怕的鬼魂灵"。只是他并未采用唐先生的图腾说来解释鬼之构形理据,而是别作推测云:"突厥人的'深目高鼻多须'与从南方迁徙而来的华夏族人的面部有着极大的差异,因而使华夏族人在创造文字时为突出其面部差异而'画成其形'为'畀'。"②

按鬼字在甲骨文中并非皆指鬼方义,若"贞亚多鬼梦,亡疾"(《甲骨文合集》17448)、"贞多鬼梦,叀言见"(《甲骨文合集》17450)等,皆用鬼之本义。另外,此派说法所存在的问题与前"类人动物说"相近,即何以描摹异族丑人时不作拟形之象,而仅以似"田"形状其可怕可怖的"深目高鼻多须"之形?唐先生以"十"字图腾符号劵面说来别寻解途,甚具理致,但不为人们常相接触的哀祭对象——死人归去之义造一本字,却别用一个中原人们不可能经常而广泛接触(特别是中原国家的核心地区)的"异族丑人"之义来引申以代之,恐亦有违常理和逻辑。

5. 神主(祖灵牌位)说。邵笠农先生《一圆闇字说》卷2云:

> 窃谓鬼与主字同一取义,所设以为祀祖先之位也。以声训之,鬼,归也;主,处也,神所归处也。……鬼上从白,混沌圆全而顶微突,象神主之头,下从儿,象其足,厶指其注明某祖之标识,由此可见其大略。若欲洞识细微,则可画成 ⃝ 形。③

又高鸿缙先生在《中国字例五篇》中更论"鬼"字之演变轨迹云:" ⃝ 为人死后人所祭之神主,象物形,非文字,兹以之以寄托其神,口声,故为人鬼之鬼。名词。甲骨文 ⃝ 方即鬼方也,周人改从 ⃝ (鬼怪之怪字)口声作 ⃝ ,见田肦敃。槐字偏旁,小篆变为从 ⃝ ⃝ (古肱字)声,隶楷本之。"④

---

① 唐善纯:《中国神秘文化》,河海大学出版社1992年版,第5页。

② 胡津龄:《释"鬼"》,《学语文》2003年第4期。

③ 原载《文风学报》1948年第2、3合刊,转引自李圃主编《古文字诂林》第8册,上海教育出版社2003年版,第185页。

④ 高鸿缙:《中国字例五篇》,转引自李圃主编:《古文字诂林》第8册,上海教育出版社2003年版,第187页。

神主说在解释鬼之本义"归也"上有所突破,但在解形上全不顾及甲骨、金文的常用字形,而别创字形或据有争议的字形以为申说,故李孝定先生在《金文诂林读后记》中径云:"高鸿缙氏释🜚为鬼,说非。"①则其立说之前提已不能独存矣。

6.人死归葬墓田说。童硕先生《鬼字本义考辨》云:

> 甲骨文中的"🜚",被解释为"鬼",象人(或"尸")埋于田下,本是颇有道理的。至于小篆,"鬼"写作"鬼","田"和"人"(或作"儿",儿亦人形)仍是它的核心。"人"字旁边的"厶",是私的本字,说明社会生产力的发展,已经达到人类有足够的殉葬物品,而"鬼"字头的"由"也正是高出于田的坟墓,并没(设)有标记,相当于后来的墓碑。许慎由于时代的局限对"鬼"字作了错误的解释,这是难免的。但不难看出'鬼'字在造字之初,本指"死人",文雅一点称为"归人",大概出于对死者的怀念吧!②

又程邦雄先生《"鬼"字形义浅探》亦对此作了较详细的申释:

> "人所归为鬼"的观念来源于"人死归土"的直观感受和认识。《礼记•祭义》《论衡•论死》《风俗通》里已说得十分明白。结合"人死归土为鬼"看甲骨文诸形,就会发现,"鬼"字不是一个单纯的象形字,而是一个会意字,正是会的"人死归土"的意义。诸字上部均为"田"字,下部均为人形。这人形有正面直体形,有侧面曲体形,有男人之形,也有女人之形。总之,其下部为人之形体无疑,沈兼士、徐中舒说可从。而上部之"田"形,不当是"类人异兽""巨首异物""人头鳖面"的象形,而是田土之田。古田土相通,……为什么"人死归土"的"鬼"字不从土而从田,我们推测,其间当与宗教思想的进化、鬼魂信仰的演变有关。人死葬于田中,而不是葬于荒郊野外,这反映了人类已从早期的弃尸沟壑野地不加掩埋,进化到了较为文明的安葬尸体于地下的"礼治"时代。鬼字是时代的产物,会"人死归葬于田土之下"的意思。③

此派说法在处理鬼字的取象与表义关系上可以说较前所述诸派更有理致,它既解决了字形从田的问题,又能对"鬼之言归也"的字义有所落实,其令人稍感不安的即是程先生最后所提出的问题:既然"人死归土",为什么鬼

---

① 李孝定:《金文诂林读后记》,台湾"中研院"历史语言研究所 1982 年版,第 349 页。
② 童硕:《鬼字本义考辨》,《汉语学习》1984 年第 2 期。
③ 程邦雄:《"鬼"字形义浅探》,《华中理工大学学报》1997 年第 3 期。

字不从土造字,甚至连从土旁的异体字也不曾发现?程先生以"人死葬于田中,而不是葬于荒郊野外"来解释这一悬疑,恐亦失之牵强。且不说至今人们的丧葬选址仍以"荒郊野外"为主而罕有葬于田中者,即从刚摆脱"弃尸沟壑野地不加掩埋"的早期丧葬选址看,如距今七千年左右的半坡文化之公共墓地和距今五千年左右的大汶口中晚期分穴葬墓地,甚至商周大墓遗址的整理,皆不闻有葬于"已耕之土"的报告,明其所葬之处与田地之"田"当有不同。

《列子·天瑞》云"鬼者,归也,归其真宅",屈原《招魂》云"魂兮归来,君无下此幽都些",那幽都是鬼之真宅吗?仰韶文化屈肢葬之瓮瓶底部留有小孔以便于鬼之回归,似乎地下并不是鬼的最后归宿,那鬼又将归于何处呢?马王堆汉墓蒙棺帛画之引魂图中有天上人间地下三界之形,学界大多认为此"应是墓主人升天景象"的描写,这里所谓的升天当然是指人死后的"鬼"的归宿而言,然则"鬼者归也"的表意与其构形间的关系到底是怎样的呢?

二、"田"之符号象征与"鬼"的造字理据

按早期的"鬼"字构形皆作从人从一外加框形的十字(如作田、⊕、⊕诸形,此差异当由刀刻、镕铸、笔写等工具的不同而致),《荀子·正名》云:"名有固善,径易而不拂,谓之善名。"那么作为中国文化特别是早期精神信仰中如此重要的一个概念,"鬼"字是否是一个"善名"呢?它的构形究竟是怎样直接明了地表达它的"归也"之义的呢?前节所述六派之说虽未能臻善,但循其思路,我们却发现"鬼"字所从之"田"形符号在早期考古学及宗教学诸领域中实有着广泛的意义认同,说它是人类早期文化中最为重要而神圣的一个象征似亦不能为过。只是与文字的"十"或"田"字形符号相比,作为实物象征符号时它多作空心的"✛"或"▢"形①,即"亚"字的古文字形,故亦多被称作"亚"形符号。

---

① 本来"✛"与"▢"形符号的区别处就在于是否绘出象征方形大地的外框,但作为抽象的文字,其象征大地的部分一般多直接书写作"囗"形,而作为实物符号或由实物符号直接引述过来的图形则多作四角有缺形的一个符号,张光直结合陕西凤翔马家庄出土的春秋时代秦人宗庙四角各有一坫的形制,以及墨西哥奥尔美克(Olmec)文化遗址中的一个象征生死世界门口的"亚"形地神刻像和长沙出土的战国时代"亚"形楚缯书皆作四角内凹而各绘一树之形,因以推断四角有缺形的"亚"字符号实是表示其四角各有一天地柱而已。《说殷代的"亚"形》,载《中国青铜时代二集》,三联书店 1990 年版,第 88—93 页。其实考古发现的古代墓葬于墓穴四角设四石柱俗疑以为下棺之用者,以及大形墓穴或宗庙、都城等建筑物四角设华表俗疑以为是"谤木"(百姓给君王提意见的"意见箱")者,其本意疑皆取意于象征天柱,可为张先生说之一旁证。另外,这一说法还可以部分地消解当时流行的"天圆地方"说所造成的"四角之不掩"的困惑。

首先，三代用以通神的庙宇之形制多作“亚”形。据《周礼·考工记》所载，夏后氏世室、殷重屋、周明堂皆作五室，孙诒让正义云：“殷重屋四堂，盖为四出若‘亚’字形，与周明堂制同。”唯此“亚”字形明堂之具体形制，历代聚讼纷纭，而以清末王国维《明堂庙寝通考》所论最为得其大成，王氏云：

> 自余说言之，则明堂之制，本有四屋四堂相背于外，其左右各有个，故亦可谓之十二堂，堂后四室相对于内，中央有太室，是为五室，太室之上，为圆屋以覆之，而出于四屋之上，是为重屋。①

王国维且因而绘有明堂之布局略图，其外形如空心的“十”字形。然据《周礼·考工记》所述，明堂是有台基的，“夏后氏世室……九阶；殷人重屋……堂崇三尺；周人明堂……堂崇一筵。”郑玄注云：“周堂高九尺殷三尺则夏一尺矣，相参之数。”孔颖达疏申之云：“夏无文，以后代文而渐高，则夏当一尺，故云‘相参之数’。”如果在王国维所绘明堂布局略图的基础上加一象征大地的方形台基，则当得如下之图形：

此与佛教之曼陀罗坛场图、古印度神庙平面图及美洲古玛雅金字塔的基座平面图构形亦相一致②。王国维又特揭出明堂太室之用途云：“四堂四

---

① 王国维：《观堂集林》，中华书局 1961 年版，第 127 页。

② 玛雅金字塔基座平面图参王大有：《龙凤文化源流》，北京工艺美术出版社 1987 年版，第 81 页。古印度神庙平面图参萧兵、叶舒宪：《中庸的文化省察》，湖北人民出版社 1997 年版，第 644 页。

室,两两对峙,则其中有广庭焉。庭之形正方,其广袤实与一堂之广相等。《左氏传》所谓'埋璧于太室之庭',《史记·封禅书》载申公之言曰:'黄帝接万灵明庭。'盖均谓此庭也。"①也就是说,明堂的中心太室是用来沟通神灵的所在。另外,在出土的商周青铜器中,有一些(主要是瓿、簋、尊、盘、罍等)在底沿上端铸有"✠"形穿孔,艾兰先生以为此表明它们可能是"作为祭祀祖先的礼器"②,其说甚有理致。

其次,据商周时代的考古所知,商代及周初的墓葬布局形制多有作"亚"形结构者。最早对这一现象进行研究的是高去寻先生,据他统计,仅殷墟大墓中就有约半数木室是作亚形设计的,其形制略如下图:

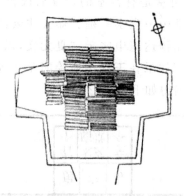

他又进而对此现象提出追问云:"平面作亚形的木室……何以不避困难之增加、工料之多费而造成如此形制之木室? 这很清楚地表示出它有一定的涵义,非如此不可。"③那么这里的"亚"形设计究竟代表了什么含义呢? 高先生推测是取象于宗庙明堂的象征性建筑。张光直先生以为高氏的看法"是不可易的"论断④。艾兰先生云:"死者的尸体安睡在'亚'形的中央,供品直接由祖先的魂灵享用。"⑤生者葬亡亲于此可通神之所,盖正欲令其骨骸能因而得以顺利"回归"。至于此亚形墓无方形外框的原因,盖因尸体既葬于

---

① 王国维:《观堂集林》,中华书局1961年版,第131页。
② [美]艾兰:《早期中国历史、思想与文化》,杨民等译,辽宁教育出版社1999年版,第116页。
③ 高去寻:《殷代大墓的木室及其涵义之推测》,《"中研院"历史语言研究所集刊》第39辑,1969年,第181页。
④ 张光直:《说殷代的"亚"形》,《中国青铜时代二集》,第84页。
⑤ [美]艾兰:《早期中国历史、思想与文化》,杨民等译,辽宁教育出版社1999年版,第116页。

地下,则在它们的宇宙中,大地已有落实矣。又在殷商墓葬中发现有一些"屈曲形玉人",这些玉人之手、足及嘴或作鸟形,故亦或称之为"鸟人",在这些"鸟人"的臀部多刻有一"⊕"形符号,学界一般认为此类佩饰所显示的文化主旨即是"祖先神"①,然"祖先神"之义当源自鸟之象征而非其所附刻之"⊕"形符号,准之于墓葬的"亚"形取意,则颇疑此类"鸟人"亦寓意生者希望亡者能因通神符号"⊕"的引导而向"祖先神"归依。

以"十"字或十字外加框形符号来作为宇宙之中心或神灵之本体的象征,或许是人类早期生命中的共识。艾兰先生就曾引用法国学者爱利德(Eliade)关于宗教仪式中的中心象征说理论来解释中国古代的"亚"形宇宙观,指出"中心是最显著的神圣地带,是绝对的存在物的地带","世界上不同地方的古代民族的信仰中存在如此多的相通之处,并非都有什么共同的遗传继承,而是由于人类心理结构上的原因。"②罗晓明、王良范二先生曾为总结说:

> 曼陀罗是最古老的象征符号之一,其独特之处在于它的表象超越于时间、国度、文化与个体而广泛存在。这种普遍性使曼陀罗发展成为一种所有人类成员都共有的无意识的一个部分。那么,这种藏在无意识深处的原型被表象出来作为一个符号时,它究竟象征着什么呢?荣格认为这个符号代表的是神性与自然的一种统一整合。……从历史上看,曼陀罗图像用作象征符号代表的是神性,采用曼陀罗图像是为了从哲学上阐明神性,也是为了表明对神的崇拜和敬仰。③

德国学者汉斯·比德曼在其所著《世界文化象征辞典》"十字形(cross)"条下亦指出:"在造型简单的象征物中,它流传最广,……像圆圈一样,十字形进入许多坛场、庙宇和教堂的绘画中,十字形常常占据突出地位。""圆圈

---

① 参潘守永、雷虹霁:《古代玉器上所见"✚"字纹的含义》,《民族艺术》2000 年第 4 期。潘文多称此类玉人为"屈曲形玉人佩",但巫鸿曾指出:"这些玉雕中的大部分在下端有一个凸起的'榫',表明它们原来有可能是立在现已不存的木座之上。因此这些形象不是人们常常认为的装饰佩件,而很可能是具有某种宗教用途,固定于某处的缩微雕像。"参《礼仪中的美术:巫鸿中国古代美术史文编》,生活·读书·新知三联书店 2005 年版,第 541 页。

② [美]艾兰著:《早期中国历史、思想与文化》,杨民等译,辽宁教育出版社 1999 年版,第 114 页。

③ 晓明、良范:《贵州岩画中的符号——十字形符号与圆形符号释义》,《贵州大学学报》(社会科学版)1996 年第 3 期。

中的十字形除了象征宇宙观,也代表一年分为四个部分,十字形的竖轴连接顶点和底端,象征性指代世界之轴。"①叶舒宪先生在《中国神话哲学》一书中解析古代中南美洲之羽蛇神话时也推论云:"十字架本身亦有宇宙之中心、宇宙之主宰的神圣意义。拥有或崇拜这神秘的十字,便可确保宇宙秩序的正常运行。十字便是上帝或创造主神的一种非人格的化身。"②也就是说,以十字或十字外加框形的符号来表示宇宙的中心、终极本体(或曰上帝、神灵)之所在甚至终极本体本身,实为早期人类在无意识中的共同选择。

其实中国传统的"亚"形可以说是一个介于实物象征符号与文字符号之间的"两栖"标志。这从商周金文 421 件"亚"形铭器的表意情况即可明之,在这些铭器中,只有 20 件是表示官名、人名或祖先位次的,其他皆是作为一种装饰性标识,并且多有在"亚"形框内录文的情况③,如:

亚豕鼎　　　　亚卯方鼎　　　　亚䇦毁④

以"亚"形为庙宇之象征的说法当为宋以来学界的共识,如宋代王黼《重修宣和博古图》卷一"商亚虎佼丁鼎"下云:"铭四字,亚形内著虎象,凡如此者皆为亚室,而亚室者,庙室也。"⑤阮元曾指出:"古器作亚形者甚多,宋以来皆谓亚为庙室。"⑥艾兰先生以为"亚"形包有铭文的符号其象征意义当与墓葬之"亚"形符号相同⑦,如此则"亚"形符号内包文字的情况可理解为此文字所代表的人或物处于宇宙之中央,正享受着生者的祝福,而得与存在之终极本体相互交融。其次,"亚"字也或作为一种象征符号而与文字相并用,如甲

①　[德]汉斯·比德曼:《世界文化象征辞典》,刘玉红等译,漓江出版社 2000 年版,第306 页。

②　叶舒宪:《中国神话哲学》,中国社会科学出版社 1992 年版,第 190 页。

③　参董艳艳:《金文中的"亚"字考》之统计,《大理学院学报》2005 年第 2 期。

④　分见中国社会科学院考古所编《殷周金文集成》第 1401 号、1413 号、3094 号摹图,中华书局 1984 年版。

⑤　《重修宣和博古图》,台北商务印书馆 1983 年影印《四库全书》本第 840 册,第 383 页。

⑥　阮元:《积古斋钟鼎彝器款识》卷 1"虎父丁鼎"识文,光绪五年重雕本,第 4 页。

⑦　[美]艾兰:《早期中国历史、思想与文化》,杨民等译,辽宁教育出版社 1999 年版,第116 页。

骨文："丁丑卜，其兄（祝），王入于多亚？"（《摭续》167），朱凤瀚先生认为，既然可"入"，那么"亚"便是"一种处所，可以在那里祭祀父甲、帝甲、大匕（妣）壬，应即是庙室"。①

汉字中使用此一符号时多作实心的"十"或"田"形，最早论及于此的盖为姜亮夫先生，他在民国间所撰《干支蠡测》一文的"说甲"中云：

> 孚甲十字形之十，与数字之十相同。中土数字始于一，变于五，而终成于十，故许氏曰："十者数之成也。"累十则为百、千、万。许以为一象东西，丨象南北。此说字形至为安妥。考人类一切初民皆共享一代表幸福嘉吉之符号，或作卐，或作𝕏，省之则作十，西人某氏（Mackerzie）之书论之详矣。直至近世而其用仍不衰，至成为宗教中之神符。佛教徒用卐，□（苯）教用𝕏，而耶教用十（演为耶稣死十字架）……即以从十诸字论之，如协，材十人也。升有隆义，十合为升。升不成其量也，《诗》"如日初升"，义至明。早者，《说文》："晨也，日欲出，在阴阳之交时也。"如卓，高也，早上为卓。协，众之同和也，古文作叶。又斟，《说文》："斟，盛也。"又斜，《说文》："词之集也。"又博，《说文》："大通也。"又古字，《玉篇》："始也。"《说文》"从十口，识前言者也。"又本，《说文》："进趋也，从十犹兼人也。"又如"章，乐竟为一章，从音在十上。"乐竟者，乐成也。此外，如直，如针，如汁，如桦，如计，如什等，不一而足。总计此等字，皆与初始长成、嘉吉美盛义协。②

姜先生所论虽仅从"十"字符号之通义而不是本体象征角度展开，但其解此类字的思路则无疑具有重要的开创意义。如果结合前述"十"字象征的本体意义，我们似乎可以认为姜先生所举字例中的相当一部分也可以由此得到说明，如甲之始成义乃源于宇宙本体之初，日之出于宇宙本体之初为早，音之归于宇宙本体之中为章等等，因为文字有转相孳乳之特点，且因其演化过程中的符号化趋势的影响，对于今天所见的从"十"之字当然亦应在梳理源流的基础上分别论之，而不能一概以同一象征取义蔽之，但其中有相当一部分从"十"之字用到其"宇宙本体"之象的意义应该还是明确的。

同理，从"田"形字也存在相同的情况，为免枝蔓，我们仅以数例言之，如"田"之本义或不仅仅是取象井田之形，而是取意于种子放进去后能生出新

---

① 朱凤瀚：《商周青铜器铭文中的复合氏名》，《南开学报》1983 年第 3 期。
② 姜亮夫：《国学丛考》，浙江大学出版社 2008 年版，第 495 页。

植物的所在,即像宇宙本体之形,种子在其中可以转化而生出新生命。如"雷"亦是由可以"命风雨"的宇宙本体所发出的声音(《说文》"雷,阴阳薄动生物者也"),如此等等。准此,则"鬼"(甲骨金文皆作从人从田形)字当解作人死后向宇宙本体回归时的一种灵性存在形态,人们期望亲人死后的尸体不仅仅是入土为安,而且还要能像种子入"田"一样,经过一段时间后回到宇宙本体,然后通过与宇宙本体的交融而获得新生①。这种愿望在早期人们的生命观中应该是一种共识,如《论衡·论死》:"人用神气生,其死复归神气。"又《诗经·大雅·文王》:"文王在上,于昭于天。周虽旧邦,其命维新。有周不显,帝命不时。文王陟降,在帝左右。""帝"字当即早期文献中对宇宙本体的一个人格化称呼。今考古发现的早期墓葬品物及画像亦多明确表达了人们死后升天的愿望。中国的文化历史因为不曾中断,故其信仰基础则一直延承了万物有灵论的心理积淀,认为万物皆有其神,若山川草木、土石瓦砾,各有其神,其称名虽异,而内蕴之神则一,今或以为中国民间信仰为多神论者,恐未能得其真也②。这种理解也直接影响到中国传统学术思想中对宇宙本体"道"(其具体称名后来也有不同,如太极、性、理、神、空、法性、真如等等)的理解,以为道生万物而又寓于万物之中③,其以庄子对东郭子所论的在蝼蚁、稊稗、瓦砾、屎尿等为一代表性表述。也就是说,人的生命虽然结束,但其尸体仍然存在世间,《礼记·祭义》:"众生必死,死必归土。骨肉毙于下,阴为野土,其气发扬于上为昭明也。"朱熹与弟子解此云:

> 曰:"人气本腾上,这下面尽,则只管腾上去,如火之烟,这下面薪

① 王充:《论衡·论死》载汉时的流行说法云:"人用神气生,其死复归神气。阴阳称鬼神,人死亦称鬼神。气之生人,犹水之为冰也。水凝为冰,气凝为人,冰释为水,人死复神。其名为神也,犹冰释更名水也。"黄晖:《论衡校释》,中华书局 1990 年版,第 873 页。钱穆:《儒释耶回各家关于神灵魂魄之见解》亦有论云:"古人祭祀之礼,小宗五世则迁,因子孙亲属五世而后,与其祖先年代不相接,感情不相通,祭祀感召即无灵验。则人死为鬼亦暂时事,终必渐灭以尽,不能在人世常有其作用。"钱穆:《灵魂与心》,广西师范大学出版社 2004 年版,第 86 页。余英时申钱氏说云:"新的一代将终止对最上一代的祭祀,但始祖除外,他作为世系身份的集体象征而被保留下来。这个系统显然基于这样的假设:过了一定的时间之后,亡灵逐渐分散为原初的气,并失去了他们的个体身份。"参《东汉生死观》,上海古籍出版社 2005 年版,第 141—142 页。

② 以水譬之,其称湖海杯中之水为湖水、海水、杯水,是皆水也,不能因而谓之"多水论"或"泛水论"。参拙著《一本万殊:中国民间信仰的本体反思》所论,《中国俗文化研究》第 5 辑,2008 年。

③ 参拙著《中国学术史述论》第五章第二节之"天理本体论"说,巴蜀书社 2004 年版。

尽,则烟只管腾上去。"曰:"终久必消否?"曰:"是。"①

此正表明尸体从消解到彻底的回归本体之间要有一个过程,而作为宇宙之本体的"神"也必然会以一种形态存在于此日渐消铄的尸体之中,"神"之此一存在形态即名之为"鬼","鬼"字的构形也正表达了人们的这样一种认知结果②。并且,这一结果在鬼字使用的语义场中也可以得到印证。

三、基于"鬼""神"信仰的生命思考

《周易·系辞上》:"原始反终,故知死生之说。精气为物,游魂为变,是故知鬼神之情状。"朱熹《周易本义》释之云:"阴精阳气,聚而成物,神之伸也。魂游魄降,散而为变,鬼之归也。"又王充《论衡·论死》载汉代流行的一种说法云:

> 或说鬼神阴阳之名也,阴气逆物而归,故谓之鬼;阳气导物而生,故谓之神。神者伸也,申复无已,终而复始。人用神气生,其死复归神气。阴阳称鬼神,人死亦称鬼神。气之生人,犹水之为冰也,水凝为冰,气凝为人。冰释为水,人死复神。其名为神也,犹冰释更名水也。

按《说文·示部》:"神,天神,引出万物者也。"刘向《说苑·修文》亦云:"神灵者,天地之本而为万物之始也。"这能够化生天地万物(包括人)的"神"当即是宇宙创生的终极本体③,或者说,神是宇宙遍在的不断地试图因缘而创生万物的终极本体,它引导万物化生,最后又随万物之"死"而还原为本体

---

① 《朱子语类》卷87,中华书局1986年版,第2258页。

② 至于"鬼"字在商周时期兼指鬼方之义,则当是"鬼"之本义"归"的引申,先民因日月天象之出入而形成了以东象征生、西象征死的观念,故以"鬼"字引申而指西方,方浚益《缀遗斋彝器考释》卷3孟鼎:"今按周代彝器文,其言征伐,东则曰东夷、曰淮夷、曰东国胭夷、曰郯方,南则曰荆、曰楚荆、曰南夷、曰南淮夷、曰蛮方,北则曰玁允,备载诸器。此与梁伯戈并曰鬼方,自是西方诸戎之通称,与《博古图》南宫中鼎之虎方同,非当时西方诸戎有此鬼方名号也。"涵芬楼1935年影印本,第32页。

③ 钱穆在《中国思想史中之鬼神观》中论及儒道两家对于宇宙论之终极相异处的看法时说:"故儒道两家主张自然之宇宙观虽一,但道家主张自然之外无别义,因又谓宇宙终极是一无,儒家则承认此自然宇宙之最后终极乃一神。""老子道家谓宇宙众始是一无,而《易传》儒家则改说宇宙众始是一神。此层为晚周儒道两家思想上一大分辨。"载《灵魂与心》,第60、61页。钱先生盖从名相分别处言之,要其实,道家之"无"与儒家之"神"皆是对宇宙终极本体形态的一个能指称名而已,其所指当同。

神;而鬼则如上节所论,是万物"死化"或者说"为变"后"尸体"中的本体存在形态,它在尸体消解后也将还原到作为终极本体的神"气"中。《礼记·礼运》云:"人者,其天地之德,阴阳之交,鬼神之会,五行之秀气也。"可以说,在人以及万物的生命谱系中,鬼神是一对相互配合的文化范畴①,表示处于"阴阳""屈伸""聚散""动静"或消长之时的本体存在形态②,这里的"阴""阳"为形容词,与本体论中表实体存在的"阴阳"二气本身不同,它是从本体的功用角度命名的。或者说,此论鬼阴神阳云云并非从"本体"的角度来说神是全阳(或曰孤阳)而鬼是全阴(或曰孤阴)的,而是从"致用"的角度说"伸""长""散""动"的本体运动状态是阳而"屈""消""聚""静"的本体运动状态为阴③,至于鬼神本身,仍是全具"阴阳"二气的终极本体(若太极等所指)存在,夫唯如是,它们才能具有生化为变的基质。《淮南子·主术训》"天气为魂,地气为魄"高诱注云:"魂,人阳神也;魄,人阴神也。"其天阳、地阴之意当与前述表动静等之阴阳同。

从前述朱子解"精气为物,游魂为变"中可以看出,在神生人成体、人化鬼归神之间,他又增加了阴精阳气、魂魄等概念来解释生命的内在结构。考《说文》云:"魂,阳气也","魄,阴气也。"是知朱子所谓的阴精阳气与魄魂是相互对应的同一对概念的不同称名,只是《说文》称魄为阴气而朱子因注《周易》而称之为阴精,二者所指实同,盖以魄之实质论,魄亦气也;而以魄之存在方式论,魄乃寓于有形之中,为形所固而主静守,故名之曰精、曰形。《左传》昭公七年载子产论此最明:

---

① 如《尚书·太甲》云:"惟天无亲,克敬惟亲,民罔常怀,怀于有仁,鬼神无常享,享于克诚。"又《礼记·中庸》载孔子语:"鬼神之为德,其盛矣乎! 视之而弗见,听之而弗闻,体物而不可遗,使天下之人齐明盛服以承祭祀,洋洋乎如在其上,如在其左右。"

② 《朱子语类》卷 63 云:"天地间只是此一气耳,来者为神,往者为鬼。譬如一身,生者为神,死者为鬼,皆一气耳。""论来只是阴阳屈伸之气,只谓之阴阳亦可也。然必谓之鬼神者,以其良能功用而言也。"第 1547、1545 页。

③ 杨方达:《正蒙集说·动物篇第五》释张载"气于人生而不离,死而游散者谓魂;聚成形质,虽死而不散者谓魄"句云:"魂是气之神,魄为形之灵,魂阳而魄阴,魂动而魄静。……魂有聚散,魄则聚成形质而不散。"上海古籍出版社 2003 年《续修四库全书》本第 951 册,第 423 页。此虽未明言阳即表动而阴乃表静,然其意当违之不远。一般来说,翕辟发散、"无所不之"乃本体之常态,(杨氏提到"魂有聚散"说,乃从"物质"角度的想象来立论,不确。)故神除与"鬼"对称时指本体的"伸""长""动"等"良能"或致用形态外,往往也被用来指称本体的一般存在形态。至于本体之处于"屈""消""静"等"良能"或致用形态,则必有"被迫"之故,即所谓寓于有形物体之中,譬如水之凝结,以不得流动而谓之冰也。

人始生化曰魄，既生魄，阳曰魂。用物精多，则魂魄强。是以有精爽，至于神明。

唐代孔颖达疏证云：

人之生也，始变化为形，形之灵者名之曰魄也。既生魄矣，魄内自有阳气，气之神者名之曰魂也。魂魄，神灵之名，本从形气而有，形气既殊，魂魄亦异。附形之灵为魄，附气之神为魂也。附形之灵者，谓初生之时耳目心识手足运动啼呼为声，此则魄之灵也；附气之神者，谓精神性识渐有所知，此则附气之神也。是魄在于前而魂在于后，故云"既生魄，阳曰魂"。

由此可知，魄不是指形体本身，而是形体之灵明者之称；魂则是流动于魄之间的神气，此神气可随时与天地之气相交通，《灵枢·本神》所谓"随神往来者谓之魂"是也。从有形世界言，自是先生魄而后魂乃因而得知，宋代道学家亦多持此论①。从宇宙生命的生化逻辑言，则是魂所从生之神本已先在，只不过在魄生之后才能因魄而被体知并别称之为魂而已。以世理况之，若收音机之于声音，声音并非预装于机内，然机器要在装成后才可以接收声音，唯此声音是先在的，是在未开机甚至未装机前就已存在的，不是在安装或打开机器以后它才生成的，只不过在先在的时候它被称作无线电波，恰如魂在融入形魄之先被称作神一样。钱穆先生在《灵魂与心》一文中指出："就其与身体之关系言，灵魂与肉体对立，在肉体未成长以前，灵魂已存在，在肉体已破毁之后，灵魂依然存在。所以肉体与灵魂二者成为各自独立。"②只不过在肉体未生成以前已存在的灵魂称为神，而在肉体已破毁之后的灵魂又

---

① 周敦颐：《太极图说》云："无极之真，二五之精，妙合而凝……惟人也得其秀而最灵，形既生矣，神发知矣。"载《周敦颐集》，中华书局1990年版，第4—5页。又《朱子语类》卷3亦云："人生初间是先有气，既成形，是魄在先。形既生矣，神发知矣，既生形后，方有精神知觉。"第41页。精神知觉乃魂的表现功能。

② 钱穆：《灵魂与心》，广西师范大学出版社2004年版。钱先生举此欲以证明西方灵魂与肉体二分说的特征，与本文之理解不同，然本文通过对鬼神及神魂形魄之关系的讨论，认为中国传统的鬼神观与西方有着某种程度上的一致性，但却在生成论的理解上与西方的上帝造人而后躲在"远处的天上"之说不同，生成论认为神生万物而后仍寓于万物之中，恰如一枚受精卵细胞，当它由一变二，由二变四，以至于数百万亿个细胞的形成，那个原初的细胞并未消失或躲到他处，而是同时孕于一个生命体的所有细胞中，或者说，一个生命体的所有细胞之基因信息皆与原初的那枚卵细胞相同。所以创造论者可以说是二元论的生命观，而生成论者却仍持一元论的生命观，这从传统之魂魄鬼神的归宿说中看得更为明白。

转归于神而已。细论之,则肉体的破毁实又分为两阶段,一是生命已逝,即灵魂已散归于神,魄转化为鬼而存在于尸体之中①;二是尸体消砾,鬼最终也回归为神。

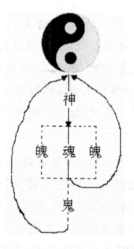

从子产之论中我们又可以得知,人之饮食嘘吸的品物如果精致而多,则魂魄就可以强盛,此盖如收音机用料精良,则其收音效果也一定较好一样。因为这样的形体中的魂魄有更大的聚散能力而致易与体外之终极本体——神相通契。但与收音机之喻不同的是收音机的材质不可能由声音或无线电波制成,而形魄却与神魂同源于作为本体的神,只不过魄是凝聚在形体之中,故静而内敛,因饮食而与地相养;而魂仍保存了化生形体之前的状态,故动而发散,因嘘吸而与天相通②。从造字构形的角度来说,魂魄二字从鬼旁乃取鬼之归义,即二字皆因人之形体而生,故其既生之后,亦必将如人体一样转瞬而返归于本体,而从云、从白之不同,乃以明辨二字的具体意义之别,《白虎通·性情》云:"魂魄者何谓也?魂犹伝伝也,行不休于外也,主于情;魄者,迫然著人,主于性也。"正谓此也。

另外,从民间所习传的"三魂七魄"一语中也可以了解到魂魄之间的这种先后依存关系。此说最早见于道教经典《抱朴子·地真》:"欲得通神,当

①《左传·昭公七年》子产论伯有化厉事孔疏:"圣王缘生事死,制其祭祀,存亡既异,别为作名,改生之魂曰神,改生之魄曰鬼。"

②《老子河上公注·成象第六》"是谓玄牝"注:"天食人以五气,从鼻入……魂者雄也,主出入人鼻,与天通,故鼻为玄也;地食人以五味,从口入……魄者,雌也,主出入[人]口,与地通,故口为牝也。"郑成海《增订老子河上公注疏证》,台北华正书局 2008 年版,第 59 页。

金水分形,形分则自见其身中之三魂七魄。"宋代张君房《云笈七签》卷13谓三魂指爽灵、胎元、幽精。又卷54述七魄指尸狗、伏矢、雀阴、吞贼、非毒、除秽、臭肺。这种说法在宋代当时就遭到学者的怀疑,如俞琰《席上腐谈》卷上云:"医家谓肝属东方木而藏魂,肺属西方金而藏魄,道家乃有三魂七魄之说。魂果有三,魄果有七乎?曰'非也'。盖九宫数以三居左,七居右也。"①其实俞琰之说也不确。但至少启发我们从另外的角度来探讨三魂七魄的含义。我们认为,三、七二数与宇宙之化生序数有关,三国时吴人徐整《三五历记》载云:"数起于一,立于三,成于五,盛于七,处于九。"②数立于三而盛于七,则三、七二数乃是形容魂、魄之功能的修饰语,即三魂七魄乃指神动为魂则"生化之胎立"而人始,神化为魄则"生化之体盛"而人成③,其实魂、魄仍同起于作为终极本体的"一"或"太极",但在有形之人身上的表现则是由无形的神气渐化为有形的精魄,神气又直接以魂的形态存寓于精魄之中。从形而下的角度来看,则是先看到有形的精魄,再进一步体察,才能感悟到无形的灵魂。

又《白虎通》论魄主性、魂主情之说与孔颖达《左传》疏证中的魄之灵为"耳目心识手足运动啼呼为声"、魂之神为"精神性识渐有所知"似有不同,《礼记·礼运》亦以魂为知气④,则《白虎通》之"性"说当为张载所谓的"气质之性",而非"天命之谓性"的"天地之性"。气质之性囿于肉体所限,故以接收和感知为其表现形态;而天地之性则是游荡发散,以与肉体之外的万物本体相应和,若"无所不之"的情志、思虑等等乃为其特点之显于外者⑤。

---

① 俞琰:《席上腐谈》,台北商务印书馆1983年影印《四库全书》本第1061册,第607页。

② 欧阳询:《艺文类聚》卷1引,上海古籍出版社1982年版,第2—3页。此是宇宙化生序数最为完整的表达,他如《史记·律书第三》之"数始于一,终于十,成于三"云云,亦同,此又与《老子》"一生二,二生三,三生万物"之论有承继关系,皆可明其产生时代之大略。

③ 民间神话有"七仙女"之说,其"七"之寓意亦当与"七魄"同,仙女原属本体的神之层面,即静则为"起于一"而动则为"立于三"之境界,但因其"思凡"而转"坠"于以"盛于七"为特征的人间世界,故亦用"七"以修饰之,非谓此仙女排行第七,其前仍有六个姐妹也。

④ 原文谓人死"体魄则降,知气在上"。

⑤ 《朱子语类》卷87:"阴主藏受,阳主运用。凡能记忆,皆魄之所藏受也,至于运用发出来底是魂。这两个物事本不相离,他能记忆底是魄,然发出来底便是魂。能知觉底是魄,然知觉发出来底又是魂。""魄盛则耳目聪明,能记忆。所以老人多目昏耳聩,记事不得者,便是魄衰而少也。""阴主藏受,故魄能记忆在内。阳主运用,故魂能发用出来,二物不相离。"第2259页。

四、余论

在传统文献中，鬼神魂魄诸词一向用法较乱，然语词之用有"浑言则通，析言则别"之理[1]，学人若能因本驭末，则不可乱矣。

又与鬼有关的事尚有三题，今亦略申所见，而不作展开讨论，冀幸得引达者深思之玉焉。

一、祭祀之目的。《礼记·祭义》云："君子反古复始，不忘其所由生也，是以致其敬，发其情，竭力从事，以报其亲，不敢弗尽也。"但这只是仪式的过程，是手段，其目的则是"易直子谅之心生则乐，乐则安，安则久，久则天，天则神"，此与孔子"祭如在，祭神如神在"，董仲舒所解释的"祭者，察也，以善逮鬼神之谓也""祭，然后能见不见；见不见之见者，然后知天命鬼神；知天命鬼神，然后明祭之义"（《春秋繁露·祭义》）是一致的。也就是说，祭祀的目的并非只是世俗意义上的尽孝之意，而是要因"鬼"而与作为本体的神相交通，借以激活祭者生命中的神圣灵觉，以得尽"行父母之遗体"（《礼记·祭义》）的天命之性[2]。之所以强调以亲族之先人为祭祀对象，乃因其易"同气相应"而易于感通故也[3]。

二、强死之鬼为厉说。《左传》襄公三十年载郑国权臣伯有奢侈无度，嗜酒夜饮，至废政事，子晳联络驷带、公孙段伐之，杀伯有。昭公七年则载伯有死而化为厉鬼，托梦给驷带和公孙段，言某年月日将分别杀之，二人至期而卒。子产解释说："匹夫匹妇强死，其魂魄犹能凭依于人以为淫厉，况良霄（伯有）……三世执其政柄，其用物也弘矣。其取精也多矣，其族又大，所凭厚矣，而强死，则为鬼，不亦宜乎！"化厉之说，乃魄之所为，非魂也。最后的解决办法是为伯有之二子授官以承供祭祀，伯有之鬼才因以安宁，子产解释说："鬼有所归，乃不为厉，吾为之归也。"鬼乃尸身之"神"，若动植物受到伤

---

[1] 浑言（又称泛言、散文等）指对同类事物的统称，与析言相对，析言（又称对言、对文等）指对同类事物细加辨别时而专用的名称。

[2] 钱穆于《中国民族之宗教信仰》一文中指出："然祭者犹生，若以超出于小我有限之生命者论之，则此祭者内心一片无限生命之敏觉，固已通生死而一之。"载《灵魂与心》，第26页。其实不仅是通生死，而是祭者通过自己先人"符号"的引导而与无限的本体世界得以时相交通。

[3] 《朱子语类》卷3云："然人死虽终归于散，然亦未便散尽，故祭祀有感格之理。先祖世次远者，气之有无不可知，然奉祭祀者既是他子孙，毕竟只是一气，所以有感通之理。然已散者不可祀。"第37页。

害,犹知报复①,则此尸身之"神"之报复害己之人,于理亦宜。先秦两汉文献记载鬼厉为害事较多②,宋代道学家程颐、朱熹等都相信"伯有为厉"的真实性,但认为这是非常之理③。

三、转世轮回说。张载曾批评佛教之轮回说云:"浮图明鬼,谓有识之死,受生循环,遂厌苦求免,可谓知鬼乎?……"钱穆先生申之云:"此条仍本造化一体立论。果知造化之一体,由造化生发而有人,人必回归于造化。人那能专私擅有了这一身,不再向造化回归,而单由这一身自己在不断轮回流转,死后有鬼,鬼复转胎成人。这样便成为无造无化,宇宙间只是这些众生在各自永远轮回。明道说:'放这身都在万物中,不要从自家躯壳上头起意',横渠此条,正是此意,只说来更明白。以后朱子再从此条又阐说,此乃宋儒论鬼神辟佛家轮回一贯精义之所在。"④然此论似仅见其一端,如前所述,人死乃分两阶段而逐渐返归本体,而万物及人之生又是本体因缘而化。其理略如以一杯水倒入湖中,其必交融于湖之水,如再从湖中舀出一杯水,虽不便即说此杯水即原杯水,但也不得谓此杯水绝非原杯水也。故张载的天地父母、民胞物与之说甚是,而灵魂转世甚至化为异类的说法在逻辑上也应该成立,只是灵魂散时,非以传说故事中的孤立之形的"人格神"模式存在,而是要直接融入本体之共相中,然后再参与因缘生化而已。

(原载《中国俗文化研究》第 7 辑,2012 年)

---

① 譬如王小波《植物对动物的"战争"》所述之长颈鹿与金合欢树之间的斗争,即可见一般。《百科知识》2002 年第 1 期。

② 参林素娟:《先秦至汉代礼俗中有关厉鬼的观念及其因应之道》,《成大中文学报》第 13 期,2005 年。

③ 《朱子语类》卷 3 载朱熹语:"至如伯有为厉,伊川谓别是一般道理。盖其人气未当尽而强死,自是能为厉。""若是为妖孽者,多是不得其死,其气未散,故郁结而成妖孽。……然不得其死者,久之亦散,如今打面做糊,中间自有成小块核不散底,久之渐渐也自会散。"第 37、45 页。按此喻如论与尸体同在的"鬼"之消解的久暂较为合适,但如解释为死者之魂魄"气结未散"而为患人间,则恐不尽合理。疑鬼之为厉事仅是与"鬼"因子孙感格而加以福佑"行为"相反的一种能动反应,而非以"人格神"的形态往来于时空之中。

④ 钱穆:《灵魂与心》,广西师范大学出版社 2004 年版,第 69—70 页。

敦煌韵书与汉字辨伪

辞书作为工具书,其所收字的形音义无疑要具有一定的典范性,这与一般文献用例不同,一般文献用例只有错讹,而无从论其伪否。然字之作为典范的形音义既定,其因典要而变者可谓之俗,其有违于典要者,自当以伪论之。若《汉语大字典》所收音 àn 之"塇"、音 hù 之"鈺",前者为"垓"之俗字"塇"的错误回改,又因其从"彦"声而臆加"àn"音,是其形音俱伪;后者为"鉙"之常见俗字,其形可谓不误,然其音"hù",则为臆增,是形真而音伪①。如此云云,自《说文》所收之 9353 字(加重文 1163 字则合计为 10516 字),至《汉语大字典》的 54678 字以迄《中华字海》的 86771 字,其间虽迭经专家之层层把关,然因千余年之辗转相因和递相增补,难免或有字之伪者杂厕其间,因为是伪形伪音或伪义,其无文献用例必矣,且亦不会产生文献用例。故于作为典范之辞书而言,是皆应剔而去之者。前修时贤虽未以伪名之,然论者亦夥,得其大者若张涌泉之《汉语俗字丛考》、杨宝忠之《疑难字考释与研究》等等,今以敦煌韵书为津梁,复举数例以论之。

一、因声旁之讹变而望文生音

俗语有云"秀才读字读半边儿",因为汉字中百分之八十以上是形声字,故用此法亦多可得其音之仿佛,而学术界不取焉。但于一种特殊现象,即汉字在传抄过程中,其声旁发生讹变而失其故踪,遂致学术界亦不得不用"读

---

① "塇""鈺"二例分别引自张涌泉之考证,详细情况可参《敦煌俗字研究导论》(台北新文丰出版公司 1996 年版,第 62 页)及《大型字典编纂中与俗字相关的若干问题》(载《中国社会科学》1997 年第 4 期)。

半边儿"法以定其音,或称之作"读随字改""音从字变"及"音随形变"等等①,然究其实,此类音读实为伪音。

鼸

伯2011平声衔韵楚咸(衔)反小韵:"鼸,鼠黑耳(身)白要。"其字头"鼸"字故宫宋跋本王仁昫《刊谬补缺切韵》、裴务齐正字本《刊谬补缺切韵》同,《广韵》咸韵作"鼸"形,训"鼠名";又《埤苍》云'鼠儿'"。考《广雅·释兽》"鼸鼢"下王念孙疏证:"《说文》:'狋蝚,鼠,黑身白腰若带,手有长白毛,似握版之状,类蝯蜼之属。''狋'与'鼸'同。"是"鼸"字当为"狋"之俗字,俗写"鼸""鼸"二形多混,是"鼸"又当为"鼸"之讹俗字,或因其从"截"而入屑韵,音"昨结切",《集韵》屑韵收之,《汉语大字典·鼠部》兼收"鼸""鼸"二字,后者据《集韵》注音作"jié",训作"鼸鼢"云云,伪也。《中华字海·鼠部》亦兼收二字,然其"鼸"字下未取"jié"音,而注云"同'鼸',见《直音篇》",甚是。

馶

伯2011去声志韵:"馶,所吏反。疾。"其字头"馶"字故宫宋跋本王仁昫《刊谬补缺切韵》及大徐本《说文》新附字字形同,裴务齐正字本《刊谬补缺切韵》作"駛",《广韵》作"駛",《集韵》作"駛"。按"駛"当为"馶"字俗省,而"駛"则又为"馶"字俗讹,"馶"乃"馶"字俗讹,但因"吏"为"叓"之常见俗字(参张涌泉《敦煌俗字研究》下编臼部"叓"字条),故《集韵》因其讹旁而于平声虞韵增"容朱切"一音,误益甚。《汉语大字典·马部》"馶"字下据以音"yú",仅引《集韵》为证,可删;《汉语大字典·马部》又据《改并四声篇海》及《字汇补》收有音"余"的"駇"字,皆无训释,是又"馶"字之回改并加以易位的俗字,然因"馶"字已为讹字,其回改之字亦必为伪字无疑。《中华字海·马部》"馶"字注云"同'駇',见《直音篇》",误同。

輷

伯2011上声董韵作孔反小韵:"輷,轮。"其字头"輷"字故宫宋跋本王仁昫《刊谬补缺切韵》、裴务齐正字本《刊谬补缺切韵》同,《方言》卷9、《广雅·释器》《广韵》《集韵》皆作"輷"形,合于形声构字理据,则"輷"当为"輷"之俗

---

① 参张永言《郦道元语言论拾零》(载《中国语文》1969年第3期)及张涌泉《论"音随形变"》(《汉语俗字形究》附录,岳麓书社1995年版)。

讹字。《汉语大字典·车部》"輠"字下引《改并四声篇海》转《余文》之注音"子顺切"及《字汇补》转《金镜》之直音"骏",皆为因声旁设音,且未加训,不知即"輠"字之讹也。《中华字海·车部》"輠"字注云"音俊,义未详。见《金镜》",误同。

二、因形旁之讹变而望文生训

与"望文生音"略似,因为形声字"以事为名"的特点,学界于那些在传抄过程中因讹变而不能追源之字,亦或因其形旁而定其义训,陆德明《经典释文序录》曾述当时学人各采杂书以改字,不考其本末,以至"飞禽即须安鸟,水族便应著鱼,虫属要作虫旁,草类皆从两屮"①。反而推之,即当安鸟皆关飞禽,著鱼便属水族等等,然因其关联连属之所据乃因于讹变之字形,以故不免于千里之谬。

庎庍

伯3696A去声卦韵:"庍,到别。方卦反。"其字头"庍"伯2011、故宫宋跋本王仁昫《刊谬补缺切韵》、裴务齐正字本《刊谬补缺切韵》、蒋斧藏本《唐韵》《广韵》及《玉篇·广部》皆作"庎"形,王国维《唐写本唐韵残卷校记》云:"案此字于形声义均无可说,《集韵》有庎字,注'卜卦切。舍别也',即此字。"②俗写"庎"形多作"瓜"形,又进而讹作"介""斤"之形,杨宝忠《疑难字考释与研究》广部"庎"字条云:"今谓'庎'、'庍'皆'庎'之俗写。《说文》十一篇下辰部:'辰,水之衺流别也。从反永,读若稗县。'……盖'辰'变作'辰',构形理据不明,流俗为恢复其构形理据,'辰'复变从'辰'作,而'厂'、'广'二旁相乱,遂成'庎'字。其演变轨迹与'虒'变作'庨'正同。'辰'训别,而'庎'训舍别者,丁度等不知'庎'即'辰'字,见其从广,因训舍别(从广之字多具屋舍义),望形生义也。"又诸本训"到别"者,杨氏以为"'到'字即'别'字之误而阑入正文者"③,甚是。

鳂

斯2071魂韵古浑反小韵:"鳂,北溟大鱼。"故宫宋跋本王仁昫《刊谬补

---

① 陆德明:《经典释文》,上海古籍出版社1985年影宋本,第9页。
② 王国维:《王国维遗书》,上海古籍出版社1983年版,第30页。
③ 杨宝忠:《疑难字考释与研究》,中华书局2005年版,第229页。

缺切韵》及《广韵》该小韵字形皆作"鵾",是其字当为从《庄子·逍遥游》之鲲化为鹏之寓言而别造之会意字,俗失其音义,遂因形而臆造。《字汇补·鸟部》云:"鵟,五鱼切。音鱼。鸟名。"虽"鸟名"之训不为甚误,然其初衷当亦因其字从鸟旁而臆断也。《汉语大字典·鸟部》《中华字海·鱼部》鵟字注从之,不确。

三、因辞书传抄之讹而将错就错

辞书之修撰,亦多须相因而成,后出转精而繁。然辞书于传抄过程中亦不免有考校失误者生焉。特别是汉以后因造纸术的流行而致民间书写的普遍出现和宋以后因印刷术的流行而致规范汉字的广泛努力。张涌泉曾指出:"一方面,是唐代前后抄书者用俗字改易旧文;另一方面,宋以后刻书家又好逞臆见妄改前代俗字,改来改去,古籍的真面目便湮没无存了。"[1]故今之大型辞书的考订,尤需学人的共同合作和多方努力,才能祛其积弊而披其正义。

骬

伯 2011 侯韵胡沟反小韵:"骬,骬[骨]。""骬"为"骺"之俗写,"舌"字俗书作"舌",与"后"字俗书同,参张涌泉《敦煌俗字研究》下编舌部"舌"字条及口部"后"字条考释,故宫宋跋本王仁昫《刊谬补缺切韵》作"骬"形,裴务齐正字本《刊谬补缺切韵》《广韵》《集韵》同。龙宇纯《唐写全本王仁昫刊谬补缺切韵校笺》卷二册侯韵"骬"字笺云:"案骬字不详所出。《说文》'髊,骨端也',与《集韵》'骨端'之义同。'髊'字隶定作'骺',与'骬'形近,疑'骬'即'骺'之误字耳。"所论甚是,此当即"骺"字俗作"骬"字误为回改所造成的伪字。或又因"骬"字从"后"声而臆增其音作"胡沟反",斯 2071 侯韵胡沟反小韵末收"骬"或"骺"字,传本《玉篇·骨部》"骬""骺"二形兼收,其"骬"字下注云"下沟切。骺骬也",疑系孙强修定时据前代辞书如王仁昫《刊谬补缺切韵》等所误增。《汉语大字典·骨部》"骬"字下引《玉篇》《广韵》《集韵》《类篇》而坐实其事,《中华字海·骨部》下亦未加别辨,今电脑字符集竟至收"骬"而不收"骺",大有以伪驱真之势。

---

① 张涌泉:《试论汉语俗字研究的意义》,《中国社会科学》1996 年第 2 期。

鈯

伯 3696B 平声钟韵许容反小韵："鎣，柄孔。"同小韵下又别出"凶"字，考伯 3798、斯 2055、故宫宋跋本王仁昫《刊谬补缺切韵》本小韵首字"曶"字后二字皆作"凶""鋬"，《广韵》略同，唯"凶""鋬"间加有"凶"字古体"殈"而已。盖伯 3696B 抄者"凶"与"鋬"既误合为一，后来发现该小韵实际字头数缺一字，遂于下文"凶""讻"间补一"凶"字。故宫宋跋本王仁昫《刊谬补缺切韵》《广韵》"凶"字下有注文，更与其后的"鋬"字界划判然，是伯 3696B 的"鎣"当分为"凶""鋬"二字，而其该小韵的后一"凶"字当删。至于裴务齐正字本《刊谬补缺切韵》更省"鎣"作"鋬"，是乃误上加误，其后《集韵》"鋬"字收或体字作"鈯"，《汉语大字典·金部》《中华字海·金部》从之，盖亦延承裴务齐正字本《刊谬补缺切韵》类韵书之误而来，只是其构形"从金、凶声"符合汉字的一般结体规律而已。

圤

斯 6187 平声侵韵："圤，圤鄩，古国。"其字头"圤"《集韵》作"抖"形，并注云"通作斟"，按"斗"字俗写多作"㪷""卝"等形（参张涌泉《敦煌俗字研究》下编斗部斗字条），盖"斟"字用为地名而俗写改从土旁作"抖"形。《玉篇·土部》字作"圤"形，然"十"字亦非声旁，是又当为"抖"字之俗讹字，周祖谟《唐五代韵书集存》下编考释一《切韵》残叶三校记据《玉篇》以为"此字当从'十'作'圤'"[①]，非是。《汉语大字典·土部》据《玉篇》收之，而未作辨析，亦不为允妥。《正字通·土部》"圤"字训云："抖字之讹，旧注音针。圤鄩，古国名。省作圤，阙；抖不载，并非。"是也，《中华字海·土部》"圤"字从训作"同'抖'"，虽未揭其与"斟"之关系，然较诸《汉语大字典》，其义已略胜。

魠

伯 2011 入声迄韵居乙反小韵："魠，逝鱼。"其字头"魠"字故宫宋跋本王仁昫《刊谬补缺切韵》、裴务齐正字本《刊谬补缺切韵》《广韵》《集韵》皆作"魠"，按"乞""气"古今字，故其作偏旁亦或互用。又释义故宫宋跋本王仁昫《刊谬补缺切韵》亦作"逝鱼"，《裴韵》作"鱼名"，《广韵》作"鱼游"，《集韵》则兼收二义作"鱼游也；一曰鱼名"，《玉篇·鱼部》则训作"断也"。龙宇纯《唐

---

① 周祖谟：《唐五代韵书辑存》，中华书局 1983 年版，第 818 页。

写全本王仁昫刊谬补缺切韵校笺》卷五迄韵"魟"字条下云:"《说文》'劍,楚人谓治鱼也',《广雅·释诂二》'劍,割也'……《说文》'刉,划伤也','一曰断也','劍'、'刉'与'魟'音近,疑《玉篇》'断鱼'为'割治鱼'之义。"①按龙氏所论是,"魟"当为"劍"(会意字)之形声或体字,"逝"字当为"斷"之俗字"断"的形讹,《广韵》《集韵》之训当即因本书"逝鱼"不辞而臆改,而"鱼名"之义疑亦因"逝鱼"云云费解而别加臆训。《汉语大字典·鱼部》"魟"字兼取三训:"断鱼""鱼游"和"鱼名",《中华字海·鱼部》略同,其后二训皆当删也。

　　鮑

　　伯2011上声巧韵:"鮑,垂地。"故宫宋跋本王仁昫《刊谬补缺切韵》同,其释义《广韵》作"舀地",《集韵》引《广雅》云"耕也",王念孙《广雅疏证·释地》"耕也"条下云:"今俗语犹呼掘地为鮑,声如庖厨之庖。'欮'、'鮑'皆掘地之名,故其字并从臼,《释器》云'臼,舀也',《集韵》《类篇》并引《广雅》'鮑,耕也',今本脱'鮑'字。"②按"舀"字俗写多作"舀""舀"之形(参张涌泉《敦煌俗字研究》下编臼部"舀"字条),俗抄或讹作"垂"形,《字汇·口部》"鮑"字训更讹作"重也",皆当据正。《汉语大字典·口部》"鮑"字下第三义项据《字汇》作"重也",当删。《中华字海·木部》"鮑"字下未收"重也"之义,是也。

(原载《敦煌研究》2007年第3期)

　　① 龙宇纯:《唐写全本王仁昫刊谬补缺切韵校笺》,香港中文大学1968年版,第623—624页。

　　② 王念孙:《广雅疏证》,江苏古籍出版社1984年版,第297页。

敦煌韵书的校勘学价值举例

敦煌二十世纪初出土的唐五代抄本韵书,是宋以后因印刷术规范化了的辞书赖以著述的基础,故对演变至今的辞书整理以及当代大型字典的纂著具有重要的语料意义。今于校录敦煌本韵书卷子之际,偶有蠡测管窥之得,姑略举数例,聊备辞书采风者纂著之观览焉。

一、辨明俗字源流

1. 作为姓氏之"俎"当为"沮"之俗字

斯 2071 平声鱼韵侧鱼反小韵:"俎,姓。"其字头"俎"斯 2055、《广韵》皆作"沮"。按"俎"当为"沮"之俗写,如《集韵》本大韵臻鱼切小韵"菹"字下云或作"蒩",是其比,非别有姓"尊俎"之"俎"姓者,《元和姓纂》亦只收有"沮"姓而未及"俎"姓,其卷二鱼韵"沮"字下注云:"音蒩。黄帝史官沮诵之后。"明代梅膺祚《字汇·人部》"俎"字注云"姓",盖即承前代若斯 2071 类韵书或相关字书而作,《汉语大字典·人部》"俎"字下引《字汇》义置为"俎"字义项而未作说明,非是。

2. "刟"当为"刞"之讹变俗字

斯 2071 入声黠韵恪八反小韵:"刟,巧刟。""刟"字裴务齐正字本《刊谬补缺切韵》、蒋斧藏本《唐韵》同,《广韵》作"刞"形,伯 2011 作"刞"形,后者合于《说文》,故宫藏宋跋本王仁昫《刊谬补缺切韵》误作"刞"形。由是知"刟""刞"二形乃隶变之异,而作"刟""刞"诸形者皆"刞""刞"之俗作或讹变。清吴任臣辑《字汇补·刀部》"刟"注文作"余时切,音怡。巧刟也。"其"刟"字当与斯 2071 同为"刞"之讹变俗字,唯其音"怡"不知所据,疑或以其字与"刈"形近而稍变其音所作,《汉语大字典·刀部》"刟"字下径据《字汇补》作,亦未达于一间。

3.“芀”为“芍”之俗字

《康熙字典·艹部》：“芀，《玉篇》《集韵》并‘同䔉’，《本草》‘野芀草’李时珍曰：《摘玄方》治瘀满。”《汉语大字典·艹部》“芀”字下已斥其非是，云：“《玉篇》《集韵》‘同䔉’字均作‘芰’，不作‘芀’。”但却未能指出此字之源流。今按斯 2071 上声旨韵卑履反小韵：“沘，水名，出庐江灊县，入芀陂，今谓之渒水。”其中“芀”字伯 2011、裴务齐正字本《刊谬补缺切韵》同，故宫宋跋本王仁昫《刊谬补缺切韵》《广韵》作“芍”，合于传本《汉书·地理志上》“（卢江郡）沘山，沘水所出，北至寿春入芍陂”文，俗写“勹”形多作“勺”形，如“包”字又作“勺”形①。“芀”字当为“芍”之俗字，又参秦公《碑别字新编》“芍”字条所录诸形。清吴谦等奉敕纂《医宗金鉴》之汤药方中多及芍草有表毒散痈除瘀满之效，可知《本草纲目》卷 21 所载之“野芀草”即“野芍草”之俗作。

其他若“锗”之为“铦”字俗讹，“㵮”为“濠”之俗讹，“赴”“赴”皆“趋”之避讳字俗讹，“龜”“鼀”皆“龜”之俗讹，《汉语大字典》《中华字海》等现代大型字典并未能明其源流，皆可因敦煌韵书之俗写异文而得以系联考明也。

二、补充书证脱误

4.“頲頲”为挺直皃

《说文·页部》：“頲，狭头頲也。”段注：“疑当作頲頲也，假借为挺直之挺，《释诂》曰‘頲，直也’。”然无他证，敦煌韵书伯 3693 上声迥韵他鼎反小韵“頲”字注文正引《说文》作“狭头頲頲也”。今按“頲頲”为透透纽族表示特出义的联绵词，其同源词如“偶俶”（卓异皃）、“瘃瘃”（瘦也）、“籊籊”（竹长杀皃）、“䑚𦜕”（吐舌皃；长皃）等，皆可资为证。《汉语大字典·页部》“頲”字下唯引《尔雅·释诂》和《说文》语训“頲”为“头挺直貌”，较段玉裁氏又有所不若也。

5.“郡有鄙”不误

《说文·邑部》“郡”字训云：“周制天子地方千里，分为百县，县有四郡，故《春秋传》曰‘上大夫受郡’是也，至秦初置卅六郡，以监其县。”斯 6176 去声问韵“郡”字条注文作：“（郡，渠运反。一。《说文》曰周）制天子千里，分百县，县有郡，郡有鄙，故《春秋传》曰上大夫[受]郡，至秦初置卅六郡以监县。”②与

---

① 参张涌泉：《敦煌俗字研究》下编勹部“包”字条考释，上海教育出版社 1996 年版，第 53 页。

② 注文原有残脱，圆括号中所补为原本残缺或改正错讹者，方括号中所补为原本脱录者。

《说文》所引互有短长,可相参补。又段玉裁注引《逸周书·作洛篇》的“县有四郡,郡有监”语,谓与周礼不合,不知“监”乃当为“鄙”也,今检四部丛刊所影明嘉靖本《逸周书·作雒解》,其“监”字正作“鄙”。又黄怀信等所著《逸周书汇校集注》校“郡有□鄙”句云:“阙处卢据《淮南子》注补‘四’字。……然《御览》卷157引无‘四’字,《吕氏春秋·季夏纪》高注亦无‘四’字,卢校疑非。”①是此敦煌韵书本又可为补一佐证也。

三、增收字形字义

6.“裥”字大型字典当收

伯2014上声产韵佳限反小韵:“裥,衣裥。又去。”按“裥”字《广韵》《集韵》及今大型字书皆未见所载,考《广韵》《集韵》该小韵皆收有“襇”字(《集韵》又载其省体作“裥”,后者《广韵》《集韵》又有去声一读),分别训作“帬襵”和“帬幅相摄也”,又《汉书·高惠高后孝文功臣表》“遴柬布章”颜师古注引晋灼语云:“柬,古简字也。”《集韵》产韵“柬”字注又云“通作简”,言通是也,《说文·竹部》兼收二字。“簡”“简”正俗字,是伯2014所载“裥”字即“襇”之换声旁俗字,“裥”字又“襇”之俗省字,而于今之所见语料论之,似又以“裥”字出现更早些。

7.“恪”字有“从容”义

俄1372入声铎韵:“恪,苦各反。一。《说文》‘从容也’。”按“恪”字见于《尚书》《尔雅》,而今传本《说文》不载。“恪”之训“从容”义虽限于所见未能检及文献用例,然考其字从“心”“各”声,而“各”本有“来”义,其构形义有“用心”“专注”类意思。字书所载“恪”字常见义为“恭敬”;“从容”之常见义为“安舒自得”。审有意之“用心”可谓“恭敬”,而不着意之“用心”或即“从容”也,故此“恪”训“从容”之义,大型字典或亦当加收录。

四、剔除伪音伪义

8.“暅”字读“古邓反”当为伪音

伯2011去声嶝韵古嶝反小韵:“暅,日干。”故宫宋跋本王仁昫《刊谬补缺切韵》《集韵》同,伯3693、裴务齐正字本《刊谬补缺切韵》、蒋斧藏本《唐韵》

① 黄怀信、张懋镕、田旭东:《逸周书汇校集注》,上海古籍出版社1995年版,第565页。

《广韵》去声嶝韵无此字。按"暅"字又见于伯 2011 平声阮韵况晚反小韵,斯 2683、斯 2071 平声阮韵况晚反小韵略同,且三写卷此处注文均有"又古邓反"之又音,龙宇纯《唐写全本王仁昫刊谬补缺切韵校笺》去声嶝韵"暅"字校云:"《易·说卦传》释文:'暅,徐古邓反。'《广雅·释诂三》曹音歌邓。并与此合。唯此字本作'晅',即《说文》'烜'字,读'况晚反',后讹作'暅',遂有此音。"①即"暅"本为"晅"之增繁俗字,徐邈盖因其《易》传异文俗字之右旁作"恒"而增其音作"古邓反",后曹宪作《博雅音》(《博雅》即《广雅》避隋炀帝讳而改作)因之,而此音实不存在,当删。《玉篇·日部》"暅"字下则因而只收"古邓切"一音,疑亦孙强所臆取(若梁顾氏所为,则不当不收"况晚反"一音),《汉语大字典》又因《玉篇》之音而别置二义项,其中且引《广雅·释诂二》之训入此音下,皆非是也。

9."𣐗"字训"折"当为伪义

斯 2071 上声纸韵:"𣐗,被析。匹靡反。"其中"被"字伯 2011、裴务齐正字本《刊谬补缺切韵》皆作"披","被"当为"披"之声讹字(字书一般不用通假)。故宫宋跋本王仁昫《刊谬补缺切韵》《广韵》又讹"披析"作"枝折",俗写"木""扌"二旁多混而不分,而"皮"字之左撇多作甚短之形,故与"支"形易混。传本盖以"枝折"或"披折"不辞而改作"𣐗折",《集韵》则径省训作"折"。检胡吉宣《玉篇校释》已据《切韵》(即斯 2071 之王国维抄本,唯其"被"字误录作"披")校改作"披析",并注云:"披析者,《切韵》同,本书与《广韵》皆讹作𣐗折。今依《切韵》正。慧琳四八·廿二:'《篆文》'𣐗,析也',𣐗犹谓分也。《广韵》支韵'𣐗,开肉',《说文》'披,一曰析也',本书手部'披,开也',柀、披、𣐗并同,𣐗从歺,当与㴲从析同,亦死别分异义也。"②"清桂馥《札朴》卷九更据《广韵》而误申其义谓"折枝曰𣐗"。《汉语大字典·歺部》"𣐗"字下引《玉篇》《集韵》而训作"折",非是。

10."𦇑"字训"网饰"当为伪义

伯 2011 上声晧韵:"𦇑,细。"其释义故宫宋跋本王仁昫《刊谬补缺切韵》同,《广韵》作"网缀",《集韵》则更作"网饰",小徐本《说文》载徐锴按语云"[字]书'细缀'也",龙宇纯《唐写全本王仁昫刊谬补缺切韵校笺》:"《万象名义集》云'细雨止','雨'当即《说文》'而'字之误,'细'字不详,然并可证《广

---

① 龙宇纯:《唐写全本王仁昫刊谬补缺切韵校笺》,香港中文大学 1968 年版,第 573 页。
② 胡吉宣:《玉篇校释》,上海古籍出版社 1989 年版,第 2291 页。

韵》《集韵》'网'是'细'字之误,《玉篇》云'《说文》韶跙而止也',引《说文》'敏'字作'跙'(案:《说文》云'敏'从'又'者,'从丑省',疑与此有关。)'细'与'跙'字形近,则疑'细'亦误字耳。"①按"细"当为"纫"字形讹,"纫"有连缀、曲结义,伯 3696B 支韵"繵,细绳"条之"细"字斯 2071、斯 2055、伯 2011 及裴务齐正字本《刊谬补缺切韵》皆作"纫",其"细"字疑亦为"纫"之形讹。"纫缀"乃中古之常用词,如《太平广记》卷 101"商居士":"是夕坐而卒,后三日,门弟子焚居士于野,及视其骨,果锁骨也,支体连贯,若纫缀之状,风一拂则纤韵徐引。"又《说郛》本尚宫《女论语》之学作章第二:"刺鞋补袜,引线绣绒,补联纫缀,百事皆通。""纫"或"纫缀"之训亦与《说文》"敏敏而止"之训义略合。《汉语大字典·禾部》"韶"字下因《集韵》"网饰"之训,实亦一不应存在之义项。

五、釐正承传讹误

11."兖"乃"九州之泥地"非"九州之渥地"

《说文·口部》"兖,山间陷泥地。从口,从水败皃。读若沇州之沇,九州之渥地也,故以沇名焉",小徐注云"渥者,泽润也",段注云《毛传》曰'渥,厚'",伯 3693 上声狝韵:"兖,以转反。二。《说文》口(曰):兖,余喘反。山涧陷泥地曰兖;兖州,九州泥地,故以兖为名。"

到底何者为是?考《尚书·禹贡》"济河惟兖州。九河既道,雷夏既泽,灉、沮会同。桑土既蚕,是降丘宅土。厥土黑坟,厥草惟繇,厥木惟条。厥田惟中下,厥赋贞,作十有三载乃同。厥贡漆丝,厥篚织文。浮于济、漯,达于河。"其中提到的众多水泽及黄河泛流之九河,乃内海还未完全淤塞所致。到春秋末年,宋郑之间还有六邑的"隙地"存在(见《左传》襄公十二年),隙地是未得开发之地。孔疏亦申释云:"宜草木则地美矣,而田非上者,为土下湿故也。"又考史籍,"泥地"一词多有而"渥地"为词罕觏,检诸辞书,《释名·释宫室》:"泥,迩也;迩近也。以水沃土,使相黏近也。"又《周易·需》"九三,需于泥"孔颖达疏:"泥者,水旁之地,泥溺之处。"《广韵·齐韵》:"泥,水和土也"。此与训肥沃之"渥"字哪一个更切于先秦兖州之实情,则已判然可别矣。是今传《说文》之"渥"字当为"泥"字增旁俗字"淈"之形讹,俗写"淈"字或易其位作"渥"形,则与"渥"字易混矣。是二徐本《说文》同误,而小徐与段注之申训亦皆非是。

(原载《语言研究》2007 年第 3 辑)

---

① 龙宇纯:《唐写全本王仁昫刊谬补缺切韵校笺》,香港中文大学 1968 年版,第 358 页。

敦煌本《大唐刊谬补阙切韵》疑难字考

这里所说的《大唐刊谬补阙切韵》，见于敦煌藏经洞出土的伯 2016、伯 2014、伯 4747、伯 2015、伯 5531 号五个卷子，包括伯 2016 号第 2 页《大唐刊谬补阙切韵笺注》，是唐末五代时期假托官方"大唐"之名而迻经坊间汇抄配补的韵书。其中颇有不见于其他文献所载的疑难之字，现择其要者，汇考如下，幸方家正之。

翘

伯 2014 号《大唐刊谬补阙切韵》平声宵韵："翘，翘，翘高也。去遥反。""翘"字《广韵》《集韵》及诸字书未见收载，疑为"蹻"之讹俗字，宋濂跋本《刊谬补缺切韵》《广韵》正以"蹻"为本小韵首字。"蹻"字《广韵》训作"举足高"，训义略同。盖"蹻"字或体作"跷""趫"（《集韵》），"翘"即受其交互影响而致（"高""乔"形义皆近）。又其注文盖用注文与被注字连读成训例，即以"翘翘"训"翘高也"，宋代毛居正《增修互注礼部韵略》："蹻，蹻蹻，憍也；又举足加高貌。"清代胡文英《诗经逢原·大雅·民劳五章·板》"小子蹻蹻"注："蹻蹻，翘足不顾貌。"皆可证之。

狄

伯 2014 号《大唐刊谬补阙切韵》平声宵韵于乔反："狄，狐和。"注文"和"字疑涉前条"夭，和舒"注文"和"字而误，或为"貉"字音讹。《改并四声篇海·豸部》引《川篇》："狄，音伏，狐也。"又《篇海类编·鸟兽类·豸部》："狄，房六切，音伏，狐也。"《康熙字典·豸部》引《篇韵》："狄，音义与狄同。""狄""狄""狄"三字释义略同，疑为一字之变，其字或当以作"狄"为典正；"狄"即"狄"的增点俗字（"夭"字或"夭"旁俗写多增笔点作"夭"或"㳖"，上揭伯 2014 号的"夭"及同一小韵"狄""妖""祅""訞"诸字的"夭"旁原卷皆写作"㳖"），其注文"音伏"则疑为"音夭"之误；"音伏"与"狄"字形声不谐，《篇海类编》编者遂又妄改原字为"獄",于是音讹而形亦讹矣。又《直音篇·豸部》:"獄,音伏,狐也。"此字当又由"狄""獄"讹变。《中华字海》谓"獄"同"狐"字,益谬。唯"狄"字此前的《切韵》系韵书及其他字书未见,疑或因妖狐(狐亦作狐形)多连用而别造之类化俗字,不可单独使用。

尥

伯2014号《大唐刊谬补阙切韵》平声肴韵步包反:"尥,胫交。""尥"应为"炮"的讹俗字,伯2011《王一》、宋濂跋本《刊谬补缺切韵》正作"尥",《广韵》作"炮",为一字异写。《改并四声篇海·尢部》引《搜真玉镜》:"尥,步交切。"此字《汉语大字典》《中华字海》皆云义未详。今谓"尥""尥"一字异写,"尥"亦即"炮"的讹俗字。

怾

伯2014号《大唐刊谬补阙切韵》上声纸韵□□反(与轵、枳、抧等同一小韵,《广韵》隶诸氏切小韵):"怾,怾恃。""怾"字诸字书未见所载,与其释义略同的字头宋濂跋本《刊谬补缺切韵》、裴务齐正字本《刊谬补缺切韵》《广韵》《集韵》皆作"恀"形,而《集韵》于下一小韵掌氏切所收之"恀"字下云:"《尔雅》:恀,怙恃也。或从氏。""怾"应即"恀"的改换声旁俗字。

睥

伯5531号《大唐刊谬补阙切韵》上声蟹韵比买反:"睥,睥,分号。"注文"睥"字原卷作省代符,疑属衍增。字头"睥"字裴务齐正字本《刊谬补缺切韵》同。《改并四声篇海·卑部》:"睥,音败。"《中华字海·口部》称"睥"字义未详。按"睥"应为"睥"(字亦作"㪏")的讹俗字。宋濂跋本《刊谬补缺切韵》《广韵》《集韵》同一读音下正作"睥"形。《集韵》部买切小韵(与"比买反"同音):"睥,裂也。"《说文·冎部》:"㪏,别也。从冎,卑声。"又《广韵·纸韵》甫委切:"睥,相分解也。""睥(㪏)"为分解、分别之义,此释"分号","号"疑为"冎"("剐"字初文)或"别"字之讹。

翄

伯5531号《大唐刊谬补阙切韵》上声骇韵:"翄,飞皃。敕骇反。二。雂,倏忽,《淮南》雂然往来皃。"按"翄""雂"二字俱未见于《广韵》《集韵》及其他宋代以前的韵书字书,《改并四声篇海·羽部》引《川篇》:"翄,丑骇切,飞速皃。"又云："雖,丑骇切,飞速皃。""翄""雖""雖"三字音同义近,疑即一字之异,其字疑本从羽、从进会意。其注文"《淮南》"当指《淮南子》,然检今本《淮南子》,未见此字及含"往来皃"语之句,盖为佚文。

藗

伯 2014 号《大唐刊谬补阙切韵》上声旱韵先旱反:"蔽,草名。……藗,草名,似:(伞)。"注文"似"下一字原卷作代字符形,依文意当作"伞"字,兹据改。"藗"字其他字书韵书未见,疑为同一小韵上文"蔽"的改换声旁俗字。"伞"古字作"傘",可以比勘。

剝

伯 5531 号《大唐刊谬补阙切韵》入声薛韵:"剝,侧别反,剉刀。亦作剢(剢)。又锄别、士辖二反。""剝"字其他韵书字书未见,疑为"劗"的讹俗字。《集韵·薛韵》侧劣切(与"侧别反"同音):"劗,断也。"又《集韵·薛韵》槎辖切(与"士辖反"同音):"劗,断艹刀也。或作鐯。""断艹刀"即"剉刀",而"鐯"即"劗"的增旁繁化字,皆可参。

揗

同"掣"。伯 5531 号《大唐刊谬补阙切韵》入声薛韵:"揗,昌设反。揗拽。亦作掣。"按"揗"字其他韵书、字书皆未见,当是"捛"的讹变字。《龙龛手镜·手部》:"掣,昌制反,曳也,制也。又昌折反。捛、揗,二俗,昌制反。"其中的"捛""揗"即"掣"的俗字,可以比勘。

荣

同"莿"。伯 5531 号《大唐刊谬补阙切韵》入声麦韵测革反:"荣,草木刺生(人)。"其中的"荣"字《集韵》作"莿"形,合于《说文》。"束"旁俗书多可作"宋"形。《集韵·宋韵》苏综切小韵亦收有"荣"字,训作"草名",其字未见载于其他字书,疑属望形生音,不可据以为典要。《方言》卷 3:"凡草木刺人,北燕、朝鲜之间谓之莿,……自关而西谓之刺,江湘之间谓之棘。"又《篆隶万象名义》卷 43 艹部:"荣,楚革反。策字。草木刺人。"后书"荣"也正是"莿"的俗字,原注"策"当是"莿"的传误,而其注文正作"草木刺人",是其确证。

焳

伯 5531 号《大唐刊谬补阙切韵》入声麦韵下革反："焳,烧反（麦）。亦作烨、㲚。"按《广韵》同一小韵下云："㷉,烧麦。"余乃永《新校互注宋本广韵》以为"㷉"系编者"以'烧麦'义改椵字之木旁为火旁",换言之,则"㷉"即"椵"的改换形旁俗字。"焳"字其他字书韵书均未见,此字与"烨"殆皆"㷉"的改换声旁俗字。"役"字音营只反,与下革反的"椵"声韵已不尽吻合,故俚俗或改从"鬲"声及"革"声也。伯 5531 号同一小韵有"礊""鞸""缬""膊"诸字,皆从"鬲"或"革"得声,可证。又"椵"字或体作"椵",俗书木旁扌旁不分,又或作"㧀"。

㪯

同"创"。伯 2015 号《大唐刊谬补阙切韵》入声洽韵口洽反："㪯,㪯矷。"又云："创,入。"按"㪯"字训释《广韵》同。《玉篇·斗部》："㪯,公洽切,入也。亦音帢。"《集韵》乞洽切："创,陷也。通作㪯。㪯,入也。""㪯"实即"创"的讹俗字。《王一》苦洽反："创,入。亦作㪯。""㪯"当是"创"的讹变俗字。盖"刂"旁俗书与"丩"旁相乱,"丩"旁又讹变为"屮",故"创"字俗书作"㪯",而"㪯"又当为"㪯"字之讹（"斗"字俗字作"屮"）。胡吉宣《玉篇校释》谓"㪯即今俗云合药、合伙字。合药配入药料有分量,故从斗",恐不可从。

齱

疑同"喋"。伯 2015 号《大唐刊谬补阙切韵》入声洽韵仕洽反："齱,齿啮物声。"就字形而言,"齱"当是"齸"的避唐讳缺笔字,但"齸"字其他古书未见,疑即喋之俗字,喋字《集韵》狎韵色甲切小韵训作"啑喋,鸟食皃",二者音义略同,从口部字或与齿部通用,如咬或体作齩、啃或体作齦、啁或体作齝等等。是乃联绵词用字,故文献罕见其用例。

髌

疑同"腱"。伯 2015 号《大唐刊谬补阙切韵》入声洽韵仕洽反："髌,筋鸣髌髌。""髌"当是"腜"避唐讳的缺笔字（与同一小韵"煤"字作"煤""齸"字作"齱"同例）。但"髌"字字书不载,疑为"腱"的讹俗字,注文"筋鸣"则当作"筋鸣"。《说文·筋部》："笏,筋之本也。腱,笏或从肉、建。"因受"笏"字的影响,故"腱"又或换旁作"篷"。《广韵·元韵》巨言切："篷,筋鸣也。"《集韵·

元韵》渠言切:"篷,《字林》筋鸣也。或作腱、筋(筋)。""髀"与"腱"及其异体字义略同。其字又写作"髀"者,盖"腱"与"骨"相涉,因或改从"骨"(如胯或体作骻,胲或体作骸,胅或体作胅,胫或体作骭,腕或体作骫,膀或体作髈等);"建"与"隶"形近,《集韵》洽韵实洽切小韵"篷"字或作"篷"形。)后者又与"枼"旁谐声(上揭写卷同一小韵"篷"从"隶"声,而"煠""糱"则当从"枼"得声),故"腱"字俗或可讹变作"髀",而读从"枼"声,音仕洽反。《说文·筋部》又有"箭"字,或省作"肑",义为"手脚指节鸣也",可以比勘。《汉语大字典》《中华字海》录"髀"作"髀",释作"筋响声",承误。

取

疑同"押"。伯 2015 号《大唐刊谬补阙切韵》入声狎韵古狎反:"取,取壁。""取"字《广韵》《集韵》及诸字书未见所载,同一小韵上文有"柙(押),柙(押)篱壁"条,其柙字《广韵》《五音集韵》皆作"押",疑"取"字即"押"的换旁俗字。从"扌"旁字俗亦通作从"攴"或"又",如扶或作扙、拙或作攽、"扑"或作"攴""揸"或作敊等,可相比勘。

蹀

同"业"。伯 2014 号《大唐刊谬补阙切韵》入声业韵鱼怯反:"蹀,《说文》云:县板于钟鼓楼。""蹀"字《广韵》《集韵》及诸字书未见所载,考《说文·丵部》"业"字注云:"大版也,所以饰县钟鼓,捷业如锯齿,以白画之,象其鉏铻相承也。从丵,从巾,巾象版。《诗》曰'巨业维枞'。"是"蹀"字当即"业"字的增旁俗字,原卷所引《说文》当有误。

溚溗

同"溚溗"。伯 2014 号《大唐刊谬补阙切韵》入声乏韵女法反:"溗,溚溗,水[皃]。""溚"字《广韵》同,按此字前无所本,《汉语大字典》等大型字书皆未载。《玉篇·水部》有"溚"字,"竹洽切,湿也",胡吉宣《玉篇校释》疑"溚"即"溚"字,当是。又"溗"字《广韵》《集韵》皆作"渹"形,据下文同一小韵有"崰"字,"渹"字盖从水、崰声,而"溗"则应为"渹"的讹俗字(右上部盖涉注文"溚"字类化偏旁)。《集韵》收载"溚溗"之同源联绵词有"溚泽(沾湿也)"(平声麻韵)、"灂泞(水皃)"(上声迥韵)等等,可参。

聣

伯 2016 号《大唐刊谬补缺切韵笺注》平声东韵古红反："聣,聣耳,乾渊神,如兔,登人屋。"伯 2014 号《大唐刊谬补阙切韵》同一小韵亦有"聣"字,但注文仅存一省代符。此字其他辞书未载。《玉篇·耳部》:"聣,古红切,耳闻鬼。"《正字通·耳部》考云:"聣,同'聦'省,与心部'恾'从'工'作'忋'同例,旧注改音'工',与'聦'音'烘'矛盾,谬训'耳闻鬼',并非。《同文举要》泛训'耳闻',亦非。"按"聣""聣""聦"三字疑为一字之异,唯其义有引申耳。又"聦"字《集韵·东韵》训作"耳有声",是乃耳鸣之意也,盖俗以所闻者为鬼神之声,故或训之作"耳闻鬼"(其意当为耳闻鬼声,张自烈以此为谬训,恐亦过泥其本义);或以为是乃神之所为,故训为"乾渊神",又臆度其形与特点作"如兔,登人屋",盖取俯于屋上而窥闻之意。乾渊亦即神渊,这里当喻指耳内而言。又查文献所载之耳神,多见于纬书及道教文献,其名有空闲(字幽田)、梁峙(字道岐)以及娇女、云仪等,未见专为其造字者,姑存疑。

预流与归海

——敦煌经卷略说

1900 年,敦煌经卷"出洞"在帝国晚期风雨飘摇的时代,这也注定了它之后颠沛失所、四海为家的命运历程。一百多年来,随着"寻亲平台"的搭建,我们对它本来面目的了解和认识也得以逐步展开。自 1909 年中国学者抄录法国伯希和携至北京的部分经卷起,中经 1954 年后英、法、北图所藏敦煌经卷陆续制成缩微胶片,再及 1995 年后采用新技术拍印的经卷陆续出版,敦煌经卷图版的公布可谓已走过三个重要的阶段。其中还应特别表出者,乃是与第三阶段几乎同时起步的"国际敦煌项目(The International Dunhuang Project,简称 IDP)",该项目为一免费开放的网络数据平台,其秘书处设在英国大英图书馆,现已在 7 个国家建立了 8 个中心,该平台提供彩色扫描的经卷及西域考古文物图片,其中经卷文献大部分已完成上传。据统计,敦煌经卷总量约在 7 万号左右,其中汉文经卷图版已公布者盖有58000 余号,其余散藏者之问世,盖亦各俟其因缘而已。

敦煌经卷之抄写时代上起魏晋,下迄北宋初年,时间跨度超过了七百年,而以唐五代抄本为主。其内容涉及之广,几乎涵盖了传统文献分类的所有类型,此中百分之九十左右为佛经文献。

敦煌文本的整理,亦与经卷图版之发布同时起步,唯以出土文献的复杂性,敦煌文本的整理面临着诸如类聚、辨伪、定名、缀合、汇校等多种问题,特别是最后一关的汇校,更是要直面具体的俗字、俗词、术语、书例等困难,所以文本校录存在的问题也比较多①。然百余年来,其荦荦大者亦复不少,如早期刘复《敦煌掇琐》(中央研究院历史语言研究所专刊之二,1925 年),姜亮夫《瀛涯敦煌韵辑》(上海出版公司,1956 年),王重民等《敦煌变文集》(人民文学出版社,1957 年),唐耕耦、陆宏基《敦煌社会经济文献真迹释录》(书目

---

① 参张涌泉:《敦煌文献整理:百年行与思》,载《光明日报》2009 年 2 月 19 日 10—11 版。

文献出版社第 1 册、全国图书馆文献缩微复制中心第 2—5 册,1986—1990年),王三庆《敦煌类书》(台湾高雄丽文文化事业公司,1993 年),周绍良主编《敦煌文献分类录校丛刊》10 卷(江苏古籍出版社,1995—1998 年)①,等等,至敦煌经卷图版公布之第三阶段以后,类似专题经卷的覆校修订及新整理的成果也越来越丰富。

此外,近年来大型敦煌经卷整理著作还出现了两种代表类型:其一是依敦煌经卷发布之卷号为序加以整理者,如郝春文主持的《英藏敦煌社会历史文献释录》,计划分 30 卷出版,自 2001 年第 1 卷发行以来,至 2015 年已出版了 13 卷,涉及英藏经卷 2710 号;又有黄征、张崇依所撰之《浙藏敦煌文献校录整理》,也于 2012 年由上海古籍出版社出版,此类整理有速度快、便于与图版比勘等特点,但其不足则在于难以兼顾同本断裂和异抄等问题,而这也会直接影响到其经卷校录的"确定性"。其二是依据传统的四部分类法加以整理,"通过对敦煌文献加以系统全面的校录,做成像标点本二十四史那样的定本"②。其代表性成果即为张涌泉主编的《敦煌文献合集》(汉文翻译佛经以外部分),其中《敦煌经部文献合集》2008 年已由中华书局出版,其余史部、子部、集部的整理工作仍在进行中。

今辑《敦煌经部文献合集》所录经卷情况,以概见其经部文献之大略:

周易之属:《周易注》八种(21 号)、《周易正义》一种(1 号)。

尚书之属:《古文尚书传》十三种(47 号)。

诗经之属:《毛诗》四种(16 号)、《毛诗传笺》十一种(21 号)、《毛诗正义》二种(2 号)、《毛诗注》一种(1 号)。

礼记之属:《礼记》一种(2 号)、《礼记注》四种(5 号)、《礼记正义》三种(3 号)、《御刊定礼记月令》一种(1 号)、《月令节义》一种(1 号)。

左传之属:《春秋左氏经传集解》十九种(42 号)、《群书治要·左传》一种(1 号)、《春秋左氏经传集解节本》四种(6 号)、《春秋左传正义》一种(2 号)。

谷梁传之属:《春秋谷梁传集解》三种(4 号)、《春秋谷梁经传解释》

---

① 此 10 卷具体著作为:1.邓文宽《敦煌天文历法文献辑校》,2.张锡厚《敦煌赋汇》,3.宁可、郝春文《敦煌社邑文书辑校》,4.沙知《敦煌契约文书辑校》,5.马继兴《敦煌医药文献辑校》,6.方广锠《敦煌佛教经录辑校》,7.周绍良、张涌泉、黄征《敦煌变文讲经文因缘辑校》,8.赵和平《敦煌表状笺启书仪辑校》,9.王素、李方《敦煌〈论语集解〉校证》,10.邓文宽、荣新江《敦博本禅籍录校》。

② 张涌泉主编:《敦煌经部文献合集》项楚序,中华书局 2008 年版,第 3 页。

一种(2号)。

　　论语之属:《论语》二种(6号)、《论语注》三种(7种)、《论语集解》十种(79号)、《论语疏》一种(1号)、《论语摘抄》一种(1号)、《论语目录》一种(1号)。

　　孝经之属:《孝经》一种(27号)、郑玄《孝经注》一种(9号)、李隆基《孝经注》一种(1号)、佚名《孝经注》二种(3号)、《孝经郑注义疏》一种(1号)、《孝经疏》一种(1号)。

　　尔雅之属:《尔雅》一种(2号)、《尔雅注》一种(2号)。

　　计九经(缺《周礼》《仪礼》《公羊传》)之书三十二部,涉及经卷319号。

　　经部另附小学类,收有韵书之属、训诂之属、字书之属、群书音义之属、佛经音义之属五种计七十九种图书,涉及经卷约341号。

至于另外三部,因为内容的庞杂,其所涉及经卷的卷号则远较经部为多,如子部宗教类(不含佛教)中的道教之属即有800余号,数术之属亦有300余号,其余诸子、医家、天文算法、类书、艺术之属,当亦有三四百号之多。史部、集部之卷号数量,盖亦与子部大致相当。至于佛教经卷,因其数量巨大,约有53000号左右,故不列入四部,而另外单独整理。

昔孔子言古礼,有"文献不足"之叹(《论语·八佾》);宋儒论人心,有千五百年之间"架漏过时""牵补度日"之慨①,盖并以文献散佚、史迹湮灭为憾。故作为二十世纪中国学史料发现之大宗的敦煌经籍,其有补于历史缺漏者多矣,陈寅恪曾云:

　　一时代之学术,必有其新材料与新问题。取用此材料以研求问题,则为此时代学术之新潮流。治学之士得预于此潮流者,谓之预流。其未得预者,谓之未入流。此古今学术史之通义,非彼闭门造车之徒所能同喻者也。敦煌学者,今日世界学术之新潮流也。②

唯潮流终将入海,在敦煌经卷出土百余年后,其欲于学术有所"预流"者,固非早期"中上流"之谓,而当于百川汇海的"汪洋"中观之,亦即这些曾经的新材料,在今日已应成为中华文献传统中"架漏过时"的助力资源和文化心理"牵补度日"的精神资粮。

　　　　　　　　　　　　　　　　　　　　　(原载《国学茶座》第13辑,2016年)

---

①　陈亮:《陈亮集》(增订本)卷28《又甲辰秋书》,中华书局1987年版,第340页。

②　陈寅恪:《敦煌劫余录序》,《历史语言研究所集刊》第1本第2分册,1930年。

儒 学

原儒杂俎

儒学肇始于春秋,历经战国百家之沉浮而独尊于汉,又经佛老之激荡而再振于宋,后世因之,遂奠其两千五百年中华文化的学术核心之地位,个中缘由,前修时贤论之已详。唯"儒"字的语言镜像——得名理据,今论多惑而不明或缺而不论。笔者在肄习之际,循名责实,或有所感,因录之以就教于同道贤达。

一、"儒"之命名理据的传统思考与现代诠释简述

《周礼·天官·大宰》:"儒,以道得民。"《淮南子·俶真训》高诱注:"儒,孔子道也。"由此,我们可以推断,"儒"字的语言文化还原,可能会揭示出儒学思想理据的重要内容。从语义的角度看,历代对"儒"字的阐释有两条理路,即《礼记·儒行》孔颖达疏所述:

> 案郑《目录》(指郑玄《三礼目录》)云:儒之言优也、柔也,能安人,能服人;又儒者濡也,以先王之道能濡其身。[1]

支援儒为柔的同源词的,《说文》:"儒,柔也。术士之称,从人需声。"《广雅·释诂》"儒,柔也。"其同源佐证词也很多,如软、弱等,皆可视为一声之转;支持儒为濡的同源词的就比较少些,然作为一种理据推阐,持其议者亦颇有之,南朝梁皇侃《论语集解义疏》:"儒者,濡也。夫习学事久,则濡润身中,故谓久习者为儒也。"[2]又《论语·雍也》刑昺疏亦取此义云:"此章戒子夏

---

[1] 阮元校刻:《十三经注疏·礼记正义》卷59,中华书局1980年版,第1668页。
[2] 皇侃:《论语集解义疏》卷3,《四库全书》文渊阁本,第385页。

为君子也,言人博学先王之道以润其身者皆谓之儒。"①清代段玉裁在注《说文》时虽也主柔说,但又引述了濡说而未加辩驳,盖有所未决也。也有不满于此而作别解者,如汉代应劭《风俗通义》佚文:"儒者,区也,言其区别古今,……"②此为音训,唯后世无取之者。韩婴《韩诗外传》卷五"儒者,儒也。儒之为言无也。不易之术也。"③"之为言"乃训诂条例中音义相通之义,则此明"儒"与"无"为同源字,盖取老庄以"无"为万物之本而比附之,故言其不可变易也。此说也因其牵强而不为后世所取。

现代学者对"儒"字命名理据的诠释也大致可以分为两种情况。

第一种:"柔"说。此又有"柔弱"和"柔和"二解。这一说盖承《说文》释义并加以申发而来。二十世纪三十年代初,胡适先生在其长文《说儒》中就申述儒的本义为"文弱迂缓的人"④,其后 1937 年,郭沫若先生在《驳说儒》一文中也把儒的本义诠释为:"儒之本义诚然是柔,但不是由于他们本是奴隶而习于服从的精神的柔,而是由于本是贵族而不事生产的筋骨的柔。古人称儒,大约犹今之人称文绉绉、酸溜溜……"⑤但这种说法与儒学思想及儒者的为人处世之道相差太远,其中留下的"疑惑"太多。至五十年代,饶宗颐先生又撰《释儒》一文,认为"儒"训"柔"的意义并不是柔弱迂缓,而是"安""和"⑥。这就与儒家思想的核心本体"中庸""中和"得以一致。但其中的问题是,在"柔和"一词中,"柔"只能作为"和"的修饰语,而不应直接等同于"和",否则作为"随文释义"之例,总有"孤证"之嫌。

第二种:"需"说。此说较早在二十世纪初由章太炎先生提出,他认为:"儒之名盖出于需",这就为"儒"之语言理据的探求开辟了一条新路。但对于"儒"的本义,章氏仍取《说文》的"柔也"说。1975 年,徐中舒先生在《甲骨文中所见的儒》一文中云:"(需)整个字象以水冲洗沐浴润身之形。"并进而阐明濡为儒的本义。⑦ 这种通过最早的文字构形理据来加以释义的结果应该是较为可信的,但徐氏直接把甲骨文中的一个作为人名的"需"字当作"儒"的古本字来看待,并进而认定儒这种行业在殷商就有了,似乎也不免有

① 阮元校刻:《十三经注疏·论语注疏》卷 6,第 2478 页。
② 王利器:《风俗通义校注》,中华书局 1981 年版,第 619 页。
③ 屈守元:《韩诗外传笺疏》,巴蜀书社 1996 年版,第 471 页。
④ 胡适:《胡适作品集 15·说儒》,台北远流出版事业股份有限公司 1986 年版,第 12 页。
⑤ 郭沫若:《郭沫若全集·历史篇》第 1 卷,人民出版社 1982 年版,第 458 页。
⑥ 饶家颐:《释儒》,《东方文化》1954 年第 1 期。
⑦ 徐中舒:《甲骨文中所见的儒》,《四川大学学报》1975 年第 4 期。

证据不凿之嫌。因此,其后之学者虽不乏赞同他对儒之语言理据的"需"字说所做的论证,但却仍觉"缺乏足够的说服力"①。因此,一些学者又对"需"字的本义另辟蹊径以求的解。何新先生在 1986 年于《"儒"的由来与演变》一文中,对"儒"所从的需旁做了新的推测,"所谓'儒',实来自'胥',亦即'需'。""在《周礼》中,需以近声字被假借做'胥'。而在春秋以后的文学变迁中,需增'人'旁,又书作儒。所以上代的需,周代的胥,就是春秋以后的'儒'与'儒家'的前身。"②但这种说法的问题是,既然儒因"胥"而来,为什么不造一个从人胥声的字来表示儒家这一学派呢③? 1987 年,杨桂兰在其《"儒"字含义的变化》一文中又提出:"由需字演生出来的字有嬬,有濡,有懦,都有懦弱之意。"④此虽从声旁表义的角度推阐了"需"的本义,但却没能得出"儒"字语言理据的新的有力证据。1996 年,德国波昂大学哲学博士朱高正撰《论儒——从〈周易〉古经论证"儒"的本义》一文,由着重从《周易》"需"卦的象爻辞来证明儒之本义为"舒缓从容,待时而后进"⑤。此虽言似有据,但却又与儒学思想有些游离。

以上这些考证虽然各有短长,但却也充分显示了一种学术争鸣的自由氛围,并且也为我们的理解提供了丰富的启迪和材料。

二、误解,源于字体讹变

语言的命名理据往往要反映当时的文化语境。如果以后世认可的儒者形态论之,孔子身材魁伟,其于学说中又倡仁义礼智信勇,并能在已知道之不行的情况下仍力行其义⑥。另外,孔子在向鲁哀公阐释儒者之行时曾说:"儒有忠信以为甲胄,礼义以为干橹,戴仁而行,抱义而处。虽有暴政,不更

---

① 赵寿凤、郭玉良:《近二十年来关于"儒"的研究动向》,《中国史研究动态》1998 年第 5 期。

② 何新:《诸神的起源·附录五》,生活·读书·新知三联书店 1986 年版,第 296—297 页。

③ 杨宝忠、任文京在《"儒"源索隐》一文中,就批评了何新的意见,并从字源学上论述了"胥"与"儒"字无关。但杨、任之文仍取"儒"之本义的"柔和"说。载《孔子研究》1989 年第 1 期。

④ 杨桂兰:《儒字含义的变化》,《聊城师范学院学报》1987 年第 4 期。

⑤ 朱高正:《论儒——从〈周易〉古经论证"儒"的本义》,《中国文哲研究通讯》(第 6 卷),1996 年第 4 期。

⑥ 参《论语·微子》,第 2529 页。本文所引经书,如不特别注明,均据阮元校刻《十三经注疏》本。

其所,其自立有如此者。"①是知其虽非取刚,但亦不能为外力所折节②,此皆不见有柔弱之迹,那么,儒家何以不明不白地被冠以"儒"名呢?

我们认为,"儒"字当产生于春秋,即孔子创立儒家学派的时期。此前虽或以为"需"即"儒"的古字③,然其语境论证却不能径以为的论④。"儒"字从人从需,这里最令人费解的是"需"字。因此,解释"需"字的语义就成了理解"儒"之本义的关键。考"需"字的甲金文构形,皆作从雨从天(或人)形,如《殷墟书契后编》19·14 片,《战后京津新获甲骨集》2069 片以及《父辛鼎》《孟簋》《白公父簠》⑤,等等,并没有从雨从而的造形,而在至今传世的文献中,却基本上已并作此形了。如《说文》:"需,须也。遇雨不进,止需也。从雨而。《易》曰:'云上于天,需。'"宋徐铉注此云:"李阳冰据《易》'云上于天'云当从天,然诸本及前作所书皆从而无从天者。"⑥李阳冰为唐人,是唐人已从字意、语境角度对《说文》中的形义不一现象提出了疑问。而宋袁文则径断其解云:

> 雯字从天从云省,故《易》曰"云上于天,雯",雯字不从而也。今人作需字乃从而,盖篆文天字与而字相类,后之作字者失于较量,各从其便书之,其误甚矣。⑦

清吴任臣《字汇补》正收了"需"字的这一古文形体,《康熙字典》因之。

按需之正体即为㝳(或作㝱),这是一个从雨从天的会意字⑧。雨本指从

① 阮元校刻:《十三经注疏·礼记正义》,第 1669 页。
② 钱穆:《驳胡适之说儒》一文云:"据《论语》和《周易》,儒家论人事皆尚刚,不尚柔。质之东周殷族风尚,既无柔懦之征,求之儒家经典明训,亦无主柔之说。"载《胡适作品集 15·说儒》附录三,台北远流出版公司 1992 年版,第 193 页。
③ 参徐中舒文。然从人从需的"儒"字似未见于春秋以前的记录,特别是甲金文中。虽孔子已用之,但这只能说明在孔子时代它为儒家所认同而已。因此,我们更倾向于以"儒"的出现来标志孔子之道的完成。
④ "儒"字的文献记录最早见于《左传·哀公二十一年》。又陈俊民《孔子儒家考述》专门论述了西周无儒者的历史依据,载《陕西师大学报》1979 年第 1、2 期。
⑤ 参徐中舒主编《汉语古文字字形表》,四川人民出版社 1981 年版,第 442 页。
⑥ 段玉裁:《说文解字注》"需"字注,上海古籍出版社 1981 年版,第 242 页。
⑦ 袁文:《瓮牖闲评》卷 1,上海古籍出版社 1985 年版,第 1 页。
⑧ 段玉裁:《说文解字注》"需"下云:"此字为会意,各本作而声者,非也。"其所以如此判断,就是因为"需"的上古音为侯部心纽,而"而"为之部日纽,其部纽均隔远,无由相因为形声字。今作从天(或从人),其上古音为真部透纽(或真部日纽),其部纽相隔更远,也就是说,更不能以之为形声字了。而较以六书之法,惟以会意最为贴切。

天而降的水,故同时引申有降落义。从雨为形旁的字遂多与降落、浸润、弥漫等义有关,如零、霣、灵、雾、雪、霜、霹雳等等,故宋代陆佃云:"天地之气怒而为风,和而为雨,故凡《易》称雨者,皆和之象。"①如此则"需"的本义我们可以推断为"浸润于天"或"融合于天",亦即《周易·需卦》所谓的"云上于天,需"之义。徐中舒先生在《甲骨文中所见的儒》一文中云:"(需)整个字象以水冲洗沐浴润身之形。"甚得其本,徐先生进而阐明濡为儒的本义,也与我们的理路契合,只是我们认为儒学当由孔子及其同时代产生的儒字来论定,而不宜移前以需字来论定之。现在我们可以进而推知:儒之形在春秋时代本当作"僝",是为形声兼会意字,其义为"浸润于天的人"。汉代扬雄《法言·君子》云:"通天地人曰儒。"可谓得儒之本义矣。此亦合于前所言及的历代对"儒"字考释的第二个理路——"儒",濡也,以先王之道能濡其身。虽濡身说比"浸润于天的人"在取义上有远近之别,但二者在理据模式上却是一致的。而"浸润于天的人"这一理路似也很自然地能产生出感应天人的术士之义。并且作为儒学或儒者的感天致用也确实在做着把三代的神职巫觋的功能通过个体的修养而使之普遍化的努力,盖欲因此而使每一个人都能通过个体的自觉来直接明了其生命的天赋和生存的"天序"所在。这也许是许慎《说文》以之为"术士之称"和唐代颜师古《汉书·司马相如传》注所说的"凡有道术者为儒"的取义之本。但儒者的境界要高于后世所谓的术士,他们要通过究于天人之际而悟道,通过悟道而定六艺,通过六艺以引导万民的个体自觉,使并世而臻于合乎"天序"的中和化境②。

那么后世对"儒"的语义理据为什么会有误解呢?从前面的论述中可知这是由于"需"字形体的改变所致。那么"需"字的形体改变对其义项的影响又有那些呢?这也需要我们略作梳理以祛其惑。"需"字本从雨从天,其义为浸润于天,《周易·需卦》的卦象正用此本义。唯浸润需待时而成,故"需"卦之象辞及诸爻辞多明其引申的等待义。又而、天小篆本形似,此宋代袁文已发之。《周易·需卦》象辞云:"需,须也。"《说文》又云:"而,须也。"后一"须"字虽为胡须义,但与等待之"须"的形体联系也是导致"需"字改从天为而的可能性之一。并且如此做的结果虽强调了"需"的等待义却湮没了本

---

① 陆佃《埤雅》卷19"雨"字释义,《四库全书》文渊阁本,第224页。
② 《论语·雍也》:"子曰:'中庸之为德也,其至矣乎!民鲜久矣。'"又《周礼·地官·大司徒》:"以五礼防万民之伪而教之中,以六乐防万民之情而教之和。"

义。又浸润的结果多为融合,这是后来从"需"之字取义最多的义项。孺①、濡、嬬②、襦③、擩(染也)、繻(缯的颜色)、醹(醇厚的酒)、鑐(锁簧),如此等等,并有浸润融合之核心义素在,然由于需与表示软弱义的耎字声形相近而混淆难辨,从而导致后世出现不少具有"柔和、柔弱"之义的从需之字,清代段玉裁《说文解字注》"偄"字注云:

> 此与懦、儒二字义略同而音形异。懦、儒皆需声;偄,耎声也。二声转写多淆,所当核正矣。……自唐初耎已讹需。

但根据我们的考察,我们更倾向于清代徐灏《说文解字注笺》"擩"字下所说的"隶书需字或作耎……"④也就是说,在汉初隶古定时,耎需二字就已多淆。而朱骏声《说文通训定声》"需"字注云:"古耎旁、需旁字多相乱,盖篆书形近。"就更以耎需之淆乱发生在小篆之际,这使得需之浸润、融合义与耎之柔和、软弱义杂淆而不可辨,后人(包括许慎)以"柔"解"儒",以至于儒者亦被枉施柔弱、软弱之象,盖以此也。又孔子殁后,儒分为八,历百家之攻讦⑤,且其外王思想也始终未能施于天下,盖亦后人以儒为懦弱寡能之一"语境"也。

三、"儒"与孔子的"一贯之道"

那么,儒字的本义与孔子思想的关系又是怎样的呢?这就要弄清孔子"一贯之道"的真正内涵。《论语·卫灵公》载孔子与子贡的对话云:

> 子曰:"赐也,女以予为多学而识之者与?"对曰:"然,非与?"曰:"非也,予一以贯之。"

可惜子贡没有问明这"一贯之道"的内涵,而记录这段对话的前后文也没有对此加以交代。不过,这一遗憾在孔子与曾参的对话中却有所弥补。《论语·里仁》:

> 子曰:"参乎,吾道一以贯之。"曾子曰:"唯!"子出,门人问曰:"何谓也?"曾子曰:"夫子之道,忠恕而已矣。"

---

① 古人认为,幼儿能体悟天意而听任之。
② 段玉裁:《说文解字注》"嬬"字下云:"嬬之言濡也,濡,柔也。"
③ 段玉裁:《说文解字注》"襦"下云:"襦之言濡也。"
④ 《汉语大字典》(缩印本)"擩"字释文引,四川辞书出版社、湖北辞书出版社 1992 年版。
⑤ 《礼记·儒行》载孔子对哀公问时所云:"儒有不陨获于贫贱,不充诎于富贵,不慁君王,不累长上,不闵有司,故曰'儒'。今众人之命儒也妄,常以儒相诟病。"第 1671 页。

曾子为孔门弟子之高才者,孔子之道的精髓也当有得于心,才能对孔子面训的"吾道一以贯之"应而不问,也就是说,"忠""恕"二字实代表了孔子的"一贯之道"。

按:"忠"字不见于甲骨文和早期金文,是其产生大致不会早于西周中晚期。《国语·周语上》:"忠分则均……分均无怨……中能应外,忠也。"①其义与今很有些不同,但却与其造字理据相契合。忠从心从中(中亦声)结体。《说文》"中,和也。"从形体解析可知,"中和之心"乃"忠"的语义理据。此亦可征之于文献佐证,《大戴礼记·小辨篇》云:"知忠必知中,知中必知恕。"②又贾谊《新书·道术》:"爱利出中谓之忠。"③至于忠之诚敬义则为引申义,乃出自中正之心的诚敬。因此,我们认为,"忠"的本义当与其造字理据一致,即为"中和之心"。至于"恕"字,其结构从心从如(如亦声)。《说文》:"如,从随也。"唐代孔颖达之《左传》昭公六年正义云:"于文中心为忠,如心为恕,谓其如己心也。"④如此,则"从随己心"当为"恕"的原始取象。《论语·卫灵公》"子贡问曰:'有一言可以终身行之者乎?'子曰:'其恕乎! 己所不欲,无施于人。'"孔子在这里对恕的解释其实正是"从随己心"而推之及人。孔子曾发表评论:"不降其志,不辱其身,伯夷、叔齐乎! 谓柳下惠、少连降志辱身矣;谓虞仲、夷逸隐居放言,行中清,废中权。我则异于是,无可无不可。"⑤"无可无不可"不是说无所适从,而是能从随己心的应物无方。这又可从孔子的人生理想中得到佐证。《论语·为政》"子曰:'吾十有五而志于学,三十而立,四十而不惑,五十而知天命,六十而耳顺,七十而从心所欲,不逾矩。'"孔子七十三岁而殁,其人生理想的最后境界也就是七十岁时的"从心所欲"——恕也,但他又补充了一句"不逾矩",这"矩"是什么? 从前文所述及的一贯之道而言,可知当为无过不及的"中和之心"——忠也。因此,我们说,孔子的"一贯之道"就是以"中和之心"的"忠"为体而以"从随中和之心"的"恕"为用的体用圆融之道。也就是说,通过含蕴体悟这源于天地之始的中和之本心来感知生命之本然、认识天人之节序,从而外化为礼乐刑罚制度来引导和制约未能自觉的后学者。而这种感知与认识,正与我们前面分析的"儒"字的

---

① 《国语》卷 1,上海书店 1987 年影印《国学基本丛书》本,第 14 页。
② 王聘珍:《大戴礼记解诂》,中华书局 1983 年版,第 208 页。
③ 贾谊:《贾谊新书》卷 8,上海古籍出版社 1989 年影印《诸子百家丛书》本,第 58 页。
④ 阮元校刻:《十三经注疏·春秋左传正义》卷 6,第 2043 页。
⑤ 司马迁:《史记·孔子世家》,中华书局 1982 年版,第 1943 页。

构形理据相一致。也就是说,孔子学派之所以被指认为"儒"家,正在于他们的为学方法是含蕴其中和之本心以究于天人之际,这相当于后世之所谓内圣;又从而"从随此中和之本心"而开物成务,这相当于后世之所谓外王。子贡曾对孔子说:"何为莫知子?"孔子回答说:"不怨天,不尤人,下学而上达,知我者其天乎!"恰也透露出其思想的体天而行的内蕴。并且,我们也可以理解为什么孔子曾经说过的"中庸之为德也,其至矣乎!"的真正含义。

这种突破巫觋垄断"感天自觉"能力之时代的学说,无疑具有广泛而重要的启蒙意义。

四、忠恕体用之道的具象化

由于理性对人之本性的制约随着人的心智的发展而愈趋加强,故对于儒学之本体"中庸"的把握也必然随着人的心智的发展而在诠释话语上更趋明晰。观孔子之一生,以"有教无类"的传教之功多,而真正的治国平天下之功少,孔子殁后,儒分为八,《论语》一书,又为其弟子以听闻汇编而成,听闻则必多因材施教者①,且以当时之人的心智寡蔽,故少述道本之语,亦以免蹈空与误解。然真正能理解孔子的道学核心是究天人之际而含蕴成中和之本心并从随之而为事业的时代,则必能于儒学有所发展和推动。东汉扬雄《法言·君子》云:"通天地人曰儒。"这标志着儒学突破战国末年的门派之争与汉初僵化儒学桎梏时代的来临。那就是"阳道阴儒"的魏晋玄学的开拓,由于玄学的性质与时代背景较为特殊,因此,在历史上对它的看法较不一致,但其主流的追求"自然名教"的思想却与孔子的体中和之心而从随之的"中庸"之道有着殊途同归之实;至宋庆历四年(1044),仁宗以外王之位而下诏云:"儒者,通天地人之理,明古今治乱之原,可谓博矣!"②又历史巧合地昭示了儒学返本开新的第二次整合期的来临,亦即道学(或称理学,今亦称新儒学)的出现。并且,这次整合,正是直接建立在对孔子"忠恕"之道的诠释与具象化的基础上的。这一点,我们可以从当时的几位代表学者的论述中找到依据。

《二程集·二程遗书》卷11云:

> 忠者天理,恕者人道。忠者无妄,恕者所以行乎忠也。忠者体,恕者用,大本达道也。

---

① 如《论语·先进》所载的子路与冉有问仁时孔子的不同回答。

② 脱脱等:《宋史·选举志》卷157,中华书局1985年版,第3658页。

又卷 21 下云：

> 忠者，无妄之谓也，忠，天道也。忠为体，恕为用。"忠恕违道不远"，非一以贯之之忠恕也。[1]

朱熹在《答张敬夫问目》一信中也说：

> 《易》"无思也，无为也，寂然不动"，忠也，敬也，立大本也。"感而遂通天下之故"，恕也，义也，行达道也。[2]

陆九渊虽然没有明确地论述忠体恕用之说，但却直接强调了曾子所得的"一以贯之"之道是孔子的核心思想，他说：

> 子贡在夫子之门，其才最高，夫子所以属望磨砻之者甚至，如"予一以贯之"，独以语子贡与曾子二人，夫子既没三年，门人归，子贡反，筑室于场，独居三年然后归。盖夫子所以磨砻子贡者极其力，故子贡独留三年，报夫子深恩也。当时若磨砻得子贡就，则其材岂曾子之比？颜子既亡，而曾子以鲁得之。盖子贡反为聪明所累，卒不能知德也。[3]

从这里我们也可以约略看出他们从孔子的忠体恕用出发所做出的整合努力和对"忠体"诠释的具象化努力，即二程以"理"来诠释"忠"体。相对于描述性的"中和"语象而言，具有形象性的名词"理"更具有可感性和易于把握性。这一做法为其后的多数学者所接受，并使得儒学的这次变革在后来又被冠以"理学"的名号。

"通天地人"意味着学术研究的视野不是针对着前人怎么说，不是针对反对派，也不是针对个人得失，而是广泛地面对环境（包括宇宙自然、社会与人生），整合现实，以获得新时代的究天人之际后所含蕴出的中和之本心及从随此中和之本心而建构的有序而融洽的天人合一世界。近代以来新儒家所做的种种努力，也许正是仍在运作的第三次儒学突破。但似乎也应该指出，这种突破的完成，必须在第二次突破的"理"本体的基础上做出进一步的具象化陈述才能做到。

（原载《浙江大学学报》2001 年第 4 期）

---

① 程颢、程颐：《二程集》，中华书局 1981 年版。

② 朱熹：《朱熹集》卷 32，四川教育出版社 1996 年版，第 1384 页。

③ 陆九渊：《陆九渊集·语录上》卷 34，中华书局 1980 年版，第 396—397 页。

论寻乐顺化与周敦颐的道学知行观

宋学发展至南宋,由于胡宏、朱熹等人所倡,遂奠定了周敦颐(1017—1073,字茂叔,号濂溪)作为道学开山之祖的地位[①],至今袭之不衰。但其道学体用的内在逻辑,我们觉得今论似尚有未尽处,故拟更就周子著述的文本,从其明体达用之说入手以论之,俾有益于对道学体用观在创始期的原貌及后来流变的探讨。

一、寻乐

北宋道学最重要的奠基人之一程颢曾说:"昔受学于周茂叔,每令寻仲尼、颜子乐处,所乐何事。"[②]二程之师事周子,乃在1046年周子三十岁时,然周子在此前后的仕宦生涯中,每称自己"到官处处须寻胜"[③];更至于"闻有山岩即去寻"(第65页)。也常常"乘兴结客,与高僧道人,跨松萝,蹑云岭,放肆于山巅水涯,弹琴吟诗,经月不返"(第87页)。其所经历处,留下了他的许多向山水风月中寻乐的努力。由于周子留下的诗文与其哲学著作一样少而珍贵,故其微言大义我们尽量从其著述中作穷尽性的文本分析。今检其诗文中含"乐"字的计四篇。

久厌尘坌乐静缘,俸微犹乏买山钱。徘徊真境不能去,且寄云房一榻眠。(第66页)

寻山寻水侣尤难,爱利爱名心少间。此亦有君吾甚乐,不辞高远共跻攀。(第67页)

① 本文之道学,今多称理学,唯宋代称道学者多,且周子并未明确以理为本体,故似以道学论之为当。

② 程颢、程颐:《二程集》,中华书局1981年版,第16页。

③ 《周敦颐集》,中华书局1990年版,第66页。以下凡引本书,只于文中随文注出页码。

饱暖大富贵，康宁无价金。吾乐盖易足，名濂朝暮箴。元子与周子，相邀风月寻。（第 59 页）

吉与袁邻郡，父兄辈皆识推官，第为善内乐，殊忘官之高卑，齿之壮老，以至于没，其庆将发于是者！（第 51 页）

此中之乐可分两组。第一组为前两首诗，是乃知"道"之乐。第二组为后二诗文，是体"道"之乐。第一组第一首诗中的"乐"乃乐山水中可远离尘氛，而与"静"结缘。第二首诗中的乐是因可与好友在山水中避开（间：避开）名利之心，也就是弃欲以求无欲之意，其中尤以后者为主。此在周子另外诗文中也多有申说。如："闻有山岩即去寻，亦跻云外入松阴。虽然未是洞中境，且异人间名利心。"（第 65 页）"争名逐利千绳缚，度水登山万事休。"（第 68 页）皆言山水之中可以避弃名利之心。而避弃名利之心正是周子学术中的"无欲"之体验。无欲乃至静之途，周子在"圣人之道，仁义中正而已矣"一语后自注云："无欲故静。""静"又是周子学术中的圣道之主体状态。周子以为，太极阴阳五行发动后，"形即生矣，神发知矣，五性感动，而善恶分，万事出矣。圣人定之以中正仁义而主静。立人极焉。"（第 5—6 页）是知主静乃周子之知论中的一个枢纽所在。其在《通书·圣学二十》中说：

一为要。一者无欲也，无欲则静虚动直。静虚则明，明则通；动直则公，公则溥。明通公溥，庶矣乎！（第 29—30 页）

如此可知，无欲静虚乃修圣的"主静"一途，联系周子的《养心亭说》，我们又可以把无欲主静同其哲学的另一个专门范畴联系起来。其文云：

养心莫善于寡欲，……盖寡焉以至于无，无则诚立、明通。诚立，贤也；明通，圣也。是圣贤非性生，必养心而至之。（第 50 页）

由上面两段文字比较可知：无欲则静虚则明通而庶几于圣，无欲也可以做到诚立、明通而为圣。我们前文已提到无欲即静，则知周子之意乃是无欲则静虚，静虚即诚可立矣。而诚又是周子于其著述中反复演论的一个范畴：

诚者，圣人之本。"大哉乾元，万物资始"，诚之源也。"乾道变化，各正性命"，诚斯立焉。纯粹至善者也。故曰："一阴一阳之为道，继之者善也，成之者性也。"（第 12—13 页）

诚为圣人之本，与圣人之道的"主静"之意合。它以万物资始的乾元（即天之始，相当于周子哲学中的太极）为源，而于乾道变化之后的圣人心中得以成立，且纯粹至善。如果联系周子的道学具象模式图——太极图，诚可以感通于"无极之真，二五之精，妙合而凝"的"无极之真"，所以它堪为"五常之本，百行之源"（第 14 页）。

由此可以说，周子诗文中的第一组含"乐"字诗，是因"避欲"（间欲）得"静"可以入道为言，属于知"道"而修之的工夫论之乐。而其第二组含"乐"诗文所言及的易足的"大富贵"之乐，周子在自述颜子之乐时又作了申发：

> 颜子"一箪食，一瓢饮，在陋巷，人不堪其忧，而不改其乐"。夫富贵，人所爱也。颜子不爱不求，而乐乎贫者，独何心哉？天地间有至贵至（朱子云此间当有"富可"二字）爱可求，而异乎彼者，见其大，而忘其小焉尔。见其大则心泰，心泰则无不足。无不足则富贵贫贱（作者按：此字原书讹作"贼"字，今改）处之一也。（第 31 页）

正因有此"大富贵"，才使得某些人见"大"忘"小"而获得内心的泰然和乐。它已显示为体悟之乐，而非修养过程的寻乐了。由此也可知周子所言之乐实与世俗所言的私欲满足的外乐不同，它是一种由内心自见"大富贵"的内乐。至于这"大富贵"究为何物，此处未言，但于周子的哲学著述中却多有论及：

> 君子以道充为贵，身安为富，故常泰无不足，而铢视轩冕，尘视金玉，其重无加焉尔。（第 38 页）

> 圣人之道，仁义中正而已矣，守之贵，行之利，廓之配天地。（第 18 页）

> 天地间至尊者道，至贵者德而已矣。（第 32 页）

> 道义者，身有之，则贵且尊，人生而蒙，长无师友则愚。是道义由师友有之。而得贵且尊。其义不亦重乎！其聚不亦乐乎！① （第 32 页）

由此我们可知周子所谓的体"大富贵"之乐，实是因体道而获得的一种融于道中的平和泰然之乐。其中所言及的"德""义"等，都是"道"的属范畴。

寻乐本是北宋前中期的一种世风取向，尤以文艺作品中为多。自柳开、王禹偁以至石介、欧阳修等倡古文之说，而世风浸变，儒家学者遂起而勇担道任。胡瑗、李觏之后，探讨乐"道"之风起，而周敦颐乃从乐"道"着手进一

---

① 此"义""聚"乃谓师友之义与聚也，而其"乐"亦属知论范畴。

步探讨儒家之道的体用世界,从而建立起一个较为系统的道学体用具象模式①,并以常人的富贵寻乐之情表述之,则尤为亲切矣。

由上已知周子的登临寻乐,就是乐在能充"道"体"道",而其所充所体又以道之本体即"圣人之本"的"诚"为主。然则充体之极,则又"至诚则动"(第39页),于是就进入了道之用的范畴了。他说:

> 寂然不动者,诚也;感而遂通者,神也;动而未形,有无之间者,几也。诚精故明,神应故妙,几微故幽。诚神几,曰圣人。(第16—17页)

此语谓神乃诚之感物而动,动而通达者。然诚、神转变之间,各有对方之"几"存焉,故能"至诚而动"。又,《通书·诚上第一》云:"元亨,诚之通;利贞,诚之复。"(第13页)元亨即始通之意,利贞即遂正之意。此中之意当为诚始通即转为用,而用正则诚的因素又复存矣。如从上面所引"诚神几"的角度来说,就是诚则必存神之几,而神则必有诚之几。如此方能往复无碍。即所谓"动而无动,静而无静"(第26页)之神。如此,则其中之诚也必是"静而无静,动而无动"了。明白了这一点,也便重建起了周子圣道的太极之动静相根阴阳自生的体用圆融境界。而寻"诚神圆融"之道的乐,至此也便精微已备。用前引《养心亭说》的话说,就是"诚立,贤也",即可谓贤人了。

然儒家一向致力于寻找天人之际的相通之处,以求获得个体生命的双重关怀。所以儒家之道也必得明于天人而沟通之,始可全圣道之规模。

二、圣道规模

周子云:"圣人之道,中正仁义而已矣。"(第16页。有时又作"仁义中正",见第18页。)据周子于《太极图说》中引《易》之语云:"立天之道,曰阴与阳;立地之道,曰柔与刚;立人之道,曰仁与义。"则知此当为圣人的立人之道,即《太极图说》所谓的"圣人定之以中正仁义而主静,立人极焉"之意。但周子何以比《易》之人道增加了"中正"二字,此又为令众多读者费解之处。而此二字未安,则圣人之道也必不安。故必先考察此二字。考周子哲学著述中含"中"字的语句有如下几条:

(1)形即生矣,神发知矣,五性感动,即善恶分,万事出矣。圣人定

---

① 参见陈来《宋明理学》,辽宁教育出版社1991年版,第42页;程杰《诗可以乐——北宋诗文革新运动中的"乐"主题的发展》,《中国社会科学》1995年第4期。

之以中正仁义,(自注:圣人之道,中正仁义而已矣。)而主静,立人极焉。(第5—6页)

(2)圣人之道,仁义中正而已矣。守之贵,行之利,廓之配天地。(第18页)

(3)性者,刚柔、善恶,中而已矣。……唯中也者,和也,中节也,天下之达道也,圣人之事也。故圣人立教,俾人自易其恶,自至其中而止矣。(第19页)

(4)刚善刚恶,柔亦如之,中焉止矣。二气五行,化生万物。五殊二实,二本则一。(第30—31页)

(5)"山下有泉",静而清也。汩则乱,乱不决也。慎哉!其惟"时中"乎!(第41页)

(6)情伪微暧,其变千状。苟非中正、明达、果断者,不能治也。(第39页)

(7)(乐)淡则欲心平,和则躁心释。优柔平中,德之盛也;天下化中,治之至也。是谓道配天地,古之极也。(第28页)

让我们先来看条(4)。刚柔之发几(几:善恶。如此则得刚善刚恶与柔善柔恶)而得中共五,后云"二气五行"何也?审《太极图说》,知刚柔乃地之道,而《太极图说》云:"二气交感,化生万物……",此所谓二气,当指阴阳之在地者即刚柔而言。又,条(4)中以"刚善刚恶,柔亦如之,中焉止矣"拟五行,而据条(3)所载,此"五殊"即指"五性"。且《太极图说》亦谓"五性感动,而善恶分,万事出矣"。由条(3)(4)可推知中有二义,即五性本体之一及中和、中节之义。而条(3)中所说的"惟中也者,和也,中节也,天下之达道也",其义即为五性之和乃天下之达道,前面所引的各句都可以此"中和"义解之。

又按,地之刚柔化五性之殊,其迹实同于天之二五之分。而《太极图说》云:"二气交感,化生万物……唯人也,得其秀而最灵。"则知人之道当为地道之"灵秀"者。准此,我们可以做如此推理,即仁义乃刚柔之正者,而五德(仁、义、礼、智、信)乃五性之和者。是知所谓"动而正,曰道;用而和,曰德"(第17页),盖专为人道之绎于地道而言。如此,则可以明了天地人之道的对应规律:阴阳(两仪)产生五气,五气顺布为天之五行;柔刚产生五性,五性和为人之五德。至于"无极之真"即因动静而化为"阴阳""柔刚""仁义"矣,唯其体用各以诚神贯之。如此,则可以认为,周子所谓的"圣人之道"中的"中正"二字,乃是指人天德行的中与人天之道的正,此义重矣。而"中正"明

则"仁义"也便在圣人之道中得以定位了。我们可以用一个图来拟释一下天地人的这种关系:

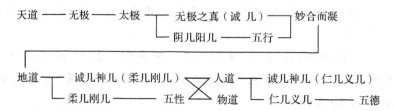

是以人当法天驭物。现在,让我们再回头来阐释一下前面"寻乐"一节中所留下的那条学圣条件:"……动直则公,公则溥。明通公溥,庶矣乎!"直即正,动直即动正,即本节前半段所谓之"神"。然诚神圆融,中正既得,又须"公溥",才庶几于道。我们可再引两条材料以明之:

> 圣人之道,至公而已矣。或曰:"何谓也?"曰:"天地至公而已矣。"(第40页)

> 圣人之道,仁义中正而已矣。守之贵,行之利,廓之配天地。(第18页)

由此可知,圣人之道的精微处既得之后,尚需致广大,所谓"廓之"始能合于天而为圣。周子云:"圣同天,不亦深乎!"(第35页)

三、顺化

修圣人之道,则自当为圣贤之业。即《通书·陋第三十四》所谓:"圣人之道,入乎耳,存乎心,蕴之为德行,行之为事业。"(第39页)然德行存蕴之至则可为圣,即所谓内圣。但又如何行之为事业呢?《通书·顺化第十一》云:

> 天以阳生万物,以阴成万物。生,仁也;成,义也。故圣人在上,以仁育万物,以义正万民。天道行而万物顺,圣德修而万民化。大顺大化,不见其迹,莫知其然之谓神。故天下之众,本在一人。道岂远乎哉!术岂多乎哉!(第22—23页)

这里有几个语义当作阐发。首先为阳生阴成问题,此似使得《太极图说》的天地人之道对应的阴阳—柔刚—仁义之序反转了。其实这里所说的仁义乃是从用的角度说的,即从阴之动与阳之静的角度说的,"生,仁也;成,义也"的语义是:生,仁之动;成,义之静也。但何以不说义生仁成?因为这里要强调根据,言义生则不能溯及义动之前的由来,同样,言仁成也是如此。此即"水阴根阳,火阳根阴"(第27页)之理。第二,圣人在上可以用人道生成民物,这里提到的民物为互文见义,其言人道即已隐含地道,以人乃地之最灵秀者,故可及于物。人道发动,则道德妙合而凝,始得民物之顺化。但只有到了仁义圆融、道德妙合之中正处,方可至"大顺大化"的神化境界。亦即与圣人的自化为同一境界——"与天地合其德,日月合其明,四时合其序,鬼神合其吉凶"。但能至此境界者古今盖唯孔子一人,"道高德厚,教化无穷,实与天地参而四时同,其惟孔子乎!"(第40页)但以今观之,由于孔子未能在上位,故似也未能成就使天下大顺大化的神化之事业,而周子也仅是从教化无穷来论其事业罢了。并且孔子亦尝谓:"予欲无言。天何言哉!四时行焉,百物生焉。"就是说,果如孔子所言,一任天道自然而无为,则后人也无由知其道矣。故周子又言:"然则圣人之蕴,微颜子殆不可见。发圣人之蕴,教万世无穷者,颜子也。"(第35页)而颜子之乐道力行,亦仅至"亚圣"(第31页)、"大贤"(第22页)而已。则周子所谓之成圣,当是内备道德圆融之诚正而外得大顺大化物民的神功。第三,所谓"故天下之众,本在一人",即是说,圣人为此顺化之功乃外王之业。天下之人多物博,"情伪微暧,其变千状。苟非中正、明达、果断者,不能治也。"(第39页)即治道之本在个人的得道而顺化之,推此自可合于天下人物之情实,而大顺大化之功成矣。若推此论于当时北宋的变法思潮,则可理解为世道不治之因乃是以不得人物情伪之实所致,而不得情伪之实的原因是因为治之者不能以中正之心统领之,如能因道以顺化,则不必多术矣。

圣人可以"无思而无不通"(第21页),无思指诚,无不通指神。亦即圣人能随时因诚而得神,并合之而"制礼法""作乐"(第27—28页),即法"阴阳礼而后和"以作礼(理也)乐(和也)(第24页)而顺物化人;法天之春生秋止而制刑以止民之欲动情胜所致的利害相攻①。至于一般人暂时做不到无思而无不通,就要希圣以求至,但这也有一定的阶段性,即"圣希天,贤希圣,士希贤"(第21页)。亦即一般人必通过一定的知行手段来纯心诚心以体道而顺化之,方得圆满。此有二途:一是通过主一寡欲以至于无欲静虚而立诚,由前论可知,此乃立本之道,诚立则必动而得神,因神而动则顺化之功成矣。

---

① 周子文中,士民似仍有别,如礼乐之事,并言人;而刑则以治民。盖民者,乃不知向道之人,即不肯任教化而自复中正,则必临之以刑,使至中正,从而共达人天顺化之道,而至"治之极也"。

二是通过思来通微以至于无不通而达神。此乃任智者所为,当为不能主一立诚者之所为也。周子的"不复古礼,不变今乐,而欲致治者远矣!"亦因此而发,非力倡一切复古,乃退而求其次之意也。只是对一般人来说,这种体得诚、神之机仅是某些时候,而不能像圣人一样径体天之广大而得随时之中正,故须不断地为知"道"之功,而知之即果断以行之,则近顺化矣。圣人给我们留下的《易》经也很能说明这个问题,《通书》最后一章《蒙艮第四十》云:

> "童蒙求我",我正果行,如筮焉。筮,叩神也,再三则渎矣,渎则不告也。"山下出泉",静而清也。汩则乱,乱不决也。慎哉!其惟"时中"乎!"艮其背",背非见也。静则止,止非为也,为不止矣。其道也深乎!(第41页)

此段之意即是在童蒙未发之中求我之所悟,得其中正则果断行之,就像卜筮问神一样,反复询问就是不信任神即渎神,神也便不会告以实理。又像山中泉水,本自清静,唯搅动则乱,乱就不能决断了,因此,最要谨慎的,便是"及时中节",即"及时用中"。又像决断(艮:止也,这里引申为决断)于背后(比喻道),背后是看不见的,只有静虚时能体悟得到,因此这种体悟就没有人为的因素;而有人为的利害计较就不能决断中节。所以说道旨深远。是乃强调"希"圣者当知知行无间之意。从而涵泳诚神,果于顺化,又充而廓之,始可成圣。周子以此段置于《通书》收章之处,盖正欲明知行贯通之理。

观周子之生平,程颢曾说:"周茂叔窗前草不除去。问之,云:'与自家意思一般。'"(第76页)苏轼也赋诗追记其行曰:"先生岂我辈,造化乃其徒。"(第103页)而其妻兄蒲宗孟论其"屠奸翦弊,如快刀健斧,落手无情"(第86页)。并有以窥知周子之道。

(原载《孔子研究》1998年第1期)

事神致福

——儒学修身的一元论旨趣发微

儒家经典《大学》指出:"自天子以至于庶人,壹是皆以修身为本。"故学人论儒家修身养德之作甚夥,然多集中于立志、慎独、虚静、内省、迁善、致知、好学、躬行等宏目之上,而于持守此众目的"一以贯之"之要则论者寥寥。或者说,我们在践履修身之法时,是否仅以一些宏目"善名"或仅悬一"做圣贤""成就君子"等鹄的即可持守下去并因而循至有成? 也许在持守的过程中我们会发现,依附在诸宏目之下的践履细则与之上的终极依据,似乎于修身践履的展开更为切要。

黄干于《朱子行状》中载其行迹云:"威仪容止之则,自少至老,祁寒盛暑,造次颠沛,未尝须臾之离也。"①陈荣捷先生指出:"至于朱子之所以如是着力者,则以其以礼为'天理之节文'也。'节文'一词,见诸《孟子》与《礼记》,而以天理释之,则是朱子新义。……人事根于天理,则人当遵循天志。由此观之,礼之宗教性,不言而喻。修德尽诚,非礼不可。"②是知朱子"威仪容止之则"的行为依据乃在于礼,而其"未尝须臾之离"的敬畏对象则在"天理"。《说文解字》谓"礼,履也,所以事神致福也",盖即朱子取法之所本乎!

一、"礼,履也"与儒家的道德门径

所谓"履也",盖指人之行为对于礼的依赖犹如人之出行对于履的依赖一样。礼于个人生活及成长之意义,经典论之较多,今略辑数条以示其略:

① 载《朱熹集》第 10 册附录,四川教育出版社 1996 年版,第 5811 页。故陈荣捷指出:"吾人苟从《朱子行状》《朱子文集》《朱子语类》等处,探视其日常宗教实施,不难窥见朱子实一最虔敬而富有宗教热诚之人,而非只讨论宗教思想而已也。"陈荣捷:《朱子之宗教实践》,《朱学论集》,台北学生书局 1982 年版,第 182 页。
② 陈荣捷:《朱子之宗教实践》,载《朱学论集》,台北学生书局 1982 年版,第 190 页。

礼也者,犹体也。体不备,君子谓之不成人。(《礼记·礼器》)

故礼义也者,人之大端也。所以讲信修睦,而固人之肌肤之会、筋骸之束也,所以养生、送死、事鬼神之大端也,所以达天道、顺人情之大窦也。(《礼记·礼运》)

民之所由生,礼为大。非礼无以节事天地之神也;非礼无以辨君臣、上下、长幼之位也;非礼无以别男女、父子、兄弟之亲、昏姻疏数之交也。君子以此为尊敬然。(《礼记·哀公问》)

道德仁义,非礼不成,教训正俗,非礼不备。分争辨讼,非礼不决。君臣上下父子兄弟,非礼不定。宦学事师,非礼不亲。班朝治军,莅官行法,非礼威严不行。祷祠祭祀,供给鬼神,非礼不诚不庄。是以君子恭敬撙节退让以明礼。(《礼记·曲礼上》)

物畜然后有礼,故受之以履。(《周易·序卦传》)

礼者,人之所履也,失所履,必颠蹶陷溺。(《荀子·大略》)

清初学者顾炎武亦总结说:"《记》曰:'优优大哉,礼仪三百,威仪三千。'礼者,本于人心之节文,以为自治治人之具。是以孔子之圣,犹问礼于老聃,而其与弟子答问之言,虽节目之微,无不备悉。语其子伯鱼曰:'不学礼,无以立。'《乡党》一篇,皆动容周旋中礼之效。"[1]礼既为"本于人心之节文",固当有其顺应情理、因义而起的发生学渊源,然于历史不曾中断的中华民族而言,其礼仪的革故鼎新更有其延承不变的内核与因时损益的选择,所谓"天叙天秩,人所共由,礼之本也,商不能改乎夏,周不能改乎商,所谓天地之常经也;若乃制度文为,或太过则当损,或不足则当益,益之损之,与时宜之,而所因者不坏,是古今之通义也"[2]。

这些礼仪规则涵盖了国家、社会和人之生活的方方面面,《尚书·皋陶谟》首及"五礼"之名[3],至《周礼·春官·大宗伯》则明其具目为吉凶宾军嘉,后世延用不替,若《大唐开元礼》《政和五礼新仪》《明集礼》《大清通礼》,以及民国时期的《北泉议礼录》皆是。兹引《周礼》所述以见其大略:

大宗伯之职,掌建邦之天神、人鬼、地祇之礼,以佐王建保邦国。

以吉礼事邦国之鬼神祇:以禋祀祀昊天上帝,以实柴祀日月星辰,

---

[1] 《顾亭林诗文集》卷2《仪礼郑注句读序》,中华书局1959年版,第34页。
[2] 朱熹《论语集注·为政》"子张问:'十世可知也'……"注引胡氏说。
[3] 其文云:"天秩有礼,自我五礼有庸哉。"

以槱燎祀司中、司命、风师、雨师。以血祭祭社稷、五祀、五岳,以狸沈祭山林川泽,以疈辜祭四方百物。以肆献祼享先王,以馈食享先王,以祠春享先王,以礿夏享先王,以尝秋享先王,以烝冬享先王。

以凶礼哀邦国之忧:以丧礼哀死亡,以荒礼哀凶札,以吊礼哀祸灾,以禬礼哀围败,以恤礼哀寇乱。

以宾礼亲邦国:春见曰朝,夏见曰宗,秋见曰觐,冬见曰遇,时见曰会,殷见曰同,时聘曰问,殷眺曰视。

以军礼同邦国:大师之礼,用众也;大均之礼,恤众也;大田之礼,简众也;大役之礼,任众也;大封之礼,合众也。

以嘉礼亲万民:以饮食之礼亲宗族兄弟,以昏冠之礼亲成男女,以宾射之礼亲故旧朋友,以飨燕之礼亲四方之宾客,以脤膰之礼亲兄弟之国,以贺庆之礼亲异姓之国。

此中所论虽为一国之礼典,然于个体礼仪之具体而微者,盖亦可比而知其略矣。钱玄先生于《三礼辞典》自序云:"今试以《仪礼》《周礼》及大小戴《礼记》所涉及之内容观之,则天子侯国建制、疆域划分、政法文教、礼乐兵刑、赋役财用、冠昏丧祭、服饰膳食、宫室车马、农商医卜、天文律历、工艺制作,可谓应有尽有,无所不包。其范围之广,与今日'文化'之概念相比,或有过之而无不及。是以三礼之学,实即研究上古文化史之学。"①钱穆先生亦指出:"在西方语言中没有礼的同义词。它是整个中国人世界里一切习俗行为的准则,标志着中国的特殊性。"②

从上引《周礼》所述之五礼内容看,则吉礼乃尽与天神、地祇、人鬼相关涉之仪式,而凶礼因与死丧相关,更是直接与人鬼的安顿分不开。至于宾、军、嘉礼则主要指向人之身心性命的安顿。《国语·周语上》云:"不禋于神而求福焉,神必祸之;不亲于民而求用焉,人必违之。"且自《中庸》"天命之谓性,率性之谓道,修道之谓教"言之,则人之性命又自是天命所赋,二者有着密不可分的同源关系(详下节所论)。

虽然如此,但"礼"本身却仅是个体修养的手段,而不是目的。《礼记·礼器》云:

> 故经礼三百,曲礼三千,其致一也。未有入室而不由户者。

---

① 《三礼辞典》,江苏古籍出版社1998年版。
② 邓尔麟:《钱穆与七房桥世界》,社会科学文献出版社1995年版,第7页。

郑玄注："致之言至也。一,谓诚也。"此中所谓的"诚"当即《中庸》"至诚之道,可以前知"及"唯天下至诚,为能尽其性"云云之"诚",乃是个体生命中的本体发动之情态称谓。又《孟子·万章下》云：

> 夫义,路也;礼,门也。唯君子能由是路出入是门也。

此亦明确"义""礼"分别是出入堂室的路径和门户,那么堂室所在之"仁宅"的主体又是什么呢? 从儒学的道统论之,则无疑是指"道"本身了,当然道有体用之分疏,此又分别以仁、义当之。而"道"之在于个体生命中的本体,亦多以"性"称之,所谓"天命之谓性"是也。《中庸》又云："道也者,不可须臾离也,可离非道也。是故君子戒慎乎其所不睹,恐惧乎其所不闻。莫见乎隐,莫显乎微。故君子慎其独也。"此中所谓的"隐""微"者即"道"是也,而"见""显"者中恰到好处的经验和结果就是被用来作为他人"登堂入室之门径"的礼与义了。

《说文解字》解礼字义为"事神致福",则"神"无疑也是礼门所欲登入之堂室中的存在,即于终级实在层面论之,此"神"与儒家之"道"有着所指上的一致性。

二、"事神致福"与儒家的鬼神观念

方俊吉先生曾因礼书中的鬼神观而加以申论说："夫天地鬼神奇幻莫测。历代先民事天地鬼神之道,不尽一致。周公郊祀后稷以配天,宗祀文王于明堂,以配上帝,有清庙以配享功臣。周代并重鬼神,分鬼神为四种:在天者为天神,即上帝;在地者为地示,即山川之神;人死曰鬼,即祖;百物曰魅。而即以鬼神之尊卑,明主祭者之贵贱。唯天子可以祭天,诸侯祭其封内之山川,大夫祭其祖先,庶人则无庙而祭于寝。古代典礼以祭礼为重,祭以天为尊,君主代表天,可以祭天,其他则不得祭天。……由是可见周代于天地鬼神之祭祀甚重。"[1]祭祀的目的正是为了交通鬼神,故《论语·八佾》云："祭如在,祭神如神在。"《春秋繁露·祭义》更明确地表示："祭之为言际也与? 祭然后能见不见。见不见之见者,然后知天命鬼神。知天命鬼神,然后明祭之意。明祭之意,乃知重祭事。"因此祭祀也就成为礼之功能中的核心部分,《礼记·祭统》谓"礼有五经,莫重于祭"是也。

那么鬼神在儒家学说中是怎样的一种存在呢?《礼记·祭义》载孔子回

---

① 方浚吉:《礼记之天地鬼神观探究》,台北文史哲出版社1985年版,第1—2页。

应宰我询问"鬼神"之名义时说：

> 气也者，神之盛也；魄也者，鬼之盛也，合鬼与神，教之至也。众生必死，死必归土，此之谓鬼。骨肉毙于下，阴为野土。其气发扬于上为昭明，焄蒿凄怆，此百物之精也，神之著也。

拙文《鬼字考源——兼论中国传统生命理解中的鬼神信仰》对此亦有所考论："按《说文解字》云：'神，天神，引出万物者也。'刘向《说苑·修文》亦云：'神灵者，天地之本而为万物之始也。'这能够化生天地万物（包括人）的'神'当即是宇宙创生的终极本体，或者说，神是宇宙遍在的不断地试图因缘而创生万物的终极本体，它引导万物化生，最后又随万物之'死'而还原为本体神；而鬼则如上节所论，是万物'死化'或者说'为变'后'尸体'中的本体存在形态，它在尸体消解后也将还原到作为终极本体的神'气'中。《礼记·礼运》云：'人者，其天地之德，阴阳之交，鬼神之会，五行之秀气也。'可以说，在人以及万物的'生命'谱系中，鬼神是一对相互配合的文化范畴，表示处于'阴阳'、'屈伸'、'聚散'、'动静'或'消长'之时的本体存在形态。"①王充《论衡·论死》载汉代流行的一种鬼神说法，颇堪启知，其文云：

> 或说鬼神阴阳之名也，阴气逆物而归，故谓之鬼；阳气导物而生，故谓之神。神者伸也，申复无已，终而复始。人用神气生，其死复归神气。阴阳称鬼神，人死亦称鬼神。气之生人，犹水之为冰也，水凝为冰，气凝为人。冰释为水，人死复神。其名为神也，犹冰释更名水也。

鬼神既为生命之本体存在，则个体生命在体知鬼神的同时，自可于此本体层面上实现与万物相感通，从而跻于"先天而天弗违，后天而奉天时"的"天人合一"境界，"事神致福"，正谓此也。故《中庸》载孔子语云："鬼神之为德，其盛矣乎！视之而弗见，听之而弗闻，体物而不可遗。"《周易·系辞下》亦引孔子语谓"穷神知化，德之盛也"。则鬼神观念在儒学道德体系建构中的重要性可知矣。

由此可知，鬼神既然是个体生命中之终极实在的具名与核心，则祭、凶二礼之外的宾、嘉、军礼无疑当以触动个体生命中的内质"心灵"为目的，故孔子谓"礼云礼云，玉帛云乎哉"，正叹行礼者有"遗其本而专事其末"者②。

---

① 关长龙：《"鬼"字考源——兼论中国传统生命理解中的鬼神信仰》，《中国俗文化研究》第 7 辑，巴蜀书社 2012 年版。

② 参《四书集注》之《论语集注·阳货》"礼云礼云"句注。

三、知止、格物与儒家的修身理路

《礼记·祭统》云："贤者之祭也,必受其福,非世所谓福也。福者,备也。备者,百顺之名也。无所不顺者之谓备,言内尽于己而外顺于道也。"故《说文解字》福字下释云："福,备也。"如此,作为"礼"字定义的"事神致福"之本解就是"事神致顺",与"致福"一般意义上的"获得福报"相比,"致顺"说更与儒家"知命""顺事"的理念相契①。然则明礼"事神"既是臻于"致福"境界的一条有效门径,其理念与原则的实现又是与主体"内尽于己而外顺于道"的学术知行努力分不开的。

《周易·说卦传》云："昔者圣人之作易也,幽赞于神明而生蓍,参天两地而倚数。观变于阴阳而立卦,发挥于刚柔而生爻,和顺于道德而理于义。穷理尽性以至于命。"明数"穷理"盖谓外察于物也,幽赞"尽性"当指内体于己,"天命"则是通内外而言之本体。《礼记·表记》载孔子语云："昔三代明王,皆事天地之神明,无非卜筮之用。"故与祭祀相似,卜筮亦是可以体知主体内外之道而通契本体的一种方式。

然祭祀与卜筮盖皆是轴心时代之前为弥补巫史通天能力失落而形成的术法,故至理性发煌之轴心时代,以明道为帜的德业建构就成为先知们的致思取向。帛书《易·要》载孔子语云:

> 《易》我后亓祝卜矣,我观亓德义耳也。幽赞而达乎数,明数而达乎德,又仁[守]者而义行之耳。赞而不达于数,则亓为之巫;数而不达于德,则亓为之史。史巫之筮,乡之而未也,好之而非也。后世之士疑丘者或以《易》乎?吾求亓德而已,吾与史巫同涂而殊归者也。君子德行焉求福,故祭祀而寡也;仁义焉求吉,故卜筮而希也。祝巫卜筮亓后乎!②

"德行求福"虽不能说是对"事神致福"的超越(因为二者的结果是一致

---

① 《论语·尧曰》载孔子语云："不知命,无以为君子也。"朱熹《四书章句集注》引程子(当为程颐)语释此云："知命者,知有命而信之也。人不知命,则见害必避,见利必趋,何以为君子?"程颐在其《伊川易传》困卦注中亦表达了相同的看法:"知命之当然也,则穷塞祸患不以动其心,行吾义而已。苟不知命,则恐惧于险难,陨获于穷厄,所守亡矣,安能遂其为善之志乎!"又张载《西铭》有云:"存,吾顺事,殁,吾宁也。"

② 丁四新《楚竹书与汉帛书周易校注》,上海古籍出版社 2011 年版,第 529 页。

的），但却是对以卜筮、祭祀致福的超越。然从孔子基于"幽赞""明数"而建构的德行体系视之，其中整合了人类非理性直觉（"幽赞"）和理性认知（明数）两个方面的本能，也就是说，孔子要通过"幽赞"的直觉来感悟道体，然后通过理性认知的"明数"来理解道体，从而顺从道体之意，达到自我对宇宙本体及其演化过程的感性之"觉"与理性之"解"的贯通——"德"的境界①。这一致思理路在《大学》中有着最为完备的表述：

> 大学之道，在明明德，在亲民，在止于至善。知止而后有定，定而后能静，静而后能安，安而后能虑，虑而后能得。物有本末，事有终始。知所先后，则近道矣。
>
> 古之欲明明德于天下者，先治其国。欲治其国者，先齐其家。欲齐其家者，先修其身。欲修其身者，先正其心。欲正其心者，先诚其意。欲诚其意者，先致其知，致知在格物。物格而后知至，知至而后意诚，意诚而后心正，心正而后身修，身修而后家齐，家齐而后国治，国治而后天下平。自天子以至于庶人，壹是皆以修身为本。

这一表述向被总结作《大学》之"三纲八目"，然则"知止"为修三纲之终，而"格物"为修八目之始。"知止"以定、静、安、虑、得为循进之阶，"格物"以至知、诚意、正心、修身、齐家、治国、平天下为循进之路。是知其与孔子非理性直觉与理性认知并用的幽赞、明数双行之德业系统理路相同，唯更加具体而已。其后若孟子之"立大"与"集义"并用、程朱之"涵养须用敬，进学在致知"的敬知双修，皆为沿承儒学之旧法而增益体证之新知耳。

要之，"知止"之止固在于"明德"，只是此"明德"非作为认知道体的"德"②，而是与"幽赞"所至的"神明"同为终极实在，此终极实在于不同的语境和学说中又或有不同的称名，如道、一、神、天、帝、理、气、无、空、太极、太虚、太一、天命、上帝、真如、法性等等。而致知之所为，亦当以终极实在之道体为旨趣，在"知止"的定位与引导下循契于道体，至其德行圆满，乃臻于圣人之境。《孔子家语·五仪解》："所谓圣人者，德合于天地，变通无方，穷万事之终始，协庶品之自然。明并日月，化行若神，下民不知其德，睹者不识其

---

① 《中庸》有云："性之德也，合外内之道也。"

② 若以孔子"吾道一以贯之"句解之，则"明德"乃是其中的"一"，是即终极本体之谓；而"德"则是其中的"道"，乃"率性之谓道"之意。

邻,此则圣人也。"朱熹更云:"道便是无躯壳底圣人,圣人便是有躯壳底道。"①

四、结语

孟子云:"先立其大,则其小者不能夺也。"是谓超越凡俗的终极之道既明,则"穷塞祸患不以动其心","非礼勿视,非礼勿听,非礼勿言,非礼勿动"的肉体持守才可以因此"超越"之理想的照耀而显得不那么苦闷。李翱《复性书》云:"圣人知人之性皆善,可以循之不息而至于圣也,故制礼以节之,作乐以和之。……视听言行,循礼法而动,所以教人忘嗜欲而归性命之道也。"即如今日行车之导航仪,"大本"一立,旋即因定位而前行,随前行而定位,终抵于所欲至之所。移于人生而言,则"大本"即终极实在是也,其"位所"既明,然后敬知双行,循序贯通,以至于在终极实在的层面上打通身与心、灵与肉以及物与我之间的界限,则觉行圆满之境可期而至矣。

(原载杜维明主编《从轴心时代到对话文明:嵩山论坛文集》,

光明日报出版社 2013 年版)

---

① 《朱子语类》卷 130,中华书局 1986 年版,第 3117 页。

天民·天命·天序
——儒学伦理的终极关怀

　　自启蒙运动以来,知识界在人文社科领域中达成了诸多的公共理性共识,然而,"现代伦理学的最大悲哀在于现实中没有多少人自觉践行它所着力辩护的道德规范,与之相对照,现代经济学的骄傲是它所辩明的原则为绝大多数人所自觉躬行"①。学界普遍认为,造成这种反差的原因是经济学能够基于人们"追求自我利益最大化倾向"的需求而对可见资源的最佳配置做出指导,使信奉者能在当下的生存空间中得到真切的现实裨益;而现代伦理学却以"君子不言利"的"学术理解"摒弃了个体生命的这一普遍需求,至于现存的宗教伦理学对个体利益最大化之许诺又多是死后的约契,其现实的承诺仍让"爱智者"们的"立言"颇受质疑。其实儒学所谓之"君子不言利"乃建基于"利者义之和"(《周易·乾卦·文言》)的思考上,诸事合义,方是大利。故其伦理关怀的"自我利益最大化"指向实已不限于有形世界,而且兼括于超乎有形世界的本体世界,杜维明先生曾指出,孔子的人道主义智慧"并不在于他的抽象的理想主义,而在于它的具体的实践性"②。也就是说,儒学通过究于天人之际的终极关怀,从而在伦理之实践层面上对个体生命的现世至善作出承诺,这使它在两千多年来历尽权势之摧残犹能不绝如缕地延续道命,并沉淀为华夏普罗大众心中的集体无意识,只是它在后现代的社会里被压抑得如此之深,还需要知识界做出些唤醒的努力。

一、成圣——儒学对个体生命的现世承诺

　　《孟子·万章上》有云:"天之生此民也,使先知觉后知,使先觉觉后觉

---

　　① 卢风:《伦理、宗教与终极关怀》,载《宗教与道德之关系》,清华大学出版社 2003 年版,第 186 页。

　　② 杜维明:《儒家思想新论》,江苏人民出版社 1991 年版,第 58 页。

也。予,天民之先觉者也,予将以斯道觉斯民也! 非予觉之而谁也?"朱熹在《四书集注·孟子尽心上》中对"天民"有一申释:"以其全尽天理,乃天之民,故谓之天民。"如果要对圣人与天民的关系做一梳理,我们似乎不能不对人类生命的理性演进史有一个简单的交代。

时至今日,科学界虽仍不能确定人类之生命究竟源于鱼抑或源于鸟,甚至陨星携入,然其必共源于地、天,宋代道学家张载《西铭》以乾坤为父母的"民胞物与"之论,于今思之,理犹沛然。人类学家基本公认,人与动物混然共处了数千万年后,终于在约 300 万年前,在意识的帮助下从动物界中分化了出来,但直到智人(约 20 万年—10 万年间)出现以前,他们一直处在与万物类似的灵魂交感的"万物有灵"时期,智人以后,人们在漫长的旧石器时代里慢慢地锻炼着他们的理性能力,直到一万年前(新石器时代)的某一时期,他们在理性的驱使下去重新审视这片天地十方时,才突然感到"人神分离"之后的生命孤独。

《圣经·创世纪》中能知善恶的果子的故事,或以为是上帝说谎的证据之一,因为上帝曾告诉亚当不能偷吃甚至触摸那种果子,否则他就会死掉,但蛇告诉夏娃说:"你们不一定死,因为上帝知道,你们吃的日子眼睛就明亮了,你们便如上帝能知道善恶。"结果是吃了禁果的亚当和夏娃在形式上并没有死,似乎蛇所说的是真话。但反思人类思维的发展史,我们认为,这个故事是一个寓言,它实际上昭示了人类仅靠灵性生活的时代的结束,恰如《庄子·应帝王》中倏、忽为混沌开窍,"日凿一窍,七日而混沌死"[①]。仅依灵性生活的混沌的"人"虽死,然兼用智性生活的人却产生了,这也应是《圣经》失乐园故事的真意所在,精神分析学派的开创者之一荣格曾对《圣经》这一神话故事的原型加以解析说:

> 圣经故事把以乐园为象征的植物、动物、人与上帝之间的未曾破裂的和谐置于一切精神发展的开端,并把意识的最初的曙光——"你们将像神一样知道善恶"——宣布为致命的罪孽,这一点绝不是没有所指的。意识的神圣统一支配着原始之夜,对天真素朴的头脑来说,打破这种统一的确是一桩罪孽。这是个体反对太一(the One)的魔鬼般的反叛,是不和谐反对和谐的具有敌意的行动,是要从一切与一切混融在一

---

① 《庄子·应帝王》:"南海之帝为倏,北海之帝为忽,中央之帝为混沌。倏与忽时相与遇于混沌之地,混沌待之甚善。倏与忽谋报混沌之德,曰:'人皆有七窍,以视听食息,此独无有,尝试凿之'。日凿一窍,七日而混沌死。"

起中脱离和分裂出去。①

由是可知，上帝并没有说谎，理性的启蒙实即宣告人类仅靠灵性生存的生命时代的结束，事实上，人类之灵性生命并没有彻底失落，它只不过是被后来居上的理性意识压抑在生命的深处而已。此后的人们在"天人分离"的感伤中深刻地反思着自己的"罪恶"②，而回归灵性生命的渴望也时时在冲击着人们那羸弱的心智，巫觋的盛行和巫术的发展都说明了人们曾经为此所做出的努力。与此同时，人们也在生存中逐渐适应了理性生命所带来的种种便利，直到理性的欲望泛滥至难以收拾之际，先知先觉的精英们才开始了第一次的文明大反思，今或称之为"轴心时代"。

与诸文明轴心时代所建构的"天人之思"的学术理路相似，中国的儒学先驱孔子也建构起一套以"通天地人"为目的的学术体系③。

《论语·里仁》："子曰：'吾道一以贯之。'"又《论语·卫灵公》："子曰：'赐，尔以予为多学而识之者与？'曰：'然。非与？'孔子曰：'非也。予一以贯之。'"其所谓之"一"，即儒门之道也④，又称太极。至宋代新儒学那里，又被称为"理"，"所以谓万物一体者，皆有此理，只为从那里来"⑤。此"理"程、朱皆以之等同于《易》之太极，朱熹且申之云："本只是一太极，而万物各有秉受，又自各全具一太极尔。如月在天，只一而已，及散在江湖，则随处而见，不可谓月已分也。"⑥又云："盖天道运行赋予万物，莫非至善无妄之理而不已焉，是则所谓天命者也。物之所得是之谓性，性之所具是之谓理，其名虽异，其实则一而已。"⑦这"理"与辩证法所谓的"一般规律"不同，它是一种能生成万有的实在，是一种类似基因但却更为本源的实在，它生成天人万物，又寓于天人万物之中。个人若能涵养而激活此生命中的本根，则可体会到万物一体的快乐并进而能够参与天地之化育。孔汉思先生在《走向全球伦理宣

---

① 荣格：《心理学的现代意义》，载冯川译《荣格文集》，改革出版社1997年版，第133页。

② 除了《圣经》的失乐园故事外，如中国传统经典《尚书·吕刑》所载之皇帝命重黎绝地天通的故事和非洲神话所谓的上帝因为人的错误而移到高处的天上，其寓意皆同。

③ "儒"本从人从"需"，意为上通于天的人，汉扬雄《法言·君子》即云："通天地人曰儒。"详参关长龙：《原儒杂俎》，《浙江大学学报》2001年第4期。

④ 参《中国学术史述论》第一章"先秦儒学"，巴蜀书社2004年版。

⑤ 程颢、程颐：《二程集·河南程氏遗书》卷2上，中华书局1981年版，第33页。

⑥ 黎靖德编：《朱子语类》卷94，中华书局1986年版，第2409

⑦ 朱熹：《朱子全书·四书或问》卷2，上海古籍出版社、安徽教育出版社2002年版，第641页。

言的历史、意义与方法》中论及一神论和先知性的诸宗教与佛教不同派系之对话时说:"这个对话应该集中于比较上帝这一概念与涅槃、空和法身等基本的佛教概念。对于所有这些术语,大部分佛教徒并不是以一种虚无的方式而是以一种肯定的方式来理解的,而且基督徒也能够视之为类似于表示绝对者的那些术语,这些术语发挥着与上帝概念类似的作用。"①那么儒学中与诸宗教之终极实体相当的对象无疑就是"道"(又称"太极""天理"等)了。只不过相较于诸文明学术进路中与终极实体建立联系的方法,则或各有不同,以下为原始儒学至宋代新儒学的主要进学路径:

孔子	《大学》	孟子	程朱
幽赞而达乎数②	知止	立大	涵养须用敬
明数而达乎德	格物	集义	进学在致知

此一"幽赞""明数"双修的进道路径,正是通过人们心灵中的直觉本能对终极本体的投射和信仰,来引导理性的思考向既定的方向努力。故前者多以静坐慎独持敬等灵觉之功来冥通于"道体",而后者则以归纳演绎等理性能力进而详究万物之理,以求最后的实契于"道体",或者说前者是用非理性的直觉对终极本体道的投射以得方向,后者是用理性践履而趋近前者的非理性之目标。此与佛教之止观并行和道教之性命双修有着方法论上的一致性。循是以修,其觉者则在儒为圣,在释为佛,在道为仙。

孔子在世之时,便已被誉为圣人,《论语·子罕》大宰问于子贡曰:"夫子圣者与? 何其多能也?"子贡回答说:"固天纵之将圣,又多能也。"然彼时之"圣",其义似仍与"通人""完人"之义相当,其后与"通天地人"之"儒"义相互渗透,儒圣合一,其内涵始定。《周易·乾卦·文言》云:"夫大人者,与天地合其德,与日月合其明,与四时合其序,与鬼神合其吉凶。先天而天弗违,后

---

① [德]孔汉思、库舍尔编:《全球伦理——世界宗教议会宣言》,何光沪译,四川人民出版社 1997 年版,第 65 页。按《周易·系辞下》云:"天下同归而殊途,一致而百虑。"《孟子·告子上》亦推绎其言说:"口之于味也,有同耆焉;耳之于声也,有同听焉;目之于色也,有同美焉;至于心,独以同然乎? 心之所同然者何也? 谓理也,义也,圣人先得我心之所同然耳。"近儒陈宝箴所撰联语"文明新旧能相益,心理东西本自同",当亦承此意。是孔汉思所强调的宗教对话当先集中在终极实体上加以比较,不仅有着人类理性运思上的可能性,而且也附合儒学所强调的治学当"先立其大"的一贯精神。

② 邓球柏:《帛书周易校释》(增订本),湖南出版社 1996 年第 2 版,第 481 页。

天而奉天时。"《白虎通·圣人》转述此语时即以"圣人"易"大人"云："圣人者，何圣者？通也，道也，声也。道无所不通，明无所不照，闻声知情，与天地合德，日月合明，四时合序，鬼神合吉凶。"兹别举数例圣人说，以观其奥义。

《孔子家语·五仪解》：所谓圣人者，德合于天地，变通无方，穷万事之终始，协庶品之自然。明并日月，化行若神，下民不知其德，睹者不识其邻，此则圣人也。

《鹖冠子·能天》：故圣人者，后天地而生而知天地之始，先天地而亡而知天地之终，力不若天地而知天地之任，气不若阴阳而能为之经，……

《灵枢经》卷六《逆顺肥瘦》：圣人之为道者，上合于天，下合于地，中合于人事，必有明法，以起度数，法式检押，乃后可传焉。

《论衡·实知》：儒者论圣人，以为前知千岁，后知万世，有独见之明，独听之聪，事来则名，不学自知，不问自晓，故称圣则神矣。

《朱子语类》卷130：道便是无躯壳底圣人，圣人便是有躯壳底道。

自孔子"朝闻道，夕死可矣"之叹，可知儒学自创立伊始即以得道成圣为其学术修习之旨归，这也成为后世儒家学者共同的生命选择。荀子："圣人者道之极也，故学者固学为圣人也。"（《荀子·礼论》）程颐："人皆可以至圣人，而君子之学必至于圣人而后已，不至于圣人而后已者，皆自弃也。"[1]朱熹："学者大要立志，才学，便要做圣人是也。"[2]也就是说，一个人只要愿意遵从儒学的修道路径去学习和生活，那么，把自己培养成一个上知天文下知地理中知人事、于世事容有不为为则必臻至善的圣人，就是可以期待的了。

二、率性——儒学对伦理践履的本体诉求

十九世纪末传入中国的伦理学一词，其希腊文原意有风俗、习惯之义，在传统的儒学思想中，规范化了的风俗（或者说具有普世意义的风俗）被称作"礼"，《说文·示部》："礼，履也。所以事神致福也。"这个定义是从"礼"的功能角度加以说明的，即礼是人们日常立身处事的践履规范，孔子曾说"不

① 程颢、程颐：《二程集·河南程氏遗书》卷25，第318页。
② 《朱子语类》卷8，第134页。

知礼,无以立也"(《论语·尧曰》)①;但这个践履不仅仅是仪式上的,它还必须做到与所交往之对象或环境的内在终极本体"神"进行交流并达成默契后才算是真正的完成,故孔子谓"礼云礼云,玉帛云乎哉"(《论语·阳货》),说的就是这个道理;另外,在践履"礼"的过程中主体可以获得"福"报,这就与个体生命所普遍需求的"追求自我利益最大化倾向"有所接近了。

《礼记·礼器》云:"经礼三百,曲礼三千。"其实这些"礼仪"的制定和使用都要在儒学所认可的道体之"仁"和道用之"义"的双重制约下运作的,孟子以为"礼"是沟通"仁宅"和"义路"的中介②,形象地表述了三者间的关系。也就是说,"礼仪"的制定要"本于太一""本于天"(《礼记·礼运》),这里的"太一""天"即是终极本体的别种称呼,与前所论之"道""太极"(这些本体概念皆兼体用而言,仁则只相当于本体之体,本体之用别称作义,与仁相对)同,儒学之"礼"的这一发生机制与诸宗教伦理甚似,孔汉思先生在《走向全球伦理宣言的历史、意义与方法》中说:"在具有宗教动机的人们看来,一种伦理必然关联于一种对于终极的最高实在的信念(相当合理的信念),不论这个终极实在会被赋予什么名称,也不论在不同的宗教中对这个实在的性质会有什么争论。"③但与此同时,儒学所制定之礼仪还要遵循一般宗教伦理所轻忽的当下关怀,即"礼以义起"的原则④,"义"者宜也,即指此礼之起可以由主体因道心而随境起义,因义变礼,如孟子所谓的"男女授受不亲,礼也;嫂溺,援之以手者,权也"(《孟子·离娄上》)。然若主体不能自觉,而误认人心为道心,则必背道乱礼,所害大矣。故行礼之际,必以道心为据,所谓"率性"(此性乃"天命之谓性"的性,或曰天地之性,与气质之性不同)是也。

卢风先生在《伦理、宗教与终极关怀》一文中指出:"道德的维系虽然在

---

① 《礼记·哀公问》亦载孔子语云:"民之所由生,礼为大。非礼无以节事天地之神也;非礼无以辨君臣、上下、长幼之位也;非礼无以别男女、父子、兄弟之亲、昏姻疏数之交也。君子以此为尊敬然。"又《礼记·礼运》云:"夫礼必本于天,动而之地,列而之事,变而从时,协于分艺。其居人也曰养,其行之以货力、辞让、饮食、冠昏、丧祭、射御、朝聘。故礼义也者,人之大端也,所以讲信修睦,而固人之肌肤之会、筋骸之束也;所以养生、送死、事鬼神之大端也,所以达天道、顺人情之大窦也。"这说明礼是人与自然、人与人交往的最佳规则。

② 《孟子·离娄上》:"仁,人之安宅也;义,人之正路也。旷安宅而弗居,舍正路而不由,哀哉!"又《万章下》:"夫义,路也;礼,门也。惟君子能由是路,出入是门也。"

③ [德]孔汉思、库舍尔:《全球伦理——世界宗教议会宣言》,何光沪译,四川人民出版社1997年版,第60—61页。

④ 《礼记·礼运》有云:"故礼也者,义之实也。协诸义而协,则礼虽先王未之有,可以义起也。"

很大程度上依赖于人际监督，但决不可少了人的内心信念。所以信仰对于道德的维系至关重要。信仰之于道德就如暴力之于法律，没有暴力做后盾，法律便会失效，没有信仰做担保，道德便会失效。""仅当人有了终极关怀，他才会把金钱和物质财富等'可分辨出来的客体'只看做人生的必要条件，而不会把它们看做人生意义的根本象征。"①信仰是对个体生命最大价值的一种认同和固守，但不管是这里的对"终极关怀"的信仰还是如前孔汉思先生的对于"终极实在"的信念，都使我们不得不去思考那个"终极关怀"或者说"终极实在"究为何物，以至于值得我们去信仰。或者说，它既被命为终极的可以值得信赖的对象，那么它也就必然是一个直接关系到个体生命在当下时空中的运行轨迹即个体命运的大问题，其实这也是儒学一直关注的核心问题。

《论语·尧曰》载孔子语云："不知命，无以为君子也。"朱熹《四书章句集注》引程子（当为程颐）语释此云："知命者，知有命而信之也。人不知命，则见害必避，见利必趋，何以为君子？"程颐在其《伊川易传》困卦注中亦表达了相同的看法："知命之当然也，则穷塞祸患不以动其心，行吾义而已；苟不知命，则恐惧于险难，陨获于穷厄，所守亡矣，安能遂其为善之志乎！"楚简《尊德义》亦云："知命而后知道，知道而后知行。"可知理解"命运"是认同道义伦常的关键之关键，而命运正是"终极实在"干预个体生存轨迹的当下呈现。自西汉初董仲舒始析早期笼统的"命"论为"大命"之体与"变命"之用，前者乃因生而成，后者则因时而遭，其后之纬书或析"变命"为二："随命"与"遭命"，前者指行善得善，行恶得恶；后者指行善得恶。或又为便于理解，而转称"大命"为寿命、"变命"为禄命云云，甚至唐君毅在《中国哲学原论：导论篇》所提出的"五命"说（上命、内命、中命、外命、下命），皆不出董氏体用之范式，朱熹亦以"所禀"与"所值"概此命之体用。民间多言"命运"，析言之，"命"即所禀于天者，而"运"乃所值于时者②。"天命谓性"出于《中庸》，是由所禀言之，若结合宋儒张载及程、朱之所论，则此禀于终极本体"天"（先秦多称之为"道"）的性因其有个体的生命落实，故又分作天地之性与气质之性二者，天地之性与终极本体"道"同，唯气质之性则有驳杂，若能因"人成"之功雍其杂而笃之，则可顺受天命之正；若别因"人成"之功益其杂而倾之，则当

---

① 罗秉祥、万俊人编：《宗教与道德之关系》，清华大学出版社2003年版，第188页。

② 参拙文《法象时空：中国数术的基本理念》，《浙江大学学报》2008年第3期。

逆遭天命之弃①。朱熹所谓的正命正是指个体在现世中履行天命的自然展开,这是每一个存在的最佳命运,但现实是每个存在都要受到许多诱惑或在迷惑之中依个体欲望的选择而做出不合本体之自然展开的行动,结果与其"正命"愈行愈远,是为出于个体气质的变命,变命是本体依个体的理性选择而做出的调整,它虽亦由"天所付予",但却与"正命"有毫厘千里之差。《孟子·尽心上》云:"莫非命也,顺受其正。是故知命者,不立乎岩墙之下。尽其道而死者,正命也;桎梏死者,非正命也。"正如由 A 点至 B 点,其最佳线路为直线,任何其他的选择在同样的"里程"内都不可能到达 B 点,此即为变命,变命需要个体付出更高的生命代价,而所得却不是"最大化"的。故于个体而言,其最佳的命运选择就是通过学术的理解或圣贤的指导来"率性"而为,变化气质,以求趋近其人生之正命。世俗所谓改命之说亦在此"壅杂"与"益杂"的层面上才可以成立,故命书改命之说亦多于道德层面上劝人改过从善,以积"阴德"而改"变命",非谓可改"天地之性"层面的正命也。

杜维明先生在《儒家论做人》一文中云:"具有宗教情操在儒家意义上,就是进行作为群体行为的终极的自我转化。而'得救'则意味着我们的人性中所固有的既属天又属人的真实得到充分实现。"②则前所云之得其"正命",当即杜先生所谓之天、人真实的充分实现。

三、止善——儒学对他者生命的伦理安顿

为了避免本体流出的"率性"所可能出现的偏失,儒学伦理又在"率性"说的同时强调了其礼仪致用上的"时为大"(《礼记·礼器》)与"和为贵"(《论语·学而》)的效果验证,所谓"时为大"即是以随时恰到好处为第一追求的效果,所谓"和为贵"即是以"止于至善"——"能使天下后世无一物不得其所"为最重要的使用效果③,而这正是"义之和"的表现,乃儒家之所谓"利"。但如此"义和"之利的获取又如何能得到生命个体的自觉认同呢?

儒家以"明哲保身"为生存原则④,故"穷则独善其身,达则兼济天下"

---

① 《礼记·中庸》:"故天之生物,必因其材而笃焉。故栽者培之,倾者覆之。"

② 杜维明《儒家思想——以创造转化为自我认同》,台北东大图书公司 1997 年版,第 67 页。

③ 《大学》云:"大学之道,在明明德,在亲民,在止于至善。"朱熹《四书章句集注》申之云:"止于至善,能使天下后世无一物不得其所。"

④ 《中庸》引《诗经·大雅·烝民》语,原作"即明且哲,以保其身"。

《孟子·尽心上》)实为其处世策略,然个体之于当下世界无不处于"网络"之中,纵不论其社会关系,即以实际利害而言,纯粹置身物外的独善其身也是做不到的。《吕氏春秋·有始览·谕大》云:"天下大乱,无有安国;一国尽乱,无有安家;一家皆乱,无有安身。"其现实之大者若两次世界大战中善人亦遭厄运,生于耶教传统的人们因而念及《圣经·创世纪》中亚伯拉罕对上帝欲毁灭所多玛和蛾摩拉二城的质疑:

> 将义人与恶人同杀,将义人与恶人一样看待,这断不是你所行的。审判全地的主岂不行公义吗?

其实这种结果与"义人"之未尽其责有关,恐不当论为上帝之不行公义。故儒家倡"修身齐家治国平天下"的"内圣外王"之学,努力推己善以及人,使"天下得序,群物安居"(《韩诗外传》卷3),细论之则若制民有产、数罟不入污池、斧斤以时入山林,使民"养生丧死无憾"(《孟子·梁惠王上》),"父子有亲,君臣有义,夫妇有别,长幼有序,朋友有信。"(《孟子·滕文公上》)以至礼乐有节,刑罚得中,若《礼记·大同》所云:

> 大道之行也,天下为公,选贤与能,讲信修睦,故人不独亲其亲、不独子其子,使老有所终、壮有所用、幼有所长,鳏寡孤独废疾者皆有所养;男有分、妇有作;货物存于地矣,不必尽藏于己;力恶其不出于身也,不必为己。是故谋闭而不兴,盗贼而不作,故外户而不闭,是谓大同。

助天以养民物,则己身亦自远害矣。朱熹云:"人到得尧舜地位,方做得一个人无所欠阙,然也只是本分事,这便是'止于至善'。"[1]孔子一生周游列国,栖栖惶惶;孟子半生宦旅齐梁滕薛之间,要之无不以出仕治平、"致君尧舜"为己任,皆不欲"怀其宝而迷其邦",这是一种舍我其谁的现世担当,否则自己平生所学不得其用事小,若宵小当路令己身不保、众生失所则事大矣。陋生陋见者或谓儒家以富贵闻达为事,实不足与辩;唯假儒为名者亦或以从隐为高,恐失儒旨远矣。

儒家以"天地之大德曰生"(《周易·系辞下》)为信仰之基石,以此调节人与万物之关系。天生天阅,若人以私欲干之,无论其有意与否,皆难辞其咎。以下这则故事也许会给我们一些启示。

> 那是在数百万年前,羚羊、角马与斑马们吃光了南非草原上所有的

---

[1] 《朱子语类》卷55,中华书局1986年版,第1306页。

草,忍让的长颈鹿只好不断地努力伸长自己的脖子,去吃合欢树冠上的叶子,以至其身高后来可以达到 5、6 米,而合欢树为了生存,就把部分叶子转变成为细长的硬刺,长颈鹿又努力让自己的舌头长出硬茧并向细长发展,从而可以从刺的侧面把合欢树的叶子卷住撕下,无奈的合欢树只好使出了另一杀手锏,它开始在自己被啃咬到的十分钟内分泌出一种毒素,一旦长颈鹿啃食过多就会中毒甚至死亡,但长颈鹿也自有办法对付合欢树的这一伎俩,它们在一棵合欢树上啃叶子的时间从来不会超过十分钟,一旦觉出些微的毒素苦味,它们就踱向下一棵树了。然而,合欢却采用了一种令人难以置信的群体防御方法,当一棵合欢树被啃食时,它不仅尽快地放出毒素保护自己,同时还释放出一种警告气味,向附近的合欢树发出信号,于是在这棵树周围五十米内的合欢树们都开始释放毒素,面对这一问题,长颈鹿的应对策略是在一棵合欢树上吃上十来分钟,就跑到五十米以外的另一棵合欢树上再开始进餐。几百万年的斗智斗勇,使得合欢树不会因长颈鹿的啃食而死亡,而长颈鹿也因为合欢树的存在而得以生存①。

与上引故事相似,据说家养植物多有利女主人而不利男主人,因为女主人关心它们而男主人多因对花草不感兴趣,有时还祸害他们,把花盆当烟灰缸使用,引起花草的反感,它们便会对男主人释放有害化合物,故俄罗斯有民谚云:“屋里养花,男人离家。”另外,人类疾病的“意念”(或称“信心”“心理”)疗法亦是在有意无意之间利用着万有本体的这一生生“媒介”;源起于六十年混沌学的“蝴蝶理论”也认为:“今天一只蝴蝶在北京拍动一下空气,就足以使下个月在纽约的一场暴风雨为之改观。”②认识到世界万物之间可因本体之媒而互动如此,则可以更深入地理解儒家“多行不义必自毙”(《左传》隐公元年)、“积善之家必有余庆,积不善之家必有余殃”(《周易》坤卦文言)诸论的真切理据,而所谓“行一不义、杀一不辜而得天下,皆不为也”(《孟子·公孙丑上》)的生命认同亦可寻而知矣。

四、结语

儒学之伦理关怀是建立在超越凡俗人文主义的主体生命潜能觉解基础

---

① 参王小波:《植物对动物的“战争”》,《百科知识》2002 年第 1 期。此处引述有节略。
② [美]詹姆斯·格莱克:《混沌学——一门新科学·序言》,张彦、宋永华、贾雷等译,社会科学文献出版社 1991 年版,第 8 页。

上的展开,它通过圣贤楷模的预设来实现主体对宇宙生命——天命的认同,进而自觉"与天地相参",以助成天地当下的合义秩序——"天序"的完成。在这种天序世界里,主体因其对终极本体的自觉而与宇宙万物和谐地互动着,感受着天人一体的快乐。或以为此是重理想而轻现实,此亦不确。王阳明曾论圣学无妨于举业云:

> 学圣贤者,譬之治家,其产业、第宅、服食、器物皆所自置,欲请客,出其所有以享之;客去,其物具在,还以自享,终身用之无穷也。今之为举业者,譬之治家不务居积,专以假贷为功,欲请客,自厅事以至供具,百物莫不遍借,客幸而来,则诸贷之物一时丰裕可观;客去,则尽以还人,一物非所有也;若请客不至,则时过气衰,借贷亦不备;终身奔劳,作一窭人而已。是求无益于得,求在外也。①

王氏心学重心体而轻格致,自有其时代之不得不然者②,然则孔门正传之"敬知双行"一脉,其于现实之知,盖得其精微者益夥矣。唯有事事合义,乃儒者所谓之大利也。然纵如此,利之所在,子罕言之,何哉?朱熹解之云:"才说义,乃所以为利,固是义有大利存焉。若行义时便说道有利,则此心只邪向那边去……圣贤要人止向一路做去,不要做这一边,又思量那一边。仲舒所以分明说'不谋其利''不计其功'。"③

(原载关世杰主编《人类文明中的秩序、公平公正与社会发展》,
北京大学出版社 2009 年)

---

① 《王阳明全集》卷 35,上海古籍出版社 1992 年版,第 1292 页。
② 参《中国学术史述论》之"明代心学"章,巴蜀书社 2004 年版。
③ 《朱子语类》卷 51,中华书局 1986 年版,第 1218—1219 页。

一本万殊:中国民间信仰的本体反思

　　中国民间信仰作为中国民众日常生活的一部分[①],因其对民众心理结构、思维取向及行为方式的根本性影响而受到学界的广泛重视,从历代官私风俗志、地理志的梳理到百余年前西方人类学方法输入后的新考察[②],以及其后西方学者对此研究的直接参与,特别是近年来中国展开社会与经济变革的进程后,这一领域的研究更是成为国际汉学的最重要焦点之一。

　　对于民间信仰研究的回顾,王铭铭先生的专著《社会人类学与中国研

---

　　① 关于民间信仰的范畴问题虽有些不同的看法,如或以为是当与制度化宗教相对,或以为亦当包括那些未被官方认可的民间宗教,但从信仰对象的角度说,如果一个普通人信奉佛陀、菩萨但并未经过皈依仪式,则与他信奉老子、耶稣或一个山神等相同,似乎不能把他排除在民间信仰之外,故若做一综合判断,似当以是否经过了官方认可的制度宗教的通过仪式来分别一个信仰主体是否属于民间信仰者。

　　② 袁方在《加速发展中国人类学》一文云:人类学在西方已有一个半世纪的历史;而它传入中国,若从严复翻译赫胥黎《天演论》(1895)算起,也差不多有一百年的历史了。在人类学学科发展史上,北京大学是中国现代人类学的发源地。早在1903年,作为北大前身的京师大学堂就最先在国内设置"人类学"方面的课程。清政府在这一年颁布的《奏定大学堂章程》中,将人种学列为选修课。到1913年,北洋政府教育部规定:大学文科哲学门、历史学和地理学门设人类学及人种学课程,文科文学门和理科动物学门设人类学课程。从此,人类学在中国现代教育制度里的地位变得更加明确。在蔡元培先生任校长期间(1917—1927),北大开设了人类学讲座;北大教授陈映璜先生以体质人类学为主的《人类学》一书,也于1918年作为北京大学丛书之四由商务印书馆出版,这是我国第一本正式称作人类学的专著。但经文革之中断,目前我国的人类学研究还处于重新起步的阶段,与国际上人类学的发展状况相比,差距还很大。无论在师资队伍、学术组织、课程建设,还是在研究方法与学术水平等方面,都面临着许多亟待解决的问题。相对于人类学所应发挥的积极作用,相对于我国现代化建设所提出的许多重大的社会文化问题,我国的人类学迫切需要加速发展和提高。《北京大学学报》(哲学社会科学版)1996年第2期。

究》及王健先生的文章《近年来民间信仰问题研究的回顾与思考：社会史角度的考察》已有较为全面的介绍①，我们由是可知当代研究对民间信仰的类型、存在形态及其与社会组织的关系，信仰表达之仪式、象征及其与群体文化的关系等关注较多，在打通史料传统与田野实证的研究手法上也取得了许多突破。随着研究的深入和比较宗教视角的展开，中国民间信仰"泛神论"的本根问题已成为本领域研究的一个焦点所在，学者多欲结合自己的研究对象来审知其信仰背后的因缘所在，但苦于该问题触角牵涉深远而困惑良多，以致有的学者甚至否定中国民间信仰的仪式有其背后的本体依据，这恐怕已与信仰本义的界定有了某种程度上的背离。

本文拟从学术史角度对中国民间信仰的"泛神论"说做一点反思，指出其"泛神"信仰的表象背后有着灵动本体的一元指向，这与中国典型形态的学术传统及其他一神教的本体有着阐释学上的一致性。

一、从"慎终追远"谈起

1. 关于"慎终追远"

《论语·学而》载有曾子语云："慎终追远，民德归厚矣。"宋代程颐谓此语"不止为丧祭"（《二程遗书》卷 6），朱熹申之云："伊川云'不止为丧祭'，推之是如此。但本意只是为丧祭。""慎终追远专主丧祭而言，若看得丧祭事重时亦自不易，只就丧祭上推亦是多少事？或说天下事皆要慎终追远亦得。"（《朱子语类》卷 22）按"慎终追远"的字面意思即是主体对其所自与所往前后两个终极的拷问，唯所自之近者尚略有线索可循，若父、祖、曾、高、远云云，故谓之追；而所往之处则似无迹可通，故需以"慎"（诚也，此与"慎独"之"慎"同构同义）接之。此与西学传统因"我是谁"之追问而引出的"我从哪里来""我到哪里去"的问题意识若合符节，就像孩子们在理性启蒙之初往往会提出的追问。

其实，循着"慎终追远"的双向追问，我们会发现，在中国传统的民间信仰中，对此双向的终极问题有着较为明确的回答。《礼记·礼运》云："故人者，其天地之德、阴阳之交、鬼神之会、五行之秀气也。"汉代刘向《说苑·修文篇》载云："神者，天地之本，而为万物之始也。"许慎《说文·示部》说亦略

---

① 王铭铭：《社会人类学与中国研究》，生活·读书·新知三联书店 1997 年版。王健文载《史学月刊》2005 年第 1 期。

同："神,天神,引出万物者也。"又《说文·鬼部》云："鬼,人所归为鬼,从人,⊕象鬼头。"这是说,在本体向有形转化的过程中,神伸张而为有形,鬼归虚而为无形,人正是神鬼过渡的一个中间环节。然则神之在人者为灵魂,而鬼之在人者为形魄。也可以说,形魄向神返归之际的存在形态称为鬼。

2. 追远以接神

人与万物同生于神,然从"神"至"人"之间的历程如何,则需做出一些考察。也就是说,我既来自于终极之神,则神之化育我的轨迹如何。《老子》有一生二,二生三,三生万物之论;儒典有太极生两仪,两仪生四象,四象生八卦,八卦生万物之说(此为数论,后董仲舒改为太极阴阳动而生五行,五行生万物),是皆当有其时代学说整合之所得。然处今之世,亦当结合今日科学格致之所得而申释之,则我生命之所自,自于远祖,远祖所自,自于猿人,猿人所自,自于动植,动植所自,自于生命元素形成之初(约 38 亿年前),生命元素自于 46 亿年前生成的无机地球,无机地球自于约 150 亿年前的宇宙能量奇点——一个至今只能靠想象和感悟去体知的对象。在 2500 年前,学富五车的惠施曾提出一个"卵有毛"的命题①,直接追问到生命因子的来源,也就是说,天地形成之初如没有"我"这一因子,就不会在今日形成我这一个体。现代物理学也告诉我们,绝对的无不可能产生有。因此,在我形成之前的存在状态就是作为宇宙之本体的"神",它是万物生成中一条难以测度的生命线,甚类今日之遗传密码,在人之形质生成后,它就被称作"魂"而存留于人的生命体中。或者说,神灵是一种弥散的本体存在,它生成万物,又存在于万物之中,其入于山为山神,入于水为水神,入于马为马神,入于花为花神,入于人则被称为灵魂。它在人的理性觉醒以前即万物有灵期是靠体悟和直觉来实现"魂"与万物之灵以及作为宇宙本体的神沟通的,灵乃得名于神的感通特点,可谓神之别名。

人本与万物同处于可直觉神灵的境界,何以后来人与万物生别,以至于许多人一直怀疑自己的神性是否存在的问题,这就要追溯到人类理性启蒙导致"神人之分"给人类带来的困境了。中国的经典《尚书·吕刑》载有五帝之时颛顼令重黎绝地天通之说,《圣经·创世纪》载有人类始祖亚当·夏娃失乐园的故事,非洲的许多神话传说也提及上帝本与人同住,给人提供必需

---

① 《荀子·不苟篇》"卵有毛"条,杨倞注:"司马彪曰:胎卵之生,必有毛羽,……毛气成毛,羽气成羽,虽胎卵未生,而毛羽之性已著矣。故曰卵有毛也。"

品，后来由于人的错误才移居天上。人类不同种群不约而同的"神人之分"的描述，正说明了理性产生之初人们的困惑与感伤，瑞士学者荣格(Jung)从精神分析的角度对此有一个精彩的阐释：

> 圣经故事把以乐园为象征的植物、动物、人与上帝之间的未曾破裂的和谐置于一切精神发展的开端，并把意识的最初的曙光——"你们将像神一样知道善恶"——宣布为致命的罪孽，这一点绝不是没有所指的。意识的神圣统一支配着原始之夜，对天真素朴的头脑来说，打破这种统一的确是一桩罪孽。这是个体反对太一(the One)的魔鬼般的反叛，是不和谐反对和谐的具有敌意的行动，是要从一切与一切混融在一起中脱离和分裂出去。①

天性"失落"(实为"被压抑")的人们于是在战栗的相互扶持中，尊奉他们中间天性感知尚存的人为其"导师"，而致此际巫风大行，先知辈出。然人类理性成熟的步伐仍在前行，于是巫师、先知感知天性的衰弱而致其指导生民行事的准确程度渐弱。为补救其弊，遂以数术济之，然人为之数术亦渐为理性之欲望所蛊惑侵蚀，于是与之相伴的社会失范也便不断地激荡着人类理性世界生命导师的登场——人类也便走进了第一次"轴心时代"②。

3. 慎终以通鬼

《说文》云："鬼，人所归为鬼，从儿，⊕象鬼头。"今按，"⊕"的含义似乎并不仅仅是"象鬼头"，而是有着另外的象征意义。德国学者汉斯·比德曼(Hans Biedermann)著《世界文化象征辞典》"十字形"(cross)条下云：

> 在造型简单的象征物中，它流传最广，但其重要性绝不囿于基督教世界。首先，它代表空间上的核心，是竖(上／下)轴和横(左／右)轴的交汇点，将诸种二元性合为单一的整体，……像圆圈一样，十字形进入许多坛场、庙宇和教堂的绘画中，十字形常常占据突出地位。《圣经》中的天堂有四条河流出，亦状似十字形。圆圈中的十字形除了象征宇宙观，也代表一年分为四个部分，十字形的竖轴连接顶点和底端，象征性指代世界之轴。③

---

① 荣格：《心理学的现代意义》，载《荣格文集》，冯川译，改革出版社1997年版，第133页。
② 参拙著：《中国学术史述论》第一章第一节"三代之衰与儒学之兴"，巴蜀书社2004年版。
③ ［德］汉斯·比德曼：《世界文化象征辞典》，刘玉红等译，漓江出版社2000年版。

何新先生在比较了世界各地的远古文化中的十字形图纹后,归结为两种代表图式:

十 卐

他引述西方学者德尔维拉《符号的传播》一书中的观点,认为"十"字形代表了太阳神[①]。但根据我们对中国的"灵台""明堂"以及亚字形符号、曼荼罗符号的比较研究,我们可以发现,汉斯的说法要更合理些。也就是说,"十"或"⊕"的象征意义只能是生命归宿的宇宙本体——神。由此看来,"鬼"的本义就应该是复归于神的人。此与《圣经》故事谓耶稣被钉十字架后三日(此亦应有其民俗学意义)复活之说,其构形取象完全一致,所不同者,于西学而言则复活者盖仅耶稣一人,而于中学而言,则当人人可以复活——归于本体之神。这种意义在中国传统文献中有着广泛的认同。如《尔雅·释训》:"鬼之为言归也。"《列子·天瑞》:"鬼,归也。""古者谓死人为归人。"《礼记·礼运》"列于鬼神"注:"鬼者,精魂所归。"《左传》昭公七年:"子产曰:'鬼有所归,乃不为厉。'"《礼记·郊特牲》:"魂气归于天,形魄归于地。"因人死并非一下子即转入无形,故其子孙当以诚通其骸气,助其返本于神,所谓"慎终"也。

东汉王充《论衡·论死篇》云:"人死精神升天,骸骨归土,故谓之鬼。鬼者,归也;神者,荒忽无形者也。"这是用鬼神来表示生命本体的"往来屈伸之义"。又宋代张载《横渠易说》申发《周易》"精气为物,游魂为变"云:"精气者,自无而有;游魂者,自有而无。自无而有,神之情也;自有而无,鬼之情也。自无而有,故显而为物,自有而无,故隐而为变。显而为物者,神之状也;隐而为变者,鬼之状也。大意不越有无而已。""物虽是实,本自虚来,故谓之神;变是用虚,本缘实得,故谓之鬼。"《朱子语类》卷63云:"天地间,只是此一气耳。来者为神,往者为鬼。譬如一身,生者为神,死者为鬼,皆一气耳。""鬼神者,不过阴阳消长而已。""论来只是阴阳屈伸之气,只谓之阴阳亦可也。然必谓之鬼神者,以其良能功用而言也。"其论神人鬼之关系已甚明晰。

其实正如程、朱所言,"慎终追远"不仅限于丧祭人伦,其于日用常行之物亦可作如是追问,则万物有神可以灵通,"民胞物与"之论自然而出矣。宋

---

① 参何新:《诸神的起源》,生活·读书·新知三联书店1986年版,第2—3页。又潘守永、雷虹霁:《古代玉器中所见"⊕"字纹的含义》也收录了不少从⊕形的文饰,《民族艺术》2000年第4期。

代郑汝谐《论语意原》亦推"慎终追远"之意云："天理之在人心未始亡也，利欲惑之，则忘其初矣。"

二、多"神"表象下的一元信仰

中国是世界上唯一一个文明不曾中断的国家，借由语言文字所引导的认知传统始终认为万物有灵，自然万化莫不有神，此神灵是人与万物共有的源自于终极本体的生命线，通过这一共同"平台"，人们可与自然万物交流，和谐共处。《礼记·祭法》云："山林川谷丘陵能出云为风雨，见怪物，皆曰神。"此即是说日月星辰、风雨雷电、社稷、五岳、山林、川泽、河海江湖、动植飞潜甚至无生命的瓦石屎尿等等，人们都可以在神灵的层面上与它们交流，获得它们的帮助，如前节所述，若譬之以水，其称湖海杯中之水为湖水、海水、杯水，是皆水也，不能因而谓之"多水论"或"泛水论"，至水或有清浊之分，实皆因境而生，非水本有浊也。因此，中国民间采纳了许多人为的"偶像"来促进生命进程中的一些活动，随时与神沟通，以激活自己的生命本能。另外，为实现更好地与神交流的目的而创制的仪式与方数，亦因近百年来破除迷信的冲击而致意义多失，且致仪式淆乱，其体式的恢复，正赖学人黾勉为之，若或因其民间主持者不能明知仪式之意义而遂断其无意义，则恐难辞无知之咎矣。今姑对此"偶像"及仪式、方数略作分疏和介绍。

1. 通灵的媒介

A. 偶像之媒：偶像本身只是一个实体象征物，通过它的引导而进入其背后所象征的神灵之境。在偶像中又可分为两大类，即与自己有实体生命关联的祖先及没有实体关联的其他象征物。《左传·僖公十年》载狐突提及当时的一种通识："神不歆非类，民不祀非族。""类"为同类之意，若职业、志向、意愿等等；"族"谓宗族祖先，《朱子语类》卷3："气有聚散，理则不可以聚散言也。人死，气亦未便散得尽，故祭祖先有感格之理。若世次久远，气之有无不可知。然奉祭祀者既是他子孙，必竟只是这一气相传下来，若能极其诚敬，则亦有感通之理。"又云："子之于祖先，固有显然不易之理。若祭其他，亦祭其所当祭。'祭如在，祭神如神在。'如天子则祭天，是其当祭，亦有气类，乌得而不来歆乎！诸侯祭社稷，故今祭社亦是从气类而祭，乌得而不来歆乎！今祭孔子必于学，其气类亦可想。"因为通过已故的祖先最易与鬼神沟通，以佑护其生命进程，故祭祖成为国人最为重要的一项信仰活动。此外的偶像选择（多因生存环境之所需而设）则因类可略述如下：

①平时有难相求之神，如关羽、黄大仙、观音以及各宗教教主及其所奉祀之通神等。

②与住行有关之自然神、妈祖、道神、紫姑、和合二仙、城隍、土地，以及屋中之五祀神、奥神、床公床母等。

③创造社会典范所需之英雄贤良，如吕祖、李靖、台王爷郑成功等地方先贤。

④与生命进程展开相关之神，如保生大帝、鸟母、痘神、瘟神等；与基本生命愿望相关的神，如福禄寿三星、财神等。

⑤与谋生有关的神，如行业神（若鲁班、扁鹊、唐玄宗云云）；与生存必需品相关之食物神、社稷、先蚕、仓神。（其因是而附会之真人故事皆不可靠，但如此却可以强化因以通神的真切感）。

⑥与神灵相接之器物神，如钟、鼓、筮、龟、刀剑等。

从这些基于万物有灵论而形成的中国传统神灵信仰中可以看出，万物之赋神，其初皆因语言而成之，其后则可分为三种形式：一是自然生成物，若草木山石，水虫蛙狐云云；其次乃人造之日用器物，若钟、鼓、卜龟、刀剑、房屋等等；再次者乃欲因媒介而接神于近处，以便于求吉祭拜，若削木石以为神主，安其位而祀之。

B. 圣贤之媒：巫、师、僧、道等神职人员，皆能与冥冥中的本根相联系。

2. 通灵的仪式

仪式之尚者即礼也，故其意可于礼书寻之[①]。按《老子》38 章云："故失道而后德，失德而后仁，失仁而后义，失义而后礼。夫礼者，忠信之薄而乱之首。前识者，道之华而愚之始。是以大丈夫处其厚，不居其薄；处其实，不居其华。故去彼取此。"孔子亦认为礼为大道既隐之后的一种无可奈何的明道补救措施（参《礼记·礼运》及《礼记·表记》），正如巫之能力衰减后而必以巫术补救意同。且"礼"字古作"豊"，其字形即因祭神之礼器而得作。

因是而生的通灵仪式则皆以相应的象征品物和行动来启动生命中的神意，以与相应的对象达成交流和协调之目的。若祭祀仪式中与所祭之祖、某神之间，过渡仪式中与环境间（天地四方等），交际仪式中与对方心灵间的感通与协调。《论语·八佾》载孔子语云："祭如在，祭神如神在。"又董仲舒《春

---

① 所谓"尚"者，乃其恰当好者，仪式能最恰切地营造所欲表达之通神意愿，则可谓之"尚"也。

秋繁露·祭义》云:"祭,然后能见不见,见不见之见者,然后知天命鬼神。知天命鬼神,然后明祭之意。"皆谓因祭仪可以通灵也。故孔子云:"居上不宽,为礼不敬,临丧不哀,吾何以观之哉?"(《论语·八佾》)然则通神之至境则在于以诚感之,非以品物仪式诱神也,品物仪式只是入诚之手段而已。

日常生活礼仪的背后无不隐蕴着本体的原型:衣食住行、生长婚丧、岁时节日(包括驱傩等)等等。至如婚礼之盖头与传席(息)接袋(代)、合卺食枣栗子(早立子)以及拜天地等等,若于其间插入释菜之仪则恐有不类之嫌。又若建房之诸祭仪,无不欲因以告四围之邻当协调共处并因而欲启动人造物——房子的生命力,故其相应仪式皆当围绕此一目的而运作。

3.通灵的方数

方数之秘吾知之少,然多以相似相关的巫术为主,或取阴阳相激之法,或用模拟天地之意,若服食以祈寿①,驭女以养生,姑不论之。禁忌乃源于圣、巫所言,故需遵之而已,此亦不展开论之。至于数术问题,则涉及对命运的理解,若遵传统的神灵本体观,此亦有定说,即一人或一物之生,必于其既形之时凝铸着当时的天地信息(若以杯引水于河,水既入其杯,则当时河水之清浊云云及杯子之形状情况定矣),其后随着生成体在时空中的移徙,其"原态"与外界信息不断交流,"原态"需不断地调整自己的状态(若水之在颠沛、污染、勾兑中走完它的陆路历程),在此过程中如何调整自己的主观能动性,以使自己的"原态"得到最好的保护(保护得越差被弃置得越早),就要看主体的选择了。是即传统所谓之"命"需安之而"运"则宜择之,朱熹谓"此'命'字有两说,一以所禀言之,一以所值言之。"(《朱子语类》卷61),亦谓此也。孔子云:"不知命,无以为君子也。"(《论语·尧曰》)然则如何知命?《朱子语类》卷4载有如下一段对话:

> 问:"颜渊不幸短命、伯牛死,曰:'命矣夫!'孔子'得之不得曰有命。'如此之'命',与'天命谓性'之'命'无分别否?"曰:"命之正者出于理,命之变者出于气质。要之,皆天所付予。孟子曰:'莫之致而至者,

---

① 《神农本草经》载有"上药令人身安命延,升天神仙,遨游上下,役使万灵,体生毛羽,行厨(指运载所要之物的'橱具')立至。"《抱朴子·金丹》中则遵循"天人相应"原理进行了解释,他说:"草木之药,埋之即腐,煮之即烂,烧之即焦,不能自生,何能生人乎?"而"金丹之为物,烧之愈久,变化愈妙。黄金入火,百炼不消;埋之,毕天不朽。服此二物,炼人身体,故能令人不老不死。此盖假求于外物以自坚固,有如脂之养火不可灭;铜青涂脚,入水不腐,此是借铜之劲,以扞其肉也。金丹入身中,沾洽荣卫,非但铜青之外傅矣。"

命也。'但当自尽其道,则所值之命,皆正命也。"①

　　此中提出真正的天命在现世之最佳展开是谓正命,这是每一个存在的最佳命运,但现实是每个存在都要受到许多诱惑或在迷惑之中依主体理性的利己选择而做出错误的行动,结果与其"正命"愈行愈远。故学者修性以通本,明本而知命以趋其正性。若孔子云"不知命无以为君子也",又若程颐询之邵雍:"知易数为知天,知易理为知天?"邵雍答:"须还知易理为知天。"②然"知易理"并非人人所易为,故于普通民众而言,就难免需时时质之于达者,此达者亦分两类:"知易理者"与"知易数者",前者因有更高的道德修养(此即前所谓"通灵媒介"中之"圣贤之媒"),是又难于后者,故常行于民间以为其命运指导师者则多是操"易数"之人。

　　历代目录之数术分类,其标准多歧,或以对象若天文、风水、相法,或以工具若易占、龟卜,或以术语如太乙、遁甲,或以目的如命理、禄命云云,遂难知其学术所自,今综以方法而别作四类:

　　　　拟象卜:龟卜、式占

　　　　拟数卜:易占、抽验

　　　　本象卜:天文(占星)、地理(风水)、人文(相术)、物理(杂占)

　　　　本数卜:选择、命理

　　此诸法即传统学者格致的用功所在,所谓上知天文,下知地理,中知人事,皆在其中矣。故孔子云"吾百占而七十中",朱子为其道命作最后的抗争时亦以易占决之。套用朱子"豪杰而不圣贤者有矣,未有圣贤而不豪杰者也"之语,则可谓明数术而不明道德者多矣,鲜有明道德而不明数术者也。

　　所有这些通灵的媒介与仪式、方术,其被采用之标准皆在于灵验与否,不灵可毁其像甚至如烤龙王之事可有也。此当然包括儒释道耶等宗教之神,但亦与其他百神同科。

三、神与儒释道耶之本体说比义

　　与民间信仰本体同气连枝或者说发祥于民间信仰的诸学术传统的本体说间,亦有着较为一致的组构模式。然因本体之难以描述,故此略结合与本体建立联系的进路说而论之。

---

① 黎靖德:《朱子语类》卷4,中华书局1986年版,第78页。
② 程颢、程颐:《二程集·河南程氏外书》卷12,中华书局1981年版,第428页。

1. 儒学之本体与进路

《论语·里仁》："子曰：'吾道一以贯之。'"又《论语·卫灵公》："子曰：'赐，尔以予为多学而识之者与？'曰：'然。非与？'孔子曰：'非也。予一以贯之。'"其所谓之"一"，即儒门之道也[①]，其所对应之终极本体又称太极。至宋代新儒学那里，又被称为"理"。程颢曰："吾学虽有所受，天理二字却是自家体贴出来。"[②]"所以谓万物一体者，皆有此理，只为从那里来。"[③]此"理"程、朱皆以之等同于《易》之太极，朱熹且申之云："本只一个太极，而万物各有秉受，又自各全具一太极尔。如月在天，只一而已，及散在江湖，则随处而见，不可谓月已分也。"[④]又云："盖天道运行赋予万物，莫非至善无妄之理而不已焉，是则所谓天命者也。物之所得是之谓性，性之所具是之谓理，其名虽异，其实则一而已。"[⑤]归总原始儒学至宋代新儒学的主要进学路径，可以表述为"幽赞""明教"或"涵养须用敬""进学在致知"的"双修模式"。其进学路径之前者多以静坐、慎独、持敬通之，而后者则是探究万物之理而通其神，以与前者所持之理互证而打通之，或者说前者是以非理性的直觉对终极本体道的投射以得方向，后者是以理性的践履而趋近前者的非理性之目的。

2. 佛学之本体与进路

自佛教传入中国起，其本体"空"之翻译即经由了"无""空""神"等选择，而后以"空"字行，然诸家或别有所称，若佛、法、性、理、真如、法性、涅槃、实相、妙有等等，以方便理解。又以"空"字言，究于印度之《奥义书》，知其为五大"地火水风空"中的本根，非全无有之谓，是以佛教基本理论所谓之性空缘起，亦当是本体流行时因缘而生万物，此与儒学道体生万物之"一本万殊"意同（儒学之"一本万殊"盖即借鉴于佛教华严之说，唯执一驭万之论则肇始于先秦）。究佛学之进学路径，可得如下范式：

止：禅定（三昧）

观：慧（般若）

---

① 参拙著《中国学术史述论》第一章"先秦儒学"，巴蜀书社2004年版。

② 《二程集·河南程氏外书》卷12，第424页。

③ 《二程集·河南程氏遗书》卷2，第33页。

④ 《朱子语类》卷94，第2409页。

⑤ 朱熹：《朱子全书·四书或问》卷2，上海古籍出版社、安徽教育出版社2002年版，第641页。

此与前所揭儒学之进学范式在理路上完全契合,其止以应乎幽赞诚敬,而观以当于明数格致。

3. 道教之本体与进路

自老庄倡虚一明道之法,以道为终极旨归,或谓之神、太极、无、虚云云,其后之道教禀之以修仙,其所论与儒家略同,唯修道倡颠倒之法。至宋元之际,道教倡性命双修,则其性论之中,又更糅儒释之说而倡三教归一之论。如元末陈致虚《金丹大要》卷 14 云:

> 天下无二道也,昔者孔子曰"参乎,吾道一以贯之",老子曰"万物得一以生",佛祖云"万法归一",是之谓三教之道一者也。圣人无两心:佛则云"明心见性",儒则云"正心诚意",道则云"澄其心而神自清",语殊而心同,是三教之道,唯一心而已。然所言心却非肉团之心也,当知此心乃天地正中之心也,当知此心乃性命之原也。是《中庸》云"天命之谓性";《大道歌》云"神是性兮气是命";达磨东来,直指人心,见性成佛,是三教之道,皆当明性与命也。①

则其进学路径正在性命双修:

性:即对道体的认知。

命:炼精化气,炼气化神,还神返虚。此间的十月怀胎及其后的三年九载之功,皆需对自体及日月天地之理加以格致打通,非尽闭门造车也。

4. 耶教之本体与进路

上帝造万物及人,但人之生命乃其圣灵所化,而万物则无。是以对于人而言,其与本体之关系与中国传统一本万殊论略合。又因上帝与人远隔,故遣其独子到人间受难以救赎人之罪(此形象实与中国之圣人、佛教三圣、道教神仙等同,唯中国传统所谓人人可至此也,以人人皆为上帝之子),此又强调人不能自我觉解,而必靠外力救赎,然其三位一体之说,实已合本体与明本体之圣贤为一②。唯新教已倡自我与上帝的直接交流之说(不必通过教堂

---

① 陈致虚:《上阳子金丹大要》卷 14,《道藏》第 24 册,文物出版社等 1988 年版,第 56 页。

② 若譬本体为受精卵细胞,当其生二化四以至于一个生命体之形成,以中国传统学术之观点视之,实乃太极或神生万物而又寓于万物之中,其耶教之上帝盖即如最初的受精卵细胞,至于化身于生命体中的细胞基因则为圣灵,至于圣子,则是轴心时代的圣人、佛陀、神仙形象而已。

或教职人员），其面对之十字架与耶稣圣像亦只作一象征，若中国民间信仰及儒释道之偶像，皆欲因以导入诚敬之域，乃个体与上帝打通之媒介，是与世界宗教精神的理解进路有趋同之势。究其进学路径的灵修之法，可得如下之范式：

圣仪：包括祝福、奉献、驱魔及民间善功等，以及实时礼拜、研习圣经等以导入圣域。

圣事：包括圣洗、坚振、感恩／圣体、忏悔、病人傅油、圣秩以及婚姻等。

其圣仪以"empty yourself"为目的，则与中国传统儒释道之诚敬、止、修命似，而圣事则与格致、观、修性似。然《圣经》之后强行规定"圣言封闭"而致其思想体系封闭，使得后世科学格致的理性认同难以介入其信仰的诠释之中，不过自文艺复兴以来，也代有其人从事着信仰进学路径与科学格致相融摄的努力，这对其进学路径的改善实大有裨益。

四、结语

综上所述，借一俗谚"条条大路通罗马"言，诸宗教所指之作为终极本体的"罗马"实同，其进学路径虽或有短长，然皆谓"罗马"可至也。或许我们可以说，本体于天地间本一自然之存在，万物出于彼而当复归于彼，然阐释者不同，阐释者所处时代的格致水平不同，遂使其所释及与之沟通的办法有路径之殊异，也因此而在宗教交流中不断地进行修正和补充，相互取长补短，以共臻于生命觉解之至境。然若因本体之不可睹知，遂谓"上帝已死"；或因万物有神遂谓神亦多元，则恐非格义之正途所得。朱熹云："道之在天下者未尝亡，惟其托于人者或绝或续，故其行于世者有明有晦。是皆天命之所为，非人智力之所能及也。"①希望道命之至今日，又得续重光。

（原载《中国俗文化研究》第 5 辑，2008 年）

---

① 《朱子全书·晦庵先生朱文公文集》卷 78，第 3739—3740 页。

中国日月神话的象征原型考述

原型理论家弗莱在概括作为西方文学之基础的原型象征模式时指出，人类的想象发生一开始便遵循着某种自然现象的循环变易所提供的"基型"（archetype，也译作"原型"）：

> 阳光每天都要消失，植物生命每逢冬季即告枯萎，人类的生命每到一定期限也要完结。但是，太阳会重新升起，新的一年又将来到，新的婴儿也要问世。或许在这个生命世界中，想象的最初的、最基本的努力，所有宗教和艺术的根本要旨，都在于从人的死亡或日和年的消逝中看到一种原生的衰亡形象，从人类和自然的新生中看到一种超越死亡的复活形象或基型。①

人类生命意识的发展除了使主体具有阐释心灵感知的能力外，还具有了能够把心灵的感知加以投射的能力，这也可以视为文学与艺术产生的根源之一。中华民族生命感知投射中的核心精神，盖可反映在日月神话的象征体系中，在那里，我们的先祖把自己感悟的精神理想托付了下来。

一、太阳神话的象征原型

《山海经·大荒南经》云：

> 东海之外，甘水之间，有羲和之国，有女子名曰羲和，方浴日于甘渊。羲和者，帝俊之妻，生十日。

汉代郭璞注云："羲和盖天地始生，主日月者也。故《启筮》曰：'空桑之苍苍，八极之既张，乃有夫羲和，是主日月，职出入，以为晦明。'又曰：'瞻彼

---

① ［加］弗莱（N. Frye）：《威严的匀称》，普林斯顿大学出版社 1969 年版，第 217 页，转引自叶舒宪：《中国神话哲学》，中国社会科学出版社 1992 年版，第 7—8 页。

上天,一明一晦,有夫羲和之子,出于旸谷。'"①这当是母系时代的产物,但经过父系时代的改造,先祖为光明的主体构拟了一系列的本生故事,随着母系氏族的衰落及父系氏族的兴起,羲和的身份也发生了变化,《楚辞·离骚》云:

> 吾令羲和弭节兮,望崦嵫而勿迫。路漫漫其修远兮,吾将上下而求索。

洪兴祖《楚辞补注》云:"日乘车驾以六龙,羲和御之。"《初学记》卷 1 引《淮南子》云:"爰止羲和,爰息六螭,是谓悬车。"其义也与《楚辞》相似,且其为主光明之神的主要身份也大体一致。今考羲和之义,当与光明有着必然的联系,盖为融合或调和光明(羲通曦,光明)之义,而光明又是生殖崇拜中生殖力的象征。也就是说,光是万物得以生殖的根本力量。然而太阳神的形象主体却不是羲和,而是"踆乌"。《淮南子·精神训》云:

> 日中有踆乌。

高诱注:"踆犹蹲也,即三足乌。"《论衡·说日》正谓"日中有三足乌"。按高诱注以《淮南子》中的踆乌为蹲乌不确,踆当是取日父帝俊的古字"夋"演化而成,踆乌之意就是象征帝俊的乌。而日父帝俊,本为一鸟首人身之神,其字本作夋,甲金文正像一立鸟之形,后加足旁作踆;《山海经·大荒东经》云帝俊曾与五彩鸟为友,这些都说明了帝俊是一位有着鸟形特征的神②。可知日中的"踆乌"正是帝"夋"的象形转化。又按:以鸟作为男根的生殖崇拜象征物,见于世界各个古老的民族,分布极其广泛,如古希腊神话中的宙斯曾化天鹅与少女勒达生育了海伦,北美印第安海达人崇拜的第一代酋长为大乌鸦,埃及有神鹰崇拜,英语 cock 至今仍有男根的象征义,这与汉语中的鸟又有 diao 音的情况相同③。也正因此,太阳中的神就与象征母神不死的月亮不同,它是取男性的创造精神来构拟原型的,所以日母羲和在这里也就没有了容身之地,她不得不变换身份而退隐开去;同样,也是月亮之父的帝俊在月亮神话中就没有容身之处了。

---

① 郝懿行:《山海经笺疏》卷 15,巴蜀书社 1985 年版。

② 后世或谓帝俊就是帝喾,就是帝舜,恐难遽合,盖帝俊乃天帝之象征,而帝喾、帝舜则曾以此为名以制众而已。

③ 至于中国神话中的凤凰后来专用来象征皇后云云,这是一种异化,是与龙对应中的一种异化。

那么日中的鸟为什么是"乌"呢？这就要知道古代乌的名声并不像现在这样不好。《说文》："乌,孝鸟也。"即后世所谓的"乌有反哺之义"的意思,是说当乌鸦老的时候,它的孩子小乌鸦就会衔食物来喂养它。《诗经·正月》："瞻乌爱止,于谁之屋。"钱钟书先生在《管锥编》中考述说:

> 按张穆《房斋文集》卷一《〈正月〉瞻乌义》略云:"二语深切著明,乌者,周家受命之祥;《春秋繁露·同类相动》篇引《尚书传》言:'周将兴之时,有大赤乌衔谷之种而集王屋之上者,武王喜,诸大夫皆喜。'凡此皆古文《泰誓》之言,周之臣民,相传以熟,幽王时天变叠见,讹言朋兴,诗人忧大命将坠,故为是语。"其说颇新。观下章曰:"召彼故老,讯之占梦;具曰予圣,谁知乌之雌雄?"足见乌所以示吉凶兆象,非徒然也。……《后汉书·郭太传》:"太傅陈蕃、大将军窦武为阉人所害,林宗哭之于野,恸,既而叹曰:'……"瞻乌爱止,不知于谁之屋"耳!'章怀注:"言不知王业当何所归。"得章氏之解,乌即周室王业之征,其意益明切矣。[1]

其实称之为王业似乎不太准确,从我们前面的考述中可知,乌其实是天所授命的"帝王"本身的象征。又《左传·哀公二十六年》"得(公孙得)梦启(公孙启)北首而寝于庐门之外,己为乌而集于其上,咮加于南门,尾加于桐门,曰:'余梦美,必立。'"宋景公死后太尹先立公孙启为主,后被众卿所逐,公孙得遂立为宋主。宋代罗愿《尔雅翼》引有民间传说"天无二日,土无二王"[2],以日象征天所授意的帝王,则乌之所止,即人间天子之所在也。《魏书·灵征志》也以乌鸦为吉祥物。晋·成公绥《乌赋》序又说:

> 有孝鸟集余之庐,乃喟然而叹曰:余无仁惠之德,祥禽曷为而至哉!夫乌之为瑞久矣:以其反哺识养,故为吉鸟,是以周书神其流变,诗人寻其所集,望富者瞻其爱止,爱屋者及其增叹,兹盖古人所以为称,若乃三足德灵,国有道则见,国无道则隐,斯乃凤鸟之德,何以加焉。[3]

然乌之见恶,盖发端于唐宋之际的南方俗信。宋代薛士隆《信乌赋》序云:"南人喜鹊而恶乌,北人喜乌而恶鹊。"[4]恶乌之因正源于它能通灵而知吉凶事。宋代梅尧臣《灵乌赋》发此云:

---

① 钱钟书:《管锥编·毛诗正义 60 则》第 53 则,中华书局 1986 年第 2 版,第 139—140 页。
② 罗愿:《尔雅翼》卷 13,《四库全书》文渊阁本。
③ 严可均校辑:《全上古三代秦汉三国六朝文·全晋文》卷 59,中华书局 1958 年版。
④ 载《古今图书集成·博物汇编·禽虫典》卷 22 乌部,第 63227 页。

乌兮,事将兆而献忠,人反谓尔多凶。凶不本于尔,尔又安能凶?凶人自凶尔。告之凶,是以为凶,尔之不告兮,凶岂能吉?告而先知兮,谓凶从尔出,故不若凤之时鸣,人不怪兮不惊。①

又罗愿和陆佃也均发此意,如《尔雅翼》云:"(乌)其智足以通祸福,故所在则人忌之。而西南人事乌为鬼,以为能知未然也。"《埤雅》云:"雀见虎则鸣,乌见异则噪,故以为乌霍,乌霍,叹所异也。今人闻鹊噪则喜,闻乌噪则唾,以乌见异则噪,故辄唾其凶也。"②然在士人阶层中多承古意而称之,如曹操《短歌行》、苏轼《前赤壁赋》和罗贯中《三国演义》等皆以乌象征王业③。而民俗恶之,似已广被四海矣。

另外,在藏族民间传说中,有一则正提及乌鸦在人们心目中的地位由尊而卑的转换过程。据说乌鸦本是能通天的神鸟,它每年都要向天帝报告地上生类们的生活情况,因此,有一次,地上的人们就想通过它来向天帝求情,让一年四季都像春天一样温暖舒服,乌鸦答应了人们的这个嘱托。在乌鸦临上天廷的那天,人们托它给天帝带些用五谷做成的饼子,同时叮咛它,要向天帝说明,这些饼子只能用天火烤着吃,不能烧着吃。乌鸦连连答应之后,就急匆匆上天了。它把礼物交给天帝并向天帝说明了人们的愿望后,就匆匆去拜亲访友了。天帝高兴地想着地上人们的虔诚,把饼子扔到天火中烧着吃,可是扔到火里后,天帝就找不到饼子了,于是他想,这些地上的人真是可恶,竟然欺骗到自己头上了,他不仅打消了同意人们请求的念头,又立即召来两个大神,命令他们下界去把地上的五谷收走,以惩罚人们的这种"恶行"。当两个大神到田中把长满禾杆的五谷撸取得只剩下少许时,百鸟飞来哀请他们给地上的生灵留下点儿食物,并询问了其中的原因。天帝知道实情后,就把乌鸦打下界,以后再也不许它上天廷,并且,为示惩罚,他还要求乌鸦每夜要从树上跌落九次,使得乌鸦从一个神鸟变成了凄凉之鸟。但天帝的决定一言九鼎,人们不仅未能改变四季的变化,而且还失去了五谷的多实状态④。乌鸦通神的信仰在西方神话中也可以得到印证,德国学者汉

---

① 《古今图书集成·博物汇编·禽虫典》卷 22 乌部,第 63226 页。

② 陆佃:《埤雅》,《四库全书》文渊阁本。

③ 此王治理、杨光熙:《古代文学中"乌"意象的一柄一边》先发其端。《文史知识》2001年第 5 期。

④ 肖崇素搜集整理:《被惩罚的乌鸦》,载(无撰人)《西藏民间故事选》,西藏人民出版社 1984 年版。

斯·比德曼在《世界文化象征辞典》"乌鸦"条中就指出:"乌鸦是传达神谕的动物。"①

另外,与乌同义的雅又有"正"义。② 则乌乃为"雅正"之象征并因此而开出中华文化的正统一脉。《荀子·王制》云:"使夷俗邪音,不敢乱雅。"汉代贾谊《新书·道术》云:"辞令就得谓之雅,反雅为陋。"至于日常词汇中所谓的雅正、雅音、雅言、雅士、雅致、雅道、雅儒、雅量等等,皆为中华文化之至上标准或至上境界。然这正统文化之特征又是什么呢? 这就不能不考察日乌的"三足"问题了。

至晚在春秋战国之际,《老子》已有"三生万物"之论,又《史记·律书》也说:"数始于一,终于十,成于三。"叶舒宪与田大宪在《中国古代神秘数字》中总结说:"神话思维把天地人三才齐备作为化育万物的前提,所以'三'就成了宇宙创化的第一个完整的单元,万物生成发展的基数了。"③其实男性本身就代表着进取与创造,袁珂先生在《中国神话传说辞典》"帝俊"条中考述说:"帝俊子孙多有创造发明:义均'作下民百巧';奚仲、吉光'是始以木为车';晏龙'为琴瑟';子八人'是始为歌舞';后稷'播五谷';叔均'作牛耕'。"至如日神的具体创造力,还可以见于太阳神与男性始祖神合一的伏羲身上,袁珂《中国神话传说辞典》"伏羲"条云:"传说中之伏羲为'蛇身人首,有圣德'(唐司马贞《史记·补三皇本纪》),'坐于方坛之上,听八风之气,乃画八卦'(《太平御览》卷九引《王子年拾遗记》),'师蜘蛛而结网'(晋葛洪《抱朴子·对俗》),'作瑟,造《驾辩》之曲'(《楚辞·大招》王逸注),'制嫁取,以俪皮为礼'(宋罗泌《路史·后纪一》注引《古史考》),'取牺牲以充庖厨'(《太平御览》卷七八引《皇王世纪》)。"④合理的创造发明,正是人类理性形成后的产物,也是中国正统文化所赖以形成的种族之心理根源,所以日神的象征原型可以断为父神创造万物的理性进取精神。

二、月亮神话的象征原型

在文献记载的月神体系中,最早出现的应该是嫦娥。《山海经·大荒西经》云:

①　[德]汉斯·比德曼:《世界文化象征辞典》,刘玉红等译,漓江出版社 2000 年版。
②　《说文》:"雅,楚乌也。……秦谓之雅。"段玉裁注:"雅之训亦云素也,正也。"
③　叶舒宪、田大宪:《中国古代神秘数字》,社会科学出版社 1996 年版,第 47 页。
④　袁珂:《中国神话传说词典》,上海辞书出版社 1985 年版。

有女子方浴月,帝俊妻常義,生月十有二,此始浴之。

《诗经·大雅·生民》"时维后稷"句,唐代孔颖达疏引《大戴礼·帝系篇》常羲又作"常仪"。袁珂先生在《中国神话传说辞典》中引《世本·帝系篇》(清张澍粹集补注本)云:"帝喾下其四妃之子,皆有天下……下妃娵訾氏之女,曰常仪,是生帝挚。"又引《吕氏春秋·勿躬》"尚仪作占月"毕沅注云:"尚仪即常仪,古读仪为何,后世遂有嫦娥之鄙言。"并进而阐释说:"'鄙言'与否姑无论,是生月之常羲,乃渐演变而为奔月之嫦娥;其身份亦由帝俊之妻,一变而为帝俊属神羿之妻。"①今考《说文》羲"从兮,义声",则羲、义古音必相近或相同,其通用也是必然的事情了,其后假专表美丽女子之义的娥字称作嫦娥,也正在情理之中。由此我们知道,嫦娥实际上就是一位能生育不死之月的母神。而嫦娥"妻子"身份的转变,盖与羿曾从西王母那里请得不死药之事有关②,因为不死的母神或许应有特别的不死之理由。《淮南子·览冥训》云:

羿请不死之药于西王母,姮娥窃以奔月。③

传说嫦娥本作姮娥,后因避汉文帝刘恒(前179—前157在位)讳而改姮作嫦,二字皆有久远义,只是今本所传多淆,难断先秦必作姮娥,不过在处理此种歧异时,避讳说倒很是讲得通。又《文选·王僧达〈祭颜光禄文〉》李善注引《周易归藏》说:"昔常娥以西王母不死之药服之,遂奔月为月精。"从这里我们又可以知道,嫦娥是一位吃过不死药的不死母神象征。

在月神中稍晚于嫦娥出现的就应该是蟾蜍与兔子了。《楚辞·天问》云:

夜光何德,死则又育? 厥利惟何,而顾菟在腹?

"顾菟"在《楚辞》的历代注释中有许多不同的解释,或以为是兔子,或以为是蟾蜍,但皆不能让人满意,今人萧兵先生在综合各种说法的基础上,又参考考古出土的图像证实,认为"顾"即指蟾蜍,而"菟"则是兔子。他说:

---

① 袁珂:《中国神话传说词典》"常羲"条,上海辞书出版社1985年版。

② 据《山海经·海内西经》:"海内昆仑之虚,在西北,帝之下都。昆仑之虚,方八百里,高万仞。……面有九门,门有开明兽守之。百神之所在。在八隅之岩,赤水之际,非仁羿莫能上岗之岩。"如此,则神羿是唯一能够到昆仑山西王母处得到不死药的"人"了。

③ 《初学记》卷1引《淮南子》佚文:"羿请不死之药于西王母,羿妻姮娥窃之奔月,托身于月,是为蟾蜍,而为月精。"中华书局1962年版,第4页。

"按：顾、菟两个字应该顿开来。菟指兔子毫无疑问；顾则是鼓（按：如今所谓蛙鼓）、蛄的假借字，是蟾蜍异名'居诸'（按：又作'簏簇'）的合音。'顾'之言蛄，就是癞蛄子、癞大蛄。这一点又为接近《楚辞》时代的长沙马王堆《帛画》、洛阳西汉墓壁画、山东临沂金雀山九号汉墓《帛画》里蟾兔并见月腹的图像所证实。东汉以后，蟾兔并见的图像就更多了……"①然月中何以有蟾兔之意，汉人已不能明了了。

就月中之蟾蜍而言，当时有这样几种主要的解释：一，嫦娥转化说。张衡《灵宪》："羿请不死之药于西王母，姮娥窃之以奔月……姮娥遂托身于月，是为蟾蜍。"②盖以惩罚这个不讲情义的妻子。二，食月说。《史记·龟策列传》："日为德而君临天下，辱于三足之乌；月为刑而相佐，见食于虾蟆。"《淮南子·说林训》"月照天下，蚀于詹诸。"东汉高诱注："詹诸，月中虾蟆，食月。"也就是说，蟾蜍是造成月食发生的根源，似乎它的存在就是为了月食的出现一样，而月亮在什么情况下要受此惩罚，却没有交代。三、阴阳配合说。《太平御览》卷4引刘向《五经通义》云："月中有兔与蟾蜍何？月，阴也；蟾蜍，阳也，而与兔并，明阴系于阳也。"唐代徐坚《初学记》卷1"月第三"引《春秋元命苞》："月之为言阙也，而设蟾蜍与兔者，阴阳双居，明阳之制阴，阴之倚阳。"③

其实这些说法都不对，考之民俗学与人类学的研究成果，我们可以明白这种移情式寄托乃是生殖崇拜的象征遗迹。严文明先生曾考证说：仰韶文化的不同类型遗址如半坡、庙底沟、马家窑等出土的彩陶上，都有鸟纹和蛙纹图案，这"可能是太阳神和月亮神的崇拜在彩陶花纹上的体现"④。但我们认为，这正是早期生殖崇拜的象征产物，倒不一定当时就已经和日月象征融为一体了，但日月神话的象征蕴涵却当来源于此。赵国华先生考证说："蛙纹（蟾蜍纹）是中国母系氏族社会文化遗存中的第二种基本纹样。它比鱼纹出现稍晚，分布更为广泛。""蛙被原始先民用以象征女性的生殖器官——怀孕的子宫（肚子）。"⑤我们认为，赵先生的说法似乎有些过求形象之相似性了，其实从中国文化对女性的审美态度来看，隋唐以前是以女性之能育为审

---

① 参萧兵：《楚辞与神话》，江苏古籍出版社1987年版，第124—125页。
② 严可均校辑：《全上古三代秦汉三国六朝文·全后汉文》卷55。
③ 徐坚等：《初学记》卷1，中华书局1962年版。
④ 严文明：《甘肃彩陶的源流》，《文物》1978年第10期。
⑤ 赵国华：《生殖崇拜文化论》，中国社会科学出版社1990年版，第180、182页。

美标准的,至隋唐以后才以女性之才貌为审美标准①,因此对于早期的人类来说,能产的母性当然就是女性的最高审美条件,因为这能维持一个种群延续不死。而在动物的能产认同中,鱼、蛙都有这种特点,因此,鱼蛙之作为能产的母性象征就成为当时审美条件下顺理成章的事情。盖因为鱼是水生动物,其存在有一定的条件,而蛙是两栖动物,其存在的条件要求就比较宽泛,而在蛙类的个头中,蟾蜍又是其中的翘楚。直到现在的中原民俗,如陕西关中东部的骊山婚俗中,其"审新娘"之俗还能表现出这种象征意义。在审新娘时,姊妹嫂子们都要观看其兜肚上的饰绘,新娘也要落落大方地展示这一图案——即蛤蟆,而这蛙背上是要绘出七星点的。"原来,人们都以为这个七星点是蛙(蟾)的自然的形体特征的模拟。在多次的民间采风过程中,偶然发现了足以解谜的信息,一位农民老大娘在纠正七星点的多寡差错时,叫出了它的确切名称——生生点。"②其实七星点的数字确定乃与七日生人一样,属于宇宙创生的圣数之一③。由此可以推知,人类的始祖母神女娲之名,也当为"蛙"之转语。因此,月亮中的能产女神象征就顺理成章地寄托在蟾蜍的形象上,而蟾蜍的象征意义当然也就是能产的女性。也就是说,人类因月而寄托的不死观念是一种通过母神生育而实现的种族不死的象征原型。

至于月中有兔子的说法,存在的地区尤为广泛,除中国(包括多数少数民族地区)外,还有古印度、古埃及以及日耳曼、墨西哥、非洲霍屯督人、锡兰僧伽黎人等等④,虽各文化圈中对此的解释不同,但月中有兔的见解能冥冥中得到这么多地区的民族认同,不能不说是一个奇迹,一个不能以偶然相同来解释的奇迹。今检传世文献中对兔子之特性的归纳,又可以让我们感到

---

① 参洪贽梅:《人鬼婚恋故事的文化思考》,载《中国比较文学》2000年第4期。

② 李辛儒:《民俗美术与儒学文化》,中央民族出版社1992年版,第32、38页。至于民间常说的五毒中的蟾蜍,也是生殖崇拜中的母性象征,考南宋《乾淳岁时记》云:端午佩带"蜈蚣、蜥蜴、蛇、蝎等,谓之毒虫",又刘若愚《酌中志略》也说此日"宫眷内臣穿五毒艾虎补子"。(转引自《古今图书集成·岁功典》)然至《清嘉录》所载,五毒多言其四,其实参考民俗之五毒说,可知其所缺的为"蟾蜍"。而蟾蜍与蛙在生殖崇拜中的意义是能生育的"母亲"的象征,至于另外四毒,则是男性的象征。又推考"毒"的古本义为生育,则五毒符的意义实当为"生育符"之意。此又参李辛儒《民俗美术与儒学文化》之"'五毒'——具象符号的奥妙组合"一节。

③ 关于圣数"七"的神秘象征意义的探讨可参[德]卡西尔《神话思维》之"神话的数和圣数体系",黄龙保等译,中国社会科学出版社1992年版。叶舒宪《中国神话哲学》之"混沌七窍"章。

④ 参萧兵:《楚辞与神话》,第130—135页。又[德]汉斯·比德曼著,刘玉红等译《世界文化象征辞典》"兔子"条中还提及古埃及等地也认为兔子与月亮有关。

十分惊奇,东汉王充《论衡·命义》云:

> 兔生子从口出。

宋代陆佃《埤雅》卷 3 云:

> 兔口有缺,吐而生子,故谓之兔。兔,吐也。旧说兔者,明月之精,视月而孕。故《楚辞》曰:"顾兔在腹。"言顾兔居月之腹,而天下之兔望焉,于是感气。《礼》曰:"兔曰明视。"其以此欤!盖咀嚼者九窍而胎生,独兔雌雄八窍,故陶氏书云:"兔舐雄毫而孕,五月而吐子。"而里俗又谓视顾兔而感气,故卜秋月之明暗以知兔之多寡也。今孔雀亦合,而先儒以孔雀闻雷而孕。则兔虽舐豪,其感孕则以月,理或然也。月,缺也,故其口缺。……《说文》无兔字,以免为兔,兔生自口出,宜有留难,吐而后免,故字又通为免,俗则作兔,非是也。今产乳曰免,亦或谓之分娩。①

今按,自先秦既已成书的《黄帝内经》,不仅对人体的骨骼脏器以及生命的生育特征有所详述,而且对那些至今仍未能尽明的人体经络也有所详解,并且直到宋代,中国的科技水平在世界上一直处于领先水平,当时的学者不可能对兔子的实际生育情况做出如此的解释,因此,人们对兔子的这一解释也便自然有其历史延承的象征意义在。那么这种象征意义是什么呢?如果联系到人生礼俗中"成人礼"的一种特殊情形,也许会对我们有些启发。

在江苏邳县大墩子新石器时代的考古研究中,发现当时的人们有一种拔牙现象,并且这种现象只出现在十五到二十岁之间的年龄段②。一般是拔上(或下)门牙两侧的侧切芽,也有拔门牙或只拔一颗侧切牙的。从考古和文献记载看,拔牙习俗是太平洋文化圈的重要特征。也就是说在中国大陆,包括长江流域和整个沿海地区(辽东半岛也在其中),它是大汶口文化的主要特征,这一习俗的主要作用就是标志着成人,是成丁礼或称入社礼的重要仪式③。拔牙的原因大概是取"撒种诱生"的象征意义,是与婚嫁的观念联系在一起的④。拔牙有利于夫妻感气生子的观念,是原始生殖崇拜的一种信仰⑤。这一习俗直到近现代还在一些地方有所保留。

---

① 陆佃:《埤雅》,《四库全书》文渊阁本。
② 参韩康信等:《江苏邳县大墩子新石器时代人骨的研究》,载《考古学报》1974 年第 2 期。
③ 参萧兵:《楚辞新探》中《奇牙与拔齿》一文,天津古籍出版社 1988 年版。
④ 参陶思炎:《牙角文化》,《民间文学论坛》1991 年第 6 期。
⑤ 参龚维英:《原始崇拜纲要》,中国民间文艺出版社 1989 年版,第 313 页。

由此看来，从感气的角度说，兔子天生的缺唇正是其天生有利于感气的佐证，而感气生殖说的广泛存在对于兔子象征意义的影响也无疑是巨大的。对于心理学占主导地位的象征学来说，"兔子的速度和胆小都不是关键，关键是兔子的高繁殖率：这使它成了多产和旺盛性欲的象征"①。根据这些比较，我们可以判断，月中的兔子正是生育神的象征。至于"孕妇食兔而子生缺唇"的说法②，正以其为生育神而不可轻亵故也。另外，至魏晋时期，诗文多言月兔捣药之说，《乐府诗集》相和歌辞《董逃行》：

采取神药若木端，玉兔长跪捣药虾蟆丸。

又《太平御览》卷4引晋·傅玄《拟天问》：

月中何有？白兔捣药。

这里面所透露的信息则是一种巫术信仰，其所模拟的蛤蟆丸无疑应具有与蛙同样的生殖力期待，是促进生殖的灵药。这些都表明月兔之象征意义是与蟾蜍有着异曲同工之妙的。

最后我们要提到的就是月中的桂树。《太平御览》卷957引《淮南子》"月中有桂树"，则知月中桂树的出现至迟当在西汉之时。那么桂树又有什么"美德"可以生长在月亮上呢？《说文解字》："桂，……百药之长。"在古代的药书中，大抵列桂为上品药。《本草纲目》卷34引《本经》云："主治百病，养精神，和颜色，为诸药先聘通使，久服轻身不老，面生光华，媚好常如童子。"③《埤雅》云："桂犹圭也，久服通神。"桂的这种药用性质在方士家那里，得到了广泛的渲染而具有了更为神奇的功能。《艺文类聚》卷89引《列仙传》："范蠡好食桂，饮水卖药，人世世见之。"又引东晋王嘉《拾遗记》："暗河之北，有紫桂成林，群仙饵焉。韩终《采药》诗曰：'暗河之桂，实大如粟④，得而食之，后天而老。'"东晋干宝《搜神记》卷1也记载说："彭祖者，殷时大夫也，姓钱名铿，帝颛顼之孙，陆终氏之中子。历夏而至商末，号七百岁，常食桂芝。"⑤是知桂树乃是不死仙药的一个重要品种。因此其能托身于月，也正

① ［德］汉斯·比德曼著，刘玉红等译：《世界文化象征辞典》"兔子"条。
② 《论衡·命义》。《淮南子·说山训》曰："孕妇见兔而子缺唇。"
③ 李时珍：《本草纲目》卷34"菌桂"条，人民卫生出版社1982年版。
④ 按：传本《拾遗记》"粟"作"枣"，于义为长。参齐治平校注本《拾遗记》卷1"颛顼"条，中华书局1981年版。
⑤ 干宝：《搜神记》，中华书局1979年版。

与月亮的"死则又育"之功能相一致了。

至于不死药中为什么只选中了桂树而不是其他的如松树、灵芝等等,大致是因为桂树所具有的特点与月亮有着某种外在的相似性。《广群芳谱》卷40引明代王象晋《群芳谱》云:"(岩桂)俗呼为木犀,其花有白者名银桂,黄者名金桂,红者名丹桂。有秋花者、春花者、四季花者、逐月花者。"又引宋代朱松《月桂花》诗云:"窗前小桂丛,著花无旷月。月行晦朔周,一再开复歇。……"明代李东阳《月桂》诗云:"一月一花开,花开应时节。"这种月月开花的桂古人或称为真桂,《闽部疏》云:"福南四郡桂皆四季花,而反盛于冬,凡桂四季者有子,唐诗所云'桂子月中落',此真桂也。江南桂八九月盛开,无子,此木犀也。"①尹荣方先生认为:"真桂是月月开花或四季开花的,早期与月亮发生关系的当是这种真桂而不是八九月开花的那种桂。这种真桂何以竟会出现在月中,最合理的解释就是真桂中的一种——月桂,因其逐月开花的特点,被附会到月宫。"②唐代段成式《酉阳杂俎·天咫》云:

> 旧言月中有桂,有蟾蜍,故异书言,月桂高五百丈,下有一人,常斫之,树创随合。人姓吴,名刚,西河人,学仙有过,谪令伐树。③

这里面的吴刚伐桂,其意义也十分明确:桂树屡伐屡复,则显然是不死的象征,而修仙的吴刚则是个体修仙之英雄,他要取此月桂以使人不老。惜其未能成功,故此人类仍然徘徊在生死场中不能自拔。另外,从这则神话故事中我们还可以看出,月亮神话的不死象征已经发生了由此前人们追求通过母神繁衍的种族不死向追求个体不死的转变。而吴刚之名,自非真有其人,乃名物之象征化的产物,一是"吴钩似月",一是由嫦娥变蛤蟆食月的传说而倒其语"娥姮"并转语作"吴刚"。它不是一个实有的人,只是人类对个体不死之追求的一个原型象征。

最后,我们还可以提一下与月神象征系统相关的一个问题,那就是月老的传说,月老最早见于唐代李复言的《续玄怪录·订婚店》,内中提及月老带着婚书和装红绳子的大口袋,他在婚书上查找应该合婚的人,然后在他们初生的时候就用红绳子系上夫妻的脚,"虽仇敌之家,贵贱悬隔,天涯从宦,吴

---

① 汪灏等著:《广群芳谱》卷40引,上海书店1985年影印版。按:前《群芳谱》已言木犀有四季花和逐月花者,则《闽部疏》所谓的木犀乃特指只在八九月开花且不结子的木犀,而不是广义的木犀了。

② 尹荣方:《"月中桂"与"吴刚伐桂"》,《文史知识》1993年第6期。

③ 段成式:《酉阳杂俎》卷1,中华书局1981年版。

楚异乡,此绳一系,终不可逭"①。这似乎也是一个与生育有关的永恒祝愿,其与月亮神话的象征意义是比较合拍的,所以月老才能成为中国影响最大的司婚姻之神。

三、日月和合的象征原型

近年来,我国出土了许多汉代的祠墓画像,其中屡有人首蛇躯的伏羲、女娲交尾之图,陆思贤先生在《神话考古》一书中综述说:

> 目前所见汉墓画像石上的伏羲、女娲交尾像(还有不交尾的),一般的有两种形式:一种是伏羲、女娲分别手捧太阳与月亮,意为伏羲是太阳神,是阳精;女娲是月亮神,是阴精,取义阳光雨露滋育着万物生长。还一种是伏羲、女娲分别手执规矩,意为伏羲执规画圆以象征天,女娲执矩画方以象征地,取义于伏羲、女娲是天地宇宙之主。②

今按:伏羲的语源象征义当是人类的始祖神③,而女娲的象征义也是人类的始祖神④,当然二者在初始时是存在父系与母系之别的,也就是说,女娲神当早于伏羲神。由此我们虽可以认同于陆先生对伏羲、女娲象征日月及天地的说法,但却不能认同其对此象征原型的判断。由伏羲、女娲交尾的情

---

① 李复言:《续玄怪录》卷4,上海古籍出版社1985年版。

② 陆思贤:《神话考古》,文物出版社1995年版,第281页。

③ 《世本·帝系篇》:"太昊伏羲氏。"太昊又作太暤,伏羲又作伏牺、伏戏、宓牺、庖羲、庖牺、炮牺等。《山海经·海内东经》:"大迹出雷泽,华胥履之,生伏牺。"而据唐司马贞《史记·补三皇本纪》云其形为"蛇身人首,有圣德。"又《山海经·海内经》:"南海之内,黑水青水之间,有木,名曰建木。太暤爰过,黄帝所为。"则伏羲乃是一能通天地的先王。但追究其命名的理据,作为三皇之首的伏羲,似乎又与五帝有所不同。据何新先生考订,此伏羲之命名理据当本是溥曦,即伟大的太阳,(参何新《诸神的起源》,三联书店1986年版,第20页)又据伏羲之"官名"太昊和后来的《礼记·月令》及《淮南子·时则训》载,太昊乃东方天帝,可知伏羲之本义当是与太阳有关的神位。而从印度古代经典《五十奥义书》所说的"光便是生殖力"以及汉纬书《通卦验》"太皇之先与耀合元"(谓人类的始祖与光是同源的)可知,与女娲一样,伏羲之象征神位正是人类的始祖神。他是男性的,因为在生殖崇拜中光是男性的象征。

④ 《楚辞·天问》:"女娲有体,孰匠制之。"王逸注:"传言女娲人头蛇身,一日七十化。"结合生殖崇拜和语源推测,我们认为,娲的本意乃取象于"蜗"。而作为蜗的形态特征来讲,则与女性的性征有着非常类似之处;而娲的语源义则取象于"蛙",一个生殖崇拜中能产女性的象征。也就是说,娲的取象本身就是从生殖崇拜之象征的角度来认定的一个女性始祖神。故传说天地开辟之初,女娲抟黄土始造人类。也就是说,在中国的神话传说史上,女娲是作为人类的始祖女神来定位的。

形,让我们不得不与作为中国民间传说的洪水神话之孑遗的伏羲、女娲兄妹婚配的故事联系起来,这当有助于我们解释伏羲、女娲交尾的象征原型。

据传统文献所载,中国之洪水时代有三,一为女娲补天之时,"水浩洋而不息"(《淮南子·览冥训》);一为"共工振滔洪水以薄空桑"(《淮南子·本经训》);一为《尚书·尧典》所载的"汤汤洪水方割,荡荡怀山襄陵,浩浩滔天"。然此三说皆非具有世界意义的洪水神话。梁启超先生考述说:

> 古代洪水,非我国之偏灾,而世界之公患也。其最著者为犹太人之洪水神话,见基督教所传《旧约全书》之《创世纪》中。其大指谓人类罪恶贯盈,上帝震怒,降水以溺灭之。惟挪亚夫妇,为帝所眷,予筏使浮。历百五十日,水退得活,是为开辟后第二次人类之初祖。此神话为欧美宗教家所信仰,迄今未替。而印度古典,亦言洪水,谓劫余孑遗者,惟摩奴一人。希腊古史,则言有两度洪水,其前度为阿齐基亚洪水,起原甚古,且其历时甚久云。其次度曰托迦瑞安洪水,则时短而祸烈,其原因亦由人类罪恶所致。得免者惟一男子托迦瑞安,一女子比尔拉,实由电神婆罗米特教之造船,乘船九日,得栖泊于巴诺梭山,后此二人遂为夫妇,为希腊人之祖云。北欧日耳曼神话,亦言洪水,谓有巨人伊弥尔,得罪于大神布尔。布尔杀之,所流血为洪水,尽淹覆其族姓,独卑尔克弥尔夫妇获免云。其他中亚美利加及南太平洋群岛,其口碑咸有洪水。而太平洋岛夷,则言水患历四十日云。(惟埃及、波斯、巴比伦古传记不见有洪水之迹)此诸地者,散在五洲,血统不同,交通无路,而异喙同声,战栗斯祸,其为全地球共罹之灾劫,殆无可疑。(欧人犹有以为传说同出《创世纪》,各地互相袭者。果尔,则所传发水之原因、历时之久暂、劫后之人名等皆当同一,而今不尔,可见其神话实各自发生,而水祸确有其事,非宗教家虚构也。)[1]

关于洪水故事起于一元说,"自英人赫胥黎(T. H. Huxley)氏发表'洪水泛滥全球之说,与地质学说冲突,只能认为是一种寓言'之说以后,多数学者,均已不复置信。据英人傅雷泽(Sir J. G. Frazer)氏研究的结论,说世界各族的洪水故事,除希伯来的是源于巴比伦,北美多数部族的是源于阿尔共琴(Algonquin),以及南美奥利诺哥(Orinoco)的是与坡里尼西亚(Polynesia)同

---

① 《饮冰室合集》册 8 专集卷 43《太古及三代载记》附《洪水考》,中华书局 1989 年影印版,第 19—20 页。

源外,其余一小部分是关于解释自然现象,并无事实背景的纯粹神话,而大多数都是关于荒古民族遭遇实际洪水的半神话的传说。"①洪水神话之最早见于中国文献者,盖为唐代李冗《独异志》卷下:

> 昔宇宙初开之时,只有女娲兄妹二人在昆仑山②,而天下未有人民。议以为夫妻,又自羞耻。兄即与妹上昆仑山,咒曰:"天若遣我兄妹二人为夫妻,而烟悉合,若不,使烟散。"于烟即合,其妹即来就兄。③

这里没有提到洪水事,但这一缺失在被称为中国社会历史之"活化石"的民俗材料中则得到了补足,如生苗人祖的神话云:

> 古时曾经有一次洪水泛滥,世上人类全被淹死,只有两个兄妹躲免过。后来洪水退却,这对兄妹不得已结为夫妻,他们生了一个瓜形儿子,气极把这瓜儿用刀切成碎块,撒在四处,这些碎块即变成各种人了。④

则《独异志》所谓的天下未有人民,当是指"洪水浩劫"之后而言的。芮逸夫先生在考察了多种苗族的人祖起源神话传说并与传统文献记载的伏羲女娲的传说加以比较后说:"我们考察苗族洪水故事中的兄妹二人与伏羲女娲的传说,可得两条结论:(一)伏羲与兄名很相似,女娲与妹名很相似。(二)关于伏羲女娲的传说,也有很多是与兄妹二人的情节相似。"⑤也就是说,在苗族洪水神话中,有径称兄妹为伏羲女娲的,其不称者所说的"兄""妹"之音或名也与伏羲女娲在语音上甚为接近。又据张振犁先生研究,从天山脚下、东北冰缘地带,到海南岛;从青藏、云贵高原到川康等广大少数民

---

① 芮逸夫:《苗族得洪水故事与伏羲女娲得传说》,马昌仪编《中国神话学文论选粹》,中国广播电视出版社 1994 年版。

② 梁玉绳:《汉书人表考》卷 2 云:"案《三坟》以女娲为伏羲后(作者按:指皇后),(唐)卢仝《与马异结交诗》以为伏羲妇,《路史》本《风俗通》以为伏羲妹,《通志》引《春秋世谱》云:'华胥生男子为伏羲,女子为女娲。'"丛书集成本。则《独异志》所谓的女娲兄妹当即指伏羲、女娲而言。

③ 李冗:《独异志》,台北新兴书局有限公司 1986 年《笔记小说大观》三编第 2 册,第1223 页。

④ 陈国钧:《生苗的人祖神话》,马昌仪编《中国神话学文论选粹》,中国广播电视出版社 1994 年版。

⑤ 芮逸夫:《苗族的洪水故事与伏羲女娲的传说》,马昌仪编《中国神话学文论选粹》,中国广播电视出版社 1994 年版。

族的居住地区,就有二十八个民族流传有远古洪水神话①。并且,八十年代以后,洪水神话也在中原地区的民俗调查中获得了突破性的成果,张先生对此总括说:

中原洪水神话中关于"遗民"的说法,头绪繁多。最流行的有以下数种:首先,是南阳地区盘古山的"盘古兄妹"。妹妹是玉皇大帝的三女儿(一说盘古和盘古女是天宫玉帝的金童、玉女)。她来人间后,与盘古先结为兄妹,后结为夫妻。其次,是在周口淮阳、西华等地广为流传的伏羲、女娲。二人本为兄妹,后结为夫妇。总的看,这类神话的主体结构基本定型。第三,是沈丘地区的洪水神话,虽然主人公也是伏羲、女娲,却与黄帝直接连接为一个完整的世系。故事发生的地点,就在黄河岸的山洞附近。第四,主人公叫胡玉人和胡玉姐。同时,还出现了佛祖和玉帝、女娲神格易位的问题。此外,在河南其他各地的大量洪水故事的主人公("遗民")的说法有:"盘古姐弟""盘古兄妹""伏羲兄妹""伏羲姐弟""女娲姐弟""人祖姐弟""人祖兄妹""姐弟俩""兄妹俩""人祖爷和人祖奶"和"亚当和夏娃"等等。一句话,洪水神话的主人公就是一对血缘青年男女,在浩劫之后,人烟灭绝的情况下,结为夫妇,承担起再生和繁衍人类的重任。②

因此可以说,具有世界意义的洪水神话同样也是中华民族演化过程中的一个心理认同阶段。我们的目的不是去考证这次洪水神话的史实,而是要考证这次洪水神话对人类的心灵所造成的冲击和由此而产生的心理结构定势。一般认为这次洪水神话发生在距今约一万年左右,此可以看作是在动物崇拜期之后出现的现象。为什么会出现这种实际上不可能的传说?也许从神话学的象征性角度去理解,就显得合理了,那就是这一传说实际上代表了超越感生的图腾血亲崇拜之后,人类对两性繁殖有所认知和肯定的晚期智人(新石器时代)的出现,而"水是对无意识的最普通的象征"③,只有从"无意识之水"中走出的人才是今天意义上的人——智人。至于兄妹婚,则当是最早的血缘婚的遗留性记忆。在汉画像石中二人手中所执之日月,则是新人的新追求之象征,把日月的象征系统代入这里,我们就可以得出这

---

① 张振犁:《中原古典神话流变论考》,上海文艺出版社1991年版,第66页。
② 张振犁:《中原古典神话流变论考》,上海文艺出版社1991年版,第70—71页。
③ 荣格:《集体无意识的原型》,载《荣格文集》,改革出版社1997年版,第56页。

"文化新人"的原型象征是对于永恒的进取。或以天地来代替日月,其义当为以天代表进取而与男性父神合一,以地代表永恒而与女性母神合一,合二父母祖神而生人类,则此人类便不再是来自混沌或来自女娲绳绠上的泥巴人了,也不再是单纯的伏羲、女娲二先祖所生的新人,而是具有了一定内涵的文化新人。这新人的文化性就显示在日月象征的协调上,即对永恒的进取,或对永恒与进取双重向往的协调,欲取其协调的轨迹而行之,其于学术上的同构模式正可吻合于先秦儒家的太极文化,一个从阴阳和合(阴静阳动)的原型中扩充开去的文化模式。

(原载《浙江大学学报》2003 年第 3 期)

中国传统奇数重叠节日原型考

古希腊学者毕达哥拉斯曾指出：每一种存在形式都可以用数字来表达，这些数字可以说是隐藏在浩瀚宇宙中等待我们去发现的"神的原型"①。节日正是先民们为自己的生命节序所设定的"过渡点"②，在这些神秘的节序里，人们通过重演生命的化生过程和沟通天人的关系，以明了自己在宇宙中的位置，从而平衡自己的生命节律。然而，中国的节日在先秦由于以直觉认知为主和以干支记历的影响，导致其时日的界定不很稳定。这一局面的改善是在汉魏到唐宋之间完成的③，究其因缘，盖当媒蘖于汉世今文经学象数宇宙论的广泛影响④。由此一来，节日的时日序点终于得到了具体的数字确定。在这个过程中，由于象征的抽象化，却也导致了众多节日意义的失落和节日仪式的混淆⑤。要重新发掘这些意义，就必须在原型回归的认同中来探讨数理节序的宇宙意识，并以此统摄那些纷纭多彩的节日仪式，所谓"备天

---

① ［德］汉斯·比德曼：《世界文化象征辞典》，刘玉红等译，漓江出版社 2000 年版，第 327 页。

② 金泽于《宗教禁忌》中指出："神圣的时间是时间序列中各种不同的关节点，它们虽然有不同的划分角度，如以月亮运行确定的朔、晦、望；以太阳运行确定的年、春分、夏至、秋分、冬至；还有以气候来划分的'节气'等。但只要这些时间关节点按照其固有的顺序前后相继，就表明自然秩序的神圣性没有受到任何侵害。越是重要的时间关节点禁忌越多，其功能之一就是要强化自觉遵循神圣秩序的意识。"社会科学文献出版社 1998 年版，第 161 页。

③ ［日］池田温：《中国古代重数节日的形成》一文认为：重数节日体系的形成时期，"正值汉帝国崩溃、三国分立的时代"。载池田温，《唐研究论文选集》，中国社会科学出版社 1999 年版，第 381 页。其实凝附于此体系的另外节日范式的定型，也是在这一时期。

④ 此虽肇始于先秦之《易》学及"礼必本于太一"（《礼记·礼运》）之思想，然其对社会的广泛影响则当完成于今文经学的推波助澜。此又可参杨希枚：《中国古代的神秘数字论稿》，载杨希枚《先秦文化史论集》，中国社会科学出版社 1995 年版。

⑤ 因此，历代学人论之虽伙，然或渲染其仪节，或追溯其传说，或以点带面而不顾其余地阐释其心理根源，故多不得要领。

数以参事治"①。故本文拟略其仪节,而直接追溯其作为信仰层面的心理模式,通过系统的原型还原,构拟出奇数重叠节日中的内在组织图式,希望能对纷啧难断的节日文化提供一个一以贯之的理解范式。

基于《易》传天奇地偶、天阳地阴之宇宙观而形成的数理宇宙论,天数生成序列的展开范式当以三国时徐整《三五历记》的表述最为明晰:"数起于一,立于三,成于五,盛于七,处于九。"②如果我们联系到至今仍然盛行不衰的几个重要节日——正月元日、三月三、五月五、七月七、九月九,其间所寄予的人们对自我生命化生过程的心理追忆和重温,就不能不让我们感到震撼和倾心。

一、正月元日

正月元日是先秦就有的一个叫法,《尚书·尧典》即有"月正元日"之说③,秦汉六朝之际,在沿用此称呼的同时又有正月旦、岁旦、正旦、元旦、新年等叫法,唐宋以后沿用之。直到清代,作为新年意义的春节一词才得到应用,民国以后由于政府的推行而得到普及④。《简明不列颠百科全书》在"新年"条中说:

> 庆祝新年是古老而普遍的传统,庆祝活动中往往包括斋戒、涤罪、振奋以及迎新送旧等仪式。复始更新是新年节日的本质,借创世周年纪念之机,重温创世的故事,祝福神灵,振兴宇宙,鼓舞人群,这种含义在世界各民族的习俗中都可发现,仅有较明显或较隐晦之区别而已。⑤

新年礼仪作为创世神话的重演,是说新一年的开始必须象征性地依照

① 董仲舒:《春秋繁露·官制象天》,上海古籍出版社1989年版,第45页。
② 欧阳询:《艺文类聚》卷1引,上海古籍出版社1982年版,第2—3页。此是这一范式的最为明晰的表达。另有如《史记》(中华书局1982年版)卷25〈律书第三〉之"数始于一,终于十,成于三";《素问注释汇粹》(人民卫生出版社1982)卷6〈三部九候论〉"天地之至数,始于一,终于九焉。一者天,二者地,三者人,因而三之,三三者九,以应九野",等等。而"终于九""终于十"之论,则与其所立言之角度有关,从物极必反言,九为万物发展之终,但又为转化之始,而十则为转化之终。
③ 《舜典》一篇是《伪古文尚书》编造者分《尧典》下半部分而成的,今据孙星衍《尚书今古文注疏》仍作《尧典》。后引经书皆据阮元刻《十三经注疏》,中华书局1980年版,不再一一注出。
④ 参杨琳《中国传统节日文化》之"春节名称的历史演变",宗教文化出版社2000年版。
⑤ 参《简明不列颠百科全书》新年条考述,中国大百科全书出版社1986年版。

创世神话所规定的宇宙时空的发生秩序来展开,而旧一年的终结则被看作是世界重返创世前的混沌状态①。叶舒宪先生在清理中国的"人日"习俗时说:"从正月初一到初七的春节礼俗正是泰纳谢(罗马尼亚哲学家)等学者所说的对年年创世的神话的一种综合性的表演。"②所谓"一元复始,万象更新",这是一种生命化生过程的涅槃式重演,它正是生命通过对宇宙本体的感通来激活其内孕的生机。那么为什么要七日才"为(制造)人"呢?这是因为人是万物之灵,得"五行之秀气"(《礼记·礼运》)。《说文解字》也综论说:"人,天地之性最贵者也。"所以要在万物化生(以五行为标志)之后才能化生完毕。而化生所需的时间要以圣数"七"为周期,即《周易·复》所说的"反复其道,七日来复,天行也",唐代孔颖达疏证说:"天之阳气灭绝之后,不过七日阳气复生,此乃天之自然之理,故曰天行。"③而从阴代表死亡、阳代表化生的意义上说,春节的创世重温可以在七天即以人的出现为标志而告结束。如果愿意延伸,则可以推到阳数之极即九日告结束,但似乎一般人并不愿意把勃勃的生机推到极限而去感受那种前路未卜的渺茫,所以多以七日来暂告终结。在七日中,要遵循数立于三、成于五之理,而在此二日加意小心,如三日前不劳作、不于破五日外出等。与此相伴,由于生命的化生需要"七日来复",所以在创世前的七天里也就是化生来复的准备期,虽然最先化生的不一定是人,但生命化生的准备时间却必须受到重视,这就是春节前的准备期。这个准备期的开始时间有两种说法:腊月二十三或二十四(此又称作小年)④。为什么会有这种差异呢?如果我们从腊月的大小来看,就可以明白这一点了,因为腊月大是以三十为除夕,而小则以二十九日为除夕,因此同

① 叶舒宪:《中国神话哲学》,中国社会科学出版社 1992 年版,第 245—247 页。

② 叶舒宪:《中国神话哲学》,第 251 页。又唐李百药《北齐书》卷 37《魏收传》载:魏帝宴百僚,问何故名"人日",魏收对曰:"晋议郎董勋《答问礼俗》云'正月一日为鸡,二日为狗,三日为猪,四日为羊,五日为牛,六日为马,七日为人'。"中华书局 1972 年版,第 485—486 页。

③ 关于圣数"七"的神秘象征意义的探讨可参[德]卡西尔:《神话思维》(黄龙保等译,中国社会科学出版社 1992 年版)之"神话的数和圣数体系";叶舒宪《中国神话哲学》之"混沌七窍"章。

④ 韩振宇《中国古代的重要节日》说:"祭灶的时间在历史上并不固定,宋代以后才基本上集中于腊月廿三、廿四日。"载阴法鲁、许树安主编《中国古代文化史》第 3 册,北京大学出版社 1991 年版,第 501 页。

样的"七日来复",月大则可以二十四为起点,而月小则必以二十三为起点①。起点之日百神归天(重返混沌),对于家庭的"五祀"来说,通天的主要神灵就是能因烟而升天的灶神了②,因此在除夕前七日的准备时就要祭灶,其后要由泛本体的接触而具象到个体的落实,于是在除夕当日要挂家谱、设祖宗牌位,甚至亲临墓祭,以激活个体心灵的生命力。灶神的返回日当然在元旦,只不过元旦是以子时(半夜十一点到第二天凌晨一点)为起点的,因此人们在子时迎灶神、财神等等。而为了完成这个旧新的创世转换,人们要助成生命的"来复",因此而尚红(像生命之血色)、挂桃符(驱阻邪祟)等以助之,又贴门神、放鞭炮等等以保护之,吃饺子(取交合子时之意)、年糕以接续之,饮屠苏酒(曾浸井水而通地气)以补益之,并实行多种禁忌而小心翼翼地度过这一时段。

二、三月三

作为对生命创生重温的圣数认同,春节前后的设定还只是一个小的周期,而在一年之内的展开则是一个大循环。

以三月三为上巳节是魏以后设定的时日。《宋书》卷15《礼志二》:"自魏以后但用三日,不以巳也。"③也就是说,三月三的前身是上巳节。然上巳之名又只见于汉初以后的文献,先秦只称之为暮春祓浴(用草药等沐浴)、浴沂(在沂水洗浴)等而已④。《韩诗》在解释《诗经·郑风·溱洧》时说:"三月桃花水下之时,郑国之俗,三月上巳,于溱、洧两水上,执兰招魂续魄,被除不祥

---

① 由此看来,基督教国家的圣诞节(Christmas, 12月25日)——新年(New Year, 1月1日)——显灵节(Epiphany, 1月6日),也遵循这一"二七"化生模式,其节期(Christmas Tide)亦为两个七天。且追索其仪式细节,如圣诞老人从烟囱进入家庭,与中国的祭灶神有着通道上的默契;其圣诞树所重温的世界中心树,与中国春节之家谱或牌位又有着通灵上的一致性,等等。

② 先秦的早期,于"五祀"神中当以"中霤"为最要,因其时房屋的构造为三角架形,其屋顶中央开孔以通烟气,后因房屋结构的改变,不再于屋顶中央开孔,而别置烟囱以通烟、窗以通气,则中霤通天之功即无,其存在之价值也就消失了,于是于"五祀"中增"承霤",而以能通天的灶神为其首。

③ 沈约:《宋书》,中华书局1974年版,第386页。

④ 参《周礼·春官·女巫》"女巫掌岁时祓除衅浴"郑玄注,第816页;《论语·先进》"浴乎沂",第2500页。

也。"①如果联系人生礼俗中的仪节,我们认为这就是在圣数"立于三"时的求子招魂仪式,只有经过这种仪式,人们才会有强大的生殖能力。在此意义下我们再来看有关这一节日的仪式,就可以一以贯之了。

衅浴本身是求育巫术的一种仪式②。《晋书》卷 22《乐志上》说:"三月之管名为姑洗,姑洗者:姑,枯也;洗,濯也,谓物生新洁,洗除其枯,改柯易叶也。"③这其实就是老子所说的"三生万物"的准备期,让每一个人都充满了创生的动力。在洗浴的同时还要"临水浮卵",就是将煮熟的鸡蛋放在水上漂,谁能拾到就谁吃。后来便多有用枣及装酒的杯子来代替,然其初始的含义是相同的,即与至今民间妇女生育时吃蛋以及婚俗中用枣、栗子来象征"早立子"同。另外,这洗浴的水要选择五行中具有生命化生意义的东方(相对于居住地来说)的河流④。王羲之《兰亭集序》所谓的"修禊(洁的意思)事",就是指通过此日的水洗而得到洁净并通过流觞之饮而孕育创生的动力。上巳节之巳的古文为像"子"之形,《玉篇·巳部》说:"巳,嗣也。"就是说,"上巳"的取意正在于子嗣。如此一来,我们也可以明白《周礼·媒氏》所说的"中春之月,令会男女,于是时也,奔者不禁。若无故不用令者,罚之"。中春为二月,盖即提前数日号召男女于上巳日相约会也,它的意义理解也同样让我们能够明白《诗经》桑间濮上郑卫之音等求育巫术的意义。这种希望能有所建立("立于三")的企求生殖力的活动也许更应该称为"青竹梅马""两小无猜"的"情爱节"。

三、五月五

从宇宙化生的角度来理解圣数"五"的问题,也许最能让我们产生联想的就是作为宇宙化生之根本元素的"五行"(金、木、水、火、土),宇宙从无到有,在阴阳动而促进太极转化的阶段,还只是产生更为根本的"气",在气的进一步转化的基础上才会产生作为万物生成之根本元素的"五行",这就是我们传统的太极宇宙生成观⑤。而五行的进一步化生就是五行要相互交融

---

① 徐坚、张锐、韦述:《初学记》卷 4 引,中华书局 1962 年版,第 68—69 页。

② 宋兆麟:《中国生育信仰》,上海文艺出版社 1999 年版,第 147—152 页。

③ 房玄龄:《晋书》,中华书局 1974 年版,第 679 页。

④ 范晔:《后汉书·礼仪志第四》:"三月上巳,官民皆絜于东流水上,曰洗濯祓除去宿垢疢为大絜。絜者,言阳气布畅万物讫出始絜之矣。"中华书局 1982 年版,第 3110—3111 页。

⑤ 此可参周敦颐《太极图说》的论述,《周敦颐集》,中华书局 1990 年版。

才能做到。如果结合生命的化生过程来考虑,我们似乎可以把它对应于"男女构精,万物化生"(《周易·系辞下》)的节点,而这一节日的命名和仪式等正可证明这种生命"构精"意义的重温原型。

五月五日作为节日的出现大概在东汉时期①。《说文解字·五部》:"五,五行也,从二,阴阳在天地间交午也。"五字在甲骨文和金文中的写法正是像从二中间有一相交之"×",清代段玉裁注释说:"水火木金土相克相生,阴阳交午也。"他在注释《说文解字》对"午"字的解释时又说:"午者,阴阳交。"就是说"五"的本义和"午"的引申义都是阴阳交合的意思。那么选择这样一个日子作为节日,人们在其中所赋予的禁忌和祈愿又是如何呢?这就是"恶日"禁忌和"宗子"祈愿。

作为天地阴阳(于具象层面说是五行)交合化生万物的象征日,其中的禁忌自然当与此相关。首先就是不宜生人,此时生的人很难称为得"五行之秀"者,因为时候未到。《礼记·月令》就说,这时要"斋戒""止声色"等,以度过这一节点;《荆楚岁时记》又称此日为"浴兰节",而兰草正有"杀蛊毒,辟不祥"的功能,后世用艾草、雄黄甚至五黄、五端等代之②,其用意相同;或更权变为在门上悬挂艾草(象征虎爪)、菖蒲(象征钟馗剑)以辟邪驱鬼;龙舟竞渡之设在此日也正因为它的原型是用来"禳疫"的"送瘟船";至于唐宋以来相互赠送扇子的习俗也可以看作是"辟瘟""辟邪"的"礼以义起"③。

然辟邪只是一个手段,其目的却是为了祈求"宗子"——传宗接代。唐玄宗《端午三殿宴群臣探得神字》诗云:"五月符天数,五音调夏钧。旧来传五日,无事不称神。穴枕通灵气,长丝续命人。四时花竟巧,九子粽争新。"④粽子盖出现在魏晋时期⑤,最初写作"糉",其右旁的本义是"敛足",即裹脚,合米旁表示一种把米包裹起来的食物,这个意义只是表明了粽子的做法,而不能代表其象征意义,于是又产生了"粽"这个俗字。而从汉语"右文说"的道理推知,粽的构形义就应该是与传"宗"有关的食物,也就是说,吃粽子的

① 参杨琳:《中国传统节日文化》辑引东汉应劭《风俗通》诸文,宗教文化出版社 2000 年版,第 245—246 页。

② 五黄的具体所指并不太固定,一般来说,多用雄黄、黄鳝、黄鱼、黄瓜、蛋黄等当之;五端之说则多以松、艾、菖蒲、柳、蒜当之。

③ 端午的辟邪意义可参杨琳:《中国传统节日文化》之"端午节"考证。

④ 彭定求、杨中纳、沈三曾:《全唐诗》卷 3,中华书局 1960 年版,第 28 页。

⑤ 《太平御览》卷 851 引晋周处《风土记》云:"俗以菰叶裹黍米,以淳浓灰汁煮之令烂熟,于五月五日及夏至啖之。一名糉,一名角黍。"中华书局 1960 年版,第 3804 页。

目的是祈求传宗接代。至唐宋时，粽子已成为市肆小吃，且品味多样，粽馅各异。大体说来，南方多用花生、红枣、咸肉，而北方多用枣、栗子及果脯，其中花生、枣及栗子的象征意义正与婚俗中企求生育（化生）的"枣栗子"（"早立子"的谐音）同。并且，根据南朝梁吴均《续齐谐记》载，缠粽子所用的线是"五采丝"①。同时，也有用五色丝来系手足的，或以为这是用来辟邪，其实不然，因为它的别名又叫"长命缕""续命缕""合欢结"等②，并且所系的对象均为儿童，其目的是祝愿孩子能健康地长大以完成"传宗接代"的使命，玄宗诗中的"长丝续命人""九子粽争新"皆蕴涵了这种意义。另外，在端午习俗中又有吃鸡蛋的风俗，这与生育的关系也是不言而喻的。最后，我们再来看一下"五毒"。明代刘若愚《酌中志略》说此日"宫眷内臣穿五毒艾虎补子"③，然直至《清嘉录》所载，五毒多言其四，其实参考民俗之五毒说，可知其所缺的是"蟾蜍"，而蟾蜍与蛙在生殖崇拜中的意义是能生育的"母亲"的象征，至于另外四毒，则是男性的象征④。又推考"毒"字的古本义为生育，则五毒符的意义实当为"生育符"之意⑤。因此说，端午节的本义实当为天地交合之时，人们祈求能够借机"男女构精，化生万物"以有所成的"成人节"。

四、七月七

到了重演宇宙创生人类的大循环圣数"七"的重叠之日，其意义也就自然是与人的创生有关了，这从其节日的习俗与仪式中可以看出。

七月七日作为一个节日最早盖出现于东汉。在当时及六朝间的主要习俗有晒衣物、用瓜叶美容、用守宫（一种蜥蜴）验贞洁等，后二者是与生殖有关的巫术习俗⑥。至于晒太阳，如果我们知道了阳光在生殖崇拜中的象征意义，就会明白为什么这一习俗一直能延续到明清时代。按汉纬书《通卦验》

---

① 欧阳询：《艺文类聚》卷4引，上海古籍出版社1982年版，第74页。

② 蒋廷锡：《古今图书集成·历象汇编·岁功典》卷51，中华书局、巴蜀书社1985年版，第2234—2235页。

③ 同上，第2240页。

④ 参赵国华：《生殖崇拜文化论》之"中国原始社会的女性生殖器崇拜"和"中国原始社会的男性生殖器崇拜"二节，中国社会科学出版社1990年版。

⑤ 参李辛儒：《民俗美术与儒学文化》之"'五毒'——具象符号的奥妙组合"一节，中央民族出版社1992年版。

⑥ 参杨琳：《中国传统节日文化》之"七夕节"考订，宗教文化出版社2000年版。

云："太皇之先与耀合元。"①是说人类的始祖与光同源，也许因此我们可以推知其晒太阳的意义当是让那代表祖先的光得以注入自己的生命体内。此外，七月七又有祈求子嗣的习俗，至唐宋之际，则多用一种婴儿偶像——化生儿，又称之为摩睺罗（也作磨喝乐、魔合罗、暮和乐等），或浮于水中为戏，以"为妇人生子之祥"；或携带贮藏，要皆于七月七买之。另外，据葛洪《西京杂记》卷1记载："汉彩女常以七月七日穿七孔针于开襟楼，俱以习之。"②而穿针的象征意义是"与生殖有关的祈祷仪式"，针象征女性而线象征男性，针线的结合正象征男女的结合生子③。魏晋以后，牛郎织女天河相见的传说渗入到七月七习俗中，于是就出现了妇女们七夕对着织女星穿针乞巧的仪式。南朝梁宗懔《荆楚岁时记》云：

> 七月七日为牵牛织女聚会之夜。是夕，人家妇女结彩缕穿七孔针，或以金银鍮石为针，陈几筵酒脯瓜果于庭中以乞巧，有蟢子网于瓜上则以为符应。④

其以"蟢子"（"蟢"当为"喜"之孳乳字）为符应，正说明了乞巧的目的；而瓜果则取其像怀孕之形。并且在这个仪式中，还有一个重要的传说细节，那就是"鹊桥"，从民俗以桥象征交合的情况看来，这里所谓的牛郎织女七夕相见正是男女七夕交合的象征⑤。也就是说，因为七夕织女能够见到牛郎，这里面可能有神秘的技巧值得妇女们学习，因此而"乞"之。杨琳先生在对"乞巧"的生殖意蕴加以考证后说："所谓'乞巧'只是后世的一种掩饰性的说法，其本意是乞子。这跟七夕节的宗旨是相符的。"⑥晋北地区习惯将小麦及各种豆类用水浸泡，促其生芽，于七夕节日用彩线缠芽，称之为"种生"，也正渗透着这一文化内涵。后世也多隐晦地说七夕是"女儿节"，并且以此日结婚、生子为吉祥。因此，可以称此日为"婚姻节"。

① 《纬书集成》，上海古籍出版社1994年版，第726页。按原文作"太皇之先与耀含元精"，注述《文选》注及《玉海》等引文皆作"合元"或"合干"等。前者不通，而后者较可取。

② 葛洪：《西京杂记》，中华书局1985年版，第3页。

③ 参杨琳：《中国传统节日文化》之"七夕节"所论，宗教文化出版社2000年版。

④ 宗懔：《荆楚岁时记》，台北商务印书馆1983年影印文渊阁《四库全书》本，第24页。

⑤ 张清常：《汉语的时间词"礼拜""星期"》云："星期就是男女成婚，结为夫妇。"载《中国语文》1993年第6期。此论契于牛女二星之期会，亦为有得之论。

⑥ 参杨琳：《中国传统节日文化》，宗教文化出版社2000年版，第298页。

五、九月九

重阳之俗盖形成于东汉。[1] 东汉许慎《说文解字·九部》："九,阳之变也,象其屈曲究尽之形。"这说明最迟在东汉时代,已经在圣数"九"中寄寓了阳尽当变之意,即后世所谓的"九九归一"。也就是说,阳数至九已达到极点,将要还原到初始的"一"(从中国的宇宙论来看,可知即太极)的状态。因此,人们在重阳节中所寄寓的心理模式就是要重演宇宙创生的"终极之变",其仪式就是人们在庆幸能到达这终极的同时,还要为物极必反做好准备。

为庆幸生命能达到"长寿""长久",人们要"享宴高会","食蓬饵,饮菊花酒"以抒其襟怀[2]。这里的"蓬饵"盖取蓬杆可作箭的那种俗名万年蒿的植物叶子掺米粉或面粉制成,或取秋叶能高飞的"飞蓬"之叶制成,虽具体所取似不可知,但其寓意却是可得而知的,即要升高远眺,以"觉宇宙之无穷",庆幸并希望能延续这种"长寿"的生命享受,唐宋以后演此而为"重阳糕"。至于菊花则始终被视为老年高寿的象征,并被称为"延寿客"[3]。

但与此同时,对物极必反所做的重演仪式就是通过佩带或服用茱萸而加以提示了。关于这一习俗,人们可能最先想到的就是王维的诗《九月九日忆山东兄弟》:"独在异乡为异客,每逢佳节倍思亲。遥知兄弟登高处,遍插茱萸少一人。"按,茱萸本是一种有辛香味而被用作调料的植物,古时又称之为"辟邪翁"。对重阳所象征的"物极必反"之情形还曾有过一个传说描述过。南朝梁吴均《续齐谐记·九月登高》:

> 汝南桓景随费长房(东汉人)游学累年。长房谓曰:"九月九日汝家当有灾,宜急去,令家人各作绛囊,盛茱萸以系臂,登高饮菊花酒,此祸可除。"景如言,齐家登山。夕还,见鸡犬牛羊一时暴死。长房闻之,曰:"此可以代也。"今世人九日登高饮酒,妇人带茱萸囊,盖始于此。[4]

---

[1]　参杨琳:《中国传统节日文化》之"重阳节"考证。

[2]　葛洪:《西京杂记》:"九月九日佩茱萸,食蓬饵,饮菊华酒,令人长寿。"第20页。又曹丕《与钟繇书》:"岁往月来,忽复九月九日。九为阳数,而日月并应,俗嘉其名,以为宜于长久,故以享宴高会。"载欧阳询《艺文类聚》卷4,第84页。唐郭震《秋歌》:"辟恶茱萸囊,延年菊花酒。"载《全唐诗》卷66,中华书局1960年版,第758页。

[3]　吴自牧:《梦粱录》卷5"九月":"今世人以菊花、茱萸浮于酒饮之,盖茱萸名辟邪翁,菊花为延寿客,故假此两物服之,以消阳九之厄。"中国商业出版社1982年版,第27页。

[4]　吴均:《续齐谐记》,新兴书局有限公司1978《笔记小说大观》三编第2册,第985页。

因一家受灾的所为而成后世节日之习俗,这绝对是不可能的,但这一灾难说如果代表了一种节日原型中所寄托的先民为物极必反做准备的心理定位,那就可以说是"举一寓万"了。至于后世的抛掷石、物等以及放风筝送晦气的习俗①,也与此心理有关。

六、结论

中国传统节日原型作为中华民族的一种心理模式,在华夏文明"绝地通天"之后起着衔接和协调天人之际的重要作用。由前述考察可知,奇数重叠节日的原型在于模拟天地化生万物以至于人的节点过程,在这个过程中,人们由"再生"的准备向新生、繁衍、成长、婚配和欣然于老成过渡,完善着生命演进的心绪,并引导生命走向终极的平和。此与对环境进行沟通的偶数重叠节日和与天地神祇进行沟通的月半等节日结合,共同形成了中国传统节日对生命的由来、此在及终极归宿的三重关怀原型系统。

(原载《浙江大学学报》2006 年第 1 期)

---

① 参杨琳:《中国传统节日文化》之"重阳节"引《中华全国风俗志》所辑之抛石头、扔柑橘及放风筝习俗,并加以考论,认为其中"具有去灾邪、除晦气的心理寄托",宗教文化出版社 2000 年版。

中国传统生日仪式考略

生日亦雅称"岳降""岳旦""寿诞""华诞""生辰""生申"等等,然史载其出现的时间,除周晬外①,却并不很早。顾炎武《日知录》卷13云:"生日之礼,古人所无。至齐梁间,乃行此礼。"南朝时代的学者颜之推于所著《颜氏家训·风操》中记载婴儿周晬活动之后云:"自兹以后,二亲若在,每至此日,尝有酒食之事耳。无教之徒,虽已孤露,其日皆为供顿,酣畅声乐,不知有所感伤。"这里对生日节序其实已有了一个大致的分段过法,即二亲在时为置酒食之事,但"有所感伤"云云却必须是过生日者成人后有所自觉才能为之。审民间所传之庆生、做寿之节序多以"十"为大数,即以逢十之岁为大庆之时②,其背后所依托的生命理据究竟如何呢?考中国最早的医书《黄帝内经·灵枢·天年》载有岐伯论人之生命节律云:

> 人生十岁,五脏始定,血气已通,其气在下,故好走;二十岁,血气始盛,肌肉方长,故好趋;三十岁,五脏大定,肌肉坚固,血脉盛满,故好步;四十岁,五脏六腑十二经脉皆大盛以平定,腠理始疏,荣华颓落,发颇斑白,平盛不摇,故好坐;五十岁,肝气始衰,肝叶始薄,胆汁始减,目始不明;六十岁,心气始衰,若忧悲,血气懈惰,故好卧;七十岁,脾气虚,皮肤枯;八十岁,肺气衰,魄离,故言善误;九十岁,肾气焦,四脏经脉空虚;百岁,五脏皆虚,神气皆去,形骸独居而终矣。

其以二十岁为盛之始,五十岁为衰之始。此虽与《素问·上古天真论》以男八女七之数论人生节律不同,但却与《礼记·曲礼上》所载人生学业进境之数相合:"人生十年曰幼,学;二十曰弱,冠;三十曰壮,有室;四十曰强,

---

① 按传统之年龄皆取虚岁计,即以出生当年为一岁,故所谓周晬实为二岁生日,但这个生日一般归于生育礼俗中计之。

② 但有"女过实男过虚"之说,即女逢十整岁时大庆,男则提前一年即逢九岁时大庆。

而仕；五十曰艾，服官政；六十曰耆，指使；七十曰老，而传；八十、九十曰耄；七年曰悼，悼与耄，虽有罪，不加刑焉；百年曰期颐。"《论语·为政》载孔子语云："吾十有五而志于学，三十而立，四十而不惑，五十而知天命，六十而耳顺，七十而从心所欲，不逾矩。"亦与前引二书所论之节律相同。

在这些生日节序中，大致可以分为三个时段：笄冠成人（二十岁前）以前由长辈主之，乃以顺生长成为目的；成人之后（二十至五十岁）乃自任自主，当以庆生报本为要旨；既老之后（五十以后）视子孙之所主，故以健康长寿为所愿。今为搜辑旧典及民间所传，略述其仪节如下。

一、"长尾巴"

从前引《颜氏家训》语已知，自婴儿周晬之后，父母即开始每年为之备办酒食来过生日，但今民俗所传皆云小孩子、青年人不可言拜寿、祝寿之语，以免折寿，《红楼梦》第四十五回李纨谑称王熙凤的生日为"狗长尾巴尖的好日子"，而民间未成年人生日至今仍多用此言，或简称作"长尾巴"，是盖即为避言"生日"所用之婉语。其来源虽众说纷纭，然推究其所寓之意，盖与小孩乳名以贱为贵而求其易养之心同（动物的"长尾巴"亦可喻指其长大）。于此每年一度的"诞生"周期"过渡"之际，父母长辈唯求其如家畜一样皮实易养，能顺利通过此"坎"，故在生日仪式的选择上也多忌操办以"贵之"之举。也正因此，历代文籍对此间的生日仪式记述尤简，我们试对《红楼梦》第六十二至六十三回所记贾宝玉十四岁的生日仪式略作梳理，以见一般。

礼物：

1. 方外礼物："张道士送了四样礼，换的寄名符儿。几处僧尼庙的和尚姑子送了供尖儿，并寿星纸马疏头，并本命星官值年太岁、周年换的锁儿。"

2. 外家礼物："王子腾（舅舅）仍是一套衣服，一双鞋袜，一百寿桃①，

---

① 以桃渡厄祈寿其实当源自巫术传统中以桃枝驱邪祟的理念，盖欲于此生命过渡的节点之时能借以驱邪扶正，而得善终。但因俗间多取桃可增寿之说，（托名）东方朔《神异经》："东北有树焉，高五十丈，其叶长八尺，果四五尺，名曰桃。其子径三尺二寸。小狭核，食之令人增寿。"又民间传说以为蟠桃是王母娘娘所种仙果，三千年一开花，三千年一结果，三千年始成熟，故以之象征长寿，因此在需要避免"祝寿"云云的孩子生日上似乎不很提倡用"寿桃"作为食物；但据桃子的本来象征意义，则以避邪祈顺为礼意的孩子生日用之似乎更为合适。

一百束上用银丝挂面；薛姨娘处减一等。"

3.家人礼物："尤氏仍是一双鞋袜；凤姐儿是一个宫制四面和合荷包，里面装一个金寿星，一件波斯国所制玩器。各庙中遣人去放堂舍钱。……姐妹中皆随便，或有一扇的，或有一字的，或有一画的，或有一诗的，聊复应景而已。"

仪式：

1.拜天地祖宗父母："这日宝玉清晨起来，梳洗已毕，冠带出来。至前厅院中，已有李贵等四五个人在那里设下天地香烛，宝玉炷了香。行毕礼，奠茶焚纸后，便至宁府中宗祠祖先堂两处行毕礼。"

2.拜祖母及父母："出至月台上，又朝上遥拜过贾母、贾政、王夫人等。"按：此遥拜乃因三人此间外出而未在家里之故①。

3.拜族居亲属等："一顺到尤氏上房，行过礼，坐了一回，方回荣府。先至薛姨妈处，薛姨妈再三拉着，然后又遇见薛蝌，让一回，方进园来。晴雯、麝月二人跟随，小丫头夹着毡子，从李氏起，一一挨着所长的房中到过。复出二门，至李、赵、张、王四个奶妈家让了一回，方进来。虽众人要行礼，也不曾受。"

4.早餐在厅上吃面②。

5.在红香圃（大观园中的一处观景厅）与家人共进午餐。是为生日正餐，其中长辈只有薛姨妈，旋亦借故离开，让孩子们自己尽兴吃喝玩乐，而薛姨妈的参与也是因为其女儿宝琴与宝玉同日"长尾巴"而在一起过生日的缘故，如此则宝玉祖母及父母若在家，当亦与宴。因可以饮酒，故席中得行酒令，席后玩耍、下棋等。

6.怡红院（宝玉寝处）夜宴（此是宝玉自己背着长辈所为），只邀平日相好的兄弟姐妹参加。但其饮酒行令所掣之签却暗含预卜未来之意。

文中提到"因王夫人不在家，也不曾像往年闹热"一句，较之第十一回宝

---

① 按宝玉父亲贾政一直在外为官，素少回家。又前第五十八章提及因一皇太妃去世，"凡诰命等皆入朝随班按爵守制。敕谕天下：凡有爵之家，一年内不得筵宴音乐，庶民皆三月不得婚嫁。贾母、邢、王、尤、许婆媳祖孙等皆每日入朝随祭，至未正以后方回"。

② 此面指面条而言，生日食面条之俗形成较早，盖唐中期已然成俗，若《新唐书·玄宗皇后王氏》即载其早年曾为玄宗庆生时食"汤饼"事，汤饼当即指一种面片较长的带汤主食，后世称作面条。马永卿《懒真子》载云："必食汤饼者，则世俗所谓'长命面'也。"

钗生日,疑其所谓"闹热"者,或指未请戏剧杂耍之类的艺人表演节目而言,但对当事的孩子们来说,这次生日过得却是最为开心不过的,用宝玉侍女袭人的话说是:"昨儿夜里热闹非常,连往日老太太、太太带着众人顽也不及昨儿这一顽。一坛酒我们都鼓捣光了,一个个吃的把臊都丢了,三不知的又都唱起来,四更多天才横三竖四的打了一个盹儿。"这与现代的派对之欢盖亦相去不远矣,其目的是欲让孩子在喜爱的同伴们的陪伴下,用发自生命的真诚快乐来厌胜这一需要迈过的人生之"坎儿"。然纵以当时富贵敌国的四大家族之一的荣国府唯一嫡孙的生日庆典,亦未大行请宴,虽宝玉此次生日期间适逢一皇太妃丧期而有所忌,然参以第二十二回所记之宝钗盛逾平时的十五岁成人生日庆典,亦仅是家人小聚,而别"就贾母内院中搭了家常小巧戏台(与大礼所用的固定戏台不同)"以表演一些小节目而已,则知孩子们的生日庆典自是与做寿者不同。著名的民俗掌故学家唐鲁孙先生在《老乡亲》的"过生日漫谈"一文中述及旧时北京孩童的生日故俗,亦与宝玉所行者相近:

> 照舍间早年家规,凡是十四岁以下的小孩过生日叫"长尾巴",中午让厨房添四小碗菜,由长尾巴的小孩自己来点,一清早到祠堂里上香、供茶,然后给家里长辈依序磕头,当天书房放假一天,吃过午饭,逛庙会、听戏、看电影,到吃晚饭就一切恢复正常了。家里长辈时常跟晚辈说:"你的生日是母亲受难日,要牢牢记住'母恩难忘'。"所以长尾巴那天,跟平日不同,就是让为人子女者,随时记得亲恩伟大,永矢弗忘。

> 到了二十岁步入成人阶段,生日那天才改口叫过小生日,中午吃打卤面,或是汆卤面,晚上约两位至亲友好在小书房弄一两样可口小菜,低斟浅酌一番,也不敢声张是过生日。可是跟小时长尾巴有了差异啦。

唐氏所记略于早餐,考诸民间所为,在孩子过生日的早晨,父母多数会煮两只鸡蛋,熟后用凉水浸一下,然后过生日者拿在手里轻轻揉转,称"骨碌运气",据说吃了转运蛋,就可以驱除晦气而交上好运,另外还要以象征"长命"的面条作为主食,再给孩子一个利市(红包)用于购买自己喜欢的品物。

在孩子成人前的生日里,民间似乎也遵循逢"十"以特庆之数。有"十岁外婆家,廿岁丈母娘"之说,即十岁时外婆家要为做生日,二十岁时订亲的亲家要为做生日,届时外婆家、亲家要送衣物鞋帽、文具及馒头甚至银镯银锁银项圈等礼物,且助以敬神拜宗祠,为外孙或女婿、媳妇祝福和庆贺一番。但这也意味着平时的生日外婆和丈母娘是可以不送礼物的。另外,此所谓丈母娘助做的二十岁生日盖暗寓古代成人后的第一个生日之遗礼。《礼记》载云男子二十而冠、女子十五而笄,《通典·礼五一》云:"笄冠有成人之容,婚嫁有成人之事。"而民间亦或有定亲许嫁后的第一个生日行丈母娘或准婆婆助做生日之实,或推之于三十岁生日时行此"仪典",皆从其变通也。

二、庆生

二十岁成人之后的生日即已与"长尾巴"时不同,故可称作"过小生日"或"庆生",生日当天庆生者要早起拜天地祖先、登门拜家中各位长辈,中午共家人进正餐,也许未婚者还可以在晚餐时邀数位好友独自玩乐一番。但此时的过生日者还是应该在心态上给出一些"长大了"的思考并付诸行动,其中最重要者则是对父母的感恩祈福之心意。我们可以先看几条材料:

> 梁孝元年少之时,每八月六日载诞之辰,常设斋讲,自阮修容(元帝母)薨殁之后,此事亦绝。(《颜氏家训·风操》)

> 隋文帝下诏:"哀哀父母,生我劬劳,欲报之德,昊天罔极。但风树不静,严敬莫追,霜露既降,感思空切。六月十三日,是朕生日,宜令海内为武元皇帝(杨坚生父)、元明皇后(杨坚生母)断屠。"(《隋书·高祖杨坚纪》仁寿三年(603)夏五月癸卯

> 今日是朕生日,俗间以生日为喜乐,在朕情翻成感思。君临天下,富有四海,而追求侍养,永不可得。仲由怀负米之恨,良有以也。况《诗》云:"哀哀父母,生我劬劳。"奈何以劬劳之辰,遂为宴乐之事?因而泣下久之。(《贞观政要·礼乐》贞观十七年(643)十二月癸丑)

是帝王之生日,于此亦颇有持守者,其于普通之人盖可以想见矣。佛教信奉者每称生日为"父忧母难之日"或"母难日",若《西游记》第十七回有云:"那黑汉笑道:'后日是我母难之日,二公可光顾光顾。'"后秦(384—417)法师鸠摩罗什曾有译经名《佛说父母恩重难报经》,内中提及父母十重恩:

> 第一"怀胎守护恩",指母亲怀胎时百般呵护我的恩德。

> 第二"临产受苦恩",指母亲忍受分娩苦楚而生下我的恩德。

> 第三"生子忘忧恩",指父母为我勇于承受各种苦难与忧患的恩德。

> 第四"咽苦吐甘恩",指父母吃苦耐劳为我营造尽可能好的生存条件的恩德。

> 第五"回干就湿恩",指父母宁愿自己卧于湿处也要把干处留给我

的恩德。

第六"哺乳养育恩",指父母不计代价地哺育、培养我的恩德。

第七"洗濯不净恩",指父母不惜手糙皮鞍为我洗涤不净的恩德。

第八"远行忆念恩",指在我远行时父母日夜挂念我的冷暖健康的恩德。

第九"深加体恤恩",指父母深切关怀以至愿代我受苦赴难的恩德。

第十"究竟怜悯恩",指父母对我那种贯通生死无时无处不在的挚爱恩德。

因此,能够自己做主的中青年在过生日时,就要特怀感恩之心,感谢带给自己生命的父母。要之"长尾巴"时的仪式虽存,而生日之心意主调则当别有改作,即父母在则作承欢感恩之意,或有请杂戏以乐之之仪;父母殁则作哀思肃穆之意,或有用斋醮以为之祈福拔苦之仪。且皆不宜接受寿礼和设宴款客,否则即有折寿之谶。

中青年时代的逢"十"特庆之数以三十、四十为目,然俗间于此二数有"不三不四""三十不过,四十不发""三十无人知,四十无人晓"以及"男不做三十,女不做四十"诸说,其实皆因循这一时段不可宴客祝寿而言。其中"不过""不发"意同,皆指不发动请宴待客之事,而"无人知""无人晓"更明确点出不受贺宴客之意。至于持"男不做三十,女不做四十"之说者似亦未明确主张女人三十岁、男人四十岁生日要大庆之意,而多倡家人为之加菜如仪而已。

另有"十"之整数的五十岁生日则较为特殊,它虽被视为庆生与祝寿的分水岭,但因民间又有"做九不做十"之语,如是则五十大寿当在四十九时祝之,而四十九又不属于当做寿的五十之后的时段,况且年界五十之时,多数人的父母仍健在,俗语有"尊亲在不敢言老"之说,故纵子孙故交愿为祝寿,亦所当避。是以所谓"五十"大寿之说,盖亦为重意而轻实之论耳,其仪式多承中青年"庆生"之典则而略事丰泽,至于受礼宴客之仪多不行之。盖至五十九岁时,实为提前祝愿花甲六十大寿(女则实在六十岁为之),方为做寿之始,即俗所谓"不到花甲不做寿"是也。

三、做寿

古以寿为五福之首,其说见于《尚书·洪范》中,其文云:"五福,一曰寿,二曰富,三曰康宁,四曰攸好德,五曰考终命。"《诗经》已多载"寿比南山""万寿无疆"等颂寿之语,彼时之颂寿虽未必在生日之时,但为长者祝寿之风则已早浸人心。后世为长者生日做寿之种种仪式,其取意盖与先秦汉晋之际的颂寿无殊。六十花甲一周,天地之数亦将更新复始。《庄子·盗跖》有"人上寿百岁,中寿八十,下寿六十"之说,是六十岁已入于长寿之林,故其子孙当以为庆,且祈其康健久长也。

自玄宗于开元十七年(四十五岁)时"自我作古"以开先例,设自己的生日为国家假日,俾便天下为之祈福颂寿,虽玄宗初衷有"举无越礼,朝野同欢"之美意,然其以三天之宴乐而广受臣僚之献寿,则已逾礼远矣①,其后历代多有效仿,弊固深矣。乃若世家大族之做寿,亦多有以一日为不足者,如《红楼梦》第七十一回载贾母八十祝寿前后竟历时八天,颇疑其有越礼损寿之嫌。而平常百姓之家的做寿仪式,其礼意虽与贵富者同,而用物之多寡殊异,且除逢十之大寿外,亦多不行受贺宴客之礼。

做寿之家一般提前一日在家中布置寿堂及做寿所需品物,如居处相离较远的亲戚,则要提前一日来到,是日晚则由女儿女婿宴请家人及提前来到的宾客,名曰暖寿。在生日当天接待贺客,午间相聚共进寿宴,仪式结束后即各自回府,晚餐则仅供家人用之而已。兹略会撮做寿之一般仪式,以相启证。

礼物

祝寿礼品以吉数为尚,一般以双数为主。其品类盖可约为四种。1. 衣饰:衣物(古亦有送缣帛者,曰"续寿衣")、鞋帽、杖、金银首饰。2. 饮食:寿酒、寿茶、寿面、寿桃(较大的桃形馒头)、寿糖、寿蛋、寿糕(亦做成桃形,但有枣、糖等馅心)、鸡鸭鱼肉、水果干果等。3. 礼器玩好:烛、幛、屏、字画(寿联、百寿图、五瑞图、寿星图、松鹤图、龙凤图、八仙庆寿图、麻姑献寿图、五蝠捧寿图、富贵猫蝶图②、子孙万代图)、寿诗、贺信、寿序、金银宝玩等。4. 礼金。

寿堂

寿堂一般设在家中,即对平时的客厅加以装饰布置而成。一般有如下诸要素。1. 堂正壁(或称太师壁)上挂字画中堂,两边为寿对,一般多作"寿比南山松不老,福如东海水长流",中堂上部别有彩帛装饰,或置"海屋添筹"等字样的寿幛。如贺客有寿联寿幛等物,则可挂于堂侧壁。2. 堂正壁下设供桌,上置寿星(男寿)或王母(女寿)及本命星君神码,还有香炉一、烛台二、

---

① 此不合于做寿之年而故求做寿之礼,故遗后忧之多也。
② 猫蝶谐音耄耋。

花瓶二,以及可作供品的部分贺礼等物(如寿桃、寿面、水果、鱼肉等)。3.桌两侧置有供寿星夫妇受拜时落座的太师椅。供桌前方地上放一红垫子,以供拜寿者跪拜时用。

仪式

晨拜:寿星起床后穿戴整齐,院外燃放鞭炮,寿堂内点燃寿烛寿香,子孙辈儿童在额上以胭脂写上寿星年岁数字[1]。寿星先在堂前向外敬天、向内敬地,然后祭供桌所祀寿星诸神,次祭先祖(至祠堂或望祭),再向家中在世的长辈行礼以谢关怀之意。然后坐于供桌上首的太师椅(配偶如健在则坐于下首太师椅)上接受家人拜寿,先是儿子儿媳、女儿女婿,接下去是孙子外甥等小辈,再后是兄弟姐妹等为上寿。一般同辈用拱手揖拜,晚辈则行跪拜礼,但寿星要给晚辈拜寿者发红包赏钱。

早餐:吃寿面,另加一至两枚煮鸡蛋,其食法盖与长尾巴等旧俗同。

法事:早餐后开始请僧道为举办祈福法会及放生、散经册(如《红楼梦》第十一回贾敬生日时散一万张《阴骘文》)等,以劝善积德。

客拜:期间接受贺客拜寿,拜仪与晨拜略同,唯寿星子孙须按男女分东西两排立于寿堂两侧,有客上门,司仪高喊"客到",于时乐队奏乐,唢呐丝竹齐鸣。在客人行礼拜寿时,两排子孙要一齐向拜贺者还礼。

中餐:卜吉时开宴,此是寿宴正餐,故菜肴之品类数量多取有福寿寓意者,其中主食必为寿面,点心为寿桃以及一些带寿字或吉祥符号的糕点。入席伊始,众宾要给寿星敬酒,以取福寿久长之意。客人吃寿桃时,不能吃掉芽头,要把它掰下放在桌上,是谓留芽,意为后代也会长寿。

堂会:富裕家庭或请艺人表演杂戏,从中餐开始表演,以助酒兴。

活动:中餐结束后,仍需营造热闹场面以烘托吉祥气氛。众宾可继续观看表演,或下棋打牌,即席赋诗,唱歌跳舞,以及做些虔心积善之事(如《红楼梦》七十一回贾母生日中的捡佛豆[2]),寿星则可与朋辈茶饮聊天或休息。

---

① 如逢十整数寿,虽提前一年祝寿,其点额数字亦用来年之实寿,故祝寿意义更明。盖欲以童趣增喜气,且寓返老还童之意。辛弃疾《鹊桥仙·为岳母庆八十》:"八旬庆会,人间盛事,齐劝一杯春酿。胭脂小字点眉间,犹记得、旧时宫样。"吴潜《贺新郎·丁巳岁寿叔氏》:"只比儿儿额上朱,尚有时光如许。"丁察院《万年欢.寿两国夫人胡氏》:"指明年八十,儿额先记。"翁溪园《踏莎行·寿人母八十三》:"鹤发童颜,龟龄福备,孩儿书额添三字。"

② 佛豆又称罗汉豆、蚕豆,拣佛豆的具体仪式是:"洗了手点上香,捧过一升豆子来,两个姑子先念了佛偈,然后一个一个地拣在一个簸箩内,每拣一个念一声佛。明日煮熟了,令人在十字街结寿缘。"《红楼梦》第七十一回。

送灯花：堂会结束后，寿星与众亲友齐集寿堂祭祀所供寿星，并将事先准备好的用彩色灯花纸捻成的灯花儿蘸上香油点燃，灯花的数目比做寿者的岁数多两个，这多出的两个一个代表本命年，一个代表增寿年，由寿星上香后点燃，然后由他的子女和亲友每人托一个灯盘，列队到大门外与供桌上所祀神码、敬神钱一同焚化，叫作"送灯花"，做寿庆典至此始告礼成。

宾退：凡前来贺喜的亲友宴后告别时，寿星子女要在门口候送，并以"寿桃""寿点"等作为回礼。亦或向邻里过路人赠送寿桃等物，是谓"结缘"。

晚宴：家人聚餐，吃长寿饺子（其取意当与春节用以帮助衔接过渡点的意思略同）。

另外还有几个特别年龄的生日必须注意，那就是被称为三大"寿关"的六十六、七十三、八十四三个生日。谚云："年过六十六，阎王要吃肉。"盖古以六六为大顺之吉数，然过此吉数之年，盖即有危险逼近矣；又云："七十三，八十四，阎王不叫自己去。"据说圣人孔子死于七十三岁，亚圣孟子死于八十四岁，故常人以此二日为人生大坎之一。在这三个生日那天要设法解禳渡关，具体方法各地虽或有小异，然大旨多同，如六十六岁生日时由女儿（无女儿者由媳妇或侄女代行）为烧一碗由六十六块肉做成的菜或包六十六个小饺子（皆以寿星能一餐吃完为度）[1]，盖欲以助其"多肉"也；七十三、八十四之寿则多由子女为做鲤鱼汤，以祈父母能像"鲤鱼跃龙门"一样顺利地跳过此关。另外，为寿星系红腰带及请僧道做斋醮及放生等仪式活动亦多为寿星之子孙所取。

四、余论

礼俗仪式的厘正是全球化时代个体之自我文化认同的重要前提，与欧美的生日仪式比较，似乎两者都很认同生日是个体及其亲人对生命从无到有之"过关"情景的心灵模拟，都努力通过营造神圣气氛以厌胜此间的"邪祟"与"魔鬼"的干扰，并祈求生命的顺利过关和延续。欧美的仪式过程可以简括为用蛋糕制造惊喜——唱生日歌以制造喜气——点蜡烛以模拟年龄——许愿并吹蜡烛以通神——共享蛋糕以分享快乐——举行舞会以尽快乐之兴致诸仪节。从前面的考述看，这些仪节中所内蕴的礼意我们的传统

---

[1] 寿星吃时要取一块敬天，一块敬地，余下自食。亦有地区主张要取六十八之数，俾便敬天地后仍余六十六之数。又吃素者可以豆腐干等物以代肉为之。

生日仪式中也基本存在,只是在操作层面上今天已多被简化了。并且,较之我们的传统仪式,欧美的生日仪式选择基本上没有年龄之别,长幼共享同一个范式,而中国的生日仪式却更为人性化地区分了少壮老诸阶段中主体及其所生存的群体之义务,这可以更好地呈现他们各自的生命主动性。因此,如何在全球化时代重新完善我们的传统人生仪式,在充实自己的同时进而在国际交流中能与其他文化传统相互辉映,而不是因而失去自我、唯人是从,当是现代治传统文化与民俗文化学者的重要使命之一。

(原载黄金贵主编《中国古代文化会要》,浙江大学出版社 2015 年版)

中国传统礼学资源溯论

　　《礼记·冠义》云："凡人之所以为人者，礼义也。"①数千年来，礼在成就着中国人的生活方式并"标志着中国的特殊性"的同时②，也形塑了人类社会一个"礼义之邦"的典范。具体言之，则礼又有本与文之别③，所谓"礼也者，义之实也"（《礼记·礼运》）。因此，礼自形成以后，即代有因革，若孔子云："殷因于夏礼，所损益可知也；周因于殷礼，所损益可知也。其或继周者，虽百世可知也。"④又太史公亦云："观三代损益，乃知缘人情而制礼，依人性而作仪，其所由来尚矣。"⑤是以时变之际，圣贤每有"礼失而求诸野"⑥、"从今世俗之礼"⑦之论，则知礼乐制作之资源广矣。唯经清末以来一百余年的西风所渐和全球化时代的信息激励，反思故有的礼义传统以重建当下的生活方式和行为认同便成为当代学界之一大因缘，其中尤以作为经典的"三礼学"和先秦文献特别是出土文献的礼学研究最有成就，而民俗礼仪的研究也在民俗学和人类学、社会学领域得到了广泛关注。然而如何对此"标志着中

---

　　① 本文的三礼文字皆用上海古籍出版社点校本《礼记正义》（2008年版）、《周礼注疏》（2010年版）、《仪礼注疏》（2008年版），其余经书皆据中华书局1980年影印《十三经注疏》本，后不一一出注说明。

　　② 邓尔麟著，蓝桦译：《钱穆与七房桥世界》载云："在西方语言中没有'礼'的同义词。它是整个中国人世界里一切习俗行为的准则，标志着中国的特殊性。"社会科学文献出版社1998年版，第8页。

　　③ 《朱子家礼》序："凡礼有本有文，自其施于家者言之，则名分之守、爱敬之实者，其本也；冠婚丧祭、仪章度数者，其文也。"（《朱子全书》第7册，上海古籍出版社、安徽教育出版社2002年版，第873页）"文"乃"本"之流出和表达，正如后文以礼为义之"果实"的譬喻一样。

　　④ 《论语·为政》。

　　⑤ 《史记·礼书》，中华书局1959年版，第1157页。

　　⑥ 《汉书·艺文志》诸子略序载。中华书局1962年版，第1746页。

　　⑦ 《朱子语类》卷84："'礼，时为大。'使圣贤用礼，必不一切从古之礼。疑只是以古礼减杀，从今世俗之礼，令稍有防范节文，不至太简而已。"中华书局1986年版，第2185页。

国的特殊性"的现象进行思考和把握,特别是对其中一些"公案"的思考,仍有进一步探讨之必要。本文即拟从礼之缘起、结构与认同诸角度对既有的资源加以分疏和检讨,冀于礼学传统资源的梳理和当下范式的重建有所裨益。

一、礼之缘起中的资源检讨

《礼记·乐记》有云:

> 人生而静,天之性也。感于物而动,性之欲也。物至知知,然后好恶形焉。好恶无节于内,知诱于外,不能反躬,天理灭矣。……是故先王之制礼乐,人为之节:衰麻哭泣,所以节丧纪也;钟鼓干戚,所以和安乐也;昏姻冠笄,所以别男女也;射乡食飨,所以正交接也。

"天之性"当与《中庸》"天命之谓性"及郭店简"性自命出"之"性"同,乃作为终极实在之"天"赋予在生命的本体。《礼记·礼运》云:"人者,其天地之德,阴阳之交,鬼神之会,五行之秀气也。""德者得也"(《礼记·乐记》),是谓人乃天地相得的"产物"。"这里的'阴'、'阳'为形容词,与本体论中表实体存在的'阴阳'二气本身不同,它是从本体的功用角度命名的。或者说,此论鬼阴神阳云云并非从'本体'的角度来说神是全阳(或曰孤阳)而鬼是全阴(或曰孤阴)的,而是从'致用'的角度说'伸''长''散''动'的本体运动状态是阳而'屈''消''聚''静'的本体运动状态为阴,至于鬼神本身,仍是全具'阴阳'二气的终极本体(若太极等所指)存在,夫唯如是,它们才能具有生化为变的基质。《淮南子·主术训》'天气为魂,地气为魄',高诱注云:'魂,人阳神也;魄,人阴神也。'"[1]从宇宙生成论的角度说,万物皆由宇宙终极实在"天"或称"神"(此又名道、太一、天理、无、太虚、空、法性等等)生成[2],只不过与万物相比,人乃得"五行之秀气"耳。"神"入于生命体中则有两种存在状态,一为整体的自由存在,此又专名之为"魂";一为"封存"于肉体诸部分中的存在,此又专名之作"魄"。人死之时,魂即散归而融于终极本体,而魄则随尸骸而归入地下,此时的"魄"就改称为"鬼",至尸骸消解,则鬼亦当返归于其所从来的终极实在中[3],故《说文》云:"人所归为鬼。"汉代王充以水结

---

① 参拙文:《"鬼"字考源》,《中国俗文化研究》第 7 辑,巴蜀书社 2012 年版。
② 许慎:《说文解字》云:"神,天神,引出万物者也。"中华书局 1963 年版,第 8 页。
③ 参拙文:《鬼字考源》。

冰、冰化而还原为水来比喻这一现象①,亦甚有理致。而《礼运》"鬼神之会"若以专名称之,实即"魂魄之会"。魂阳动而主性,魄阴静而主情②,汉儒亦因此有性善情恶之说③,唯孤阳不生,孤阴不化,故性施情化而后有变见之象,宋儒以"心统性情"而为此功,性情所化亦以"情"名之,则所谓"情生于性"实有二义④。形魄之情实本亦神魂之性所化,若水虽汩泥而浊,然此浊水本亦源出于清水,是第一义,乃指生命体中自在的性、情而言;形魄之情因神魂之性而化生为人可觉察之情⑤,是第二义,乃指生命体中因心发动的性、情而言。道德伦理所论之"性""情",当皆取于第二义。

《礼记·礼运》有七情之说:"何谓人情?喜、怒、哀、惧、爱、恶、欲,七者弗学而能。"以情为性因外物引触而起的本能行为,故可不学而能,其中以

---

① 《论衡·论死》:"人用神气生,其死复归神气。阴阳称鬼神,人死亦称鬼神。气之生人,犹水之为冰也,水凝为冰,气凝为人。冰释为水,人死复神。其名为神也,犹冰释更名水也。"载黄晖《论衡校释》,中华书局 1990 年版,第 873 页。

② 《白虎通疏证·性情》:"魂魄何谓也?魂犹伝伝也,行不休也,少阳之气,故动不息,于人为外,主于情也;魄者犹迫然,著人也,此少阴之气,象金石著人不移,主于性也。"陈立校云:"情生于阴,当属魄;性生于阳,当属魂,此'情'、'性'二字宜互易也。"甚是,故从改说。中华书局 1994 年版,第 389—390 页。

③ 《白虎通疏证·性情》:"性情者何谓也?性者阳之施,情者阴之化。人禀阴阳气而生,故内怀五性六情。情者静也,性者生也,此人所禀以生者也。故《钩命决》曰:'情生于阴,欲以时念也;性生于阳,以就理也。阳气者仁,阴气者贪,故情有利欲,性有仁也。"中华书局 1994 年版,第 381 页。至宋张载以天地之性与气质之性别之,盖亦因此而发,《正蒙·太和》云:"太虚无形,气之本体,其聚其散,变化之客形尔,至静无感,性之渊源,有识有知,物交之客感尔。"又《诚明》云:"形而后有气质之性,善反之,则天地之性存焉。故气质之性,君子有弗性者焉。"《张载集》,中华书局 1978 年版,第 7、23 页。其说亦为后之道学家们所广泛接受。朱熹云:"天地之性,是理也。才到有阴阳五行处,便有气质之性,于此便有昏明厚薄之殊。'得其秀而最灵',乃气质以后事。"《朱子语类》卷 94,第 2381 页。

④ 郭店楚简《性》篇云:"道始于情,情生于性。"(此"道"非本体之道,乃《中庸》"天命之谓性,率性之谓道"之"道")"喜怒哀悲之气,性也,及其见于外,则物取之也。"(疑此"性"字原为"情"之形讹)。载李零《郭店楚简校读记》(增订本),北京大学出版社 2002 年版,第 105 页。

⑤ 如朱熹云:"盖心之未动则为性,已动则为情。所谓'心统性情'也。""心如水,性犹水之静,情则水之流。"《朱子语类》卷 5,第 93—94 页。其论性、情特质之动、静已与早期不同,盖即以心化生之后言之。唯其以"心之未动为性"之"性"与"性犹太极也,心犹阴阳也"说似亦颇有费解之处。今以生命化生喻之,则性本如精,情本如卵,精动而生,卵静而化,至心统性情之后乃有受精卵之实,此时的生化乃以形而下的"卵"之裂变为呈现,若以"情"论,则此时主体的主动体知所能觉察的仅是"情"之动,而"性"反为"情"所内蕴而不显,因情有善恶,故以性导情以就善乃"修道"成人之所必需,是亦静坐悟性法所从起之因缘。

"欲"为"情"之一。荀子则取《左传》的"六情"之说①，以为"欲者，情之应也"②，不以"欲"为"情"之一种，而以之为主体对"感于物而动"的"情"之遭遇的一种"索取式"回应："夫人之情，目欲綦色，耳欲綦声，口欲綦味，鼻欲綦臭，心欲綦佚，此五綦者，人情之所必不免也。"③《大戴礼记·文王官人》亦取六情之说，而与小戴《礼记》不同。此论在文本上可以获得两个支持：一是词源上的，情有萌生意，以示主体之性因外物之牵引而发动；欲有贪得意，以示主体之性对外物的需索和受纳，人可以因情而生欲，即欲而慰情。另一是对情、欲分类上的阐释，如《黄帝内经》以喜、怒、忧、思、悲、恐、惊为七情，即不取"欲"为其目，而与"七情"相对的"六欲"说，如《吕氏春秋·仲春纪·贵生》"所谓全生者，六欲皆得其宜者"高诱注云："六欲，生、死、耳、目、口、鼻也。"④其后佛经以基于"六根"（眼、耳、鼻、舌、身、意）所产生的欲望如见欲、听欲、香欲、味欲、触欲、意欲为六欲，亦在此一诠释系统里能得到周延的涵纳。而与自董仲舒以来基于《礼运》七情之说立论的情、欲分疏相比⑤，这一说法更具有生命层次上的合理性。

① 《左传·昭公二十五年》："天有六气，在人为六情，谓喜、怒、哀、乐、好、恶。"又《荀子·正名》："性之好、恶、喜、怒、哀、乐谓之情。"杨柳桥：《荀子诂译》，齐鲁书社 1985 年版，第613 页。《白虎通·性情》亦持此说："喜、怒、哀、乐、爱、恶谓六情。"陈立：《白虎通疏证》，第382 页。至于何以六情后来变为七情之目，则与天道认同的数理结构及阴阳气化的善恶理解有关，为免繁琐，此不展开论之。
② 杨柳桥：《荀子诂译·正名》，齐鲁书店 1985 年版，第636 页。
③ 杨柳桥：《荀子诂译·王霸》，齐鲁书社 1985 年版，第286 页。
④ 许维遹：《吕氏春秋集释》，中华书局 2009 年版，第41 页。
⑤ 如董仲舒亦未措意厘清情、欲之关系，以为："情者人之欲也。""人欲之谓情。"《汉书·董仲舒传》，中华书局 1962 年版，第2501、2515 页。至宋明理学虽亦取《礼运》以"情"包"欲"之说，然却别寻解途，如朱熹云："盖心之未动则为性，已动则为情。所谓'心统性情'也。欲是情发出来底。心如水，性犹水之静，情则水之流，欲则水之波澜，但波澜有好底，有不好底。欲之好底，如'我欲仁'之类；不好底则一向奔驰出去，若波涛翻浪；大段不好底欲则灭却天理，如水之壅决，无所不害。孟子谓情可以为善，是说那情之正，从性中流出来者，元无不好也。"《朱子语类》卷 5，第 93—94 页。然朱子以"欲"为"情"在流行过程中汩于外物泛滥为害的部分，亦不以"欲"为可与"情"相并论的概念，至清孙希旦《礼记集解》犹申朱子之说谓"'性之感'，即所谓情也。"中华书局 1989 年版，第984 页。此论不能安顿自汉以来即已广为人知的"六欲"现象，以至于朱子反复分疏的"天理人欲"之辨（情生于性，心统性情，心中有道心、人心，人欲盖即人心激"情"成恶的部分），似亦因此而显得有些艰涩费解之感。

生命的存在以顺应天性为最大利好①,故作为天性发动之后,与天性本体之应然展开状态不一致的"过"与"不及"之情、欲,能"人为之节"以导之使入正途的动机,就不仅为群体和合之所必具,也是理性启蒙以后个体生命设计之所切需:

> 圣人之所以治人七情,修十义,讲信修睦,尚辞让,去争夺,舍礼何以治之?饮食男女,人之大欲存焉;死亡贫苦,人之大恶存焉,故欲恶者,心之大端也,人藏其心,不可测度也,美恶皆在其心,不见其色也,欲一以穷之,舍礼何以哉!"(《礼记·礼运》)

> 礼者,因人之情而为之节文,以为民坊也。(《礼记·坊记》)

> 礼起于何也?曰:人生而有欲,欲而不得则不能无求,求而无度量分界则不能无争,争则乱,乱则穷。先王恶其乱也,故制礼义以分之,以养人之欲,给人之求,使欲必不穷乎物,物必不屈于欲,两者相持而长,是礼之所起也。②

> 夫礼,体情而防乱者也,民之情不能制其欲,使之度礼,目视正色,耳听正声,口食正味,身行正道,非夺之情也,所以安其情也。③

若"缘人情而制礼,依人性而作仪"④之论,亦正为安顿人性之情欲而发。

---

① 此又涉及到个体存在的"命运"理解问题,拙文《法象时空——中国数术的基本理念》一文对此略有梳理:"若结合宋儒张载及程、朱之所论,则此禀于终极本体'天'(先秦多称之为'道')的性因其有个体的生命落实,故又分作天地之性与气质之性二者。天地之性与终极本体'道'同,唯气质之性则有驳杂,若能因'人成'之功壅其杂而笃之,则可顺受天命之正;若别因'人成'之功益其杂而倾之,则当逆遭天命之弃。朱熹所谓的正命正是指个体在现世中履行天命的自然展开,这是每一个存在的最佳命运,但现实是每个存在都要受到许多诱惑或在迷惑之中依个体欲望的选择而做出不合本体之自然展开的行动,结果与其'正命'愈行愈远,是为出于个体气质的变命,变命是本体依个体的现实选择而做出的调整,它虽亦由'天所付予',但却与'正命'有毫厘千里之差。《孟子·尽心上》云:'莫非命也,顺受其正。是故知命者,不立乎岩墙之下。尽其道而死者,正命也;桎梏死者,非正命也。'正如由 A 点至 B 点,其最佳线路为直线,任何其他的选择虽或有到达 B 点之可能,但却是变命,变命需要个体付出更高的生命代价,故于个体而言,其最佳的命运选择就是通过学术的理解或圣贤的指导来变化气质,以求趋近其人生之正命。世俗所谓改命之说亦在此'壅杂'与'益杂'的层面上才可以成立,故命书改命之说亦多于道德层面上劝人改过从善,以积'阴德'而改'变命',非谓可改'天地之性'层面的正命。"《浙江大学学报》2008 年第 3 期。

② 杨柳桥:《荀子诂译·礼论》,齐鲁书社 1985 年版,第 508 页。

③ 苏舆:《春秋繁露义证·天道施》,中华书局 1992 年版,第 469—470 页。

④ 《史记·礼书》,中华书局 1959 年版,第 1157 页。

然情、欲之过与不及如何在主体所禀的天命之性发动以后加以体认呢？此似以宋儒常用的"体用"概念较易明之，程颐云："至微者理也，至著者象也。体用一源，显微无间。"①宋儒以天理为本体，而早期文献中则道、一、天、帝、神、无、太极等等皆曾任其旨，至于以本体动而致用所生成的万事万物，若不以人欲干之，自皆能契本体之自性以各臻其天命之本然，所谓"体用一源"是也。然如为人心汩之，则情、欲即会有过与不及之患的呈现，如何体认此情、欲的存在状态是否合宜，就要从体、用两个角度把握。"夫礼，天之经也，地之义也，民之行也。天地之经而民实则之，则天之明，因地之性"②。是即"礼必本于天""礼必本于太一"（《礼记·礼运》）、"神灵者，品物之本也，而礼乐仁义之祖也"（《大戴礼记·曾子天圆》）诸论之所出，实皆欲正本清源以规其流脉；而体用之用现实呈现的适宜状态又被称作"义"，"义者宜也"（《礼记·中庸》），《礼运》云："故礼也者，义之实也；协诸义而协，则礼虽先王未之有，可以义起也。"然所谓合义亦是一个理念，其致用中究竟适宜与否仍需立足于本体而视其能否"使天下后世无一物不得其所"为标准，能否规引至此标准境地的"情""欲"流行，即《礼运》云："义者，艺之分、仁之节也。协于艺，讲于仁，得之者强；仁者，艺之本也，顺之体也，得之者尊。""艺"即致用之活动，而"仁"则为本体之"体"的别一种称名③。民间有各种群体的"合宜"设计试验，是即"俗"之谓也。"《说文》说：'俗，习也。'习是一种相沿而成的习惯。但是从'俗'字'从人从谷'的字形构造来看，我们可以发现，其所从之'谷'当与'欲'所从之谷同义，即'从谷者，取虚受之意'，合人、谷二形当表示人的虚受性，即人欲。通过进一步的比较，我们又可以发现，在文字的发展过程中，'俗'字的出现要早于'欲'字，而从东汉刘熙《释名》卷四'俗，欲也'及《荀子·王制》'诸侯俗反'以'俗'为'欲'的用例来看，似乎可以认为'俗'的最初取义正是'欲'，后来以引申所指的'种群的欲望'（与个体欲望相对）的'习

---

① 《二程集·周易程氏传》之《易传序》，中华书局 1981 年版，第 689 页。

② 《左传·昭公二十五年》子产云。

③ 《二程集·河南程氏遗书》卷 4："仲尼言仁未尝兼义，独于《易》曰'立人之道曰仁与义'，而孟子言仁必以义配。盖仁者体也，义者用也，知义之为用而不外焉者，可与语道矣。"中华书局 1981 年版，第 74 页。

惯、风气’义为常用义,遂别造‘欲’来表示其本义。"①"种群的欲望"已具有一定范围的普适性,如果能进而明确其具有更大范围乃至对个体情、欲安顿的合宜性,则即是能够"事神致福""体用一如"的"礼"无疑。如以平面内的直线为喻,则体与用即是首尾两个端点,在此两端点间引出一直线,则其他点、线是否与此一致便一目了然了。同理,所有的合礼行为皆当"体用一如",所谓能"事神致福"是也,"事神"明体,"致福"达用,《礼记·祭统》云:"贤者之祭也,必受其福,非世所谓福也。福者备也,备者百顺之名也。无所不顺者谓之备,言内尽于己,而外顺于道也。"又《礼记·礼器》云:"礼也者,反其所自生。乐也者,乐其所自成。"反生、乐成亦兼体用而言之。

至于礼字因"事神"祭祀而作、"夫礼之初始诸饮食"(《礼运》)、"礼始于谨夫妇"(《礼记·内则》)、"礼义之始在于正容貌、齐颜色、顺辞令"(《礼记·冠义》)云云,皆礼目实施之形迹,不烦一一指陈之。而"夫礼始于冠,本于昏"之说,又即人生而言之,非关礼之缘起。

二、礼之结构中的资源解析

《礼记·乐记》云:

> 故钟鼓管磬,羽钥干戚,乐之器也;屈伸俯仰,缀兆舒疾,乐之文也。簠簋俎豆,制度文章,礼之器也;升降上下,周还裼袭,礼之文也。故知礼乐之情者能作,识礼乐之文者能述。作者之谓圣,述者之谓明。明圣者,述作之谓也。②

上文以论乐而及礼,故析乐于礼之外,而通常所谓的礼皆含乐而言,且以之为礼器的文章之一。又文中提及礼器、礼文、礼情三目,而尤以礼情与礼文为制礼作乐之津要。

礼情之"情"即是因外物感通而生发于人之本性的"情",也是"缘情制

---

① 黄金贵主编:《中国古代文化会要》,西泠印社出版社 2007 年版,第 171 页。《周礼·天官》太宰"以八则治都鄙……六曰礼俗,以驭其民"。郑注:"礼俗,昏姻丧纪旧所行也。"贾公彦疏:"俗谓昏姻之礼旧所当行为者为俗,还使民依行,使之人善,故云'以驭其民'。"郑注未明确分辨礼俗,而贾疏则径以"旧所当行者"之礼为俗,虽未径作礼俗之辨,然可知礼有其合义之要求,而合义又有比较之高下长短的不同,故当一个群体之礼在邂逅另一个群体或扩充至更大一个群体时,其某些仪物就要因"义"而调整,此时旧礼中之不能合"义"的部分就显现出来了,此部分则仍以"俗"名之,以别于新礼或为新礼所取的合"义"部分。

② 《礼记正义》,上海古籍出版社 2008 年版,第 1476—1477 页。

礼"的"礼"所赖以产生的依据。然因情感的复杂性,今世论礼者或以情感发动之初的"意"来讨论此根本问题,如黄侃在《礼学略说》中云:"有礼之意,有礼之具,有礼之文。"①沈文倬在《略论礼典的实行和〈仪礼〉书本的撰作》中云:"(礼书)是记录'礼物''礼仪'和它所表达的礼意的文字书本。"②此一改换则颇有益于对情感的把握,蒙培元云:"情感是接于外而动于中的最初的意识活动,'感应之几'首先是从情感上说的,有情感而后有态度、需要、动机等等,有态度、需要、动机而后有意志,因此说,情感决定意志,即'意因有是情而后用'。"③此对从根本角度理解礼之目的大有裨益。因礼之所起乃欲"节情"使无过与不及之"恶",从而"缘情"之善者以入于合天性之目的,然制其流自不若导其源之易为功,故如何制约情之起意就显得非常重要。既然"情"是"性""感于物而动"者,那么选择用于感动"性"的"物事"以启发善意之端就应该能引导善情的形成了。这其中最重要的就是能直接触动"性"之终极认同的活动和前人已经证明的善的行为事物两种"物事"。前者如祭祀、巫术、卜筮之事,皆礼之所重,若"国之大事,在祀与戎""礼有五经,莫重于祭"之素识,"天子下至士,皆有蓍龟者,重事决疑,示不自专"④之传统,等等,皆因此而作,非以为必能得其善果,要之实重于起其善端也。至于"非礼勿视,非礼勿听,非礼勿言,非礼勿动"⑤之论,"割不正不食""席不正不坐"⑥"目不视恶色,耳不听淫声"⑦之节,盖并已证为善之物事。至于因礼仪、礼器而呈现礼意的备礼活动,其目的亦是动心忍性以返本开新,《乐记》云:"铺筵席,陈尊俎,列笾豆,以升降为礼者,礼之末节也,故有司掌之。"所谓"铺筵席,陈尊俎,列笾豆"乃礼器之目,而"升降"云云则礼文之实,其为礼之本者,自舍礼情莫属。

然《礼记·郊特牲》称"礼之所尊尊其义也,失其义陈其数者,祝、史之徒也",其中所谓"礼义"之意似与前陈"礼意"之意有关涉者,那么二者之间的关系又是怎样的呢?按此于上节已有所论及,即"义"是本体致用的当下呈现,是"情"之"宜"(恰到好处)者,它是一件物事行为的结果,与性起情端的

---

① 黄侃:《黄侃论学杂著》,中华书局 1964 年版,第 463 页
② 沈文倬:《菿闇文存》,商务印书馆 2006 年版,第 7 页。
③ 蒙培元:《情感与理性》,中国人民大学出版社 2009 年版,第 195 页。
④ 《白虎通疏证·蓍龟》,第 327 页。
⑤ 《论语·颜渊》。
⑥ 二语并见《论语·乡党》。
⑦ 张敬:《列女传今注今译·周室三母》,台北商务印书馆 1994 年版,第 13 页。

"意"为本体致用发动之始相对。对于礼之制定而言,固当以其应对物事的当下合宜为准则,然对于直面物事的当事人来说,其应对事物的过程自是由始及终的,在完成之前固不能评议整个过程是否"合宜",而只能不断地强化自己情欲启动过程中的返本开新之导引而已。若孟子"赤子入井"之喻,固当猝然循良知而行,而不能对整个事件过程做出评估之后再采取行动,朱熹所谓"事来心向理中行,事过将心去学文"①,亦此意也。至于《郊特牲》所尊之"礼义",以及《礼记》所载之"祭义""冠义""昏义""乡饮酒义""射义""燕义""聘义"云云,皆即已成的具体礼典而设论,非因行礼而申其结构之义也。如传统经典仪文之所从来,朱熹即有论云:"《仪礼》不是古人预作一书如此,初间只是以义起,渐渐相袭,行得好,只管巧,至于情文极细密周致处,圣人见此意思好,故录成书。"因此,学人论礼之结构要素时,乃因行礼层面而立论,故舍"礼义"而用"礼情"或"礼意",至于作为"性之端也"的道德训练在礼学中的重要性,也因以彰明②。

　　与"礼器"之"文章"相比,可知"礼文"之目乃指行礼主体的行为活动而言,与赞持主体行礼过程之背景的"礼器"不同,此今日又被学者称为"礼仪"。它是主体为度过人生各种节点而采取的一系列行为,它也往往要借助一系列的礼器帮助来完成这一过渡。这些节点散见于自然、社会、人生三大领域:其巨者如自然则包括天神、地祇、人鬼;社会则有二目:待人与接物,前者有五伦之别③,后者盖可论为生产礼仪(如春耕、秋收、开业、建筑等等);人生领域亦有二目:成长历程和岁时节令。其细者则兼及人们日常生活所面对的衣食住行、亲友相处之仪等环节。《汉书·礼乐志》:"人性有男女之情,妒忌之别,为制婚姻之礼;有交接长幼之序,为制乡饮之礼;有哀死思远之情,为制丧祭之礼;有尊尊敬上之心,为制朝觐之礼。"④推之于天子主体,固当容纳传统礼书所载之五礼的全部内容。范热内普曾指出:"其中每一事件都伴有仪式,其根本目标相同:使个体能够从一确定的境地过渡到另一同样确定的境地。"⑤具体说来,过渡仪式的功能就如金泽在《宗教禁忌》中所说

---

① 《朱熹集》外集卷1《博约》,四川教育出版社1996年版,第5738页。
② 《礼记正义·乐记》:"德者,性之端也。"第1507页。
③ 如《孟子·滕文公上》云:"人之有道也,饱食、暖衣、逸居而无教,则近于禽兽。圣人有忧之,使契为司徒,教以人伦:父子有亲,君臣有义,夫妇有别,长幼有序,朋友有信。"
④ 班固:《汉书》卷22,中华书局1962年版,第1027—1028页。
⑤ [法]范热内普:《过渡礼仪》,张举文译,商务印书馆2010年版,第3—4页。

的："以神或祖灵的意志为权威，将社会成员所须承担的社会职责和义务神圣化，使社会成员，尤其是新成员们对之畏惧并遵守之，从而既保证社会秩序的自然延续及其约束力，又帮助个人顺利实现该阶段的人格转变与精神转变。人生的旅程是不连贯的，它有一个又一个的断点。在这些断点上，人们告别了旧有的'自我'，嬗变为新的'自我'。"①而过渡礼仪的完整模式在理论上包括阈限前礼仪（rites préliminaries，即分隔礼仪）、阈限礼仪（rites liminaires，即边缘礼仪）和阈限后礼仪（rites postiliminaires，即聚合礼仪），虽然在实践上这三组礼仪并非始终同样重要或同样地被强调细节②。

作为礼文（或称礼仪）践行过程之背景的礼器或名作礼具，盖因礼仪实行过程中的一些具体的意义承载体而为言。其具目可依《乐记》所论分为三种：物器、名器和文器。

物器即因"簠簋俎豆"而申之，从礼字的构形看，可知礼器当包括用于行礼之赞物以及用于盛放此赞物的容器③，亦即提到礼器之时，虽或以其容器如"簠簋俎豆"云云作代称，但其实必兼赞物言之，如《礼记·坊记》载孔子云："敬则用祭器，故君子不以菲废礼，不以美设礼。"其"祭器"之说必兼赞物甚至附于此"祭器"和赞物上的制度、文章而言，且尤以赞物为其主体④，至于承载赞物的容器，不过是今日的包装盒而已，之所以因容器而称赞物，盖古人"因卑达尊之意也"⑤。

----

① 金泽：《宗教禁忌》，社会科学文献出版社1998年版，第164页。

② ［法］范热内普：《过渡礼仪》，张举文译，商务印书馆2010年版，第10页。

③ 按赞物在传统虽或亦有专称，然甚不一致，如宋代黄干《勉斋集》卷21《赵季仁习乡饮酒仪序》云："登降辞受，礼之文也。鼎俎笾豆，礼之器也。脯醢脊胁，礼之用也。"文渊阁《四库全书》本，第233页。郑泳《义门郑氏家仪》中的《郑氏祭田记》云："宗明分序，礼之质也。升降俯伏，礼之文也。笾豆罍斝，礼之器也。牲醴粢盛，礼之物也。"民国《续金华丛书》本。各以"礼之用""礼之物"称之。今所用"礼物"一称多兼礼之制度、文章而言，故别取礼书赞物连文概之，以为礼物之制度、文章剥离后的实物部分。

④ 法国人类学家马塞尔·莫斯在《礼物：古式社会中交换的形式与理由》中指出："可以确凿地讲，在萨摩亚人的赠礼制度中，也存在着严格意义上的夸富宴的两大基本要素：一是荣誉、威望和财富所赋予的'曼纳'（mana）；二是回礼的绝对义务，如不回礼，便会导致'曼纳'、权威、法宝以及本身便是权威的财富之源的丧失。"汲喆译，上海人民出版社2002年版，第16—17页。莫斯所谓的呈现"礼尚往来"信条之根本力量所在的"礼物"，当然也应以此赞物为主而言之。

⑤ 蔡邕：《独断》卷上释"陛下"云："群臣与天子言，不敢指斥天子，故呼在陛下者而告之，因卑达尊之意也。上书亦如之。及群臣士庶相与言曰殿下、合下、执事之属，皆此类也。"《四部丛刊三编》本，上海商务印书馆1925年版，第2页。

名器则因"制度"申之①。与物器所指的实物性礼器不同,制度与文器所指的文章并是礼器中的符号(传统谓之"象")性表达,它们往往要依附一定的实物才能得到呈现。也就是说,制度本身仅仅是一种符号性存在。具体言之,如针对自然万物与时空展开之神明的天神、人鬼、地祇,以及如何沟通诸物神之法度等等;针对社会关系的人伦概括,如黄以周《礼书通故》所收之"宗法""学校""选举""职官""井田""田赋""职役""钱币""封国""刑法"等等,所谓国法家规,皆历历在焉;至于人生法度的学、冠、婚、仕、老云云,亦各有其度;乃至因制度而呈现的国家礼典之制,亦名器之一种。

文器之义稍为宽泛。簠簋俎豆、宫室舆服等作为礼器之实物,在施于典礼时或有大小、用料、数量等之制度规定,然其取"象"(symbol)之形态、结构、布局则有文章在焉,三者配合构成有利于行礼者展示礼意的神圣场景。故此文章乃是礼器之组成部分,而与行礼主体"升降上下,周还裼袭"的"礼之文"不同。具体言之,此目盖有可由图形文章、音声文章和舞容文章组成。图形文章指以诉诸视觉为主且多以静态画面呈现为特征的文饰与色彩等,其表现材料比较丰富,如依托于笔墨的图画写作,依托于丝绵布帛的制作服饰,依托于土石竹木的宫室棺椁,依托于金属陶瓷的用具盛器,依托于自然物的各种赘物古玩等等;音声文章指以诉诸听觉为主且多以乐音呈现为特征的音乐与声响;舞容文章指以兼顾视听觉且多以动态画面呈现为特征的舞蹈与行为表达,它包括卜筮、宾客、司仪、舞者等等主体以外人员的行为活动与造型。

《礼记·礼器》谓"经礼三百、曲礼三千",曹元弼解云:"愚初读《礼器》郑注以经曲分属二《礼》,求其说不得,厥后沈潜反复于二经有年,又深考《通解》《纲目》之书,确知二《礼》相经纬,且《周》为经,《仪》为纬,乃恍然悟所谓经曲者即经纬,郑注贯通二《礼》为训,非薛瓒辈所能见及,而经之训法、曲之训事训屈曲,皆一以贯之矣。"②曹氏于句中注云:"薛瓒注《汉书》,说经礼、曲礼与郑异,后人多从之,非是。"按三百、三千之说又见于《中庸》:"礼仪三百,

---

① 《左传·成公二年》:"唯器与名,不可以假人,君之所司也。"杜预注:"器,车服;名,爵号。"苏辙《上皇宗论蜀茶》:"至于盐茶之官,发万驮即转一官,知县亦减三年磨勘,国之名器,轻以与人,遂使贪冒滋章,廉耻不立,深可痛惜。"赵汝愚:《宋朝诸臣奏议》卷108,上海古籍出版社1999年版,第1168页。皆以"名器"代指爵号、职官等,扩而充之,藉以代指礼器之制度,或亦不谓无据。

② 曹元弼:《复礼堂文集》卷5,宣统丁巳(1917)年遂庵刻本,第15页。

威仪三千。"若薛氏所云"'礼经三百',谓冠、婚、吉、凶"实为朱子所取①,结合本文前述礼之结构,则可折中朱子与曹氏之说,认为主体之"升降上下,周还裼袭"的礼文为礼之经,而作为主体行礼背景的"簠簋俎豆,制度文章"的礼器为礼之纬,二者共同呈现作为行礼之本旨的礼意。又《礼记》屡申的"礼主别异"之论,亦因此可知有两个层面的理解,一是指礼仪层面的,其别在于主体之成长的阶段性进境,二是指礼器层面的,其别则在于次第进境中的社会关系之调节。

三、礼之践履中的资源思考

礼既缘性"感于物而动"之情而为,则动情之物的所在自当形成礼之践履的场域或者说空间,然则人生所触及的场域或者说空间该如何界分呢?《礼记·大学》有修身、齐家、治国、平天下的道德扩充之序目,此与"礼三本"说的天地、先祖、君师颇有相契之妙②,唯后者以"治国""修身"相关的君师合为一本而已。盖以儒家之道德理解立身,则行礼主体的人生空间当有四种变化:即身—家—国—天下。未成家者,因身为礼,其或参与于家、国、天下之典礼,则观之以备礼器之数而已;已成家而未任职者,有家长之礼(如主冠婚丧祭相见云云),其或参与于国、天下之典礼,亦观之以备礼器之数;为国主者(指分封制时代的诸侯,至郡县制时代则守职者各以其职行)则有国君之礼(如聘享朝觐云云),其或参与于天下之典礼,则亦观之以备礼器之数;至于天子之位,乃有天子之礼(如郊裸禘祫等等),且"天下"之际,固当入于圣人或《周易》乾卦文言所载的"大人"境域:"与天地合其德,与日月合其明,与四时合其序,与鬼神合其吉凶,先天而天弗违,后天而奉天时。"至于历史

———————————

① 《朱子语类》卷87之"礼器"目下云:"人只是读书不多。今人所疑,古人都有说了,只是不曾读得。郑康成注'经礼三百',云是《周礼》;'曲礼三千',云是《仪礼》。某尝疑之。近看臣瓒注《汉书》云'经礼三百'乃冠、昏、丧、祭,《周官》只是官名云云。乃知臣瓒之说已非康成之说矣。盖'经礼三百'只是冠、昏、丧、祭之类,如冠礼之中便有天子冠、士冠礼,他类皆然,岂无三百事?但《仪礼》五十六篇今皆亡阙,只存十七篇,故不全尔。'曲礼三千'乃其中之小目,如冠礼中筮日、筮宾、三加之类,又如'上于东阶,则先右足;上于西阶,则先左足',皆是也。"第2243—2244页。

② 《荀子·礼论》:"天地者,生之本也;先祖者,类之本也;君师者,治之本也。"杨柳桥:《荀子诂译》,齐鲁书社1985年版,第512页。按此又见于《大戴礼记·礼三本》《史记·礼书》。后世因而约之为"天地君亲师"之目。参徐梓《"天地君亲师"源流考》,载《北京师范大学学报》2006年第2期。盖更契于人生之实。

上纵未有臻于此境的帝王①,亦不能否认此一理想境界之存在。后世礼制之制,亦因礼器而别之,若《大唐开元礼》于职分之礼分皇帝、太子、亲王、三品以上、四品五品、六品以下六级空间,民众盖取不逾于六品之制为制。至于乡遂村里之约、书院学校之规、家礼训蒙之作,并以“在其位者”的主体视角为之,“不在其位,不谋其政”②。然而此不意味着不能即身而有所进取和扩充,所谓“当仁不让”“君有命不俟驾而行”是也。“不谋其政”亦不意味着不议其政,仅意味着不能以其位而行其政及主持与其政相应之礼而已。

又《礼记·曲礼上》有“礼不下庶人,刑不上大夫”一语,久为礼学界公案,郑玄注云:“为其遽于事,且不能备物。”“不与贤者犯法,其犯法则在八议,轻重不在刑书。”孔颖达正义申之云:

> “礼不下庶人”者,谓庶人贫,无物为礼,又分地是务,不暇燕饮,故此礼不下与庶人行也。《白虎通》云:“礼为有知制,刑为无知设。”礼谓酬酢之礼,不及庶人,勉民使至于士也。故《士相见礼》云:“庶人见于君,不为容,进退走。”张逸云:“非是都不行礼也,但以其遽务不能备之,故不著于经文三百、威仪三千耳,其有事则假士礼行之。”
>
> “刑不上大夫”者,制五刑三千之科条,不设大夫犯罪之目也。所以然者,大夫必用有德,若逆设其刑,则是君不知贤也。张逸云:“谓所犯之罪不在夏三千、周二千五百之科,不使贤者犯法也,非谓都不刑其身也。其有罪,则以八议议其轻重耳。③

此以庶人不能具礼、大夫不可加刑解之,然已不能无疑。以《礼记》本身即载有大量庶人之礼,而“《仪礼》则达乎诸侯大夫及士庶人”④。至于史载大夫以上官员遭刑之事则不可胜计,若《孟子》“诛一夫”“君视臣如草芥则臣视君如寇仇”之论,恐亦非不欲以“刑”上“君”也,故孔氏正义引张逸之语而曲

---

① 如果以孔孟“君君”之意推之,历史上固无全合君道之君,其居下流者成为民所欲诛之“一人”、臣所视之如“冠仇”者,亦不鲜见。

② 《论语·泰伯》。又《论语·宪问》载曾子语云:“君子思不出其位。”《中庸》:“君子素其位而行,不愿乎其外。”“在上位不陵下,在下位不援上。”等等,其意略同。

③ 《礼记正义》,第103页。

④ 曹元弼:《复礼堂文集》卷5“经礼曲礼说”,第13页。

为之解，以求圆通，然其诠释所据，盖欲为儒家道德中的君子、小人之辨张目①，唯《礼记》所论之士大夫与庶人乃社会阶层之实存而非道德语境中的概念，故其所解不能为常理所容耳。近代以来，学人亦因此而提出战国以前礼不下庶人、贵族之礼不下庶人、宗法礼不下庶人等说，张全民先生一一辩驳诸说后提出了"具体的礼仪规定"说，即该句当因其前后文之语境而断其句解："国君抚式，大夫下之；大夫抚式，士下之；礼不下庶人。刑不上大夫，刑人不在君侧。"认为"这段话讲古人乘车的礼仪，其中'礼不下庶人'是指车乘之礼不下及庶人。"②如此虽可暂解"礼不下庶人"的理解尴尬，但却置其对偶句式的"刑不上大夫"于不顾，而于儒家平等、公义的道德理想亦不能有所圆通。谢维杨先生从语法学角度提出了一个新解："礼不施行于庶人之下，刑不施行于大夫之上。"③斯亦颇具理致，然舍常见的意动用法不论而取述补结构"下于庶人"之说，似亦有未安之处，且以礼无所不在的情形视之，如刑隶之人亦不能无衣食住行之节，盖亦不可以无礼论之。按宋人已有对"下庶人"与"上大夫"的意动用法之解，似颇能契于儒家礼论，宋代卫湜《礼记集说》卷7引金华邵氏语云：

> 世俗之说曰"礼不下庶人"，则庶人不足以行礼；"刑不上大夫"，则大夫有罪不可以加刑，如此则弃众人于礼法之外，为大夫者可以率意妄行而无忌惮矣。礼仪三百、威仪三千，与夫成汤之官刑、《周官》之八议果何用也？夫"不下庶人"，犹曰"不以庶人为下而使之废礼"；"不上大夫"，犹曰"大夫不以刑为上而当待以礼义廉耻云耳"。④

按此解似未能贯通"下庶人"与"上大夫"的语法一致性，而致后者之解有误，后人颇有通之者，如明代叶春及云："刑无上也，不以大夫为上而无刑；

---

① 如《荀子·王制》云："虽王公士大夫之子孙，不能属于礼义，则归之庶人；虽庶人之子孙也，积文学，正身行，能属于礼义，则归之卿相士大夫。"载杨柳桥《荀子诂译》，第192页。是与韩愈论孔子作《春秋》之笔法有异曲同工之妙："孔子之作《春秋》也，诸侯用夷礼则夷之，进于中国则中国之。"《韩愈全集校注·原道》，四川大学出版社1996年版，第2664页。

② 张全民：《"礼不下庶人"发覆》，载《吉林大学社会科学学报》1997年第1期。

③ 谢氏云："在先秦典籍中，象《曲礼》这句话这样以表示人或人的身份的名词（及其代词）作宾语的及物动词'上'、'下'，并无作'至'、'及'解者。这时'上'、'下'的含义是'在某之上（下）'，或'至于某之上（下）'，似无例外。如《曲礼》：'为君尸者，大夫、士见之，必下之。君知所以为尸者，则自下之。'是说在尸之下。……"并见谢维杨《"礼不下庶人，刑不上大夫"辨》，载《学术月刊》1980年第8期。

④ 卫湜：《礼记集说》卷7，江苏广陵古籍刻印社1996年《通志堂经解》第12册，第386页。

礼无下也,不以庶人为下而无礼。"①礼、刑虽有等差,但礼、刑面前人人平等,斯最为语、义圆融之解。

作为主体生存方式的实践展开,礼不仅有如上国家层面的纵向阶层展开,也有更为广泛的横向空间层面的呈现。《礼记·王制》云:"中国戎狄五方之民,皆有性也,不可推移……中国、夷蛮戎狄,皆有安居、和味、宜服、利用、备器。"朱子申云:"五方之民,言语不通,却有暗合处。盖是风气之中,有自然之理,便有自然之字,非人力所能安排。"②然虽人之"心有同然"且事有"自然之理",但具体礼仪的设计却仍各有其"方便"的思考,如《晏子春秋·问上》云:"百里而异习,千里而殊俗。"《汉书》卷七二云:"百里不同风,千里不同俗。"③本文前已申论"俗"乃是具有一定范围之普适性的"种群的欲望"的表达活动,如果能进而明确其具有更大范围之个体情、欲安顿的合宜性,则即是能够"事神致福""体用一如"的"礼"。也就是说,在一个广大的区域内,大一统王朝可以有其作为国典的礼制,而每一个独立的群体部落也可以有自己作为生存轨则的礼(其合礼者可名为礼)俗(其不合礼者仍以俗名),即使在大一统王朝内部,同样行政层级的乡遂州府亦可以存在各自的礼俗,唯礼有本有文,有经有纬,其本、经者当百世不变、万里同风,而文、纬者则随时变革、因地制宜,后者在历代礼典实施时据礼制所做的"仪注"中尤可明之,另有行于个体身家者如家礼云云亦然。

另外,中国早期的礼书虽被纳为儒家经典,但"事神致福"之礼却非儒家所专属。纵不论汉晋以后民间典礼多邀僧道之士以助成其"事神"之实,若以戒律仪轨约其身以求心无旁骛而至于终极超越的教界人士,其于礼仪之创制与持守之力,当更有功于中华礼学体用知行的理解与传承。至于宋代道学家程颢见僧人饭时趋进揖逊之盛而生"三代威仪尽在是矣"之叹④,愈知礼固不限于"方内"世界矣。也正因此,先人所谓的"礼失而求诸野"才成为可能⑤。不唯如此,且随着人类社会交流之加繁和礼俗比较之便利,选择更契于人性生存的"适情"之礼,就成为历代文化传统特别是儒学认同者"戚然于心"的强烈愿景。

---

① 叶春及:《石洞集》卷 2"正刑礼",文渊阁《四库全书》第 1286 册,第 260 页。
② 《朱子语类》卷 87"王制"目下,中华书局 1986 年版,第 2237 页。
③ 《汉书·王吉传》,中华书局 1962 年版,第 3063 页。
④ 《二程集·河南程氏外书》卷 12,第 443 页。
⑤ 《汉书·艺文志》诸子略序引孔子语。中华书局 1962 年版,第 1746 页。

四、结论

礼作为中国传统的一门立身、践履之学,其资源的流变必然与中国历史的演变同步,反思传统的目录学分类思考无疑是对礼学资源总体把握的一个重要参照,今以《七略》《文献通考·经籍考》《四库全书总目》所列相关类目辑列于下:

	六艺略			诸子略	兵书略	术数略	方技略	诗赋略
七略	易、礼、乐			儒家、阴阳、杂家、农家	兵阴阳	天文、历谱、五行、蓍龟、杂占、形法		
	经部	史部		子部				集部
通考	易、礼、谥法、乐、谶纬	职官、仪注、刑法、时令、谱牒		儒家、杂家、农家、兵书、天文、历算、五行、卜筮、形法、类书				
	经部	史部		子部				集部
四库	易类、礼类(周礼、仪礼、礼记、三礼通义、通礼、杂礼书)、乐类	职官类(官制、官箴)、政书类(通制、典礼、邦计、军政、法令、考工)、诏令奏议类(诏令、奏议)、时令类		儒家类、杂家类、农家类、兵家类、天文算法类(推步、算书)、术数类(数学、占候、阴阳五行、占卜、杂技术、相宅相墓、命书相书)、类书类				

上表辑列并无严格的"礼"学资源标准可以凭借,故仅略依本文前述之礼学缘起、结构及践履相关者略加裒集,而与梁启超析大、小戴《礼记》为十类相比[1],盖亦不为过也。基于这一视角,以上类目或可析作以下几个部分:

一、从礼学结构言之,除了作为礼学源头的经典文献以外,还应包括研究和整理各种礼仪与礼器方面的文献,可分为六类:

礼经类。此是指轴心时代"圣言封闭"以前所结集的礼学文献,这是礼学作为一门学科存在的"源文献",主要包括《周礼》《仪礼》《礼记》,以及与《礼记》相匹配的《大戴礼记》,礼纬及历代对这些文献的注疏。此外,还应包括对礼经文本加以研究的各种文献资源。

礼论类。因为礼经文献的残损与疏略,历代学人孜孜以求其备者代不

---

① 梁启超:《要籍解题及其读法》所分十类:甲、记述某项礼节条文之专篇。乙、记述某项政令之专篇。丙、解释礼经之专篇。丁、专记孔子言论。戊、记孔门及时人杂事。己、制度之杂记载。庚、制度礼节之专门的考证及杂考证。辛、通论礼意或学术。壬、杂记格言、癸、某项掌故之专记。《梁启超全集》第 16 卷,北京出版社 1999 年版,第 4668—4669 页。

乏人。如朱熹云："若是如今古礼散失，百无一二存者，如何悬空于上面说义！是说得甚么义？须是且将散失诸礼错综参考，令节文度数一一著实，方可推明其义。"①历代诸贤因文献、考古、风俗、义理等阐微发覆，抉明礼义、礼仪、礼器之应然当在者，如陈祥道《礼书》、朱熹《仪礼经传通解》、江永《礼书纲目》、黄以周《礼书通故》云云之作，则自宜别作一类，以清眉目。斯盖可以礼论类概之。

礼器类。前文已揭礼器可包括三大类文献，即物器、名器和文器，物器为礼器之代表形态，自无疑义。而名器所涉及之制度、乐舞、数术因学科发展的成熟宜另设属类，盖可分别以礼法类、礼乐类、礼术类概之。其中礼术作为重事决疑之依据，在礼仪活动特别是典礼中的使用很是普遍②，斯盖尤须揭出者。

二、从制礼作乐言之，则历代礼仪实践的整体述作文本约可分为四个层面：

首先当然是历代官方的礼典思考与制作——礼制，此类文献也往往被称为"仪注"，而于目录学中多归入史部。

其次为礼俗，乃历代民间的礼仪思考与实践，此类文献在目录学中分布较散，如史部的方志、谱牒，子部的儒家、农家、杂家等皆或有专文、专书涉及。另外，集部的部分著作亦有专文论之。

因为国家礼制的"宏阔"和民间礼俗的"偏狭"，故历代颇有一些谨于修身、志在家国的士大夫对礼仪有所述作，此以家礼为代表形态，而延伸至乡约、学规等礼学实践成果。

此外，以"方外"修道为特点的宗教人士的行为思考和"事神"活动，亦当归于礼学实践资源无疑，唯其文献自成一脉，故历代综合目录多不具收。陈成国指出："礼不是儒家的创造，不是儒家的专利，诸子百家皆有礼。但是，汉以后，儒术独尊，儒家讲'礼'较多却是事实。然而释、道两家何尝无

---

① 《朱子语类》卷84"论考礼纲领"，中华书局1986年版，第2178页。

② 沈文倬指出："关于卜筮的仪节，《仪礼》的《士冠》《士丧》，记载得很详尽。其实十七篇都应有卜筮，不过《仪礼》的体例，用'互见见义'之法，所以在其他各篇都略去了。"沈文倬：《菿闇文存》，商务印书馆2006年版，第1028页。其实不仅典礼，卜筮等数术活动在日常生活中用于决疑"事神"的情况也非常普遍。

'礼'!"①故陈氏所著《中国礼制史》,自魏晋南北朝卷以后皆别设"二氏礼"之目以述其大略。又从礼学实践的传承史论之,宗教礼仪因其"方外"环境和"教团"信仰的背景,而在西学东渐中受到的影响颇较世俗为少,故更能保存其传统的延续性。

孟子云:"口之于味也,有同耆焉;耳之于声也,有同听焉;目之于色也,有同美焉;至于心,独无所同然乎? 心之所同然者何也? 谓理也、义也。"②礼正欲因"事神致福"之理义以节顺嗜欲之情而使并臻于心性之所同者,所谓"以礼为治身之器"③,"是故大备,大备,盛德也"。④

(原载《中原文化研究》2014 年第 2 期)

---

① 陈戍国:《中国礼制史》(魏晋南北朝卷),湖南教育出版社 2011 年第 3 版,第 456 页。事实上,佛、道二教内虽多以仪轨、科仪等称之,然径以礼仪称之者亦有不少,乃至今人亦有专著论之者,如陈耀庭《道教礼仪》(宗教文化出版社 2003 年版)、圣凯《中国汉传佛教礼仪》(宗教文化出版社 2001 年版)等。

② 《孟子·告子上》。

③ 陈澔:《礼记集说》,上海古籍出版社 1987 年版,第 132 页。此论"礼器"二字与《礼记·礼运》"故圣人作则,必以天地为本……礼义以为器"及《儒行》"儒有忠信以为甲胄,礼义以为干橹"等说法一致。《孟子·万章下》:"夫义,路也;礼,门也。惟君子能由是路出入是门也。"以礼为通往道之门径,其旨亦与前引诸论意同。

④ 《礼记·礼器》,第 955 页。

礼器略说

王国维曾通过归纳甲骨文中从"二玉在器之形"的文字推证:"古者行礼以玉,故《说文》曰:'豊,行礼之器。'……推之而奉神人之酒醴亦谓之醴,又推之而奉神人之事通谓之礼。"①这说明礼器是人们"事神致福"时的必要条件之一②,它与"礼情""礼文"一起构成了行礼必备的三个基本要素。《礼记·乐记》云:

> 簠簋俎豆、制度文章,礼之器也;升降上下、周还裼袭,礼之文也。故知礼乐之情者能作,识礼乐之文者能述。作者之谓圣,述者之谓明。明圣者,述作之谓也。③

这里的"礼文""礼情"又被称为"礼仪"和"礼意"④,而礼器与礼仪是用来呈现和表达礼意的,所谓"器以藏礼,礼以行义"是也⑤。从礼字的构形看,可知礼器当包括用于行礼之贽物以及用于盛放此贽物的容器⑥,亦即提到礼器

---

① 王国维:《观堂集林》,中华书局 1959 年版,第 291 页。

② 《说文》:"礼,履也,所以事神致福也。"

③ 本文的三礼文字皆用上海古籍出版社点校本《礼记正义》(2008 年版)、《周礼注疏》(2010 年版)、《仪礼注疏》(2008 年版),其余经书皆据中华书局 1980 年影印《十三经注疏》本,后不一一出注说明。

④ 黄侃在《礼学略说》中云:"有礼之意,有礼之具,有礼之文。"黄侃:《黄侃论学杂著》,中华书局 1964 年版,第 463 页;沈文倬在《略论礼典的实行和《仪礼》书本的撰作》中云:"(礼书)是记录'礼物'、'礼仪'和它所表达的礼意的文字书本。"沈文倬:《菿闇文存》,商务印书馆 2006 年版,第 7 页。

⑤ 《左传·成公二年》载孔子语。

⑥ 贽物在传统虽或亦有专称,然甚不一致,如宋代黄干《勉斋集》卷 21《赵季仁习乡饮酒仪序》云:"登降辞受,礼之文也。鼎俎笾豆,礼之器也。脯醢脊胁,礼之用也。"文渊阁《四库全书》本,第 233 页。郑泳:《义门郑氏家仪》中的《郑氏祭田记》云:"宗明分序,礼之质也。升降俯伏,礼之文也。笾豆罍斝,礼之器也。牲醪粢盛,礼之物也。"民国《续金华丛书》本。各以"礼之用""礼之物"称之。今以"礼物"之称多兼礼之制度、文章而言,故别取礼书贽物连文概之,以为礼物之制度、文章剥离后的实物部分。

之时,虽或以其容器如"簠簋俎豆"云云作代称,但其实必兼贽物言之,如《礼记·坊记》载孔子云:"敬则用祭器,故君子不以菲废礼,不以美设礼。"其"祭器"之说必兼贽物甚至附于此祭器和贽物上的制度、文章而言,且尤以贽物为其主体,至于承载贽物的容器,不过是今日所谓的包装盒而已,之所以因容器而称贽物,盖古人"因卑达尊之意也"①。然自汉初礼图学出现之后②,论者皆以后者为礼器之备③,积至清修《皇朝礼器图式》,益加坐实其意,遂致作为礼学三要素之一的"礼器"概念边界不明。本文即拟据前引《乐记》的礼器之说,而从礼器之实物、制度、文章三个层面对此稍加讨论,冀可抛砖引玉,以促进礼学传统的梳理和当代重建之探讨。

一、礼器之实物

今知最早著录礼器的著作盖为汉初叔孙通所著的《汉礼器制度》,然原书久佚,其分类部目不详,清人有数种辑本,若王谟《汉魏遗书钞》本辑有十九条,内容涉及葬器、盛器、服饰、食器、乐器、仪仗、祭器等等。宋代聂崇义集前代"三礼图"之大成的《新定三礼图》则设十九目,依类而论,可分为服饰、宫室、射具、玉器、盛器、丧具六种。明御用典籍《礼制集要》列有十三目:冠服、房屋、器皿、伞盖、床帐、弓矢、鞍辔、仪从、奴婢、俸禄、奏启本式、署押体式等④。而清代通礼研究的代表作,如江永《礼书纲目》列有丧服、祭物、名器、乐器之专目,其中名器下收有衣服、宫室、车旗、玉器、贽、节、杂器、度量权衡等;黄以周《礼书通故》列有宫室、衣服、车制、名物之专目,其中名物下

① 蔡邕:《独断》卷上释"陛下"云:"群臣与天子言,不敢指斥天子,故呼在陛下者而告之,因卑达尊之意也。上书亦如之。及群臣士庶相与言曰殿下、合下、执事之属,皆此类也。"《四部丛刊》本,第2页。

② 盖汉代郑玄首著:《三礼图》,其后代有续补,至宋聂崇义集其大成,因其书所论皆为承载"礼贽"的器具,故乾隆三十年修定《三礼义疏》之《仪礼义疏》末附之《礼器图》,即用宋杨复《仪礼图》本而稍为校正,又清吴之英亦径以《礼器图》命其同类作品。

③ 如王国维之:《古礼器略说》,亦仅集录了有关钟、句鑃、鑪、卣、罍、兕觥、盉、彝、俎等十篇考订文字。现代学人对"礼器"的界定则较为扞格,一般说来,其概念多解作行礼时所使用的器物,但在具体讨论其内容时却仅限于三礼文本和先秦出土文物中所涉及的容器性器物,且其范围又往往仅限于宗祭之器,以至于《汉语大词典》礼器条径解之作"祭器"。或稍益其范围,而及于宫室、舆服、乐器之属,然于此容器所承载的贽物之实则避而不论,虽因礼书之多以代称而取器舍实,出土文物又多器存实朽或器本即存而未用,遂致其所承载之贽物难论,然无论如何,总令人有舍本逐末之憾,更有甚者,致生礼器即容器之误解。

④ 余继登:《典故纪闻》,中华书局1981年版,第96页。

收有玉器、赘物、符节、坐具、餐具、乐器等。今人吴十洲在《两周礼器制度研究》中对铜器铭文、东周礼书及墓葬考古中所见的"礼器"分别考论,综其类属,可作八类:玉器、青铜容器、漆木竹陶礼器、乐器、车服、銮旗、兵器、丧葬器①。又当代礼学家钱玄在其撰修的《三礼辞典》中,于五礼之器各归其类外,另设与礼器相关者如射礼投壶②、乐舞、卜筮、天文历法、服饰、饮食、车马、兵器、旗帜、玉器符节、器物(包括饮器、食器、坐具、用器等)、动植物等十余目。

以上诸家论说皆以三礼及先秦出土文物为对象,然其揭"礼图""礼器"之名者,似皆不取能直接献祭的赘物,其兼论用于献祭之赘物者又不用"礼图""礼器"之名。至清乾隆时期敕修《皇朝礼器图式》,才踵汉而成论当代礼器之作,其书计分六大部类:

祭器部(14类):收有用于祭祀的玉器和盛器。

仪器部(4类):收有用于观测天地的各种仪器和时钟。

冠服部(男24类,女17类):收有男女各种冠带礼服。

乐器部(87类):收有各种乐器。

卤簿部(35类):收有各种车马仪仗。

武备部(26类):收有作为仪仗用的各种防保护和攻击性武器,以及旗帜、帐篷等。

因于旧类有所扩充,故特于卷首申明云:

> 是编所述则皆昭代典章,事事得诸目验,故毫厘毕肖,分刌无讹。圣世鸿规灿然明备,其中仪器、武备二类,旧皆别自为书,今乃列之于礼器,与古例稍殊,然周代视祲、保章、冯相所职,皆天象而隶于春官。礼有五目,军礼居三,而所谓"前朱雀而后玄武、左青龙而右白虎,招摇在上,急缮其怒"者,战阵之令,乃载于《曲礼》。盖礼者理也,其义至大,其

---

① 吴十洲:《两周礼器制度研究》,台北五南图书出版公司等2004年版,第423页。

② 之所以谓之"与礼器相关者",因钱先生并未以"礼器"之名统摄众目。稽诸先生所著《三礼名物通释》(江苏古籍出版社1987年版),其序中揭云:"夫学《礼》不外四端:一曰礼之义,所以论礼之尊卑、亲疏之义也。如《礼记》所载《冠义》《昏义》《乡饮酒义》《射义》《聘义》等篇是也。二曰礼之节,详吉凶宾军嘉五礼之节文也。《仪礼》十七篇所述是也。三曰百官之职,则《周礼》所记三百六十官之职掌也。四曰礼之具,乃散见于《三礼》中有关宫室、器用名物也。"用黄侃"礼之具"名。其后钱氏著《三礼通论》(南京师范大学出版社1996年版)则析为四编:礼书编、名物编、制度编、礼仪编,其中名物编又分为衣服、饮食、宫室、车马、武备、旗帜玉瑞、乐舞、丧葬八个子目,亦不用"礼器"之名该之。

所包者亦至广,故凡有制而不可越者,皆谓之礼,《周官》所述皆政典,而兼得《周礼》之名,盖由于此。今以仪器、武备并归礼乐,正三代之古义,未可以不类疑也。①

从以上各家各代的分类中可以看出,其诸类的分别大致是以功用来归纳的,但从各家各代的个别差异中,我们似乎应该有所追问:礼器到底应该包括哪些内容?譬如一个普通人家日常使用的饭碗,如果盛过或者多次盛过祭品是否就能算是祭器?如果一定强调其专属性,就是说做过祭器的碗不能再用于日常饮食之中了,那么又该如何称呼那些平时作食器而祭时亦作容器的碗呢?而且如果仅仅从名称上看,我们也不能肯定地说前引诸家所及之器物就一定是礼器,除了那些可用于常物的器物之外,以众所共知的"专用礼器"而言,如果一个"鼎"被用来盛米了,那它还是礼器吗?如果说铸鼎时代的"鼎"不会被用来盛米,那能用"鼎"来盛米的时代其礼器又有哪些呢?要想梳理礼器的界定和分类问题,重温礼学的缘起也许是一个不错的选择,《荀子·礼论》云:

> 礼起于何也?曰:人生而有欲,欲而不得则不能无求,求而无度量分界则不能无争,争则乱,乱则穷。先王恶其乱也,故制礼义以分之,以养人之欲,给人之求,使欲必不穷乎物,物必不屈于欲,两者相持而长,是礼之所起也。故礼者养也,刍豢稻粱、五味调盉,所以养口也;椒兰芬苾,所以养鼻也;雕琢刻镂、黼黻文章,所以养目也;钟鼓管磬、琴瑟竽笙,所以养耳也;疏房檖貌、越席床第几筵,所以养体也,故礼者养也。君子既得其养,又好其别。曷谓别?曰:贵贱有等,长幼有差,贫富轻重皆有称者也。……故孰知夫要节之所以养生也,孰知夫出费用之所以养财也,孰知夫恭敬辞让之所以养安也,孰知夫礼义文理之所以养情也。故人苟生之为见,若者必死;苟利之为见,若者必害;苟怠惰偷懦之为安,若者必危;苟情说之为乐,若者必灭。故人一之于礼义,则两得之;一之于性情,则两丧之矣。②

------

① 允禄、蒋溥:《皇朝礼器图式》,见文渊阁《四库全书》第 656 册,台北商务印书馆 1986 年版,第 12 页。

② 杨柳桥:《荀子诂译》,齐鲁书社 1985 年版,第 508—509 页。又此段文字与《礼记·乐记》中的"人生而静,天之性也;感于物而动,性之欲也"云云一段意思略同,唯彼文字略简,可相参证。又《荀子》所载文字亦见于《史记·礼书》,唯个别文字略有省改。

由上文可知,合于礼义之宜的"六觉"(口鼻目耳体意)养器皆是礼器,只不过其所论之礼为常礼——个体居家生存活动之礼①,与前文讨论"礼器"分类诸文所针对的典礼——个体作为主人参与群体活动之礼有内外常变之异②。前者为个体生活中的基本行为,故"以素为贵",所谓"至敬无文,父党无容"(《礼器》)是也;后者为个体生活中的"节点"行为③,是基本行为的"群体延伸",故"以文为贵"。要之"文"之所起,亦因"素"而加饰焉④。落实到礼器层面,则典礼之礼器虽较常礼为富,然亦必因"六觉"之养而外推,唯常礼以养及主体之心灵为安,而典礼则兼养于他者之心灵,乃至于先祖之鬼灵和自然之神灵。回归到我们的礼器分类思考,从器与礼仪乃是用以达成沟通"神""祖灵"以及"心灵"之境界的角度考虑,盖可对前引诸家礼器作如下分疏:

赞物选择:赞物是行礼进献的真正器物,或者说是传统礼器之内核,礼书亦分别称之为器实、豆实、鼎实等等,然则实即因器而陈之物,今则多以礼

----

① 按此家人是否应该包括夫妻,似仍有可商之地,若后文引《礼记·礼器》"以素为贵"者中例及"父党",而清李道平云:"以天合者贵乎质,父子兄弟是也;以人合者贵乎文,君臣夫妇也。"《周易集解纂疏》贲卦之序卦疏,中华书局 1994 年版,第 244 页。又所谓个体居家生存活动之礼中是包括个体作为客人参与典礼活动的,与作为主人参与典礼活动所必须体悟的生命"过渡"意义不同。

② 《周易·系辞上》"圣人有以见天下之动而观其会通,以行其典礼"孔颖达疏:"既知万物以此变动,观看其物之会合变通,当此会通之时,以施行其典法礼仪也。"是典礼乃"物之会合变通"时所行之仪法,盖较常礼为丰赡也。

③ 此"节点"即人类学中所谓的"过渡",包括人生成长(如生育、成人、生日、成家、丧葬等)及交往(如祭祀、交友、聚会、拜谒、救助等)以至月令(如年节、分至、朔望等)诸环节;引之于国家主体,盖可容纳传统礼书所载五礼的全部内容。范热内普著,张举文译《过渡礼仪》云:"其中每一事件都伴有仪式,其根本目标相同:使个体能够从一确定的境地进渡到另一同样确定的境地。"商务印书馆 2010 年版,页 3—4。具体说来,过渡仪式的功能就如金泽在《宗教禁忌》中指出的:"以神或祖灵的意志为权威,将社会成员所须承担的社会职责和义务神圣化,使社会成员,尤其是新成员们对之畏惧并遵守之,从而既保证社会秩序的自然延续及其约束力,又帮助个人顺利实现该阶段的人格转变与精神转变。人生的旅程是不连贯的,它有一个又一个的断点。在这些断点上,人们告别了旧有的'自我',嬗变为新的'自我'。"社会科学文献出版社 1998 年版,第 164 页。

④ 《荀子·礼论》云:"凡礼,事生,饰欢也;送死,饰哀也;祭祀,饰敬也;师旅,饰威也。是百王之所同,古今之所一也。"《荀子诂译》第 540 页。不过荀子的饰礼之说亦非仅随意而为,而是主体在参与典礼活动中表达性情的一些必要的方式:"性者,本始材朴也;伪者,文礼隆盛也。无性,则伪之无所加;无伪,则性不能自美;性伪合,然后圣人之名一。"同前第 534 页。

物称之。范热内普曾指出:"迈向对礼仪分类之第一步需将礼仪分为两类:感应性礼仪(rites sympathiques)与感染性礼仪(rites contagionnistes)。"①然"感应"与"感染"正欲因主体之六觉(口鼻目耳体意)而引领其心灵圣化,故相关之礼器的设定正需因此而做出选择:如能庇体并引之走入圣境的宫室、舆服、棺椁以及仪仗,能因耳以"降兴上下之神而凝是精粗之体"(《乐记》)的音乐发出者——乐器,能因口鼻而臻入灵境的牺牲酒醴、黍稷馨香,能因意之导引而输诚示敬的珍宝玉帛、卜筮之具等等②。至于眼之所及,则无不在矣,且将及于承载此赘物之包装荐器。

包装选择:礼器之内核既定,则其包装亦因之而成、因之而变可矣。若钟鼎彝器、簠簋俎豆乃至礼器之制度文章,先秦用之,后世自是有承有变,取舍丰简从宜,循"礼时为大"之则可也,要之亦以能参与引导主体之输诚示敬、"事神致福"为上选。

二、礼器之制度

《荀子·礼论》云:"天地以合,日月以明,四时以序,星辰以行,江河以流,万物以昌,好恶以节,喜怒以当,以为下则顺,以为上则明,万变不乱,贰(贷)之则丧。"③其"节""当"之法度即礼之制。《礼记·乐记》云:"天高地下,万物散殊,而礼制行矣。"孔颖达疏:"以天高地下不同,故人伦尊卑有异,其间万物各散殊涂,礼者别尊卑,定万物,是礼之法制行矣。"就是说礼制是使"天地之事各得其宜"的基本规则。天地之事本各有其宜,然人因有主观能动性,故当其介入天地之事时,如何继续能"使天下后世无一物不得其所"呢?礼制正是历代学人对此行为依据的探索结果。《汉书·礼乐志》云:

> 人函天地阴阳之气,有喜怒哀乐之情。天禀其性而不能节也,圣人

---

① [法]范热内普:《过渡礼仪》,张举文译,商务印书馆2010年版,第4页。
② 卜筮乃为礼典举行前对某些非预定的礼典时间与空间乃致宾客选择等作必要的神圣定位,则《皇朝礼器图式》所列之仪器部以及传统用以"决疑"的卜筮数术之器皆在焉。李安宅《〈仪礼〉与〈礼记〉之社会学的研究》指出:"卜筮的应用,几于个个礼节上都有地位,如冠礼之'筮日'、'筮宾',婚礼之卜而'纳吉'、卜而'请期',丧礼之筮葬地、筮葬日、筮尸,特牲馈食礼之筮日、筮尸,少牢馈食礼之诹日而筮与筮尸等,载于《仪礼》者甚多。只有因着节气而行的定礼,用不着这一层。"上海人民出版社2005年版,第51—52页。
③ 杨柳桥:《荀子诂译》,齐鲁书社1985年版,第520页。其中"贰"字当为"贷"字误校,故不从之。

能为之节而不能绝也,故象天地而制礼乐,所以通神明、立人伦、正情性、节万事者也。人性有男女之情、妒忌之别,为制婚姻之礼;有交接长幼之序,为制乡饮之礼;有哀死思远之情,为制丧祭之礼;有尊尊敬上之心,为制朝觐之礼。①

其实"通神明"乃"立人伦、正情性、节万事"之所本,人伦传统多概之以五伦,若父子、兄弟、夫妻、朋友、君臣②,是传统社会五种基本的人伦关系,诚敬于性灵之中乃是人伦秩序之至境;"情性"乃缘于身体,是"修身为本"的培养之具,能"明明德"而又外推以"新民"(及于人伦)、"止善"(及于万事)方得圣贤之实;万事盖针对自然而言,作为一个持有万物有灵信仰的文化传统而言,人与万物的关系自是在神明层面加以维护才算是终极合序境界。

与上节所述之实物礼器不同,制度与下节所述的文章并是礼器中的符号(传统谓之"象")性表达,它们往往要依附于一定的实物才能得到呈现。也就是说,制度本身仅仅是一种符号性存在。

具体言之,若万事之神明则有天神、人鬼、地祇之分,如《周礼·大宗伯》谓"大宗伯之职,掌建邦之天神、人鬼、地祇之礼","以吉礼事邦国之鬼神祇:以禋祀祀昊天上帝,以实柴祀日月星辰,以槱燎祀司中、司命、风师、雨师。以血祭祭社稷、五祀、五岳,以狸沈祭山林川泽,以疈辜祭四方百物。以肆献祼享先王,以馈食享先王,以祠春享先王,以礿夏享先王,以尝秋享先王,以烝冬享先王"③。此谓祭天神以烟燎,祭地祇以血牲,祭人鬼以馈食,进而分之,天神又有昊天上帝、日月星辰、司中、司命、风师、雨师云云,人鬼皆为先王,然其对象自然有所不同,如"天子七庙,诸侯五,大夫三,士一"云云,地祇则益为丰富,而及于四方百物之神。另外,因时空展开而呈现的节令物候、区域分野等亦当入于此类。至于如何沟通诸物神之法度,则又具体而微者矣。

情性乃天赋所得,《中庸》云:"天命之谓性,率性之谓道,修道之谓教。"朱熹解云:"盖人之所以为人,道之所以为道,圣人之所以为教,原其所自,无一不本于天而备于我。学者知之,则其于学知所用力而自不能已也。"④情乃

---

① 班固:《汉书》,中华书局 1962 年版,第 1027—1028 页。

② 《孟子·滕文公上》:"使契为司徒,教以人伦:父子有亲,君臣有义,夫妇有别,长幼有序,朋友有信。"

③ 《周礼注疏》,第 645—660 页。

④ 朱熹:《四书集注》,凤凰出版社 2005 年版,第 18—19 页。

性因外物而发,蒙培元云:"情感是接于外而动于中的最初的意识活动,'感应之几'首先是从情感上说的,有情感而后有态度、需要、动机等等,有态度、需要、动机而后有意志,因此说,情感决定意志,即'意因有是情而后用'。"①情性既是个体存在,则其生命体知之节自当以时间为序,故生长婚丧、节日诞辰皆其序也,若拜望、贺庆、恤唁云云尤繁,其如饮食、脤膰、赙赠等等,固当以养物为备。而其成长习得之法亦自有典范,如六艺(礼乐射御书数)之习,经典之诵,以及《曲礼》《少仪》所述、《大学》《中庸》之示等等,皆其制也。唯情性以死丧为终,而死人固与生人有别,其器物之制当以"备而不用"为礼,如食物、牲肉皆用半熟,器物皆用粗窳且不能装盛实物云云②。

人伦作为社会关系的概括,随着人类社会的发展而成为现代制度研究之大宗,若当代学者道格拉斯·诺斯(Douglass North)所云:"制度是一个社会的游戏规则,更规范地说,它们是为决定人们的相互关系而人为设定的一些制约。""制度通过向人们提供一个日常生活的结构来减少不确定性。制度是人们发生相互关系的指南。"③明其已不再触及自然万物和生命本身的关系了。而且人伦制度也是历代礼书辑论之大宗,若朱熹《仪礼经传通解》辑集传统礼书所载之"五宗""亲属记""学制""弟子职""臣礼""保傅""诸侯相朝礼""觐礼""王制"等等,至于清世所修诸书如江永之《礼书纲目》即于五礼之外别收"兵制""田役""职官""封建""内治""政事""井田""财赋""学制""五宗""刑辟"等,又黄以周之《礼书通故》则收有"宗法""学校""选举""职官""井田""田赋""职役""钱币""封国""刑法"等等,所谓国法家规,皆历历可见。

至于作为典礼的"五礼"所及之"制",是又诸制度各因其所宜而托于仪

---

① 蒙培元:《情感与理性》,中国人民大学出版社 2009 年版,第 195 页。

② 《荀子·礼论》:"荐器则冠有鍪而毋縰,瓮庑虚而不实,有簟席而无床第,木器不成斫,陶器不成物,薄器不成用,笙竽具而不和,琴瑟张而不均,舆藏而马反,告不用也……"杨柳桥:《荀子诂译》,齐鲁书社 1985 年版,第 540 页。又《礼记·檀弓上》载孔子曰:"之死而致死之,不仁而不可为也。之死而致生之,不知而不可为也。是故竹不成用,瓦不成味,木不成斫,琴瑟张而不平,竽笙备而不和,有钟磬而无簨虡。其曰明器,神明之也。涂车、刍灵,自古有之,明器之道也。"

③ [美]道格拉斯·诺斯:《制度、制度变迁与经济绩效》,刘守英译,三联书店上海分店 1994 年版,页 3、4。又诺斯将制度分为三种类型:正式规则,如政府制定的法规等;非正式规则,如世代相传的观念习俗等;以及制度的执行机制。此与《汉语大词典》因传统文献而归纳出的第一个义项亦颇为相近:"在一定历史条件下形成的法令、礼俗等规范。"只不过前者更为精密周致罢了。

物以"别异"(过渡)之所为也。如《礼记·礼器》云:

> 先王之立礼也,有本有文。忠信,礼之本也;义理,礼之文也。无本不立,无文不行。礼也者,合于天时,设于地财,顺于鬼神,合于人心,理万物者也。是故天时有生也,地理有宜也,人官有能也,物曲有利也。故天不生,地不养,君子不以为礼,鬼神弗飨也。居山以鱼鳖为礼,居泽以鹿豕为礼,君子谓之不知礼。故必举其定国之数,以为礼之大经;礼之大伦,以地广狭;礼之薄厚,与年之上下。是故年虽大杀,众不匡惧,则上之制礼也节矣。礼,时为大,顺次之,体次之,宜次之,称次之。尧授舜。舜授禹,汤放桀,武王伐纣,时也。《诗》云:"匪革其犹,聿追来孝。"天地之祭,宗庙之事,父子之道,君臣之义,伦也。社稷山川之事,鬼神之祭,体也。丧祭之用,宾客之交,义也。羔豚而祭,百官皆足;大牢而祭,不必有余,此之谓称也。①

此为典礼制作的基本原则,其具体用度的多少、大小、高下、文素,以及仪式的选择组配之法度条目等等亦皆因此而裁定。清代王懋竑《读书记疑》卷三"礼器"记疑云:"方氏曰:'凡有形名分守者,皆礼之器。'陈氏曰:'礼之文散于形名度数之间。'周氏曰:'礼有情有文有器,而于礼之器,则情与文已具矣。三说亦略同,似较为妥。窃详下文以多为贵、以少为贵等语皆指形名度数而言,自当以器言之,举一器而形名度数皆该其中矣。"②其意盖因"礼器,是故大备"之"礼器"进而对"礼器"之通义进行思考,而此一理解正谓礼器当包容那些与天地之节序一致的,可以实现礼之"定亲疏,决嫌疑,别同异,明是非"功能的形名度数。要之,"五礼"的"制"亦"礼之器也"之一种。

三、礼器之文章

簠簋俎豆、宫室舆服等作为礼器之实物,在施于典礼时或有大小、用料、数量等之制度规定,然其取"象"(symbol)之形态、结构、布局则有"文章"在焉,三者配合构成有利于行礼者展示礼意的神圣场景。故此"文章"乃是"礼器"之组成部分,而行礼主体"升降上下,周还裼袭"的"礼之文也"不与焉。

《汉语大词典》"文章"下除末三个因比喻或代称等而产生的引申义外,计有六个义项:1.错杂的色彩或花纹;2.礼乐制度;3.指车服旌旗等,古代于

---

① 《礼记正义》,第 955—960 页。
② 王懋竑:《读书记疑》,《续修四库全书》第 1146 册,上海古籍出版社 2002 年版,第 215 页。

其上加彩饰以区别尊卑贵贱;4.文字;5.文辞或独立成篇的文字;6.特指文学作品。其中2、3义项虽有种属之别,但皆明确为礼学内容;后三者则为专用的语言符号。从前文的梳理看,作为礼器的文章内容虽然必有车服旌旗等之上的彩饰,但似又不能仅限于此,否则就不可能做到礼学三要素诸概念间的内在周延,如果以礼乐制度等同于礼器之文章,又与前节之礼器制度相扞格,又或者是否"错杂的色彩或花纹"皆能属于礼器之文章,似乎亦无界定之据。因此我们不得不再去追溯"文章"一词的义理缘起。

按《说文》:"文,错画也,像交文。"段玉裁注:"像两纹交互也,纹者,文之俗字。"那么"文"作为一种彰显标志的同时,也遮蔽了一些本然的东西。这与它的同源词比较,也可以获得同样的印证。如坟、扪、闷、抆等,都是在突显一种标志或状态的同时,遮蔽了其所在物体的本然特性。这种遮蔽也是具有破坏性的,这一点我们可以从"文"的另外几个具有"缝隙"义的同源词中看出来,如门作为一种供人出入的工具,它在开启的同时,也就破坏了原来物体的完整,如闻作为我们的接受行为之一,我们在专注于闻的同时,就不能专注于另外的感知,这也就破坏了我们感觉系统的整体性。还有璺、缝、衅等等,它们都有缝隙义,都在打开的同时破坏了所打开物体的完整性,正如《庄子·应帝王》中的倏忽凿混沌而为之开窍的寓言故事一样,在使混沌启蒙的同时,也就破坏并失去了混沌。基于这种语源追究,可以说,"文"化以后的彰显(包括物质财富和精神财富)在安抚我们的生命欲求的同时,也让我们的生命付出了失却整体灵感的代价。这也就是《周易·贲卦》中所说的"文明以止,人文也"的人文时代,宋代学者程颐在《周易程氏传》中申释云:

> 止谓处于文明也。质必有文,自然之理。理必有对待,生生之本也。有上则有下,有此则有彼,有质则有文;一不独立,二则为文。非知道者,孰能识之! 天文,天之理也;人文,人之道也。[①]

也就是说,人类在向"文"转化的同时,"文"就开始遮蔽作为人之本根的质,即隐藏在我们灵魂深处的那些东西,并且随着人类文明程度的提高而加大着这种遮蔽的力度。因此,作为具有正当性的"文"就应该如程颐所说的要"二则为文",即能彰显人类及其所赖以生存的万物之本质的"文"(借助于"文"而彰显的东西)才是正当的"人文",而"章"则是"文"的组合和复杂化。

① 程颢、程颐:《二程集》,中华书局1981年版,第808页。

也可以说,正当的文章应该能呈现一种"象"(即今移用西文 symbol 的符号)。如《周礼·春官宗伯》六器郑玄注云:"礼神者必象其类:璧圜象天,琮八方象地,圭锐象春物初生,半圭曰璋,象夏物半死,琥猛象秋严,半璧曰璜,象冬闭藏,地上无物,唯天半见。"①又《左传·昭公二十五年》:"夫礼,天之经也,地之义也,民之行也。天地之经,而民实则之。则天之明,因地之性,生其六气,用其五行,气为五味,发为五色,章为五声,淫则昏乱,民失其性。是故为礼以奉之,为六畜、五牲、三牺以奉五味,为九文、六采、五章以奉五色,为九歌、八风、七音、六律以奉五声,为君臣、上下以则地义,为夫妇、外内以经二物,为父子、兄弟、姑姊、甥舅、昏媾、姻亚以象天明,为政事、庸力、行务以从四时,为刑罚、威狱使民畏忌,以类其震曜杀戮,为温慈、惠和以效天之生殖长育。"②文章能因时提撕和启动人类的理性对心灵及终极实在的呼应。《周易·系辞》云:

> 古者包牺氏之王天下也,仰则观象于天,俯则观法于地,观鸟兽之文与地之宜,近取诸身,远取诸物,于是始作八卦,以通神明之德,以类万物之情。

> 圣人有以见天下之赜而拟诸其形容,象其物宜,是故谓之象;圣人有以见天下之动而观其会通,以行其典礼,系辞焉以断其吉凶,是故谓之爻。言天下之至赜而不可恶也,言天下之至动而不可乱也。拟之而后言,议之而后动,拟议以成其变化。③

此虽论卦爻取象之缘起,然作为具有正当性的纹饰质素的文章,正须兼备能通神明的特性,如此亦正与礼之"事神致福"的功能相一致。而作为文章之象的呈现方式,亦必通过形态、结构、布局得以呈现,唯其构成材质,盖可类举如下诸目。

图形文章:指以诉诸视觉为主且多以静态画面呈现为特征的文饰与色彩等。其表现材料比较丰富,如依托于笔墨的图画写作,依托于丝绵布帛的制作服饰,依托于土石竹木的宫室棺椁,依托于金属陶瓷的用具盛器,依托于自然物的各种赘物古玩等等。

音声文章:指以诉诸听觉为主且多以乐音呈现为特征的音乐与声响。

---

① 《周礼注疏》,第 687 页。

② 杨伯峻:《春秋左传注》,中华书局 1990 年版,第 1457—1458 页。

③ 朱熹:《周易本义》,北京大学出版社 1992 年版,第 153、154 页。

泛称礼时多兼乐言,《礼记·乐记》云:"乐者敦和,率神而从天;礼者别宜,居鬼而从地。故圣人作乐以应天,制礼以配地。礼乐明备,天地官矣。"又《白虎通·礼乐》:"乐者,阳也。故以阴数,法八风、六律、四时也。八风、六律者,天气也,助天地成万物者也。亦犹乐所以顺气变化,万民成其性命也。"①

舞容文章:指以兼顾视听觉且多以动态画面呈现为特征的舞蹈与表达。《白虎通·礼乐》云:"歌者象德,舞者象功。"②又引《乐元语》曰:"东夷之乐持矛舞,助时生也。南夷之乐持羽舞,助时养也。西夷之乐持戟舞,助时煞也。北夷之乐持干舞,助时藏也。"③《礼记·乐记》云:"诗,言其志也。歌,咏其声也。舞,动其容也。三者本于心,然后乐器从之。"又云:"故歌之为言也,长言之也。说之,故言之;言之不足,故长言之;长言之不足,故嗟叹之;嗟叹之不足,故不知手之舞之、足之蹈之也。"④

凡此皆构成行礼主体活动的文章背景,而此文章又或与制度配合,共同依托于实物而呈现,以成就行礼主体活动的整个礼器背景。另外,吴十洲在《两周礼器制度研究》中指出:"如红山、良渚文化之玉器,仅有象征作用而无若干等级的节度作用,礼器制度未成;而春秋战国之际,诸侯卿大夫之僭越行径,仅强调了礼器的象征作用,而偏废了其节度作用,是时礼制衰败矣。孔子曰:'八佾舞于庭,是可忍也,孰不可忍也。'说的是礼仪丧失了等级上的节度,即'礼坏乐崩';又曰:'觚不觚,觚哉。'则说的是礼器的象征作用也有了问题。"⑤制度是与人伦认知相并而行的,一旦人伦认知有了变化,制度自然需要调整以适应之;而象征作为文章之法象,则是与格致之体证相并而行的,随着格致体证有所深入,则个别的法象更改亦时中应有之义。然道势浮沉以及势对道之底线的触碰试探,代有为者,正刑罚之制所当有为也。

四、结论

《周易·系辞上》有"形而上者谓之道,形而下者谓之器"句,朱熹《周易本义》解云:"卦爻阴阳皆'形而下者',其理则道也。"⑥此以"形而下"之万物

---

① 陈立:《白虎通疏证》,中华书局 1994 年版,第 104—105 页。
② 同上,第 115 页。
③ 同上,第 109 页。
④ 《礼记正义》,第 1507、1564 页。
⑤ 吴十洲:《两周礼器制度研究》,台北五南图书出版公司等 2004 年版,第 421—422 页。
⑥ 朱熹:《周易本义》,北京大学出版社 1992 年版,第 150 页。

皆因道而生,故亦寓道于其中,人可因其身之道而通万物、合天人,最终觉解成圣[1],是乃第一层面之器。《礼记·礼器》云:"礼器,是故大备。"则以礼为器而求成人至道,如此则礼作为一个整体起着"器"的作用,此与孟子"礼门义路"之说一致,是为第二层面的器。而《礼记·乐记》中又以礼情、礼文、礼器构成"事神致福"之礼的三要素,其礼器又包括实物、制度、文章三要素,是为第三层面的器。又汉以来多以礼器指代以盛器为主的祭器之类,则又可视为第四层面的器。要之从礼学发展史及当代礼学复兴层面论之,则当以第三层面的礼器为礼学之主脉。并且,作为礼器三要素的实物、制度、文章或可省称作物器、名器和文器[2],以便于礼学研究者的进一步讨论。

(原载《浙江大学学报》2014 年第 2 期)

---

① 《孔子家语·五仪解》:"所谓圣人者,德合于天地,变通无方,穷万事之终始,协庶品之自然。敷其大道而遂成情性,明并日月,化行若神,下民不知其德,睹者不识其邻,此则圣人也。"中洲古籍出版社 1991 年版,第 24—25 页。《灵枢经·逆顺肥瘦》:"圣人之为道者,上合于天,下合于地,中合于人事,必有明法,以起度数,法式检押,乃后可传焉。"《灵枢经校释》,人民卫生出版社 1982 年版,第 542 页。《朱子语类》卷 130:"道便是无躯壳底圣人,圣人便是有躯壳底道。"中华书局 1986 年版,第 3117 页。

② 《左传·成公二年》:"唯器与名,不可以假人,君之所司也。"杜预注:"器,车服;名,爵号。"苏辙《上哲宗论蜀茶》:"至于盐茶之官,发万驮即转一官,知县亦减三年磨勘,国之名器,轻以与人,遂使贪冒滋章,廉耻不立,深可痛惜。"赵汝愚:《宋朝诸臣奏议》卷 108,上海古籍出版社 1999 年版,第 1168 页。皆以"名器"代指爵号、职官等,扩而充之,藉以代指礼器之制度,或亦不谓无据。

报应与惩罚:传统礼仪流行的保障维度

　　礼仪作为传统国人道德外化的生活方式①,数千年来流行未辍。究其所以如此的根本原因,我们在关注它所彰显的引导个体修身成人的提撕维度外,亦不可忽视其关乎失道违礼的保障维度,所谓"治身者斯须忘礼,则暴嫚入之矣;为国者一朝失礼,则荒乱及之矣"②。即在完整的礼仪系统中,实存有对"暴嫚"与"荒乱"者的制裁规则,正如免疫系统之于个体健康系统、杀毒系统之于电脑操作系统的关系一样,是即通常所谓之"刑法"。《汉书·刑法志》云:

　　　　先王立礼,"则天之明,因地之性"也。刑罚威狱,以类天之震曜杀戮也;温慈惠和,以效天之生殖长育也。《书》云"天秩有礼","天讨有罪"。故圣人因天秩而制五礼,因天讨而作五刑。③

　　礼因"天秩"而作,刑拟"天讨"而成,唯刑与"天讨"非礼与"天秩"的相对概念,而是礼与"天秩"流行中伴生的保障维度,《周礼》司徒、司寇、司刑、司稽、司隶、士师、乡士、遂士、县士、方士、讶士、掌囚、司仪、司射等之所掌,盖其义也。又《孔子家语·五刑解》载孔子语云:

　　　　刑罚之源,生于嗜欲不节。夫礼度者,所以御民之嗜欲而明好恶,顺天之道。礼度既陈,五教毕修,而民犹或未化,尚必明其法典,以申固之。其犯奸邪、靡法、妄行之狱者,则饬制量之度;有犯不孝之狱者,则

---

　　① 《礼记·乐记》:"故德煇动于内,而民莫不承听;理发诸外,而民莫不承顺。故曰:致礼乐之道,举而错之天下,无难矣。"孔颖达:《礼记正义》卷49,上海古籍出版社2008年版,第1555—1556页。本文所引皆据此版本,后不一一说明。又钱穆有云:"在西方语言中没有'礼'的同义词。它是整个中国人世界里一切习俗行为的准则,标志着中国的特殊性。"邓尔麟:《钱穆与七房桥世界》,社会科学文献出版社1998年版,第8页。

　　② 《汉书·礼乐志》,中华书局1962年版,第1027页。

　　③ 《汉书》卷23,第1079页。

饬丧祭之礼；有犯杀上之狱者，则饬朝觐之礼；有犯斗变之狱者，则饬乡饮酒之礼；有犯淫乱之狱者，则饬婚聘之礼。三皇五帝之所化民者如此，虽有五刑之用，不亦可乎！①

朱子《仪礼经传通解》卷三十七王制之癸设有"刑辟"一节，江永《礼书纲目》卷七十二"通礼"承之，黄以周《礼书通故》亦专设"刑法通故"一目，皆从礼学系统之全体大用视域而纳于其中，且黄氏又特别指出："帝王修五伦之教以为民极，故五伦亦谓之五极。而五刑以济五伦之穷，故必属于五极而后咸中有庆。"②唯诸家所论皆旨在考镜源流，而于其学理缘起则措意不足。今则欲从礼学践履的视角，对礼仪流行中的保障维度略加稽考，幸冀达者正焉。

一、"天讨"——"天秩"失落后的本体报应

"天秩"乃是源于终极本体的第一秩序，而终极本体在轴心时代的早期宇宙论中实为诸家先知所共识。若儒家之道，亦名太极、一、神；道家之道，亦名无、神、太一；佛教之空，亦名真如、法性、佛性、实体、妙有；耶教之上帝，等等。唯其对宇宙生成历程的理解或有小异，故其体证本体的工夫进路亦各有心得。若《周易·系辞上》云："是故易有太极，是生两仪，两仪生四象，四象生八卦，八卦定吉凶，吉凶生大业。"其以阴阳参合之八卦推演宇宙的创生秩序，与《老子》"一生二，二生三，三生万物"之理亦相符合。及至二十世纪以来大尺度宇宙学所提出的奇点爆炸假说与宇宙胚种论等，以为宇宙形成之初的种子在其成长之后生成了我们这个可见的秩序世界，其理与植物种子生成植物盖同，所谓"种瓜得瓜，种豆得豆"。瓜之藤叶与新瓜、豆之枝叶与新豆，皆为瓜子、豆粒中固有的原初秩序所化，是知植物之自组织能力当即天秩自组织能力之后的次生现象。而作为得"五行之秀气"（《礼记·礼运》）的人所具有的逻辑理性，则又当为第三层次的自组织能力，唯此能力既由第一、第二秩序化生而来，是亦天秩之所当有者，"顺受其正"，即是天德流

---

① 杨朝明、宋立林主编：《孔子家语通解》卷 7，齐鲁书社 2009 年版，第 347 页。

② 黄以周：《礼书通故》卷 45，中华书局 2007 年版，第 1825 页。钱穆《国学概论》云："舍礼外无法令，舍礼外无历史。'史''礼''法'之三者，古人则一以视之也。"商务印书馆 1997 年版，第 22 页。又梁治平《"礼法"探原》云："（春秋以前）无论兵、刑，都服从于礼，统一于礼，为礼制不可或缺的组成部分。……礼之为法，固无待于刑，而刑的存在，则保证了礼的强制性。"《清华法学》2015 年第 1 期。

行,生生不已。

只是人所具有的第三层次的自组织能力具有能动性,当其蔽于"气质之性"的影响时①,则不免会产生偏离天秩之序的活动行为,故《周易·说卦》有"幽赞于神明而生蓍"之说,孔子有"幽赞而达乎数,明数而达乎德"(帛书《易·要》)之论,《礼记·中庸》有"自明诚""自诚明"以"赞天地之化育"之言,孟子揭存心养性以事天之法,皆强调了人当修德(《礼记·中庸》"合外内之道也")明道、天人合一,以成就个体成长中"天地之性"的当下流行与呈现。

儒家亦以作为"种子"之心的"仁"来指称心体的自组织功能,以为其"浑然与物同体""天地之用皆我之用"②,五常之义礼智信皆由此生,其中之"礼"即"仁"体生生于外的生命活动,《礼记·中庸》论以至诚"赞天地之化育"的工夫,亦当由此而出。故《说文》云:"礼,履也,所以事神致福也。"③《白虎通·性情》云:"礼者,履也,履道成文也。"④此中之"神""道"皆为终极本体之名,盖谓礼必遵从此本体"种子"的自组织秩序——"天秩"行事,乃得"止于至善"之道;若违而行之,必有"天讨"之祟⑤。如《礼记·月令》"孟春之月"下载云:

> 孟春行夏令,则雨水不时,草木蚤落,国时有恐;行秋令,则其民大疫,猋风暴雨总至,藜莠蓬蒿并兴;行冬令,则水潦为败,雪霜大挚,首种不入。⑥

此时序用之于人事,"是月也,不可以称兵,称兵必天殃。兵戎不起,不可从我始。毋变天之道,毋绝地之理,毋乱人之纪"⑦。天殃即天降灾殃,为"天讨"的具体表现形态。此理之专论虽或不多,然经典文献亦颇有涉及,如《周易》坤卦文言云:"积善之家必有余庆,积不善之家必有余殃。"《尚书·伊训篇》载:"惟上帝不常,作善,降之百祥;作不善,降之百殃。"《诗·召旻》谓:

---

① 张载:《正蒙·诚明》云:"形而后有气质之性,善反之,则天地之性存焉。"《张载集》,中华书局1978年版,第23页。

② 程颢、程颐:《二程集·河南程氏遗书》卷2上,中华书局1981年版,第16—17页。

③ 许慎:《说文解字》,中华书局1963年版,第7页。

④ 陈立:《白虎通疏证》卷8,中华书局1994年版,第382页。

⑤ 许慎:《说文解字》:"祟,神祸也。"中华书局1963年版,第9页。

⑥ 孔颖达《礼记正义》卷22,第626页。

⑦ 孔颖达:《礼记正义》卷22,第624页。

"天降罪罟，蟊贼内讧。"《左传·隐公元年》有"多行不义，必自毙"之语，《国语·周语》有"天道赏善而罚淫"之论，此中之善谓因仁爱之"天秩"而生生不已，不善谓偏离仁爱生生之序而"自作主张"，其后道教与佛教皆因此而推波助澜，于是作为违反天秩之"天讨"的因果报应之说遂深入人心，如唐初唐临的小说《冥报记》卷上叙言云：

> 夫含气有生，无不有识，有识而有行，随行善恶而受其报。如农夫之播植，随所植而收之，此盖物之常理，固无所可疑也。

> 临窃谓儒书论善恶之报甚多，近者报于当时，中者报于累年之外，远者报于子孙之后。当时报者，若楚子吞蛭，痼疾皆愈；宋公不祷，妖星多退；鱙齿凶逆，旋踵伏诛；赵高或乱，俄而灭族之类是也。累年报者，如魏颗嫁妾，终以济师；孙叔埋蛇，竟享多福；汉幽鸩如意，苍苟成灾；齐煞彭生，立豕而祟之类是也。子孙报者，若弗父恭于三命，广宣尼之道；邓训岁活千人，遗和熹之庆；陈平阴计，自知无后；栾屭怗侈，盈被其殃之类是也。若乃虞舜以孝行登位，周文以仁贤受命，桀纣以残忍亡国，幽厉以淫纵祸终。三代功德，卜祚长久。秦皇骄暴，及子而灭。若斯之比，触类实繁。虽复大小有殊，亦皆善恶之验。但事谈王道，理关天命，常谈之际，非所宜言。①

此种因果报应现象又被称为"鬼神法"，"一种表现为通过鬼神的惩罚，在人们的心理上产生震慑与敬畏，从而有效地抑制其恶性，使之不敢从恶，国人常谓'头上三尺神明'即是这个意思"②。

二、"五刑"——"五礼"出越后的社会惩罚

"五礼"源于《周礼·春官宗伯》析礼制之典礼为五之说，后世颇用以泛指礼仪之宏富，然追本溯源，则此礼仪虽出于作为人智的第三层次之自组织能力，但其所认同和取法的却是第一层次自组织能力的"天秩"。《礼记·礼运》云：

> 是故夫礼必本于大一，分而为天地，转而为阴阳，变而为四时，列而为鬼神，其降曰命，其官于天也。夫礼必本于天，动而之地，列而之事，

---

① 唐临：《冥报记》，《续修四库全书》1264 册，上海古籍出版社 2002 年版，第 393 页。
② 夏清瑕：《另一种秩序——法律文化中的因果报应信仰》，《宁夏大学学报》2006 年第5 期。

变而从时，协于分艺。其居人也曰养，其行之以货力、辞让、饮食、冠昏、丧祭、射御、朝聘。故礼义也者，人之大端也。所以讲信修睦而固人之肌肤之会、筋骸之束也，所以养生、送死、事鬼神之大端也，所以达天道、顺人情之大窦也。[①]

如何理解"太一""天"及"鬼神"等本体层面的存在固是礼学的当然内容，而如何体证和取法此本体层面的应然秩序并转化为个体及个体所赖以存在的群体生活方式，才是礼学所当呈现的实然形态。如果行礼者对礼仪所从出的本体理解有误或体证本体秩序时出现偏差，皆不能得礼仪之正。因此，作为此取法"天秩"之礼的保障维度和"免疫"系统，亦自有其取法"天讨"之刑的现实取象，《说文》云：

> 灋，刑也，平之如水。从水，廌所以触不直者去之。[②]

"灋"字在小篆以后多省作"法"形。按"廌"为"解廌"省称，其字又作"獬豸"等形。汉代王充《论衡·是应篇》载儒者说云："獬豸者，一角之羊也，性识有罪。皋陶治狱，其罪疑者，令羊触之。有罪则触，无罪则不触。斯盖天生一角圣兽，助狱为验，故皋陶敬羊，起坐事之。"[③]按"解廌"一词当为司法先圣"皋陶"的一声之转，二者之语源义盖皆有取于混沌天真，以明其近于"天秩"。唯早期道家或引申"法"之本义而为"取法"，如《老子》之"人法地，地法天，天法道，道法自然"云云，又进而用以泛指"天秩"，如《黄帝四经·道法第一》的"道生法"说[④]，则颇与礼之取义略同。究其所别，盖仅在于"礼"之取义重在个体体证并认同第一秩序的工夫视角，是一种主体自愿认同的生活秩序；而"法"之引申为"天秩"之义乃纯为一种客观的知识论层面的认知理解，是一种主体被动认同的生活秩序。

《白虎通·五刑》云："圣人治天下必有刑罚何？所以佐德助治，顺天之度也。故悬爵赏者，示有所劝也。设刑罚者，明有所惧也。《传》曰：'三皇无文，五帝画象，三王明刑，应世以五。'五刑者，五常之鞭策也。刑所以五何？法五行也。"[⑤]此谓刑罚本亦"顺天之度"而成，但刑字的造字本义却揭示了其

---

① 孔颖达：《礼记正义》卷 31，第 939—942 页。
② 许慎：《说文解字》第 10 上，中华书局 1963 年版，第 202 页。
③ 黄晖：《论衡校释》卷 17，中华书局 1990 年版，第 760 页。
④ 陈鼓应：《黄帝四经今注今译》，商务印馆 2007 年版，第 2 页。
⑤ 陈立：《白虎通疏证》卷 9，第 437—438 页。

与"法"字取意的不同,《说文》云:

> 刑,罚辠也,从井从刀,《易》曰:井,法也。井亦声。①

"井"法盖取象于井田制的人智设计,"刑"在通过具有第三层次自组织能力的人智决定时,并没有像"法"一样强调其源自本体的"天讨"之功,且从其后的使用情况也可以明了此"井"法乃"政"之所出,它是为政提供保障的,而政作为一种群体秩序,往往是由此群体中的"统治集团"制定的,虽然合于"政者,正也"(《论语·颜渊篇》)的"天秩"政制亦为"礼秩"的组成部分②,礼书也强调礼乐政刑"其极一也"(《礼记·乐记》),但却以"人心惟危"(《尚书·大禹谟》)而难以保证此源于统治集团的人成之政必合于"天秩"之礼,而作为此"政秩"之伴生系统的"刑讨",也就不能保证其同于源自神性本体而合于"天讨"的"法讨"了。如《礼记·礼运》云:

> 今大道既隐,天下为家,各亲其亲,各子其子,货力为己,大人世及以为礼,城郭沟池以为固,礼义以为纪,以正君臣,以笃父子,以睦兄弟,以和夫妇,以设制度,以立田里,以贤勇知,以功为己。故谋用是作,而兵由此起。禹、汤、文、武、成王、周公由此其选也。③

其中即揭出夏朝以来以世及之礼为政乃是大道既隐之后的所为,也隐示了此中所谓的礼并不合于取法"天秩"的礼之本义,宋代理学家程颐更为申明其意云:

> 大抵五帝官天下,故择一人贤于天下者而授之。三王家天下,遂以与子。论其至理,治天下者,当得天下最贤者一人,加诸众人之上,则是至公之法。后世既难得人而争夺兴,故以与子。与子虽是私,亦天下之公法,但守法者有私心耳。④

---

① 许慎:《说文解字》第5下,中华书局1963年版,第106页。

② 《礼记·王制》:"凡制五刑,必即天论,邮罚丽于事。凡听五刑之讼,必原父子之亲、立君臣之义以权之;意论轻重之序、慎测浅深之量以别之;悉其聪明、致其忠爱以尽之。疑狱,泛与众共之,众疑赦之。必察小大之比以成之。成狱辞,史以狱成告于正,正听之。正以狱成告于大司寇,大司寇听之棘木之下。大司寇以狱之成告于王,王命三公参听之。三公以狱之成告于王,王三又,然后制刑。凡作刑罚,轻无赦。刑者侀也,侀者成也,一成而不可变,故君子尽心焉。"孔颖达《礼记正义》卷19,第554—555页。

③ 孔颖达:《礼记正义》卷29,第875页。

④ 程颢、程颐:《二程集·河南程氏遗书》卷18,中华书局1981年版,第228页。

"心"为天秩正义之所从出,故此源头因一"私"字而"差之毫厘",则其终端践履的偏谬即已不能或免矣。因此,如果仍用强调"天讨"的"法讨"系统,其"政秩"则易遭多方质疑和干预,而改用专为保障"政秩"的"刑讨"系统,则自然名正言顺而事易成了。与官刑相对,用以维护家礼、礼俗的私刑之理盖亦略同。至于或以政秩刑讨取代礼秩法讨,若陈旸《乐书》序所云:"先天下而治者在礼乐,后天下而治者在刑政。三代而上,以礼乐胜刑政,而民德厚;三代而下,以刑政胜礼乐,而民风偷。"①其情可知矣。

三、体用一如——世间秩序的"人成"工夫

作为世间秩序的基本标准,礼虽有"时为大""礼以义起"等与时俱进的制作原则,但因其作为第三层次的秩序,必因人心而出,而人心在经过自然天性("天人合一"的万物有灵时代)和社会天性("巫史通天"的三代时期)两次被遮蔽后,在轴心时代又建构起了学术天性的本体体证范式,也就是说,欲建构合于"天秩"的"礼秩"标准,唯有体证有成的"圣王"才能完成,是即《礼记·中庸》所谓:

> 非天子不议礼,不制度,不考文。今天下车同轨,书同文,行同伦。虽有其位,苟无其德,不敢作礼乐焉;虽有其德,苟无其位,亦不敢作礼乐焉。②

如此,依前所及,自国家出现伊始的夏代"世及以为礼"起,其所制以为生活方式的"礼秩"即已与礼之应然面目的"天秩"有了"毫厘之差",中经周公制礼而得"天下归心"之盛景,然似亦未能革其根弊,至春秋战国之际,礼坏乐崩几为士大夫阶层的共识。宋陈祥道《礼书》自序云:

> 晚周而下,道散于异政之国,法亡于殊俗之家,君子不得以行礼,小人得以行非礼,……汉兴,叔孙通之绵蕞礼仪,徒规当时之近功,而其法失于太卑;齐鲁二生之论礼乐,必期百年然后兴,而其言失于太高。贾谊有修礼之志,而困于绛灌;曹褒有定礼之议,而沮于酺敏;傅咸极论于晋,而诮于流俗;刘蕡发策于唐,而弃于一时。繇汉以来千有余载,其间欲起礼法于其上者非一君,欲成礼法于下者非一臣。有是君而下之人

---

① 《中华礼藏》礼乐卷乐典之属第一册,浙江大学出版社 2016 年版,第 37 页。
② 《礼记正义》卷 61,第 2038—2039 页。

不足以副之,则礼之道终不明;有是臣而上之人不能任之,则礼之事终不行。此厉政薄俗所以继作而唐虞三代之治不复见也。①

因此,以"三礼"为代表成果的先儒在建构礼学范式时,尤重其间终极本体的提撕之功,此即在德性上强调修身为本,在仪式上重视终极体证,所谓"礼有五经,莫重于祭"(《礼记·祭统》)、"国之大事,在祀与戎"(《左传》成公十三年)②。至于凶、宾、军、嘉诸礼之行,亦多有祭祀仪节穿插其中。虽然如此,其于"嫌疑""犹与"之际,还要因卜筮而询于鬼神本体之意③,凡此皆欲使行礼主体在终极本体的提撕中趋近"礼秩"的应然"天秩"。

与此相应,作为取代"法讨"而为"礼秩"护法的"刑讨",其与"天讨"间之隔阂又因政的介入而较礼秩与"天秩"远甚。故《论语·为政》云:

> 道之以政,齐之以刑,民免而无耻;道之以德,齐之以礼,有耻且格。④

孔子反对舍德礼而论政刑,实以"政秩"乃礼秩视域下的群体秩序设计,此群体秩序设计难免会有个人(包括个人所属的小团体)的私心混入(如法家所主张的放弃终极关怀的"集权决策"之结果),故作为此群体秩序所伴生的"刑讨"保障,亦须随时以"礼秩"乃至"礼秩"所从出的"天秩"为依据而加以调整,如荀子所谓"礼义生而制法度"(《荀子·性恶》)之义也。又《新唐书·刑法志》云:

> 太宗即位,诏长孙无忌、房玄龄等复定旧令,议绞刑之属五十,皆免死而断右趾。既而又哀其断毁支体,谓侍臣曰:"肉刑,前代除之久矣,今复断人趾,吾不忍也。"……玄龄等以谓"古者五刑,刖居其一。及肉刑既废,今以笞、杖、徒、流、死为五刑,而又刖足,是六刑也"。于是除断

---

① 陈祥道:《礼书》序,《中华再造善本》据元至正七年福州路儒学刻明修本影印。

② 《论语·八佾》:"祭如在,祭神如神在。"朱熹:《四书集注》,凤凰出版社2005年版,第66页。董仲舒《春秋繁露·祭义》:"祭者,察也,以善逮鬼神之谓也。……祭然后能见不见。见不见之见者,然后知天命鬼神。知天命鬼神,然后明祭之意。"苏舆:《春秋繁露义证》卷16,中华书局1992年版,第441—442页。

③ 《礼记·曲礼上》:"卜筮者,先圣王之所以使民信时日、敬鬼神、畏法令也,所以使民决嫌疑、定犹与也。故曰:疑而筮之,则弗非也;日而行事,则必践之。"孔颖达:《礼记正义》,第118页。

④ 朱熹:《四书集注》,凤凰出版粧2005年版,第55—56页。

趾法,为加役流三千里,居作二年。①

此以五刑乃"顺天之度"而取法五行所定,本具宇宙论依据,即使变革亦不应逾彼"天秩"尺度。至于阴阳五行宇宙论是否即是终极本体流行的实然秩序,尚可随人类理性的发展而继续观察和思考,但在没有突破性成果的情况下,它仍然是我们理解作为"天秩"之存在呈现的"礼秩"之基本模型。不仅刑律当"一准乎礼"②,其执行中遇到疑惑处亦当因礼而行变通之法,如柳宗元《驳复仇议》云:

> 臣闻礼之大本以防乱也。……《周礼》:"调人掌司万人之雠。""凡杀人而义者,令勿雠,雠之则死。""有反杀者,邦国交雠之。"又安得亲亲相仇也?《春秋公羊传》曰:"父不受诛,子复雠可也。父受诛,子复雠,此推刃之道,复雠不除害。"今若取此以断两下相杀,则合于礼矣。且夫不忘雠,孝也;不爱死,义也。元庆能不越于礼,服孝死义,是必达理而闻道者也。夫达理闻道之人,岂其以王法为敌仇者哉?议者反以为戮,黩刑坏礼,其不可以为典明矣。请下臣议,附于令,有断斯狱者,不宜以前议从事。谨议。③

此为武则天统治时期的一例旧案,其当事人陕西同州下邽县民徐爽未犯大过而被县尉赵师韫所杀,徐爽之子徐元庆即伺机手刃赵师韫而为父报仇,随即自首归案,当时官方遂依刑律诛杀元庆,但又因其复仇合礼而旌表于乡里,且"编之于令",成为后世可以取法的标准案例。柳氏以为赏罚褒贬应"统于一",即以维护"礼秩"为"刑讨"之依据,当"刑讨"之律条与"刑讨"之依据发生冲突时,当以后者改正前者,而不是两者并存,故建议改正前"令"。就礼刑关系而言,柳氏之论更契于中华礼法的"刑讨"精神。

四、余论

"礼秩"作为"天秩"的世间法,其流行乃有两大保障系统——源自"礼

---

① 欧阳修、宋祁:《新唐书》卷 56,中华书局 1975 年版,第 1409 页。

② 《四库全书总目》之《唐律疏义》提要:"论者谓《唐律》一准乎礼,以为出入得古今之平,故宋世多采用之,元时断狱亦每引为据,明洪武初,命儒臣同刑官进讲《唐律》,后命刘惟谦等详定《明律》,其篇目一准于唐。"中华书局 1965 年版,第 712 页。至《大清律例》以及亚洲各国如日本、朝鲜、越南等法典的编定,亦并有所取法和延用。

③ 柳宗元:《柳宗元集》卷 4,中华书局 1979 年版,第 102—104 页。

秩"所从出之"天秩"的第一层级保障"天讨"和源自"礼秩"("政秩"为"礼秩"的从属系统)所出的第二层级保障"刑讨"的双重维护。唯"天讨"在礼学中的位置似乎一向语焉不详,而"刑讨"则朱子《仪礼经传通解》隶之于"王国礼",江永《礼书纲目》属之于"通礼",较之于礼学结构,似皆有未安之实。考《礼记·乐记》所论礼学之三元结构:礼情、礼仪、礼器,礼仪与礼器是为表达礼情而设。而礼情之所起或以礼意名之,礼情之所止则以礼义称之,诚意"如神"①,故可体"天秩"而通"天讨";尊义得宜②,乃可明"礼秩"以辨"刑讨"。则知"天讨""刑讨"二者,皆当于礼情之礼意与礼义中论之,唯其所讨的名实之辨,则以归于礼器之名器为宜③。

与天讨的适用范围略同,广义的"刑讨"固不限于今之所谓的"国法"范畴,而是包括违反社约乡约、家法族规以及个体复仇的各种惩罚措施,其施于"政秩"而当于今之所谓国法者,盖可以狭义的"刑讨"论之。而"刑讨"之为"礼秩"保障维度的失落,盖以清末"参酌各国法律"而修订的《大清新刑律》为标志,彼时之立法者以为"不当混法律与道德为一"④,从而把法从其所从生的礼中剥离出来。梁治平先生即指出:"清末礼、法之争,已经逸出传统礼、法之争的界域,不复为其所范围,而具有全新的意蕴。中国数千年绵延不绝的礼法观念,亦因此而被彻底抛弃。"⑤梁启超所谓"撷邻圃之秾葩,缀我园之老干,纵极绚烂,越宿而萎矣"⑥。从此,传统的中华礼仪因失去了保障维度和免疫系统而步履维艰,其于今日的重建之路,实可谓前路漫漫、任重道远了。

(原载《国学季刊》第 10 期,山东人民出版社 2018 年)

---

① 《中庸》:"至诚之道,可以前知。国家将兴,必有祯祥。国家将亡,必有妖孽。见乎蓍龟,动乎四体,祸福将至:善,必先知之;不善,必先知之。故至诚如神。"《礼记正义》卷 60,第 2025 页。

② 《礼记·郊特牲》:"礼之所尊,尊其义也。失其义,陈其数,祝、史之事也。"孔颖达《礼记正义》卷 36,第 1087 页。

③ 详参拙文《礼器略说》,《浙江大学学报》2014 年第 2 期。

④ 金敏:《继承晚清谁人遗产?——梁治平先生〈礼教与法律〉读后》,《清华法学》2015 年第 5 期。

⑤ 梁治平:《"礼法"探原》,《清华法学》2015 年第 1 期。

⑥ 梁启超:《中国近三百年学术史》,中国书店 1985 年版,第 363 页。

法象时空

——中国数术的基本理念

　　数术（又作术数）作为知命术，其词盖成于秦汉之际，然其理念之起，则可上溯至春秋时期甚至更早。李零先生以为"'数术'一词大概与'象数'的概念有关"[①]，《左传·僖公十五年》谓"龟，象也；筮，数也"，春秋以后，筮法流行，遂以"数术"行世。《淮南子·人间训》云："见本而知末，观指而睹归，执一而应万，握要而治详，谓之术。"是"数术"之意乃因以通万物本末之谓也。《隋书·经籍志》云："五行者，金、木、水、火、土，五常之形气者也。在天为五星，在人为五藏，在目为五色，在耳为五音，在口为五味，在鼻为五臭。在上则出气施变，在下则养人不倦。故《传》曰'天生五材，废一不可'，是以圣人推其终始，以通神明之变，为卜筮以考其吉凶，占百事以观于来物，观形法以辨其贵贱。"[②]传统学人多精数术，汉代扬雄《法言·君子》谓"通天地人曰儒"，所谓上知天文、下知地理、中知人事也；至于民间于数术之风从影响者，更是靡所不在矣。

　　唯近世以来西学东渐，其学始衰。二十世纪九十年代以后，数术研究又在解读早期出土文献的基础上借国学之兴而重为学界所重，然而时至今日，数术思想虽在民间有着广泛的认同和信仰，但却仍未能进入诸研究领域的学术谱系。本文拟从数术对生命终极关怀的角度来考察数术之缘起及其基本的结构理念。

---

　　① 李零：《中国方术考》，人民中国出版社1993年版，第32页。
　　② 魏征：《隋书》，中华书局1973年版，第1039页。

一、"知命"与数术之缘起

《论语·尧曰》载孔子语云:"不知命,无以为君子也。"君子乃传统之所谓理想人格,而知命为君子之必要条件,则知命一事重矣。朱熹《四书章句集注》引程子(当为程颐)语释此云:"知命者,知有命而信之也。人不知命,则见害必避,见利必趋,何以为君子?"程颐在其《周易程氏传》困卦注中亦表达了相同的看法:"知命之当然也,则穷塞祸患不以动其心,行吾义而已;苟不知命,则恐惧于险难,陨获于穷厄,所守亡矣,安能遂其为善之志乎!"①

"命"实乃个体得之于"天"者,西汉初董仲舒始析之为"大命"之体与"变命"之用②,前者乃因生而成,后者则因时而遭。其后之纬书或析"变命"为二:"随命"与"遭命",前者指行善得善,行恶得恶;后者指行善得恶③。或又于变命中析出寿命、禄命云云④,甚至唐君毅在《中国哲学原理——导论篇》

---

① 程颢、程颐:《二程集》,中华书局 1981 年版,第 941 页。

② 《春秋繁露·重政篇》曰:"人始生有大命,是其体也;有变命存其间者,其政也。政不齐,则人有忿怒之志,若将施危难之中,而时有随遭者,神明之所接,绝续之符也。"

③ 黄晖《论衡校释·命义篇》考此三命云:"《白虎通·寿命》曰:'命有三科以记验:有寿命以保度,(《祭法》疏引《援神契》作"受命"。晖按:《公羊·襄二九》疏引《何氏膏肓》作"寿命"。又"度"字《膏肓》同,《援神契》作"庆"。)有遭命以遇暴,(晖按:"遇",《膏肓》作"摘",《援神契》作"谪"。)有随命以应行。(《膏肓》《援神契》并作'督行'。)寿命者上命也,若言文王受命唯中,身享国五十年。随命者随行为命,若言息弃三正,天用剿绝其命矣。又欲使民务仁立义,无滔天,滔天则司命举过言,则用以弊之。遭命者逢世残贼,若上逢乱君,下必灾变暴至,天绝人命,沙鹿崩于受邑是也。冉伯牛危行正言,而遭恶疾,孔子曰:"命矣夫,斯人也而有斯疾也,斯人也而有斯疾也。"《太平御览》360 引《元命苞》曰:'寿命,正命也,起九九八十一。有随,随命者,随行为命也。有遭命,遭命者,行正不误,逢世残贼,君上逆乱,辜咎下流,灾谴并发,阴阳散忤,暴气雷至,灭日动地,绝人命,(晖按:张本作"暴气绝人,雷至动地"。)沙鹿袭邑是。'《庄子·列御寇》篇:'达大命者随,达小命者遭。'《潜夫论·论荣篇》:'故论士苟定于志行,勿以遭命。'《卜列篇》:'行有招召,命有遭随。'此专论随遭之命也。)《孟子·尽心章》注曰:'命有三名,行善得善曰受命,行善得恶曰遭命,行恶得恶曰随命。'是三命之说,义并相近,惟赵岐论随命略异耳。晖按:仲任于随命,其说略殊,赵岐于义无别,省举一端耳。"

④ 寿命、禄命实出于《论语·颜渊》子夏所闻的"死生有命,富贵在天"之说,于体而言,二者皆得于天命而不可变,于用上言二者本身又皆是天命的现实表现。

所提出的"五命"说(上命、内命、中命、外命、下命)①,皆不出董氏体用之范式,朱熹亦以"所禀"与"所值"概此命之体用②。世俗所谓"命运",析言之,"命"乃所禀于天者,而"运"即所值于时者。

《朱子语类》卷四载有如下一段对话:

> 问:"颜渊不幸短命,伯牛死,曰:'命矣夫!'孔子'得之不得曰有命。'如此之'命',与'天命谓性'之'命'无分别否?"曰:"命之正者出于理,命之变者出于气质。要之,皆天所付予。孟子曰:'莫之致而至者,命也。'但当自尽其道,则所值之命,皆正命也。"③

"天命谓性"出于《中庸》,是由所禀言之,若结合宋儒张载及程、朱之所论,则此禀于终极本体"天"(先秦多称之为"道")的性又分作天地之性与气质之性二者。天地之性与终极本体"道"同,唯气质之性则有驳杂,若能因"人成"之功壅其杂而笃之,则可顺受天命之正;若别因"人成"之功益其杂而倾之,则当逆遭天命之弃④。朱熹所谓的正命是指个体在现世中履行天命的自然展开,这是每一个存在的最佳命运,但现实是每个存在都要受到许多诱惑或在迷惑之中依个体欲望的选择而做出不合本体之自然展开的行动,结果与其正命愈行愈远,是为出于个体气质的变命,变命是本体依个体的现实选择而做出的调整,它虽亦由"天所付予",但却与"正命"有毫厘千里之差。《孟子·尽心上》云:"莫非命也,顺受其正。是故知命者,不立乎岩墙之下。

---

① "上命"为生者承受于天的必然性。"内命"即内在于生者的必然性。"中命"指生者内在和外在环境沟通、互动的中介必然性,如某些与外在环境相对应的心理和行为定势。"外命"指生者必须响应的外在的必然性(偶然"遭遇"中的必然回应)。"下命"即形而下之必然性,也就是生命实际展开中体验和经验的必然性。按此上命、内命之说实有鉴于本文下所谓之"天地之性"与"气质之性"的问题,而后三命之说则为值命之展开。

② 《朱子语类》卷61:"此'命'字有两说,一以所禀言之,一以所值言之。"又卷4:"天之所命,固是均一,到气禀处便有不齐。看其禀得来如何。禀得厚,道理也备。尝谓命譬如朝廷浩救;心譬如官人一般,差去做官;性譬如职事一般,郡守便有郡守职事,县令便有县令职事。职事只一般,天生人,教人许多道理,便是付人许多职事。气禀,譬如俸给。贵如官高者,贱如官卑者;富如俸厚者,贫如俸薄者;寿如三两年一任又再任者,夭者如不得终任者。朝廷差人做官,便有许多物一齐趁。后来横渠云:'形而后有气质之性,善反之,则天地之性存焉,故气质之性,君子有弗性焉。'如禀得气清明者,这道理只在里面;禀得昏浊者,这道理也只在里面,只被昏浊遮蔽了。譬之水,清底里面纤毫皆见,浑底便见不得。"中华书局1986年版,第1461、77—78页。

③ 《朱子语类》,第78页。

④ 《中庸》:"故天之生物,必因其材而笃焉。故栽者培之,倾者覆之。"

尽其道而死者,正命也;桎梏死者,非正命也。"正如由 A 点至 B 点,其最佳线路为直线,任何其他的选择虽或有到达 B 点之可能,但却是变命,变命需要个体付出更高的生命代价。故于个体而言,其最佳的命运选择就是通过学术的理解或圣贤的指导来变化气质,以求趋近其人生之正命。世俗所谓改命之说亦在此"壅杂"与"益杂"的层面上才可以成立,故命书改命之说亦多于道德层面劝人改过从善,以积阴德而改"变命",非谓可改天地之性层面的正命也。

《周易·说卦》有"穷理尽性以至于命"语,正谓"命"可因道德而知之。孔子曾说:

> 赞而不达于数,则亓为之巫;数而不达于德,则亓为之史。[1]

"赞"的意思为"明",即明于"灵"觉。其实这正是原始灵"巫"的特点,《国语·楚语下》:"古者民神不杂,民之精爽不携贰者,而又能齐肃忠正,其智能上下比义,其圣能光远宣朗,其明能光照之,其聪能听彻之,如是则明神降之,有男曰觋,在女曰巫。"[2]巫觋们只是凭借自己的天赋直觉地感通万物本体,而不是借助数术去通灵,因此这种"灵"感也是不可言说的,不能转化为可以认知的"数"理模型。随着人类理性认知能力的提高,人之"灵"觉能力逐渐湮灭而出现了掌"数"通灵的"史",于是此类专职通灵人员也渐沦于只能外得其数而不能内得灵感的祭司了。换句话说,巫是指那些通过直觉感通万物而不进行数理抽象的先知,这种感通能力在理性发达的时代已经退化得所剩无几;而史则只知载录和分析巫术的数理节目,却不能明了这些仪式规则之所以如此制定的因缘。在这种情况下,要开发人类的灵觉能力,就必须在接受人类理性觉醒之现实的前提下,来建构一种新的生命觉解模式,也就是孔子所说的"吾与史巫同涂而殊归者也"。所谓"同涂而殊归",就是要使用与"史、巫"同样的"赞"灵及因"数"以通灵的手段,并从其产生的渊源上做宇宙认知系统的理论建构,来定位生命之所在与内涵,即孔子所谓:

---

① 〔日〕池田知久:《马王堆汉墓帛书〈周易〉之〈要〉篇释文(下)》,牛建科译,《周易研究》1997 年第 3 期。

② 徐元诰:《国语集解》,中华书局 2002 年版,第 512—513 页。

《易》,我后亓祝卜矣,我观其德义耳也:幽赞而达乎数,明数而达乎德。①

也就是说,孔子要通过"幽赞"的直觉而理解理性认知的"数"理,再通过理性认知的"数"理来返本开新,达到自我对宇宙演化过程的感性之"觉"与理性之"解"的贯通——"德"的境界。按"德"古本字作"悳",《说文·心部》:"悳,外得于人,内得于己也,从直,从心。"后来才加"彳"旁兼表人的行为动机等等。《礼记·中庸》云:"性之德也,合内外之道也,故时措之宜也。"所谓"合内外之道"则当指能融摄外在的理性"数"理认知与内在的感性"赞"觉为一体的个体觉解模式,而这种觉解模式的终极旨趣正在于因生命之本体而开拓生命的本能。与"巫"相比,"德"能超越仅靠"灵"觉感知所造成的迷信危险而有理性认知之扶持;与"史"相比,"德"能超越仅靠盲目的"数"理认知所造成的生命虚无而有"灵"觉旨趣的引导。也就是说,有"德"者应该是与天意同步者。《春秋繁露·郊语》:"天地神明之心,与人事成败之真,固莫之能见也,唯圣人能见之。圣人者,见人之所不见者也。"②又《吕氏春秋·长见》谓"圣人上知千岁,下知千岁"③。《越绝书》卷十三:"圣人上知天,下知地,中知人。"④《白虎通·圣人》亦云:

圣人者何? 圣者通也、道也、声也。道无所不通,明无所不照。闻声知情,与天地合德,日月合明,四时合序,鬼神合吉凶。⑤

俗有"至人不占"甚至"君子不占"之说⑥。《中庸》云:"至诚之道可以前知。国家将兴,必有祯祥;国家将亡,必有妖孽。见乎蓍龟,动乎四体。祸福将至,善必先知之;不善,必先知之。故至诚如神。"以至人、君子可以前知,可以预流而与天地鬼神同其吉凶,如此则无所谓个人之吉凶。

---

① [日]池田知久:《马王堆汉墓帛书〈周易〉之〈要〉篇释文(下)》,牛建科译,《周易研究》1997年第3期。"卜"字原释作"人",今据裘锡圭《帛书〈要〉篇释文校记》改定,裘文载《道家文化研究》第18辑。

② 苏舆:《春秋繁露义证》,中华书局1992年版,第397页。

③ 王利器:《吕氏春秋注疏》,巴蜀书社2002年版,第1115页。

④ 张仲清:《越绝书校注》,国家图书馆出版社2009年版,第314页。

⑤ 陈立:《白虎通疏证》,中华书局1994年版,第334页。

⑥ 苏源明《元包五行传》:"夫至人不占者,何以其定也? 占者所以定美恶,至人无恶;占者所以定吉凶,至人无凶;占者所以定休咎,至人无咎;占者所以定嫌疑,至人无疑。夫惟定矣,又何假于占哉?"董浩等:《全唐文》卷373,中华书局1983年版,第3797页。

从以上所述,可知数理(此早期之通灵数理实即所谓数术)之说乃为弥补巫术通灵之不足而兴。故其术虽有良莠不齐之别,而其广泛流传的一些方法,却有着某些合理性。北宋理学家程颐曾问邵雍:"知易数为知天,知易理为知天?"邵雍回答说:"须还知易理为知天。"①只是"知易理"并非人人所易为,故于普通民众而言,就难免需时时质之于达者。此达者亦分两类——"知易理者"与"知易数者",前者因有更高的道德修养,是又难于后者,故常行于民间以为其命运指导师者则多是操易数之人。

二、数术的基本理念一:生成的结构认同

自《汉书·艺文志》以来,历代目录之数术分类,标准很不一致,或以对象如天文、风水、相法,或以工具如易占、龟卜,或以术语如太乙、遁甲,或以目的如命理云云,遂难知其学术所自。考数术之兴既为补巫师灵感衰落之策,则其初起之结构,必有以经巫师之灵感的选择,若孔子所谓之"幽赞"——通于幽灵而明觉者也。如此则早期的数术结构就主要是以一种原型的方式存在,如龟卜和筮占等,若《雒书》云:"灵龟者,玄文五色,神灵之精也。上隆法天,下平法地,能见存亡,明于吉凶。"②且以火灼之,取天地分化,有物析出之象;而筮占则因于"易有太极,是生两仪,两仪生四象,四象生八卦,八卦定吉凶,吉凶生大业"③,皆取象于宇宙生化之过程,唯龟卜拟象而筮占拟数而已。

龟卜最初可能从骨卜(因献牲于鬼神故以其骨裂占吉凶)经理性的象征选择而得到广泛认同。其早期卜法今已不得而知,疑仅若选择占之观纵、横文以定吉凶。唐代李筌《太白阴经·龟卜篇》云:"龟有五兆,以定吉凶。一兆之中为五段,可以彰往察来:内高为金,外高为火,五曲为木,正直为土,头垂为水。水无正形,因金为名,常以晴雾为水。一兆之中从头分为五乡,头为甲乙,次为丙丁,次为戊己,次为庚辛,次为壬癸。常以头微高为上兆,正横为中兆。春夏以内为头,秋冬以外为头。"④则是已发展的较为复杂的卜法了。

李零先生认为距今 5300 余年前新石器时代的凌家滩玉龟与式法可能

① 程颢、程颐:《二程集·河南程氏外书》卷 12,中华书局 1981 年版,第 428 页。
② 徐坚等:《初学记》卷 30,中华书局 1962 年版,第 744 页。
③ 朱熹:《周易·系辞上》,北京大学出版社 1992 年版,第 148—149 页。
④ 张文才、王陇:《太白阴经全解》,岳麓书社 2004 年版,第 565 页。

有一定的关系,并进而推测说:"洛水神龟负文于背的传说,可能是来自龟形、龟纹对'式'的模仿。"①《史记·日者列传》"旋式正钲"司马贞索隐:"栻之形上圆象天,下方法地,用之则转天纲加地之辰,故云旋式。"②式之天盘一般中列北斗七星,周环十二月或十二神、干支及二十八宿;地盘一般由内向外作三层:天干、地支、二十八宿。然具体而言则会各有些小的出入,但其实太乙、六壬、雷公、遁甲之天地盘所列实概为以占时列十二神等以断吉凶之法,而与之相应的要有一个以洛书九宫求天旋之定数,若六壬之起四课三传,遁甲之定九星八门八宫,太乙之配十六神(唯此所谓九宫与前数种之位数相配略有不同),皆因以所占之年月日时以转定。择日之法即因栻占而定其吉凶,李零先生以为"择日和历忌是从式法派生,都属于古代的'日者'之说。它们与式法的关系有点类似《周易》和筮法的关系,也是积累实际的占卜之辞而编成"③。

《中庸》云:"莫见乎隐,莫显乎微,故君子慎其独也。",正谓其一念之起,天地信息因与之呼应,而龟、栻之占,正因其一念所起时的天地信息呼应情况以断其成事与否。

与龟、栻因天地之象而明数的办法相对的是因天地之数理展开而明数的易占,《周易·说卦传》云:

> 昔者圣人之作《易》也,幽赞于神明而生蓍,参天两地而倚数,观变于阴阳而立卦,发挥于刚柔而生爻,和顺于道德而理于义,穷理尽性以至于命。④

"幽赞"(直觉感通)和"倚数"(格致)即为《易》道的德业模式。庞朴先生认为这是圣人深得神明之道,想出了用蓍草求卦的办法⑤,所谓"幽赞于神明以生蓍",这是第一步;然后以蓍草象征天地的生化过程去反复排列,遂得出

---

① 李零:《中国方术考》,东方出版社 2000 年版,第 56—57 页。

② 司马迁:《史记》卷 127,中华书局 1959 年版,第 3218 页。

③ 李零:《中国方术考》,东方出版社 2000 年版,第 39 页。但李零同时也指出式法与择日历忌的关系与筮法及《周易》关系不同之处:"《周易》虽然也被古今研究易理的人当独立的书来读,可是作为供人查用的占书,它却始终结合着筮占。离开筮占,也就失去了占卜的意义。而择日之书或历忌之书是把各种举事宜忌按历日排列,令人开卷即得,吉凶立见,不必假乎式占,即使没有受过训练的人也很容易掌握。"

④ 朱熹:《周易本义》,第 169 页。

⑤ 《太平御览》卷 997 引《洪范五行传》:"蓍之为言耆也,百年一本生百茎,此草木之寿知吉凶者也,圣人以问鬼神焉。"

一些数来,所谓"参天两地而倚数",这是第二步;再后据得数的奇偶而列出卦象,所谓"观变于阴阳而立卦",是为第三步;接着便有了各个爻位,所谓"发挥于刚柔而生爻",那是第四步;最后是从卦与爻中悟出吉凶悔吝来,所谓"和顺于道德而理于义,穷理尽性以至于命",完成第五步。五步中,第二步最吃紧,它是形成卦象的决定性步骤①。这与《周易·系辞上》介绍的演卦方法是相一致的:即从五十根蓍草中取出四十九根,"分而为二以象两,挂一以象三"。象两就是像阴阳,象三就是像阴阳孕于太极之中②。这一点在《老子》那里就明确地被表述为:"一生二,二生三,三生万物。"③而尤以宋代张载阐释最明:"地所以两,分刚柔、男女而效之,法也。天所以参,一太极、两仪而象之,性也。一物两体,气也。一故神,两故化,此天之所以参也。"④

按《说文》:"三,天地人之道也。"又《周易·说卦》云:"昔者圣人之作易也,将以顺性命之理。是以立天之道,曰阴与阳;立地之道,曰柔与刚;立人之道,曰仁与义。兼三才而两之,故易六画而成卦。分阴分阳,叠用柔刚,故《易》六位而成章。"⑤《史记·律书》云:"数始于一,终于十,成于三。"这些都说明了《易》卦用三画成卦的数理理据。叶舒宪、田大宪在《中国古代神秘数字》一书中也阐发说:"神话思维把天地人三才齐备作为化育万物的前提,所以'三'就成了宇宙创化的第一个完整的单元,万物生成发展的基数了。"⑥我们认为,《周易》之所以用三爻成卦,正是取含蕴阴阳的太极为三而能成就万物之意。这与先秦名家惠施等所谓的"鸡三足"之意同,《庄子·天下》引惠施语云"鸡三足",晋司马彪注:"鸡两足所以行而非动也,故行由足发,动由

---

① 庞朴:《三分诸说试释之一》,《书屋》1997 年第 5 期。

② 所谓"一"即太极之说,孔颖达:《系辞上》"易有太极,是生两仪,两仪生四象,四象生八卦。八卦定吉凶,吉凶生大业"正义云:"太极谓天地未分之前元气混而为一,即是太初、太一也。故老子云:'道生一',即此太极是也。又谓混元既分,即有天地,故曰太极生两仪,即老子'一生二'也。"《十三经注疏》第 82 页。

③ 这句话不载于老聃所传的竹简本《老子》中。盖是其后太史儋的发明。

④ 《张载集·正蒙》"参两篇",中华书局 1978 年版,第 10 页。又《张载集·横渠易说》〈说卦〉云:"一物两体者,气也。一故神,两故化,此天之所以参也。两不立则一不可见,一不可见则两之用息。两体者,虚实也,动静也,聚散也,清浊也,其究一而已。有两则有一,是太极也。若一则有两,有:两亦一在,无两亦一在。然无两则安用一? 不以太极,空虚而已,非天参也。"《张载集》,中华书局 1978 年版,第 233—234 页。

⑤ 朱熹:《周易本义》,第 169 页。

⑥ 叶舒宪、田大宪:《中国古代神秘数字》,陕西人民出版社 2011 年版,第 47 页。

神御。今鸡虽两足,须神而行,故曰三足也。"①太极乃混沌圆融之神,其中之气可动而生化有形之万物,但太极却仍能以整体的形态寓于其所生成的万物之中,并在可能的情况下(如"诚")制约着其所寓主体的活动。这太极其实就是万物未得化生之前的道,一个内蕴阴阳二气而为三的天地万物之母,其分化时则以阴阳化生有形万物,而原初太极则以无形之态蕴于其中,这太极也就是《周易·系辞上》所谓的"形而上者谓之道",而阴阳以下就是"形而下者谓之器"了②。

因此,在既已成形的情况下,"神无方而《易》无体",所谓生蓍之本,当以幽赞通之;而阴阳就成了人们认知道体的门径。所谓参天两地而生气化之原型(即八卦,太极之三而以阴阳之两组合之),故当以数理明之。至于六十四卦作为有形万物动静变化时本体状态的数理模型,也许就是《周易·系辞上》所说的"一阴一阳之谓道"(理论上的八卦之阴阳二合)的根据所在了。

易占之所据,自与龟、筮略同,亦因人之念起而求天地信息呼应之状。自西汉董仲舒以五行继于阴阳论生成之数,其后易占之方法盖亦有所改变,若京房创立卦序八宫说,即因卦爻纳甲而配五行于其中,如此则天地生化之数理模型才得到一种较为完善的物化落实,也直接开启了后世本数占法的形成。

三、数术的基本理念二:现象的理性解析

《周易·系辞下》云:"古者包牺氏之王天下也,仰则观象于天,俯则观法于地,观鸟兽之文与地之宜,近取诸身,远取诸物,于是始作八卦,以通神明之德,以类万物之情。"③对现象的仰观俯察、体知选择是人类源自动物的生存本能,然人类之理性能力又使得这种观察延及更为广阔的领域,并积累出更多的成果,这就是传统数术对天、地、人、物的观察,从而得出与人生之吉凶悔吝相关的类属经验。此亦可分为两类数术方法:因象归类之本象卜和因生定数之本数占。

本象卜包括占星云风气、风水、人相,以及自然异象如山崩水竭、草木虫

---

① 郭庆藩:《庄子集释》,中华书局 1961 年版,第 1107 页。
② 此间的生成模式我们尚未能深考,然现代宇宙生成论之正负粒子在宇宙爆炸之初的相互磨合中逐渐地多出来的正粒子就形成了今天的宇宙世界的说法,似乎应该对我们有所启迪。但生成的正粒子世界似仍不能没有本体——即太极寓于其中。
③ 朱熹:《周易本义》,第 153 页。

鱼之变异、季节不时和人生异象如梦幻、目瞤耳鸣等等。若《汉书·艺文志》数术略云:"天文者,序二十八宿,步五星日月,以纪吉凶之象,圣王所以参政也。""形法者,大举九州之势,以立城郭室舍,形人及六畜骨法之度数、器物之形容,以求其声气贵贱吉凶。犹律有长短,而各征其声,非有鬼神,数自然也。然形与气相首尾,亦有有其形而无其气,有其气而无其形,此精微之独异也。""杂占者,纪百事之象,候善恶之征。"①是皆本象卜之荦荦大者。

张家国先生据唐代李淳风《乙巳占》归纳占候程序有四:不同天象的状况,这种状况所具有的象征意义,理论上的解释,禳解的方法等,即已表明这种占卜法是以明确的经验归纳——不同天象的状况与人事关系之归纳为前提的②。《淮南子·墬形训》云:"土地各以其类生,是故山气多男,泽气多女,障气多暗,风气多聋,林气多癃,木气多伛,岸下气多肿,石气多力,险阻气多瘿,暑气多夭,寒气多寿,谷气多痹,丘气多狂,衍气多仁,陵气多贪。轻土多利,重土多迟,清水音小,浊水音大,湍水人轻,迟水人重,中土多圣人,皆象其气,皆应其类。"③亦可明其分类以系人事的特点。又《灵枢经·阴阳二十五人》因五行、五色而分人之相貌,以别其吉凶美恶,亦甚明之:

> 先立五形金木水火土,别其五色,异其五形之人,而二十五人具矣。……木形之人比于上角,似于苍帝,其为人苍色,小头长面,大肩背,直身,小手足好,有才,劳心,少力,多忧劳于事。……火形之人比于上征,似于赤帝,其为人赤色,广䏚脱面,小头,好肩背髀腹,小手足,行安地,疾心,行摇,肩背肉满,有气轻财,少信多虑,见事明,好颜,急心,不寿暴死。……土形之人比于上宫,似于上古黄帝,其为人黄色,圆面大头,美肩背,大腹,美股胫,小手足多肉,上下相称,行安地,举足浮,安心,好利人,不喜权势,善附人也。……金形之人比于上商,似于白帝,其为人方面白色,小头,小肩背,小腹,小手足,如骨发踵外,骨轻,身清廉,急心,静悍,善为吏。……水形之人,比于上羽,似于黑帝,其为人黑色,面不平,大头廉颐,小肩大腹,动手足,发行摇身,下尻长背,延延然不敬畏,善欺绐人,戮死。④

---

① 班固:《汉书》卷30,中华书局1962年版,第1765、1773、1775页。
② 张家国:《中华占候术》,台北文津出版社1995年版,第354页。
③ 何宁:《淮南子集释》,中华书局1998年版,第338—340页。
④ 《灵枢经校释》下册,人民卫生出版社1982年版,第199—210页。

此虽借用五行来对人的形貌加以分类（每类除上角、上徵云云外，别有四类以分色，故有二十五人之说），但后来相术之细分则又因头、面（耳、眉、眼、鼻、口）、肢、身、骨、手、足等而各配诠说，则多用经验之观察而归纳其类属，以别其夭寿贵贱及命运吉凶。至于其或与五行、八卦拟象、拟数之理结合以论吉凶祸福，亦为本象卜之常事，盖欲以通识而得其真也。若占星、占候、风水、占梦等等因象以论人事之吉凶者同。

本数占则指用生辰的年月日时之数而配干支五行以断吉凶，其术概起于唐代李虚中（716—813）之《三命消息赋》，而完善于五代宋初之徐子平。韩愈《殿中侍御史李君墓志铭》：

> 以人之始生年、月、日所值日辰支干，相生胜衰死相王，斟酌推人寿夭贵贱利不利，辄先处其年时，百不失一二。其说汪洋奥美，关节开解，万端千绪，参错重出。[1]

今传宋代徐升编录的《渊海子平》，即代表他们的占命方法。按此法之四柱配干支法盖因选择占之式法若六壬之四课而来，非术家之别造法则。从数理意义上说，此法乃通过对人生禀命之际的生成信息之推排，来确定个体所禀之信息，再推算这个所禀的信息在命运展开的将来另一时空中的信息，然后观察二者如何互动，以定其顺逆吉凶。

四、结语

由前之所论可知，数术作为一种知命之术，必然要对天地人之过去、现在及未来加以整合并建立一些理论模型。随着人类对自然认知能力的提高，这些模型有所调整且更加细密化，以增强其命理阐释能力。中国的数术思想有着极其精致的义理基础，而作为中国传统之富有信仰色彩的学术体系，它的理论建构必然要对宇宙人生的终极问题具有圆融的阐释能力，这也正是人类理性完善后所因而建立的学术思想对知命之数术极其重视的原因所在。可以说，数术是学术传统特别是儒学的一种世俗落实，而学术传统特别是儒学则是数术的义理源头。

当然，作为巫灵感通的弥补之术，数术本身即有着一些先天的不足，故在现实层面也不可能做到完全准确地预测人生命运。但它经过千百年的运作和筛选，在感通天地和经验总结上确有一些自得之见，至少具有某种仪式

---

[1] 屈守元、常思春主编：《韩愈全集校注》，四川大学出版社1996年版，第1958页。

的意义。它在道德认同的基础上,以命运之富贵贫贱的先天性为前提,指导个体在人生之关口上,能有一个尽量合于道德的选择,鼓励个体遵循心性之善去尽其人成之功,以尽可能获得接近正命的人生。明代万民英《星学大成》序中的一段话,盖可视为古代学者对数术的一种重要态度:

> 易以道阴阳,是卜筮之书也,圣人作之,以教人趋吉避凶。而一言以蔽之,曰天下之动,贞夫一者也。若曰吉者吾趋之,非趋夫吉,趋夫所以获吉之理,视履、考祥之类是也;凶者吾避之,非避夫凶,避夫所以致凶之故,复即命、渝安贞之类是也。由是则吉而非求也,由是则凶而有所不避也,六十四卦三百八十四爻无非此理。盖圣人幽赞神明、开物成务之精意,余之心亦若是也,而胡不可哉。是书之行,使知命之士观之,遇富贵则曰命也,吾不可以幸致;遇贫贱则曰命也,吾不可以苟免,行法以俟,夭寿不贰,将齐得丧,一死生,其为教不既多乎。若恃命之将通而冥行径趋,见命之将否而徼幸苟免,是则桎梏而死,立乎岩墙之下者,虽圣贤亦末如之何矣。岂予之所知哉!岂予之所知哉![1]

清敕修《协纪辨方书·序》亦表达了同样的道理:"天以日月行四时,人奉天而时。若向明而治,向晦而息,后王君公所以奉若天道也;日出而作,日入而息,群黎百姓所以奉若天道也。否则不能晨夜,不夙则暮,诗人讥焉,人人所知也。然则举大事,动大众,协乎五纪,辨乎五方,以顺天地之性,岂无寸分节解以推极其至精至微之理者欤。其支离蒙昧、拘牵谬悠之说,乃术士之过,而非可因噎而废食者也。"[2]其实若史官的术士之过,亦以其未能进而入于道德之境也。

(原载《浙江大学学报》2008 年第 3 期)

---

[1] 万民英:《星学大成》,北京师范大学出版社 1993 年版,第 3—4 页。

[2] 《协纪辨方书》,上海古籍出版社 1991 年《四库术数类丛书》本,第 109 页。

礼学视野下的卜筮传统论略

《礼记·表记》载孔子语云:"昔三代明王,皆事天地之神明,无非卜筮之用。"①盖"建国受命,兴动事业",并欲因"卜筮以助善"也②。20世纪30年代初,李安宅先生在其著作《〈仪礼〉与〈礼记〉之社会学的研究》中指出:

> 卜筮的应用,几于个个礼节上都有地位,如冠礼之"筮日""筮宾",婚礼之卜而"纳吉"、卜而"请期",丧礼之筮葬地、筮葬日、筮尸,特牲馈食礼之筮日、筮尸,少牢馈食礼之诹日而筮与筮尸等,载于《仪礼》者甚多。只有因着节气而行的定礼,用不着这一层,如"大享(冬至祀天,夏至祭地)不问卜"(《曲礼下》)是。③

沈文倬先生于《〈周代城市生活图〉编绘计划》中列十二门类,而以卜筮殿其末,并强调说:

> 关于卜筮的仪节,《仪礼》的《士冠》《士丧》,记载得很详尽。其实十七篇都应有卜筮,不过《仪礼》的体例,用"互文见义"之法,所以在其他各篇都略去了。④

按今传之礼典(三礼及《大戴礼记》)虽未见卜筮专篇,然汉时"集今学之大成,十四经博士之所传"的《白虎通义》却载有《蓍龟》一篇。宋时朱熹著

---

① 文中所用三礼文字,并出上海古籍出版社点校本之《仪礼注疏》(王辉,2008年版)、《周礼注疏》(彭林,2010年版)和《礼记正义》(吕友仁,2008年版),因涉及稍多,故后之引文不再一一标出。

② 《史记·龟策列传》:"自古圣王将建国受命,兴动事业,何尝不宝卜筮以助善! ……王者决定诸疑,参以卜筮,断以蓍龟,不易之道也。"中华书局1959年版,第3223页。

③ 李安宅:《〈仪礼〉与〈礼记〉之社会学的研究》,上海人民出版社2005年版,第51—52页。

④ 沈文倬:《菿闇文存》,商务印书馆2006年版,第1028页。

《仪礼经传通解》,《卜筮篇》虽未能成稿,然亦在规划中矣①。清时江永因朱子之书而著《礼书纲目》,于第七十三卷专设卜筮一目,辑三礼群经相关论述以成之。其后黄以周著《礼书通故》,亦专设"卜筮通故"一目。虽皆因礼典为论,而于数术本身之发展嬗变未能给予足够的关注,但其辑此以为礼书之专目的思考却是一致的。

《礼记·曲礼上》谓卜筮之用在"使民决嫌疑,定犹与也",而《周礼·春官宗伯》下所载作为卜筮官之长的太卜一职,其下辖官吏即有卜师、卜人、龟人、蓍氏、占人、筮人、占梦、视祲,从决疑方式而论,则有龟卜、筮占、梦兆、望气数种。另有太卜之外掌辨公墓兆域而为之图的冢人、掌邦墓地域而为之图的墓大夫、"掌天星"吉凶的保章氏、"土地相宅"的土方氏等等,乃至祝、巫、宗、史诸职之所守,皆有与于"决嫌疑,定犹与"之用,并当为广义的卜筮一名所含摄,故此合而论之。

一、重事决疑与卜筮的礼仪之用

《白虎通·蓍龟》云:

> 天子下至士,皆有蓍龟者,重事决疑,亦(示)不自专。《尚书》曰:"女则有大疑,谋及卿士,谋及庶人,谋及卜筮。""定天下之吉凶,成天下之亹亹者,莫善于蓍龟。"……所以先谋及卿士何? 先尽人事,念而不能得,思而不能知,然后问于蓍龟。圣人独见先睹,必问蓍龟何? 示不自专也。②

此中提及运用蓍龟的两个规定:一是尽人事后"不能得""不能知"的事情,才要通过蓍龟以卜问鬼神之意来加以确定,所谓"尽人事然后听天命",非事事皆决于蓍龟;二是圣人既然无所不知,何以有时也要凭借蓍龟来进行占问? 这是因为其所面对的事情是"重事",须向民众展示其听命于鬼神的公正之心,所谓"示不自专也"。

---

① 《仪礼经传通解》所载《乞修三礼札子》后录朱熹之子朱在附记云:"先君所著《家礼》五卷、《乡礼》三卷、《学礼》十一卷、《邦国礼》四卷、《王朝礼》十四卷,今刊于南康道院。其曰《经传通解》者凡二十三卷,盖先君晚岁之所亲定,是为绝笔之书,次第具见于目录。唯《书数》一篇缺而未补,而《大射礼》《聘礼》《公侯大夫礼》《诸侯相朝礼》八篇,则犹未脱稿也。其曰《集传集注》者,此书之旧名也,凡十四卷,为《王朝礼》,而《卜筮篇》亦缺。余则先君所草定而未暇删改者也。"《朱子全书》第 2 册,上海古籍出版社、安徽教育出版社 2003 年版,第 26 页。
② 陈立:《白虎通疏证》,中华书局 1994 年版,第 327—328 页。

然则衣食住行、生老病死、亲朋往来、家国职事,何者可与于"重事"之列?清代张次仲《周易玩辞困学记》卷九益卦六四爻注辑述较为简备:"初大役,二大礼,三大灾,四大迁,皆国重事。"①稽诸经典,可略辑作如下诸般事项:

大役:兵革、耕蚕、赋税、刑罚。

大礼:嗣位改元、选贤策勋,冠婚丧祭,遣使,坛庙、龟筮。

大灾:灾变。

大迁:迁都改邑。

刘瑛先生析《左传》《国语》中的龟卜事项为三大类十八小类②:

一、军国政事:征伐、祭祀、卜纪数、朝觐、卜得天下、立嗣立君、选拔、迁都、筑城、出使、巡守、攻仇、卜谋。

二、社会生活:出生、婚姻、卜宅。

三、生理心理:疾病、卜梦。

至于切身于士庶民众的重事,则又具体而微者矣。以类论之,以上重事皆涉及时空、位所、人员、人事等等选择,而士庶民众尽人事后欲借卜筮以决其意的"嫌疑""犹与"之"重事",尤其所在多有。今因前人所述,姑辑礼经所及以示其详。

卜日:

《仪礼·士冠礼》:"筮于庙门……若不吉,则筮远日,如初仪。"

《仪礼·士昏礼》"请期"郑注:"夫家必先卜之,得吉日,乃使使者往,辞,即告之。"

《仪礼·士丧礼》:"卜日"。《礼记·杂记上》:"大夫卜宅与葬日。"

《仪礼·特牲馈食礼》:"及筮日,主人冠端玄,即位于门外,西面。"

《仪礼·少牢馈食礼》:"日用丁、己,筮旬有一日。"

《礼记·丧服小记》:"练,筮日、筮尸。"

《周礼·龟人》:"上春衅龟,祭祀先卜。"郑注:"祭祀先卜者,卜其日与其牲。"

《周礼·天官·太宰》:"祀五帝,则掌百官之誓戒,与其具修。前期十日,帅执事而卜日。"

---

① 张次仲:《周易玩辞困学记》,《四库全书》第 36 册,台北商务印书馆 1986 年影印版,第 654 页。

② 刘瑛:《〈左传〉、〈国语〉方术研究》,人民文学出版社 2006 年版,第 68—83 页。

《周礼·春官·大宗伯》:"凡祀大神、享大鬼、祭大示,帅执事而卜日。"

卜宅、兆:

《仪礼·士丧礼》:"筮宅"。《礼记·杂记上》:"大夫卜宅与葬日。"

《礼记·表记》:"诸侯非其国,不以筮卜宅寝室,天子不卜处大庙。"

《礼记·坊记》引《诗》云:"考卜惟王,度是镐京。惟龟正之,武王成之。"

筮尸:

《仪礼·聘礼》:"筮一尸,若昭若穆。"

《礼记·丧服小记》:"练,筮日、筮尸。"

《礼记·丧服小记》:"大祥,吉服而筮尸。"

《仪礼·特牲馈食礼》:"前期三日之朝,筮尸,如求日之仪。"

《仪礼·少牢馈食礼》:"明日,朝服筮尸,如筮日之礼。"

筮宾:

《仪礼·士冠礼》:"前期三日,筮宾,如求日之仪。"

《礼记·内责》:"国君世子生,……三日,卜士负之,吉者宿齐,朝服寝门外,诗负之。……卜士之妻、大夫之妾,使食子。"

《礼记·祭义》:"及大昕之朝,君皮弁素积,卜三宫之夫人、世妇之吉者,使入蚕于蚕室,奉种浴于川,桑于公桑,风戾以食之。"

《大戴礼记·少闲》:"子曰:'昔尧取人以状,舜取人以色,禹取人以言,汤取人以声,文王取人以度,此四代五王之取人以治天下如此。'"[①]

卜婚:

《仪礼·士昏礼》"纳吉"郑注:"归卜于庙,得吉兆,复使使者往告,昏姻之事于是定。"

《礼记·曲礼上》:"买妾不知其姓,则卜之。"正义引熊氏说云:"卜者,卜吉凶。既不知其姓,但卜吉凶则取之。"又《礼记·坊记》载同。

卜征伐:

《周礼·春官·太卜》:"国大迁、大师,则贞龟。"

卜牲:

《礼记·祭义》:"君召牛,纳而视之,择其毛而卜之吉,然后养之。"《周礼·龟人》"上春衅龟,祭祀先卜",郑注:祭祀先卜者,卜其日与其牲。

卜后:

《礼记·檀弓下》:"石骀仲卒,无适子,有庶子六人,卜所以为后者。"

---

① 王聘珍:《大戴礼记解诂》,中华书局1983年版,第215页。

《大戴礼记·帝系》:"帝喾卜其四妃之子,而皆有天下。"①

卜吉凶:

《礼记·郊特牲》:"卜郊,受命于祖庙,作龟于祢宫,尊祖亲考之义也。"

《礼记·学记》:"未卜禘,不视学,游其志也。"

《礼记·月令》:"是月(按:孟冬)也,命太史衅龟策占兆,审卦吉凶,是察阿党,则罪无有掩蔽。"

《周礼·天官·疾医》:"掌……以五气、五声、五色视其死生,两之以九窍之变,参之以九藏之动。"

《周礼·春官·太卜》:"以八命者赞三兆、三易、三梦之占,以观国家之吉凶,以诏救政。"

《周礼·春官·肆师》:"凡四时之大甸猎,祭表貉,则为位。尝之日,莅卜来岁之芟。狝之日,莅卜来岁之戒。社之日,莅卜来岁之稼。"《周礼·春官·天府》:"季冬陈玉,以贞来岁之媺恶。"

《周礼·春官·大师》:"大师,执同律以听军声而诏吉凶。"

《周礼·春官·视祲》:"掌十辉之法,以观妖祥,辨吉凶。一曰祲,二曰象,三曰镌,四曰监,五曰暗,六曰瞢,七曰弥,八曰叙,九曰隮,十曰想,掌安宅叙降。正岁,则行事;岁终,则弊其事。"

《周礼·春官·保章氏》:"保章氏掌天星,以志星辰、日月之变动,以观天下之迁,辨其吉凶。以星土辨九州之地,所封封域,皆有分星,以观妖祥。以十有二岁之相,观天下之妖祥。以五云之物,辨吉凶、水旱、降丰荒之祲象。以十有二风,察天地之和命,乖别之妖祥。凡此五物者,以诏救政,访序事。"

卜名:

《大戴礼记·保傅》:"太子生而泣,太师吹铜曰:'声中某律。'太宰曰:'滋味上某。'然后卜名,上无取于天,下无取于墜,中无取于名山通谷,无拂于乡俗。是故君子名难知而易讳也。此所以养恩之道。"②

占梦:

《大戴礼记·保傅》"二世以刺于望夷之宫"卢辨注:"望夷宫在长陵西北长平观东,临泾水作之,以望北夷。二世尝梦白虎啮其左骖,杀之,心不乐,乃问占梦者,卜言泾水为祟,二世就望夷之宫而祠焉。赵高为丞相,二世以

① 王聘珍:《大戴礼记解诂》,中华书局1983年版,第130页。
② 王聘珍:《大戴礼记解诂》,中华书局1983年版,第60页。

天下兵寇之事而责之,赵惧诛,遂使其婿阎乐将士卒杀之望夷之宫。"①

《周礼·春官·占梦》:"掌其岁时观天地之会,辨阴阳之气。以日、月、星、辰占六梦之吉凶。一曰正梦,二曰噩梦,三曰思梦,四曰寤梦,五曰喜梦,六曰惧梦。季冬聘王梦,献吉梦于王,王拜而受之,乃舍萌于四方,以赠恶梦,遂令始难,驱疫。"

黄季刚先生曾云:"然经礼三百,曲礼三千,其数弥多;先哲制作之旧,今不过存什一于千百耳。"②以故礼学传承中的散见卜筮传统亦有赖于后之学人的稽总考订,若前所提及的江永《礼书纲目》之占候(卷 53)、卜筮(卷 44、73)、筮法(卷 73)、占梦(卷 73),秦惠田《礼书通故》之卜筮通故(卷 4)等,皆对早期的卜筮传统有所辑考。今人刘瑛先生《〈左传〉、〈国语〉方术研究》又专以五章分论星气之占、龟卜、筮占、梦占,各揭其重事决疑之用,刘氏虽未因礼仪为论,然其稽述之内容却于礼书所载多有补益。

从礼学致用的体系而言,朱子尝有"本""文"之说,"自其施于家者言之,则名分之守、爱敬之实者,其本也;冠婚丧祭、仪章度数者,其文也"③。他在《家礼》中把有关礼之"本"者设为通礼,内含"祠堂""深衣制度""司马氏居家杂仪"三目,除后者为主体居礼的德辉所发外④,前二者则是主体行礼度数中的致知支撑,其内容除朱子目下所提及的宫室、舆服外,尚有多种,如礼器、历数、乐舞、宗法、爵制等,而作为重事决疑的数术自亦不可缺少,并且是最为复杂的一个致知体系。

二、格致探索与卜筮的方法嬗变

《史记·日者列传》附"褚先生曰"云:

> 孝武帝时,聚会占家问之,某日可以取妇乎?五行家曰可,堪舆家曰不可,建除家曰不吉,丛辰家曰大凶,历家曰小凶,天人家曰小吉,太一家曰大吉,辩讼不决。以状闻。制曰:"避诸死忌,以五行为主。"人取

---

① 王聘珍:《大戴礼记解诂》,中华书局 1983 年版,第 63 页。

② 黄侃:《黄侃论学杂著》,中华书局 1964 年版,第 444 页。

③ 朱熹:《朱子家礼》,《朱子全书》第 7 册,上海古籍出版社、安徽教育出版社 2002 年版,第 893 页。

④ 《礼记·乐记》:"故德辉动于内,而民莫不承听;理发诸外,而民莫不承顺。"郑注:"理,容貌之进止也。"孔疏:"凡道理从内心而生,今云'理发诸外',非'道理'之理,止谓'容貌进止'之理。"此"理"字后人多表述作"礼仪"之"礼"。

于五行者也。①

其实在卜法盛行的商周时代,新兴的筮法盖已间或被用来作为卜法决疑验否之参照了②,虽礼书为避"灵物"矛盾之嫌而有"卜筮不相袭"(《礼记·曲礼上》)之约,然在实际应用中,仍有不少参用之者,若《周礼·春官·筮人》云:"凡国之大事,先筮而后卜。"然依《左传》所记:闵公二年桓公卜季友将生、僖公四年晋献公卜骊姬为夫人、僖公二十五年晋文公卜纳周襄王、哀公九年赵鞅卜救郑,皆先卜而后筮,唯哀公十七年卫侯占梦为先筮而后卜③。而《尚书·洪范》的"三人占则从二人之言",孔传云:"夏、殷、周卜筮各异,三法并卜。从二人之言,善均从众,卜筮各三人。"郑注:"卜筮各三人。太卜掌三兆、三易。"

因理性启蒙而"失乐园"的人类先祖们④,在巫觋的呵护下度过了部落时代⑤,至轴心时代以后,随着哲学的突破,"巫师通灵能力的衰落使得'王'们不得不用巫师集团来继续保持与天地万物的协调,由于这种协调巫术对技艺的需求,又出现了以术通灵的'史'官职业"⑥。作为中国学术之先驱的孔子就曾指出:

> 《易》,我后其祝卜矣,我观亓德义耳也:幽赞而达乎数,明数而达乎
> 德。又仁守者而义行之耳。赞而不达乎数,则亓为之巫;数而不达于

---

① 《史记》,第 3222 页。

② 李学勤在《竹简卜辞与商周甲骨》中指出:"我们在研究西周甲骨时已经说明,古人常在卜以前揲筮,西周甲骨上有时把筮数刻记在卜兆旁边,就表明这种关系。"李学勤:《周易经传溯源》,长春出版社 1992 年版,第 195 页。

③ 参刘瑛:《〈左传〉、〈国语〉方术研究》所论,第 108 页。

④ 荣格在《心理学的现代意义》一文中曾对《圣经》的神话故事加以解析说:"圣经故事把以乐园为象征的植物、动物、人与上帝之间的未曾破裂的和谐置于一切精神发展的开端,并把意识的最初的曙光——'你们将像神一样知道善恶'——宣布为致命的罪孽,这一点绝不是没有所指的。意识的神圣统一支配着原始之夜,对天真素朴的头脑来说,打破这种统一的确是一桩罪孽。这是个体反对太一(the One)的魔鬼般的反叛,是不和谐反对和谐的具有敌意的行动,是要从一切与一切混融在一起中脱离和分裂出去。"冯川译《荣格文集》,改革出版社 1997 年版,第 133 页。

⑤ 《国语·楚语下》云:"民之精爽不携贰者,而又能齐肃衷正,其智能上下比义,其圣能光远宣朗,其明能光照之,其聪能听彻之,如是则明神降之,在男曰觋,在女曰巫。"又英国文化人类学家马林诺夫斯基在《巫术科学宗教与神话》里指出:"宗教里唯一专门的地方,乃是原始的灵媒,然而这不是专业,而是个人的天赋。"中国民间文艺出版社 1986 年版,第 122 页。

⑥ 参拙著《中国学术史述论》,巴蜀书社 2004 年版,第 29 页。

德，则亓为之史。史巫之筮，乡之而未也，好之而非也。后世之士，疑丘者或以《易》乎？吾求亓德而已，吾与史巫同涂而殊归者也。①

作为因数理以决疑的民生术法和体系学术的重要组构成分，数术探索历程的演进必然会随着人类格致能力的提高而转趋邃密深沉。

今以丧礼"卜宅兆"仪节所用的决疑手段为例，略示其嬗变之大略。如《大唐开元礼》卜筮宅兆中所记之法，与《仪礼·士丧礼》略同，虽当时民间之堪舆文献已经影响广泛，但官方礼典仍未予降格改作。然至宋以后则颇有不同，司马光《书仪》卷七已揭其状："世俗信葬师之说，既择年月日时，又择山水形势，以为子孙贫富贵贱贤愚寿夭尽系于此。"②而朱熹于其《家礼》卷四丧礼目下则直接表明自己"时为大"的礼学态度："古者葬地、葬日皆决于卜筮，今人不晓占法，且从俗择之可也。"稽之于官方礼典，如《政和五礼新仪》之凶礼，亦仅于启殡仪节中提及"墓地、葬日皆前期择之"一语③，虽未明示其择之所据之法，但从北宋皇陵皆用五姓昭穆之法安葬的事实看来，此礼典所谓的选择依据自非"卜宅兆"——至少不完全依据卜筮可知。至明朝国典《明集礼》，则略取程、朱之说而给予择地理念及行为以明确的礼仪地位了，《明集礼》卷三七上"择地告祭后土"条载："三月而葬。前期，择地之可葬者。盖地有美恶，地之美者，则其神灵必安，其子孙必盛；地之恶者则反是。所谓美者，土色之光润，草木之茂盛，他日不为道路，不为城郭，不为沟池，不为贵势所夺，不为耕犁所及，即所谓美地也。古人所谓'卜其宅兆'者，正此意，而非若后世阴阳家祸福之说也。"④此论择葬礼意，其后接论掘兆、祭后土、穿圹等仪节，当皆为葬师所与助赞之礼。明十三陵选址因江西风水师廖均卿而成事之说，更是见诸史料所载⑤。至清朝礼典中则径云："地宫精选识地理人

---

① 邓球柏：《帛书周易校释（增订本）》，湖南出版社1996年版，第481页。

② 《四库全书》第142册，台北商务印书馆1986年影印版，第500页。此中所谓之"择"，已非"卜筮"之用了，而是用当时流行的风水之法加以选择之意。

③ 郑居中等撰，《四库全书》第647册，卷219，台北商务印书馆1986年影印版，第897页。

④ 徐一夔等，《四库全书》第649—650册，台北商务印书馆1986年影印版，第153页。

⑤ 如清徐乾学《读礼通考》卷93即引多种文献讨论明寿陵的选址情况，其中《献征录》所述最详："永乐七年，仁孝皇后尚未葬，成祖择寿陵，久未得吉壤，礼部尚书赵羾以江西术士廖均卿至昌平县，遍阅诸山，得县东黄土山，成祖即日临视，封为天寿山。命武义伯王通等董役，授均卿官。"清光绪七年（1881）江苏书局刻本，第9页。

等,内院礼部、工部、都察院科道官员率往会拟。"①宋以后风水流派及地理书之繁富,标志着学人对此一决疑方法的多方探索之功;而明仁孝皇后长陵选址的"久未得吉壤"之说,又昭示其选址活动曾召集过廖均卿以外的其他风水师参与工作,而最终经过比较才采用了廖氏的建言。

又如清代《通用时宪书》列民用择日三十七事(与民用相对的御用择日更有六十七事之多)②:祭祀、上表章、上官、入学、冠带、结婚姻、会亲友、嫁娶、进人口、出行、移徙、安床、沐浴、剃头、疗病、裁衣、修造动土、竖柱上梁、经络、开市、立券、交易、纳财、修置产室、开渠穿井、安碓硙、扫舍宇、平治道涂、破屋坏垣、伐木、捕捉、畋猎、栽种、牧养、破土、安葬、启攒。此较秦汉历谱乃至唐宋具注历所载尤为繁细。

如果跨出经书礼典看其后的礼学实践历程,于今存最早的目录之作《汉书·艺文志》中,已可概见卜筮传统蔚然大观的早期风貌,其子目原设六个,李零先生对其细目有所考论,今转述如下③:

（一）天文凡 22 种,可分四组:1.年代不详的占星候气书九种。2.汉代的占星候气书六种。3.海中星占验书六种。4.图谶书一种。

（二）历谱凡 18 种,可分五组:1.历书七种。2.历术五种。3.谱牒三种。4.计时书一种、5.汉代算术书两种。

（三）五行凡 31 种,可分八组:1.阴阳书六种。2.五行书四种。3.堪舆书一种。4.灾异书两种。5.钟律书四种。6.式法或与式法有关的书九种。7.文解书两种。8.五音书三种。

（四）蓍龟凡 15 种,可分两组:1.龟卜书五种。2.筮占或与筮占有关的书十种。

（五）杂占凡 18 种,可分六组:1.占梦书两种。2.相衣器书一种。3.占嚏、占耳鸣书一种。4.解除书五种。5.祷祠书三种。6.农事占六种。

（六）形法凡六种,可分五组:1.相地形书一种。2.相宅书两种。3.相人书一种。4.相刀剑书一种。5.相六畜书一种。

---

① 允祹等:《钦定大清会典则例》卷 85,《四库全书》第 622 册,台北商务印书馆 1986 年影印版,第 666 页。

② 允陶等:《钦定大清会典则例》卷 158 引,《四库全书》第 625 册,台北商务印书馆 1986 年影印版,第 138—139 页。

③ 李零:《兰台万卷:读〈汉书·艺文志〉》,三联书店 2011 年版,第 173—200 页。

此外,在诸子略之阴阳家及兵书略和方技略中,亦有一些数术决疑之作,因原书各以类从,未入于此数术略内。其他汉代文籍若《论衡》《潜夫论》及《史记》《汉书》等文本所提及而《艺文志》未加载录的数术之作,亦有可为辑出者,是知礼典卜筮传统的背后,有一个庞大的卜筮学文献传统和学理体系支撑。至于汉以后累世官私目录所载及原文具在之作,尤可谓汗牛充栋者矣。亦因知择日、选址、合婚、相人、占吉凶之法,皆各有分工,流派繁夥,法理详密,兼以术家或秘其术而藏其书,故有关数术决疑之理,至今仍为传统文化研究中最为薄弱的环节。

三、"不犯不祥"与卜筮的民间信仰

圣人虽有"独见先睹"(《白虎通·蓍龟》)之明,但在遇到一些重大决定或事件时仍要用卜筮判断可否以及选择时间、位所乃至"尸"、宾客等,以示此等决定乃是源自鬼神之意,非自己擅自为之。轴心时代以后,理性的崛起固然给人们带来了更多的科技便利和有序世界,但灵性的退隐所带来的生命困惑却因理性追问能力的提高而与时俱增。因此,对于那些未臻圣境仍在路上的学人以及芸芸民众,原始信仰中种种用来启动灵性的"法术"——祭祀、巫术、数术、禁忌等等,便是他们日常重事决疑最可信赖的手段。然就此两类人而言,对卜筮决疑手段的依赖方式又有不同,前者因"多识前言往行",有所蓄德,故能"顺乎天而应乎人","居易以俟命"(《周易·系辞》),从而"不烦卜筮"(《左传·哀公十八年》);且因平时能"观其象而玩其辞",若有决疑之事,亦可自为卜筮以"观其变而玩其占"(《周易·系辞》)。后者则需依赖前者代为卜筮以决其事。传统具有使命感的士大夫很早就认识到了卜筮的这种社会伦理功能,如《左传·昭公三年》载晏子语云:

> 违卜不祥。君子不犯非礼,小人不犯不祥。

先哲早就利用卜筮以制礼,而使"小人"乐从不违,如《礼记·曲礼上》所载:

> 卜筮者,先圣王之所以使民信时日,敬鬼神,畏法令也;所以使民决嫌疑,定犹与也。

这一点在人类学那里也得出了颇为一致的看法,如维克多·特纳(Victor Turner)在其《痛苦之鼓》(*The Drums of Affliction*,1968)一书中所论:

占卜师在社会关系和文化关系的好几个领域中,都居于一种核心地位。他充当了一种调节机制,是地方宗族这一领域中的社会调节者。因为他能确定地方宗族的现存结构中紧张关系的点和面的分布。而且,他能根据一套伦理规范体系来给那些集团中的人免除或安上罪名。既然他是在一种带有情感色彩的情境里进行占卜的,那么,那些规范便会引人注目地、令人难以忘怀地得到重申。因而可以说,他在维持部落伦理上起着至关重要的作用。伦理法则往往在被违反时能最生动地为人所了解。最后,占卜师在苦难仪式和反妖术或反法术仪式系统中也充当着重要角色,因为他有权决定什么时间应当举行哪种仪式活动,有时还能决定由谁来搞这项仪式活动。既然人们在许多场合都得去请教占卜师,那么,显然占卜师作为部落伦理的维持者和紊乱的社会关系(无论是结构性的紊乱,还是偶然性的紊乱)的调整者所起的作用,对一个没有集权政治制度的社会来说就是非常重要的了。①

特纳的讨论虽然是针对部落时代而言,但是“没有集权政治制度的社会”与现代公民社会在政体上却有着某种内在的相似性。且类似特纳所谓的占卜师,在现代中国的一些地区仍起着作用,如安徽省合肥市肥西县防虎乡仓房村算命先生孙成田(1929—)的现实际遇,即可为一例:

村里人几乎都来找他算过命,来的最多的是妇女,特别是上了年纪的人。一般家里姑娘找对象、下日子、娶媳妇的都要来测测八字,小孩读书的也要算算能不能考上,一些在外面打工的也要算时运等等。村里人说找孙先生算的都是办喜事不办白事。如果家有老人卧床不起,快不行的时候会来找孙先生打时,看老人是否能熬过这关,在什么时辰过世,这样家人就会回去准备后事,一般算的比较准。

通过算命活动,村庄居民认可了孙先生的存在,因为他们每逢大小事都会找到孙先生一问究竟,从他那里获取心灵的安慰、精神的满足以至于下一步的行动准备。孙先生也会从中感受到满足,觉得自己是这里的“庄主”。②

---

① [美]特纳:《作为社会过程之一阶段的占卜》(为特纳原书之节选),载史宗主编《20世纪西方宗教人类学文选》下卷,生活·读书·新知三联书店1995年版,第807页。
② 徐鸿:《一个算命先生——人类学视野下的乡村算命文化个案研究》,安徽大学2007年硕士学位论文,第21、34页。

这只是职业算命先生之最为基层的一个案例,至于风水师在丧葬礼仪中的重要性,更是为人们所熟知。另据李婧先生的论文综述,或可一窥卜筮决疑的当代大略:

> 根据中国科协在北京公布的调查结果,有超过四分之一的人相信算命。该次调查是 2003 年 10 月在全国范围内的抽样调查,样本涵盖全国 30 个省、自治区与直辖市,受访者为 18 岁至 69 岁成年人。……全球因特网测量公司 NetValue 2002 年所做的调查显示,中国整体算命市场每年营业额高达 50 亿台币以上。除了传统紫微、风水、堪舆、占卜、改名字等命理市场外,新兴网络算命营业额也有 3 亿台币之多。①

《四库全书总目》术数类小序谓"趋避之念"今古同情,"然众志所趋,虽圣人有所弗能禁"②,虽未必切中肯綮,然实为有感而发之论。现代社会的理性发展,并未纾解人们对生命经典问题的困惑,诸如生命本质(我是谁?)、终极何在(我从哪里来? 我要到哪里去?)以及更为切身的生存选择疑难等等。通过传统的人文手段对此类问题作非理性安顿,则是人们当下的可能选择,这在国外的一些社群实践中有着很好的共识③。

从卜筮在当代礼仪活动中的核心地位及其所拥有的广泛信众可知,它是中华礼仪重建中至为关键的信仰动机和制礼作乐的神圣性抓手。在利用

---

① 李婧:《算命占星网站之受众研究:一个质化研究》,兰州大学 2010 年硕士学位论文,第 7 页。

② 《四库全书总目》,中华书局 1965 年版,第 914 页。

③ [荷兰]汉妮克·明克坚在《从神灵那里寻求引导——现代荷兰社会中的新萨满占卜仪式》一文中指出:"相关数据表明,很多荷兰人很满意新萨满教占卜仪式中个人化的灵性在解答他们存在危机方面的问题。参加新萨满教工作室的人多是受过高等教育的中年妇女,这与参加新时代运动的妇女情况大致相同,都占到总人数的 75%。"郑文译,载《世界宗教文化》2011 年第 6 期。又如张华旺译《占卜算命在非洲》一文中说:"非洲大部分的占卜算命都是围绕着对于个人命运的预测,更重要的是诠释生命的意义和真谛。他们相信占卜过程中两个起决定作用的是自然的力量和占卜师。""并不是所有的占卜结果都要开药方,相反,很多占卜结果是令人欣喜和快乐的,在这种情况下,占卜师通常会给当事人一些祝福和鼓励的话语,有时候甚至全村的人都聚集起来分享这种快乐。就是在这样的庆祝会上,人们充分地感受到了占卜者的魔力和魅力,以及占卜是怎样影响着每一个人、每一个家庭甚至整个村庄的日常生活。"载《世界文化》2009 年第 10 期。即此二例概可窥知卜筮在当代国外生存礼仪中的作用。

这一抓手的时候,如何从学术层面厘清其理论架构和伦理依据①,超越故以"不祥"恐民而邀利的庸俗卜筮行为②,重建当代礼仪的神圣内核,是当代学人必须直面的一个极为迫切的课题。

(原载彭林等主编《礼乐中国——首届礼学国际学术研讨会论文集》,
上海书店出版社 2013 年版)

---

① 史少博在《中国大陆对古代术数研究缺失问题》一文中指出:"我们不容回避,实际上术数学或隐或显地影响着历代哲学家的思维,哲学史的演进始终和术数学的思想联系在一起。"载《社会科学论坛》2008 年第 11 期(下)。

② 先哲在倡明礼学活动中强调卜筮作用重要的同时,也已明确指出:"假于鬼神、时日、卜筮以疑众,杀。"(《礼记·王制》)盖即为防弊而设也。

朱子礼术观发微

孟子有礼门义路之论(《孟子·万章下》),盖谓礼义乃通往道德堂室之门径,而个体的道德体证亦须因礼义而达于天地万物之间。朱子十八岁即已自撰《诸家祭礼考编》,至逝前一日犹"收拾《礼书》文字"①,实终身致力于天理、礼义"体用一如"之境的工夫修证。作为朱子礼义思考的代表作有二,一为其中年(四十六岁)欲复见古人"修身齐家之道、谨终追远之心"而作的《家礼》,另一即晚年(五十八岁)欲"为圣朝制作之助"而倡修的《礼书》(即传世本《仪礼经传通解》)②。唯后者以体量巨大而未能竟稿,其"制礼作乐"的儒者志业③,亦终因"天之将丧斯文也"而未能尽如所愿。

礼术作为礼仪活动中的"决嫌疑、定犹与"(《礼记·曲礼上》)之术,传统多以"卜筮"称之,然卜筮仅可谓礼术中的一种,故汉以后又多以"数术"一词来对应广义的卜筮之法。沈文倬先生云:"关于卜筮的仪节,《仪礼》的《士冠》《士丧》,记载得很详尽。其实十七篇都应有卜筮,不过《仪礼》的体例,用'互文见义'之法,所以在其他各篇都略去了。"④作为一种实用技艺,礼术无疑要随着人们对自然、人生之认知能力的提高而与时俱进。朱子向重礼义转变的"时为大"原则,故其论礼每有"从今世俗之礼""且得从俗之礼"之

---

① 参束景南:《朱子年谱长编》,华东师范大学出版社 2014 年版,第 1410 页。
② 《乞修三礼札子》,按此文盖因政争等原因而未能奏上。
③ 朱子之倡修《礼书》,盖正逢其晚年的仕途上升期,儒家"虽有其位,苟无其德,不敢作礼乐焉;虽有其德,苟无其位,亦不敢作礼乐焉"(《中庸》)之训,盖亦因其"帝师"(65 岁)身份的完成而达到顶峰。朱子尝自叹云:"礼乐废坏两千余年,若以大数观之,亦未为远,然已都无稽考处,后来须有一个大大底人出来,尽数拆洗一番,但未知远近在几时。"《朱子语类》卷 84,中华书局 1986 年版,第 2177 页。本文所引皆据此版本,后不一一说明。盖即有自命之意,惜其晚年因道学与反道学之争中的种种纠葛,此志终未得申耳。
④ 沈文倬:《菿闇文存》,商务印书馆 2006 年版,第 1028 页。

说①,则其礼术的观念,也必于礼统有所承转绍续,而对今日礼仪重建的思考有所启益。

一、卜筮"是有此理矣"

弟子辅广问"敬鬼神而远之"之理,朱子因而论及卜筮云:

> 又如卜筮,自伏羲尧舜以来皆用之,是有此理矣。今人若于事有疑,敬以卜筮决之,有何不可? 如义理合当做底事,却又疑惑,只管去问于卜筮,亦不能远也。②

按《左传·僖公十五年》载韩简言:"龟,象也;筮,数也。物生而后有象,象而后有滋,滋而后有数。"盖以为本体之生成万物,初则有象可见,其后渐长渐分,遂有数可知,龟、筮之法正为因象、数以推明本体之理而作者。朱子以"气"易"象",而申释其理云:

> 有是理,便有是气;有是气,便有是数,物物皆然。如水数六,雪片也六出,这又不是去做将出来,他是自恁地。如那龟,圣人所以独取他来用时,也是这个物事分外灵。尝有朋友将龟壳来看,背上中心有五条文,出去成八,外面又成二十四,皆是自然恁地,这又未为巧。最是七八九六与一二三四极巧:一是太阳,余得个九在后面;二是少阴,后面便是八;三是少阳,后面便是七;四是太阴,后面便是六,无如此恰好。这皆是造化自然如此,都遏他不住。③

礼为"事神致福"(《说文解字》"礼")之仪,其所事之神即是终极本体概念的通俗表达,故礼仪践履中的时空选择及事务困惑,欲以可因象数而明于本体之意的卜筮数术之法决之,固亦事理之必然。且孔子曾述己之学乃"幽赞而达乎数,明数而达乎德",则因卜筮以明数达德,自亦儒学明理之旧法。唯儒学以明德为目的,卜筮仅其明德之一术耳,故孔子又云:"《易》,我后亓祝卜矣,我观其德义耳也。"④而朱子亦强调说:"人若能见得道理已十分分

---

① 参《朱子语类》卷84"论修礼书",第2185页。
② 《朱子语类》卷32"樊迟问知章",第817页。
③ 《朱子语类》卷65"数",第1609页。
④ [日]池田知久:《马王堆汉墓帛书〈周易〉之〈要〉篇释文(下)》,牛建科译,《周易研究》1997年第3期。"卜"字原释作"人",今据裘锡圭《帛书〈要〉篇释文校记》改定,裘文载《道家文化研究》第18辑。

明,则亦不须更卜。"①唯其"义理合当做底事,却又疑惑",则亦颇有决于卜筮者,如庆元元年"上封事"事:

> 朱熹时家居,自以蒙累朝知遇之恩,且尚带从臣职名,义不容默,草封事数万言,极陈奸邪蔽主之祸,因以明汝愚之冤。缮写已具,子弟诸生更进迭谏,以为必致贾祸,熹不听,门人蔡元定入谏,请以蓍决之,遇遁之同人。熹默然,取奏稿焚之,因更号遁翁,遂以疾丐休致。②

礼术之用于典礼者,礼书论之已详,上例则是礼术之用于常礼者。其实礼术作为一种象数宇宙观,不仅在人们的礼仪生活中担当着决疑的功能,更重要的是还形塑着人们的世界观和生命观。朱子在《赠徐端叔命序》中即指出:

> 世之君子,倘一过而问焉,岂惟足以信徐君之术而振业之,亦足以知夫得于有生之初者,其赋与分量固已如是,富贵荣显固非贪慕所得致,而贫贱祸患固非巧力所可辞也。直道而行,致命遂志,一变末俗,以复古人忠厚廉耻之余风,则或徐君之助也。③

杨秀清先生在《数术在唐宋敦煌大众生活中的意义》一文中亦总结说:"数术的内容包括了普通大众日常生活的方方面面。在如何实现这些想法的具体操作中,各种占卜方法都遵循着阴阳五行的宇宙法则。这一观念强调对宇宙法则的服从(或者说对天意服从),讲究人和自然的和谐,……敦煌大众就在接受这些数术知识的过程中,接受了它所包含的秩序观念。"④亦从大众生活层面提供了朱子论说的历史脉络和世俗佐证。

二、葬地、葬日"且从俗择之可也"

《朱子家礼·丧礼》"治葬"条下云:

> 古者葬地、葬日皆决于卜筮,今人不晓占法,且从俗择之可也。

按司马光在《书仪》中已提及卜宅兆、葬日的世俗之弊:"世俗信葬师之

---

① 《朱子语类》卷 66 "卜筮",第 1627 页。
② 樵川樵叟:《庆元党禁》,知不足斋丛书本,第 17—18 页。
③ 《朱子全书》第 24 册《晦庵先生朱文公文集》卷 75,上海古籍出版社、安徽教育出版社 2002 年版,第 3610 页。
④ 杨秀清:《数术在唐宋敦煌大众生活中的意义》,载《敦煌研究》2012 年第 2 期。

说,既择年月日时,又择山水形势,以为子孙贫富贵贱贤愚夭寿尽系于此。又葬师所有之书,人人异同,此以为吉,彼以为凶,争论纷纭,无时可决。其尸柩或寄僧寺,或委远方,至有终身不葬或累世不葬,或子孙衰替忘失处所,遂弃捐不葬者。"①故提出"今若不晓卜筮,止用抔玟可也"。然以卜筮、抔玟选择宅兆葬日的前提是要选择数处(一般为三个)吉址和数个吉日以供占断,择日姑且不论,至于选址,在汉魏以后"族葬废而人卜一丘,美地难得"的情况下②,实已难以为继。故图宅术和堪舆术得到迅速发展,以为宅兆选址提供周致的义理依据,从而不必再于选址之后行卜筮占断之仪,此亦是到唐宋时期卜筮宅兆占法逐渐失传的重要原因。

北宋初,太平兴国二年(977)十月即有诏禁"天文、相术、六壬、遁甲、三命,及它阴阳书",然于"二宅及《易》筮"不禁③。在北宋皇陵的选址中,亦载有由宰相"召京城习阴阳地理者三五人偕行""将阴阳文字看详"的故事④,是朱子的"从俗"之论,盖亦有其上下久沿成习的"时中"变易因素。

然世俗所为既有司马光所揭之弊,作为以格物穷理为治学标志的理学集大成者,朱子固不会简单地用斥责世俗之法来回避对这一现实问题的学理思考,他说:"通地天人曰儒,地理之学虽一艺,然上以尽送终之孝,下为启后之谋,其为事亦重矣。"⑤时人叶绍翁云:"考亭先生得友人蔡元定而后大明天地之数,精诣钟律之学,又纬之以阴阳风水之书。"⑥朱子在给弟子孙敬甫的信中曾对选择之法有一个概括性的表述:

> 阴阳家说,前辈所言固为正论,然恐幽明之故有所未尽,故不敢从,然今亦不须深考其书。但道路所经,耳目所接,有数里无人烟处,有欲住者亦住不得,其成聚落有宅舍处,便须山水环合,略成气象。然则欲掩藏其父祖、安处其子孙者,亦岂可都不拣择以为久远安宁之虑,而率意为之乎?但不当极意过求必为富贵利达之计耳。此等事自有酌中恰好处,便是正理。世俗固为不及,而必为高论者似亦过之也。⑦

① 司马光:《书仪》卷7,台北商务印书馆1986年影印《四库全书》本,第500页。
② 徐乾学:《读礼通考》卷82,台北商务印书馆1986年影印《四库全书》本,第3页。
③ 李焘:《续资治通鉴长编》第3册,中华书局1979年版,第414页。
④ 徐松辑:《宋会要辑稿》礼二九,中华书局1957年版,第1075、1076页。
⑤ 束景南:《朱熹佚文辑考》,江苏古籍出版社1991年版,第514页。
⑥ 叶绍翁:《四朝闻见录》乙集"武林"。中华书局1989年版,第46页。按蔡元定字季通,号西山,其传世的有关风水之作为《地理发微》,与朱子介于师友之间。
⑦ 《朱子全书》第23册《晦庵先生朱文公文集》卷75《答孙敬甫》,第3067—3068页。

朱子对世俗阴阳家说中的"牵于禁忌,泥于小数,舍人事而任鬼神"(《汉书·艺文志》)的弊端是了解的,然因对"慎终追远"之真相有未能尽明者,故不愿如某些"前辈""高论者"那样斥而不论,又因有关风水之作颇有未得义理之正而故言吉凶以惑人心志者,故亦"不须深考其书",而倡议采用明白可解的形法传统。这在他那篇著名的《山陵议状》中表达得更为明了:

> 以礼而言,则《记》有之曰:"死者北首,生者南向,皆从其朔(初)。"又曰:"葬于北方北首,三代之达礼也。"即是古之葬者,必坐北而向南,盖南阳而北阴,孝子之心不忍死其亲,故虽葬之于墓,犹欲其负阴而抱阳也。岂有坐南向北,反背阳而向阴之理乎? 若以术言,则凡择地者,必先论其主势之强弱,风气之聚散,水土之浅深,穴道之偏正,力量之全否,然后可以较其地之美恶。政使实有国音之说,亦必先此五者以得形胜之地,然后其术可得而推。①

此中朱子所力斥的"国音之说",即汉唐以来择地术中的"五姓之法",其法自唐吕才已力辨其愚妄混乱,故"近世民间亦多不用"。又其参证格致之理,亦颇有践行于自家宅葬之卜选者,如朱子为母亲及长子朱塾择葬,即有用之:

> 朱子葬母祝令人之地,得自西山。盖其家每欲得葬地,则必求之西山也。②

> 亡子卜葬已得地,但阴阳家说须明年夏乃可窆,今且殡在坟庵。③

> 近时朱公元晦,听蔡季通预卜藏(葬)穴,门人裹糗行绋,六日始至。④

盖皆敬慎重正以求体用一如、天人合一之意也。时至今日,风水作为一种礼术,在民间卜居择葬中仍多占有重要的地位。庄孔韶先生甚至把风水师看作是"最后的乡村儒家",并以其所做的田野调研为例云:"在黄村山谷,每当新屋落成的宴会上,总要把风水先生、木匠和泥瓦匠待若上宾,在座次

---

① 《朱子全书》第 20 册《晦庵先生朱文公文集》卷 15,第 730 页。

② 吴澄:《吴文正集》卷 63《又跋朱子墨迹》,台北商务印书馆 1986 年影印《四库全书》本,第 617 页。

③ 《朱子全书》第 25 册《晦庵先生朱文公续集》卷 7《与陈同父》,第 4780 页。

④ 叶适:《叶适集》卷 12《阴阳精义序》,中华书局 1961 年版,第 206 页。

上风水先生居中央,这是象征在他的领导下,为一个新家庭命卦确定住宅方向,整合天地人和谐的空间。人们完成了天时(吉日)、地利(好风水)、人和(欢聚一堂)的伟大的文化综合,人们由此获得的天地人象征符号的感应(有风水先生操演),履行天地人社会之和谐的宇宙认知观念,正是人生的目的。"①此虽以阳宅为说,然风水术士皆二宅兼通,故其理略同。

三、《仪礼经传通解》"卜筮"篇略说

王贻梁先生在《仪礼经传通解》点校说明中述其成书经过云:

> 嘉定丁丑(1217年),《通解》在南康道院首次刊出。共三十七卷,内容有家礼五卷、乡礼三卷、学礼十一卷、邦国礼四卷、王朝礼十四卷。其中,前二十三卷经朱子审定,后十四卷因未经裁定,在标目上用《集传集注》以示区别。接着,黄干开始审定丧、祭部分的稿本,但不久他也去世了。嘉定癸未,《通解》的续二十九卷问世。其中,前十五卷经黄干审定,而后十四卷则仍是未定之稿。但不管怎么说,《通解》终于有了完本。黄干去世后,杨复继续对续二十九卷的后十四卷进行审定。到绍定辛卯,他审定的后十四卷也刊出了。至此,《通解》终于出齐了全书六十六卷的审定之本。②

然即此审定的完本目录中,我们却可以发现卷十五之"书数"和卷二十五之"卜筮"二目后注有"阙"字,此二目正在未经朱子裁定的十四卷中。而与另外十二卷不同的是,此二卷仅有标目而无正文,从朱在于《乞修三礼札子》所题后记中可知,此二目在朱子生前即仅有拟目而未修草稿,故至全书流行,仍付阙如。按"书数"为儒家六艺之二,非本文所论;若卜筮虽因作为六经之首的《周易》而生,却因种种原因而在主流学术体系中地位模糊③,然其在作为中国人生活方式的礼学体系中所具有的终极选择功能,却向未缺位,故朱子特加揭出以为专论,可谓"极高明而道中庸"之洞见,惜未及制为具论耳。

此一缺憾至清初江永"仿《仪礼经传通解》之例"而"终朱子未竟之绪"(《四库全书总目》语)的《礼书纲目》始有所弥补,其书卷五十三通礼一"历

---

① 庄孔韶:《"金翼"黄村山谷的风水实践》,《民俗研究》1999年第4期。
② 《朱子全书》第2册,上海古籍出版社、安徽教育出版社2002年版。
③ 其主要原因盖即卜筮本身所具有的"曲君而伸天"之功和某些"高论者"不能深思之见。

数"下收有"治历""占候""壶漏"三目,卷七十三通礼二十六"卜筮"下收有"卜筮""筮法""占梦"三目,似仅限于《周礼·春官》"太卜"之掌(龟卜、筮占、梦兆、望气)。至清末黄以周"体大思精"的《礼书通故》中,亦设"卜筮通故"一目以为专论,惜其较江氏所录,乃更限于狭义的筮占本身了。

其实《周礼》太卜之外掌辨公墓兆域而为之图的冢人、掌邦墓地域而为之图的墓大夫、"掌天星"吉凶的保章氏、"土地相宅"的土方氏等等,乃至祝、巫、宗、史诸职之所守,皆有涉于"决嫌疑,定犹与"之用,并当为广义的卜筮一名所含摄。此在《唐六典》之"太卜令"下,尤能与时俱进地容纳新的决疑之术,而兼收龟占、五兆、《易》策、式占、历注、禄命诸法。可以说,广义的卜筮应该包括后世目录学中"数术"一目的全部内容,此亦与朱子平生所考论践行者合。

据张永堂先生《朱熹与术数——兼论理学与命理学》一文考证[1],朱子于卜筮(包括古筮法和大衍筮法,以及卦影、梅花数)、五兆、龟卜、风水、相法、梦占、拆字、姓名、巫术灾异、禁忌等皆有论略或专研,故其《仪礼经传通解》之"卜筮"一目,虽限于体例而未必涉及汉以后新增诸术,然于《周礼》所及者,似不当有所回避。

四、余论

《仪礼经传通解》以"家礼""乡礼""学礼""邦国礼""王朝礼"析分礼仪践履的五个群体,此虽使得礼仪的等差之序容易明了,但也导致礼仪的要素之目难以条贯,如前文所论之"卜筮",书中系于"王朝礼"中,然并不说明另外四个群体礼仪中没有此一要素。故江永仍回到《周礼》的吉凶军宾嘉五礼分法,而别增通礼、曲礼和乐三目,以概礼学之全体大貌。至黄以周《礼书通故》则因类而制五十目"通故",虽类说清晰,然诸目间的关系以及诸目与礼学的关系则又含混不明矣。昔黄侃先生曾叹云:"礼学浩穰,遽数之不能终其物;悉数之乃留,更仆未可终也。"[2]

若以朱子礼学原典之整理为一"大事因缘",其后之礼学文献的融入仍可谓"路漫漫其修远兮"。至于因礼学文献整理而返本开新,重建时中的当代礼仪,又当为另一"大事因缘"。朱子的《家礼》之作,以及他诸多的卜筮践

---

[1] 载刘大钧主编《大易集奥》,上海古籍出版社 2004 年版。

[2] 黄侃:《黄侃论学杂著》,中华书局 1964 年版。

履,皆有以明之,钱穆先生云:"朱子意不在考《礼》,而在能制礼。"①尤为知言。

(原载徐公喜主编《礼学视域下的朱子学》,

江西人民出版社 2016 年版)

---

① 钱穆:《朱子学提纲》,生活·读书·新知三联书店 2002 年版,第 177 页。

中国礼术传统中的生态思考与实践

自从人类的自我意识觉醒之后,我们就面对着"一幅由种种联系和相互作用无穷无尽地交织起来的画面,其中没有任何东西是不动的和不变的"①。如何解决我们生存中所遭遇的种种现实问题和两难选择,先知们曾为此做出了坚韧不拔的努力,乃至于成立宗教以呵护他们的思考和经验②。这些思考和经验对个体生命的终极生态秩序诉求无疑有着重要的指导意义和体证价值,但是我们也应该看到多数宗教生活在处理日常选择时,因为圣言封闭之后没有如轴心时代先知的具体预言和指点而出现的捉襟见肘之窘困。不过,这种窘困在中国的儒教里却似乎有着比较开放的解决途径。《礼记·曲礼上》云:

> 卜筮者,先圣王之所以使民信时日、敬鬼神、畏法令也,所以使民决嫌疑、定犹与也。③

这里提到两个要点:一是对重要的礼仪时空等的选择,如卜宅兆、筮日等等,皆因卜筮询于作为终极实在的鬼神而决之,并把这种决定当作法令来加以执行。二是人们日常的嫌疑犹豫之决定,如出行与否、生意得失、机会

---

① [德]恩格斯:《反杜林论》概论,《马克思恩格斯文集》(第9卷),人民出版社2009年版,第23页。

② 孔汉思在《中国宗教与基督教》一书的序中提出了世界三大宗教河系之说:第一大宗教河系源出于闪米特人,以先知预言(经历冲突和磨难)为其特点,形成亚伯拉罕系统三大一神教:犹太教、基督教、伊斯兰教。第二大宗教河系源出于印度民族,以神秘主义(体验万物合一)为其特点。第三大宗教河系源出于中国,其中心形象是圣贤(敬重老年人和他们的经验),这是一个哲人宗教。秦家懿、孔汉思:《中国宗教与基督教》,吴华译,生活·读书·新知三联书店1990年版,第2—4页。

③ 孔颖达:《礼记正义》,上海古籍出版社2008年版,第118页。

取舍、利害权衡等等,亦多决于卜筮,以遵循因鬼神而觉知的终极生态秩序①。故《周易·系辞上》云:"定天下之吉凶,成天下之亹亹者,莫大乎蓍龟。"《汉书·艺文志》用"术数"含括以卜筮为代表的礼仪决疑之法,今径以礼术名之。

一、何以"使民信"——礼术的生态动机

《周易》观卦象辞有云:"观天之神道而四时不忒,圣人以神道设教而天下服矣。"唐代孔颖达疏:"'神道'者,微妙无方,理不可知,目不可见,不知所以然而然,谓之神道。……圣人法则天之神道,本身自行善,垂化于人,不假言语教戒,不须威刑恐逼,在下自然观化服从,故云'天下服矣'。"②宋代程颐《周易程氏》申云:"天道至神,故曰神道,观天之运行,四时无有差忒,则见其神妙。圣人见天道之神,体神道以设教,故天下莫不服也。"③这里的"神"非指本体的存有,而是用来形容作为本体的天道之功能所呈现出的奇妙的自组织能力,与《周易·系辞下》"天地之大德曰生"意合。

《中庸》有云:"天命之谓性,率性之谓道,修道之谓教。"所谓因教修身而行,正是要体证并因循终极本体的天命之性而有所作为,《周易·说卦》之"穷理尽性以至于命",亦此理也。人类学家李亦园先生即指出:

> 在传统民俗信仰中,"命"虽然是"命定"不能改,但是"运"则是可变的,并且可以借各种不同的力量加以变动,而民间对时间和谐的追求,就表现在这可以改变的"运"上面。……所以中国人一生中都努力要寻求对他最有利的时间定点,而每做一事都要寻找一个吉利的时刻,以便"择吉开张"。择吉日良辰是碰到有事情要做时才行之举,但是时间和谐追求观念的驱力,并不仅限于这样较被动的行动,而是常常主动地寻求整个生命历程中的吉与凶之点,以便于"趋吉避凶",这就是算命卜卦

的基本理念所在。①

李先生所论,正道出了中国传统生存观的一个基本认同,万物既出于终极实在并在最后回到那里去,则对于一个存在体而言,当然要以终极实在所赋予的生化秩序来展开自己的命运为最佳选择,任何因一己之私念而选择的运程都是两点之间直线以外的线路,虽亦或可行,然因长短既定,则终不得其善终(到达另一点)了。

也正因此,儒家特别强调乐天知命的重要性,若孔子云:"不知命,无以为君子也。"程颐在其《周易程氏传》困卦注中表达得更为明晰:"知命之当然也,则穷塞祸患不以动其心,行吾义而已;苟不知命,则恐惧于险难,陨获于穷厄,所守亡矣,安能遂其为善之志乎!"②

朱熹曾对礼术的应用场合有一个基本描述:

> 上古民淳,未有如今士人识理义峣崎;蠢然而已,事事都晓不得。圣人因做《易》,教他占,吉则为,凶则否,所谓"通天下之志,定天下之业,断天下之疑"者,即此也。及后来理义明,有事则便断以理义。如舜传禹曰:"朕志先定,鬼神其必依,龟筮必协从。"已自吉了,更不用重去卜吉也。周公营都,意主在洛矣,所卜"涧水东,瀍水西",只是对洛而言。其他事惟尽人谋,未可晓处,方卜。故迁国、立君,大事则卜。《洪范》"谋及乃心,谋及卿士",尽人谋,然后卜筮以审之。③

也就是说,人们在日常生活中不可以"屡烦卜筮",而是应在人类的理性能力山穷水尽之际,或者在面临多重未知影响的重大决策之时,通过礼术的导入而获得源自终极的建议与关怀。

二、何以"决嫌疑"——礼术的生态结构

当地球生物"最后的共同祖先"LUCA(the last universal common ancestor)在四十亿年前从"无"到有萌动以后,植物、动物就逐渐遍布这个星

---

① 李亦园:《文化与修养》,九州出版社 2013 年版,第 109—110 页。
② 程颢、程颐:《二程集》,第 941 页。
③ 《朱子语类》卷 66,中华书局 1986 年版,第 1620 页。

球。人类的进化史约可分为猿人①、智人和现代人三个阶段②，直到新石器时代的现代人，他们仍生活在一种被称为万物有灵或泛灵的时代，他们认为万物皆有神灵，"此神灵是人与万物共有的源自于终极本体的生命线，通过这一共同'平台'，人们可与自然万物交流，和谐共处"③，从而达成一种基于终极关怀式的生态共存默契。然而，随着人类理性的成熟，"绝地天通"（西方称之为"失乐园"）之后的人们就只好依赖某些"灵魂未泯"的巫史来指导自己的生存仪式和行为选择。马林诺夫斯基认为："宗教里唯一专门的地方，乃是原始的灵媒，然而这不是专业，而是个人的天赋。"④及至人类理性进一步成熟，巫史的灵性失落使得巫术（包括后来所谓之数术）通灵的使用成为普遍现象，是即《礼记·表记》所载孔子之论："昔三代明王，皆事天地之神明，无非卜筮之用。"及至轴心时代，孔子的德业设计乃是"幽赞而达乎数，明数而达乎德"（帛书《易·要》）的双修模式⑤，他不仅留下了"五十以学易，可以无大过矣"的佳话，也为明数的格致转化在道德建构中留出了数术的位置。也正因此，数术活动就成为作为中国人生活方式的礼义活动中具有终极意义的选择依据⑥，而究其所自，则与万物有灵时代基于终极关怀式的生态共存选择的愿景是一致的。

宋代李季所撰《乾象通鉴》序有云："天垂象以示吉凶，圣人观天文以察时变，其来尚矣。虽示现不常，所遇有数，然其吉可致，其凶可禳，修德修刑，经史所载，有已试之验，历代慎之，设官分职，厥有攸司。"⑦其"设官分职"之论，当即本于早期经典的《周礼》而言，在春官宗伯所辖诸职中，涉及礼术者

---

① 距今约300万年至20万年间。

② 智人又分为距今约20万年至3万年间的早期智人和距今约3万年至1万年间的晚期智人。现代人又分距今约1万年至五千年间的新石器时代和距今约五千年以后的国家时代两个阶段。

③ 参拙文《一本万殊：中国民间信仰的本体反思》，《中国俗文化研究》第5辑，巴蜀书社2008年版。

④ ［英］马林诺夫斯基：《巫术科学宗教与神话》，李安宅译，中国民间文艺出版社1986年版，第76页。

⑤ 此在后世的《大学》《孟子》以及程朱理学中分别被解读作"诚意正心—格物致知""立大—集义""涵养需用敬，进学在致知"等双修话语概念。

⑥ 沈文倬于《〈周代城市生活图〉编绘计划》一文中指出："关于卜筮的仪节，《仪礼》的《士冠》《士丧》，记载得很详尽。其实十七篇都应有卜筮，不过《仪礼》的体例，用'互文见义'之法，所以在其他各篇都略去了。"《菿闇文存》，商务印书馆2006年版，第1028页。

⑦ 《续修四库全书术数类丛书》第3册，上海古籍出版社2006年版，第199页。

即有龟卜、筮占、梦占、眠褛、辨岁时天星吉凶、图宅兆、巫术等法,至唐世拟《周礼》而作的《唐六典》之太卜署所掌诸法,又损益其目为龟占、五兆、易占、式占、历注、禄命、巫术,以及诸陵署所掌之墓地兆域等,个中与时偕进之迹明矣。今以目录文献《汉书·艺文志》与《四库全书总目提要》所载觇之,可见其类型大略:

《汉志》术数略云:

> 天文:序二十八宿,步五星日月,以纪吉凶之象,圣王所以参政也。
>
> 历谱:序四时之位,正分至之节,会日月五星之辰,以考寒暑杀生之实。
>
> 五行:五常之形气也。……其法亦起五德终始,推其极则无不至。
>
> 蓍龟:圣人之所用也。……"是故君子将有为也,将有行也,问焉而以言,其受命也如响,无有远近幽深,遂知来物。非天下之至精,其孰能与于此!"
>
> 杂占:纪百事之象,候善恶之征。《易》曰:"占事知来。"众占非一,而梦为大,故周有其官。
>
> 形法:大举九州之势以立城郭室舍,形人及六畜骨法之度数、器物之形容,以求其声气贵贱吉凶。①

《四库全书总目》术数类列为七目:数学、占候、相宅相墓、占卜、命书相书、阴阳五行、杂技术。而序其首云:

> 术数之兴,多在秦、汉以后。要其旨不出乎阴阳五行生克制化,实皆《易》之支派,傅以杂说耳。物生有象,象生有数,乘除推阐,务究造化之源者,是为数学。星土云物,见于经典,流传妖妄,寝失其真,然不可谓古无其说,是为占候。自是以外,末流猥杂,不可殚名,史志总概以五行。今参验古书,旁稽近法,析而别之者三:曰相宅相墓,曰占卜,曰命书相书;并而合之者一,曰阴阳五行;杂技术之有成书者,亦别为一类附焉。②

唯自《汉书·艺文志》以来,历代目录之数术分类,其标准很不一致,或以对象如天文、风水、相法,或以工具如易占、龟卜,或以术语如太乙、遁甲,

---

① 《汉书》卷30,中华书局1962年版,第1765、1767、1769、1771、1773、1775页。
② 永瑢等撰:《四库全书总目》,中华书局1965年版,第914页。

或以目的如命理云云，遂难知其学术所自，今综合诸说而从方法论的角度分作四类①。

拟象卜：此类主要包括龟卜与栻占。龟卜可能从骨卜（因用焚烧的办法献牲于鬼神，故以其大骨的骨裂占吉凶）经理性的象征选择而得到广泛认同，因为龟甲的上部隆起像天，下部方平像地，且以火灼之，取天地分化，有物析出之象。其早期占法今已不得而知，疑仅若选择占之观纵、横文以定吉凶，唐代李筌《太白阴经·龟卜篇》提到用五兆之法来分辨吉凶，则已发展为较复杂的卜法了。与龟卜取象略同的是栻盘，其上部为一小圆盘，下部为一大方盘，二者的比例为1∶2或2∶3，圆盘上刻有北斗七星、天干、地支和二十八宿等，方盘上刻有天干、地支和二十八宿，用时可以推排年、月、日、时的吉凶情况，以编写历书；也可根据占卜者心念所起之时辰来转动天盘，以与地盘相应，来观察此时天地之吉凶组合情况。《中庸》云："莫见乎隐，莫显乎微，故君子慎其独也。"正谓其一念之起，天地信息因与之呼应，而龟、栻之占，正因其一念所起时的天地信息呼应情况来判断其成事与否。

拟数卜：此类主要指易占。与龟卜、栻占因天地之形象而定位明数的办法相对的是因天地之数理展开而明数的易占。这一占卜的理据稍为复杂，是根据宇宙终极本体的展开数序来确定的数理模型。在中国传统数术中，宇宙的终极本体是太极，里面含有阴阳，是三位一体的存在，以阴阳与太极三合共生的方式展开生化运动，用符号表示，就是两个符号的三联组合。其结果即得八种变化，所谓八卦是也，八卦的进一步阴阳互动以进入刚柔世界（以五行产生为标志），就得六十四卦，所以六十四卦只是宇宙终极本体在演化宇宙秩序中的一个数理模型。它的占卜理念与龟卜、栻占略同，也需要个体在意念发起之时揲筮演卦，再据卦象以占吉凶，后世以五行合于卦占之中，使其占测方式更为丰富而有理致。

本象卜：此类则包括对天文、地理、人文、物理的各种现象的观察和归纳，以得出与人世吉凶相关的特征。如天文之求勿生异象，地理择地之求山环水抱、建筑之求法象天地，人相之尚额头饱满、下巴方圆，物理之因异象而求吉凶（如喷嚏、眼跳、耳鸣、山崩河竭、草木异常等），以求人类的生存之道能与宇宙的变化之理协同进退。

本数卜：此类主要指命理占，即一般所谓的算命。其原理是用生辰的年

---

① 详参拙文《法象时空——中国数术的基本理念》，《浙江大学学报》2008年第3期。以下四类分疏，亦约其文意而为之。

月日时之数而配干支五行以断吉凶,其术概起于唐代李虚中,后经五代宋初的徐子平完善光大,今传宋代徐升编录的《渊海子平》,即代表他们的占命方法。按此法之四柱配干支盖因筮法如六壬之四课而来,非术家之别造法则。从数理意义上说,此法通过对人生禀命之际的生成信息之推排,来确定个体所禀之信息,再推算命运展开后的将来另一时空中的信息,然后观察二者如何互动,以定其顺逆吉凶。

世移理密,故诸术之彼此融摄者亦复不少,若《四库全书总目》指斥的"傅以杂说""流传妖妄""末流猥杂"者遂亦"不可殚名"矣。要之,提纲挈领,追本溯源,中国礼术思想实以顺从道德建构的本体信仰为宗旨,通过模拟宇宙生化过程的演绎和实物观测归纳的办法来了解终极本体的应然秩序,所谓"法于阴阳,和于术数"(《素问·上古天真论》)是也。

三、何以"同风俗"——礼术的生态影响

自"无非卜筮之用"的三代以来,礼术之于民众生活的影响可谓无处不在,鸿儒硕学,亦颇征用。如《庆元党禁》所载朱熹之占例:

> (庆元二年[1196])冬十一月,监察御史胡纮奏汝愚唱引伪徒,谋为不轨,责授宁远军节度副使,永州安置。徐谊坐党汝愚,亦责团练副使,南安军安置。中外震骇。朱熹时家居,自以蒙累朝知遇之恩,且尚带从臣职名,义不容默,草封事数万言,极陈奸邪蔽主之祸,因以明汝愚之冤,缮写已具。子弟诸生更进迭谏,以为必至贾祸,熹不听,门人蔡元定入谏,请以蓍决之,遇遁之同人,熹默然,取奏稿焚之,因更号遁翁,遂以疾丐休致[仕]。[1]

按遁(☶)之同人(☲),有一个变爻,依《易学启蒙》"一爻变则以本卦变爻辞占"之法,则当以遁卦初六爻辞为占:"遁尾,厉,勿用有攸往。"其象辞更申之云:"'遁尾'之'厉',不往何灾也?"朱熹于《周易本义》中申爻辞之义云:"遁而在后。'尾'之象,危之道也。占者不可以有所往,但晦处静俟,可免灾耳。"故以道自任的朱熹虽"义不容默",却更要认同天道秩序而"与时行也",做出退隐的选择。

若清代《通用时宪书》列有民用择日三十七事(与民用相对的御用择日

---

① 宋佚名撰,台北商务印书馆 1986 年影印文渊阁《四库全书》本第 451 册,第 31 页。

更有六十七事之多）①：祭祀、上表章、上官、入学、冠带、结婚姻、会亲友、嫁娶、进人口、出行、移徙、安床、沐浴、剃头、疗病、裁衣、修造动土、竖柱上梁、经络、开市、立券、交易、纳财、修置产室、开渠穿井、安碓磑、扫舍宇、平治道涂、破屋坏垣、伐木、捕捉、畋猎、栽种、牧养、破土、安葬、启攒，较秦汉历谱乃至唐宋具注历所载尤为繁细，足见其影响民生之一斑。

杨绛先生在其《走到人生边上》谈及人生有命及有关命理的话题，记述了不少预测准确的算例，且提出自己的困惑和思考："可怪的是我认为全不讲理的命，可用各种方式计算，算出来的结果可以相同。这不就证明命有命理吗？没有理，怎能算呢？精通命理的能推算得很准。有些算命的只会背口诀，不知变通，就算不准。"②李亦园先生则从人类学的视野对当代礼术活动的文化意义给予了整体的评议：

> 算命卜卦千百年来都是中国人精神生活中重要的一环，但是在现代社会变迁极为快速的情况下，这种传统时间和谐观念的追求，似有更流行的趋势。从台湾的例子看，不仅一般民众如此，知识分子也不例外，有时且有更热衷的现象。而实际上自古以来，这种追求时间和谐的行为，无论贩夫走卒或士绅官宦均十分热衷，民间社会也许用较粗糙的方式，如摸骨、安太岁等表现出来；士绅知识分子则以较精致的方式，如占卦、紫微斗数等来表达，但是其基本理念却是完全相同的，这就相当清楚地说明全世界华人社会的共同文化特征之一是爱算命的真正原因。
>
> 风水地理可说是民间信仰空间观念的核心，尤其是表现在祖先墓地的寻定上，其传说更是不胜枚举，而现代的居屋风水、室内陈设风水，也是大家耳熟能详的事。室内风水的流行，不但反映现代社会急功近利的心理，而且更明白地显示这种追求空间和谐的文化传统不仅在民间风行，即如知识分子间也趋之若鹜，尤其达官巨贾更是不敢疏忽，甚至大学校长也未能免俗，这就可以看出这一观念的深厚基础性了。……由此可见空间和谐的风水观念实为文化最基层的宇宙信念，它不但连结大小传统于其间，也自然成为华人文化的一个共同特征。③

---

① 允裪等：《钦定大清会典则例》卷158引，台北商务印书馆1986年影印《四库全书》第625册，第138—139页。

② 杨绛：《走到人生边上》，商务印书馆2007年版，第63页。

③ 李亦园：《文化与修养》，九州出版社2013年版，第110、111页。

李先生从时空和谐的角度来解读国人追求礼术信仰的真正原因,盖正看重此一信仰所具有的终极生态指向。《周易·系辞上》云:"天下同归而殊途,一致而百虑。"久历沙汰而成为华人文化之共同特征的礼术信仰,其于今日之道德安顿、秩序认同和生态选择之功,诚可思之!

四、余论

联合国教科文组织 2003 年在巴黎通过了《保护非物质文化遗产公约》,其中对"非遗"定义特别给出了五个层面的说明:(a)口头传说和表述,包括作为非物质文化遗产媒介的语言;(b)表演艺术;(c)社会风俗、礼仪、节庆;(d)有关自然界和宇宙的知识和实践;(e)传统的手工艺技能。其中第四点所及在中国传统中可以说主要对应的就是礼术学统,这一学统之智识洞察和思维呈现作为一种精神原型,又每每成为其他四个层面非遗活动赖以存在的信仰依据。它在传世遗产(如城邑、村落、宫殿、陵墓、祠庙等)中的生态意义也得到了广泛的共识。政府对此一层面文化遗产的承传可谓态度明确,时任文化部部长的蔡武先生在 2009 年 11 月的全国非物质文化遗产保护督查工作会议上即指出:

> 由于历史的原因,在民俗中往往存在鱼龙混杂、瑕瑜互见的现象,不能否认,有的民俗活动或多或少含有一些迷信内容。一方面我们要对那些以坑蒙拐骗、谋财害命、扰乱社会秩序为目的的迷信行为坚决取缔,另一方面,不能简单地把民俗等同于迷信。如有的少数民族没有文字,其丰富的民族历史文化主要是由祭师、萨满、毕摩等特殊人物进行传承的。对此民俗文化现象,如果一味简单排斥,就无法将这类民族文化遗产继承弘扬。①

其实对"以坑蒙拐骗、谋财害命、扰乱社会秩序为目的的迷信行为"历代皆有苛禁,若《礼记·王制》即已有云:"假于鬼神、时日、卜筮以疑众,杀。"清敕修《协纪辨方书》序亦指出:"其支离蒙昧、拘牵谬悠之说,乃术士之过,而非可因噎而废食者也。"②我在《礼学视野下的卜筮传统论略》一文也提到:"从卜筮在当代礼仪活动中的核心地位及其所拥有的广泛信众可知,它是中

---

① http://www.ccnt.gov.cn/sjzz/fwzwhycs_sjzz/fwzwhycs_zdgz/201111/t20111128_356495.htm。

② 《协纪辨方书》,上海古籍出版社 1991 年《四库术数类丛书》本,第 109 页。

华礼仪重建中至为关键的'信仰动机'和制礼作乐的神圣性'抓手'。当然，在利用这一'抓手'的时候，如何从学术层面厘清其理论架构和伦理依据，从而超越故以'不祥'恐民而邀利的庸俗卜筮行为，重建当代礼仪的神圣内核，则是当代学人必须直面的一个极为迫切的课题。"①

一直推进建构全球伦理(the Universal Ethics)的德国神学家孔汉思先生曾指出："我们知道，宗教并不能解决世界上的环境、经济、政治和社会问题，然而，宗教可以提供单靠经济计划、政治纲领或法律条款不能得到的东西。即内在取向的改变，整个心态的改变，人的心灵的改变，以及从一种错误的途径向一种新的生命方向的转变。……宗教的灵性力量可以提供一种基本的信赖感，一种意义的根基，终极的标准和精神的家园。"②陈霞先生在《宗教与生态学的对话与互动》一文中也提到："人们对生态采取什么样的行动依赖于他们怎样思考人类与环境的关系。人在面对自然、社会和超自然时，文化的积淀和传承已经让他对世界和人生有某种预设，在这种预设和想象中宗教起过重要作用。宗教世界观是最原本的，它探索物质现象之外的事情，把人们的注意力引向第一秩序，如生命的最初本源、本源的破坏、再生和拯救等。第一秩序的启示促使人们采取创新性的行动，它是人类行动的原初动因。"③礼术其为儒教伦理中的灵性力量欤！

(原载《中原文化研究》2016 年第 1 期，本文略有删节)

————————

　　① 载彭林等主编《礼乐中国——首届礼学国际学术研讨会论文集》，上海书店出版社2003 年版。

　　② ［德］孔汉思(Hans Kung)：《全球伦理：世界宗教议会宣言》，何光沪译，四川人民1997 年版，第 13 页。

　　③ 陈霞：《宗教与生态学的对话与互动》，《世界宗教研究》2004 年第 4 期。

数术文化浅谈(一):数术的缘起、类型与《易》教

以色列史学新锐尤瓦尔·赫拉利(Yuval Noah Harari)在其《人类简史》一书的开篇,对宇宙从生成到智人的出现有个简单的概括:

> 大约在135亿年前,经过所谓的"大爆炸"(Big Bang)之后,宇宙的物质、能量、时间和空间才成了现在的样子。宇宙的这些基本特征,就成了"物理学"。
>
> 在这之后过了大约30万年,物质和能量开始形成复杂的结构,称为"原子",再进一步构成"分子"。至于这些原子和分子的故事以及它们如何互动,就成了"化学"。
>
> 大约38亿年前,在这个叫作地球的行星上,有些分子结合起来,形成一种特别庞大而又精细的结构,称为"有机体"。有机体的故事,就成了"生物学"。
>
> 到了大约7万年前,一些属于"智人"(Homo sapiens)这一物种的生物,开始创造出更复杂的架构,称为"文化"。而这些人类文化继续发展,就成了"历史学"。[①]

这些智人又经过了六万年左右的努力,才由只能从事简单打制加工的旧石器时代进入磨制加工乃至农业种植的新石器时代,直到距今五千年左右,才进入社会文明的国家时代。在此宇宙表象展开的过程中,人类的精神也在逐渐形塑和演变,并在轴心时代(前800年—前200年间)得以完成,"直至今日,人类一直靠轴心期所产生、思考和创造的一切而生存。每一次

---

① [以色列]尤瓦尔·赫拉利:《人类简史:从动物到上帝》,林俊宏译,中信出版社2014年版,第3页。

新的飞跃都回顾这一时期,并被它重燃火焰"①。

人类在理性启蒙以后,如何认知"大爆炸"前的终极种子秩序,以及作为第二层次的有机体时代次生而成的自组织秩序和作为第三层次的人类文明时代的理性秩序,此即中国数术传统赖以形成的基本背景。

一、绝地天通与数术之兴

英国人类学家泰勒(Edward Burnett Tylor)在其被公认为经典之作的《原始文化》(*Primitive Culture*)一书中指出,万物有灵是人类先民的普遍信仰。这一信仰的动摇盖可以作为西方轴心文明之代表的《圣经》寓言,即现代人的先祖因为偷吃了分别善恶树上的果子而被上帝逐出伊甸园为分界,此后,人们就不能全以作为终极实在的上帝智慧为分别善恶的依据。荣格以为"这是个体反对太一(the One)的魔鬼般的反叛,是不和谐反对和谐的具有敌意的行动,是要从一切与一切混融在一起中脱离和分裂出去"②。上帝也便仅能眷顾那些愿意虔心忏悔且信仰自己的选民们,并时时以启示和神谕提撕他们的生命秩序和生存选择。与《圣经》所载之"失乐园"故事相应,在古老的中国也有一个类似的寓言,即见载于轴心时代经典《尚书·吕刑》和《国语·楚语下》的重黎"绝地天通"故事,自此遏绝民神杂糅,使之"无相侵渎"。揆之于人类演变的历史,此一分界盖发生于社会文明形成之初的国家产生时代。从此,人们失去了万物有灵的先天感通,而在理性分别的天地中认知林林总总的大千世界。如何以有限的智识来把握大千世界的秩序,以安顿自己的生命存在呢? 作为世界四大文明古国中唯一未尽中绝的中华文明,其探索的智慧结晶无疑对今日的秩序重建具有重要的启迪意义。

《国语·楚语下》云:"及少暭之衰也,九黎乱德,民神杂糅,不可方物。夫人作享,家为'巫史'。"故至颛顼时乃命重黎绝地天通,其实这里所提到的"家为巫史"和"绝地天通"二事的发生先后是说反了的,事实当是在作为理性启蒙的绝地天通之后,人们为弥补灵性失落所造成的生存失序,而不得不行家为巫史之事,其法即《国语·楚语下》所谓:"民之精爽不携贰者,而又能齐肃衷正,其智能上下比义,其圣能光远宣朗,其明能光照之,其聪能听彻

---

① 雅斯贝斯:《历史的起源与目标》,华夏出版社 1989 年版,第 14 页。案前引"轴心时代"的时间跨度该译本作"公元前 800 年至 200"(第 7 页),今参雅斯贝斯德文原版及漓江出版社 2019 年译本(第 9 页)改作"前 800 年—前 200 年"。

② 《心理学的现代意义》,载冯川译《荣格文集》,改革出版社 1997 年版,第 133 页。

之,如是则明神降之,在男曰觋,在女曰巫。"就是说,在重黎绝地天通之后,人类行为的终极关怀能力越来越弱,为了摆脱生存失序的困境,那些灵觉稍胜且能通过"齐肃衷正""上下比义"而激活灵性感知的人就成为众人的导师,他们通过巫术的方式与宇宙本体保持着联系,并在宇宙本体的秩序认同中安顿自己理性启蒙之后面对大千世界时所产生的困扰,而巫师也"常常发展为酋长或国王"①。

然而,正如一粒种子长成植物,生物进化也是一个不可逆的过程。随着时间的推移,巫师们的理性成长使其灵性感知能力慢慢递减,其赖以激活灵觉的巫术(仪式与法器等)也多不能尽如人意,这使得他们所体证的本体失灵而导致社会失范加遽。巫师们遂不得不加大理性思考方式的介入,于是"数术"便作为巫术的延伸形态而得以产生。其早期术法以模拟宇宙之结构形态和生成形态的龟卜、蓍筮为代表,在理性的记录能力进一步成熟之后,更多的仰观俯察的吉凶征兆也便得到重视。然而,这些数术活动作为一种专业,似乎并非以天赋通灵的巫师所长。马林诺夫斯基在《巫术科学宗教与神话》中说:"宗教里唯一专门的地方,乃是原始的灵媒,然而这不是专业,而是个人的天赋。"②取而代之的乃是被称为"史"官的业者。王国维以为"史"字"从手持中"的"中"即是"盛算之器"③,《隋书·经籍志》五行类小叙云:"五行者金、木、水、火、土,五常之形气者也。在天为五星,在人为五藏,在目为五色,在耳为五音,在口为五味,在鼻为五臭。在上则出气施变,在下则养人不倦。故《传》曰:'天生五材,废一不可。'是以圣人推其终始,以通神明之变,为卜筮以考其吉凶,占百事以观于来物,观形法以辨其贵贱。《周官》则分在保章、冯相、卜师、筮人、占梦、视祲,而太史之职实司总之。"故《国语》有"家为巫史"之言,而《礼记·丧服》亦云:"昔三代明王,皆得天地之神明,无非卜筮之用。"

盛行于三代的巫史传统在轴心时代进而被新兴的学术建构所融摄,是即帛书《要》篇所载孔子语云:"《易》,我后亓祝卜矣!我观亓德义耳也。幽赞而达乎数,明数而达乎德,又仁[守]者而义行之耳。赞而不达于数,则亓为之巫;数而不达于德,则亓为之史。史巫之筮,乡之而未也,好之而非也。

---

① [英]弗雷泽:《金枝》,徐育新等译,大众文艺出版社1998年版,第128页。

② [英]马林诺夫斯基:《巫术科学宗教与神话》,李安宅译,中国民间文学出版社1986年版,第76页。

③ 王国维:《释史》,载《观堂集林》卷6,中华书局1959年,第264页。

后世之士疑丘者或以《易》乎？吾求亓德而已,吾与史巫同涂而殊归者也。"①
融摄并不是消解,而是成为新兴学术特别是儒学的重要组成部分,并继续得
以发展、完善,并影响着中国人的生活方式。

二、数术的类型

卜筮盖为数术类型中产生较早且最具代表性的两种术法,李零先生指
出:"考古发现,骨卜确实很古老,新石器时代就有,距今 5000 多年,但龟卜
晚,大约商代中期才有。筮占,目前发现的数字卦,年代最早是商代晚期。"②
此外,早期文献中还载有星占、望气、风角、鸟情、择日、相术、梦占③,以及相
宅、图墓、巫祝(见《周礼》)等等,然其集大成的析脉分科、辨章源流,则当以
《汉书·艺文志》所分六类最为代表。

> 天文者,序二十八宿,步五星日月,以纪吉凶之象,圣王所以参
> 政也。
>
> 历谱者,序四时之位,正分至之节,会日月五星之辰,以考寒暑杀生
> 之实。
>
> 五行者,五常之形气也。《书》云"初一曰五行,次二曰羞用五事",
> 言进用五事以顺五行也。貌、言、视、听、思心失,而五行之序乱,五星之
> 变作,皆出于律历之数而分为一者也。
>
> 蓍龟者,圣人之所用也。
>
> 杂占者,纪百事之象,候善恶之征。
>
> 形法者,大举九州之势以立城郭室舍,形人及六畜骨法之度数、器
> 物之形容,以求其声气贵贱吉凶。犹律有长短,而各征其声,非有鬼神,
> 数自然也。然形与气相首尾,亦有有其形而无其气,有其气而无其形,
> 此精微之独异也。

唯此分类之标准很不一致,其或以客观现象如天文、形法、杂占,或以工
具材料如蓍、龟,或以记录形态如历谱,或以概念术语如五行云云,遂难知其
学术所自。故后世公私目录于此颇有分合,姑以表格形式择列数种以为

---

① 廖名春:《帛书〈周易〉论集》,上海古籍出版社 2008 年版,第 389 页。
② 李零:《死生有命,富贵在天:〈周易〉的自然哲学》,生活·读书·新知三联书店 2013
年版,第 6 页。
③ 参刘瑛:《〈左传〉、〈国语〉方术研究》,人民文学出版社 2006 年版。

比较：

七略	天文	历谱	蓍龟						五行								杂占		形法			
隋志	天文	历数	五行																				
通志	天文		五行																				
通志	天文	历数	算术	阴阳	易占	易图	轨革	筮占	龟卜	射覆	登坛	通甲	太乙	九宫	六壬	式经	元辰	三命	行年	婚姻	产乳	风角	逆刺
通考	天文	历算	占筮			五行												形法					
宋志	天文	历算	蓍龟					五行															
四库	占候	阴阳	占卜			(阴阳)五行			命书(相书)			杂技术(存目)			相宅相墓			相书					

由上可知，直到清修《四库全书》之列目，实亦未能解决数术分类标准不一的问题。因此，我们拟以儒家巫史入德的学术传统为据，把个体生命觉证宇宙本体的数术理路离析为巫史二目，而于后者又具分四类：

1. 拟象卜：指采用模拟天地结构之象的运转变化来占卜的方法，主要有龟卜和杖卜。

2. 拟数占：指采用模拟宇宙生成之象的数理变化来占卜的方法，主要有易占，至于汉以后拟《易》而为的诸般作品，如《太玄》《元苞经》《范围数》《五兆卜法》《灵棋经》《潜虚》等等，皆以其蔽于本体生成之理而成为少数人自娱自乐的游戏，盖不足论也。

3. 本象卜：此类则是对天文、地理、人文、物理各种自然存在的现象加以观察归纳，因以得出与个人和社会吉凶相关的特征，如占星、占候、风水、相术、诸杂占等。

4. 本数占：此类是对客观存在的时间数序加以观察、推测和吉凶系联，主要指历日选择和禄命术等。

巫	史								
巫祝	拟象卜		拟数占		本象卜				本数占
巫祝	龟卜	杖占	易占	拟易	占候	堪舆	相术	杂占	阴阳	禄命

若以今日的学理言之，则拟象卜、拟数占二者有似数学建模(mathematical modeling)，即通过建构法象时空的模型来解释和推测未来时空里万物的存在和变化；本象卜、本数占则与现代科学的气象分析、情报推理、医疗诊断之理略同，唯其征验如何，则在历代学人之补充修正和完善而

已。当然,以占验与否为终极取向的数术之发展,也必然会出现整合多种术法而参用之的情况,唯循名责实,盖可明之。

另外,《汉书·艺文志》以"数术"立目,而后世颇有以《黄帝内经·素问·上古天真论》"法于阴阳,和于术数"之说而写作"术数",稽诸二字之义,则术乃指术法,而数则由气数而引申指天数、命数诸义,回到"和于术数"之语境,则其义或当解作"和合于术法所本之气数",则于学术概念而言,固以作"数术"为允安。

三、絜静精微与六艺之《易》教

《汉书·艺文志》云:"盖五常之道,相须而备,而《易》为之原。"《礼记·经解》以"絜静精微"概括《易》教之境界,孔颖达疏云:"《易》之于人,正则获吉,邪则获凶,不为淫滥,是'絜静';穷理尽性,言入秋毫,是'精微'。"按"淫滥"实即人类生活中的一种失序状态,在宗教伦理中,它是与"絜静"的有序生活相反的一种状态。较之宇宙本体秩序,理性启蒙所带来的生存秩序具有一定的个体自主性,可谓第三层次的秩序,因此需要个体在命运面临重要选择时保持与本体的连续性。张光直先生从世界学术的视角总结道:"中国古代文明的一个可以说是最为令人注目的特征,是从意识形态上说来它是在一个整体性的宇宙形成论的框架里面创造出来的。"[1]否则或将带来个体存有间的混乱和伤害,故儒家有云:"不知命,无以为君子也。"(《论语·尧曰》)。宋代程颐在其《周易程氏传》困卦注中明确指出:"知命之当然也,则穷塞祸患不以动其心,行吾义而已;苟不知命,则恐惧于险难,陨获于穷厄,所守亡矣,安能遂其为善之志乎!"[2]

另外,从作为中国人生活方式的"礼"之定义中也可看出其维系本体秩序的诉求。《说文解字》云:"礼,履也,所以事神致福也。"礼仪的细则和规矩虽多有先知前贤的经验承传,然具体生活中卒然而遇的选择疑难和困惑不解之事仍在所难免,则不得不用此"决嫌疑、定犹与"之术取意于"鬼神"(即终极本体)的启示而决之。且《易》作为卜筮之书,仅是数术的一个代表形态,颜师古注《汉书·艺文志》"太史令尹咸校数术"句即云:"占卜之书。"随着学术理性的发展和成熟,数术的呈现形态与致思理路也在不断地变化和

---

① 张光直:《中国青铜时代》,生活·读书·新知三联书店 1999 年版,第 487 页。
② 程颢、程颐:《二程集》,中华书局 1981 年版,第 941 页。

损益。故于学理而论,"易"术似亦可称为"礼术"——礼义生活中的决疑、选择之术,以更明确其在传统学术结构中的位置。

然《易》教不可偏论,而是要放在轴心时代所形成的学术体系中加以思考和体证,否则即恐失之于"贼"(《礼记·经解》)。所谓"牵于禁忌,泥于小数,舍人事而任鬼神"(《汉书·艺文志》)。清代姚鼐《惜抱轩九经说》十四"《易》之失贼说"论此尤明:

> 今夫《易》,天下之至精也,冥通乎阴阳之合而藏乎神明之妙,圣人得之则体用合为一而动容周旋中礼者胥是也。然而不善学之则其失于他经为尤甚。彼入其中,澹乎其神,漠乎其思,渺乎其微,以谓是天下之精而其外皆粗末也,万物为一体而有无死生为一涂,于是耳目百体可以遗,而父子兄弟人伦之接可以泛然而适遭,傥然而不知所事也。制义疏而恩情薄,防检弛而人事废,是不为贼乎?

故孔子倡幽赞明数以达于德,盖欲用理性与非理性兼顾之法而为安身立命之道。以幽赞感通内在的天赋而生成理性认知的逻辑理数(《周易·说卦》"幽赞于神明而生筮"之意略同),再进而以此理数认知的逻辑引导而融通内在的体知天赋以臻于道德至境,乃可谓圣人君子。

(原载《国学茶座》第 15 期,山东人民出版社 2017 年)

数术文化浅谈(二):拟象卜之龟栻法

　　《周易·系辞上》云:"法象莫大乎天地,变通莫大乎四时,县象著明莫大乎日月,崇高莫大乎富贵,备物致用、立成器以为天下利,莫大乎圣人,探赜索隐、钩深致远以定天下之吉凶、成天下之亹亹者,莫大乎蓍龟。"然而"干草枯骨,众多非一,独以蓍龟何?"《白虎通·蓍龟》自为答问云:"龟之为言久也;蓍之为言耆也,久长意也。"盖以为人寿考则见多识广,同理推之,物亦如此。其实龟、蓍之成为轴心时代最有影响力的两大决疑之术,于其寿考之外,更有着其各自法象时空的宇宙论结构认同,要之,取天地运化之法象建模者为龟卜,取天地运化之理数建模者为蓍占,《左传·僖公十五年》云:"龟,象也;蓍,数也。"

一、龟卜

　　刘向《说苑·辨物》云:"灵龟文五色,似玉似金,背阴向阳,上隆象天,下平法地,盘衍象山,四趾转运应四时,文著象二十八宿。蛇头龙翅,左精象日,右精象月,千岁之化,下气上通,能知吉凶存亡之变。"此明确揭示了龟甲"上隆象天,下平法地"的法象特征,以此法象天地的模型来演绎天地变化的情形,自当有其逻辑上的合理性。至于龟卜唯用腹甲盖亦有说,以"天垂象,见吉凶",即天隐微不显,而以因天而生之万象呈示天意,龟之背甲象天,故置而不用,腹甲象地,故可示现吉凶。

　　按龟卜盛于三代,汉以后数术诸法蜂起,而龟卜虽以其攻治之烦[①]、察识之难而渐为术者所不取,然以其法象天地之古意而犹为礼制活动所取,若周以太卜之职为数术诸官之长,至唐犹从之,而《新唐书·艺文志》亦载有时人

---

　　① 参刘玉健:《中国古代龟卜文化》第四章第三节"商代庞大的占卜机构",广西师范大学出版社1992年版。

《龟经》之作。宋以后于礼制活动中龟卜已不见于文献所载,而民间之用,盖已不绝如缕①,且于早期卜法,亦多所改造。

自清末甲骨文发现以来,龟卜之法重为学界所重,唯甲骨卜辞仅可见实物之形,而对卜法的了解仍有赖于传世文献的辑集爬梳,只不过这些材料甚少,且多为晚期作品所载。李零先生曾为辑列十一类,今据移并参补于下:

1.《周礼·春官宗伯》大卜、《尚书》及《左传》《仪礼》《诗经》等的零星记载。

2.包山、新蔡及上博战国楚简。

3.《史记·龟策列传》。

4.唐代李筌《太白阴经》卷十"龟卜篇"、《唐六典》卷十四"太卜署"。

5.唐代柳隆《龟经》佚文(《初学记》卷 30、《太平御览》卷 931 引)。

6.宋代邵平轩《玉灵照胆经》。

7.宋代王洙《玉灵聚义》(或署元代陆森)。

8.清代胡煦《卜法详考》。

9.《龟卜玉灵经》(北图藏)、《玉灵聚义通》(北大藏)。

10.日本《新撰龟相记》(约九世纪编)②。

从这些文献的基本脉络看,龟卜的卜法大致可以分为三个阶段,即汉以前、唐代及宋以后,各阶段卜法虽有承传,要之,越晚理法介入越多。

《周礼·春官宗伯》大卜下云:

> 大卜掌三兆之法,一曰玉兆,二曰瓦兆,三曰原兆。其经兆之体,皆百有二十,其颂皆千有二百。

郑玄释云:"兆者,灼龟发于火,其形可占者。其象似玉、瓦、原之罅隙,是用名之焉。上古以来,作其法可用者有三,原,原田也。"较之后文所言"三易"指《连山》《归藏》《周易》三书而言,则此"三兆"亦当为三种龟卜之书,其玉、瓦、原疑即对应攻龟所为的钻凿之形,即没有钻凿、点状钻凿和格栅钻凿。三种钻凿之形灼后所现墨蚟皆可分为一百二十兆体,每体又因色、坼细分为十种吉凶之断。且推其格式,或即如《新撰龟相记》所载,上绘兆体图录,下配繇辞说明。唯此三书《汉书·艺文志》已不见载,疑与易占之《周易》

---

① 如宋代邵平轩:《玉灵照胆经》之作,清代胡煦:《卜法详考》所引之吴中卜法之传等。

② 参[日]工藤浩:《〈新撰龟相记〉の基础的研究》,日本エデイタースクール出版部 2005 年版。

行而《连山》《归藏》衰同，《玉兆》、《原兆》之法亦渐衰而不行，所存《瓦兆》则统谓之龟书了。《尚书·金滕》谓"卜用三龟"，此与《尚书·洪范》"三人占则从二人言"略同，盖取三法攻治之龟灼之，而以三种龟书为卜，以从多数之吉凶占断。

《史记·龟策列传》载有七十条繇辞，与考古发现之卜辞略相一致，朴载福先生析其条例为三[1]：

1. "卜"类条例（24条）："卜居官尚吉不。吉，呈兆身正，若横吉安；不吉，身节折，首仰足开。"

2. "命曰"类条例（32条）："命曰呈兆首仰足肣。以占病，不死。系者未出。求财物买臣妾马牛不得。行不行，来不来。……"

3. "此"类条例（14条）："此首俯足肣身节折。以卜，有求不得。病者死。系留有罪。望行者不来。行行。来不来。见人不见。"

此三个条例略当于商周卜辞中的"卜曰""贞"和"兹/囟"。

《唐六典》太卜所掌卜筮诸法中仍以龟卜为之首，其所载卜法云：

> 凡兆，以千里径为母，两翼为外。正立为木，正横为土；内高为金，外高为火；细长芒动为水。兆有俯仰、伏倚、著落、起发、摧折、断动之状，而知其吉凶。又视五行十二气。

除裂纹之象的立、横、内高、外高、芒动系于五行外，诸纹所在的区域亦有五行系联。如《太白阴经·龟卜篇》载以龟体分为五兆："后左足为春，前左足为夏，前右足为秋，后右足为冬，四季用中厨。"随其求占之季节而选用之。如春季正、二月占，即以后左足所在区域为本兆，其兆域之内又从头至足分五段为五乡："头为甲乙，次为丙丁，次为戊己，次为庚辛，次为壬癸。常以头微高为上兆，正横为中兆。"且"春夏以内为头，秋冬以外为头"，四季未及，盖以龟头之方为头。灼裂之后，其所现纹名"支"，视诸支所在"乡"之五行与本兆生克关系而"定吉凶成败"。

至宋代邵平轩《玉灵照胆经》，又"取洛书八卦之形，分四极为四卦"，以十二支布于四周，为装五行六亲云云，盖有取于栻盘之法象。然其述法虽详，而用者盖寡，卜法亦渐成为少数爱好者的游戏了。

---

① 朴载福：《〈龟策列传〉与先秦龟卜法》，《考古学研究》第6辑，科学出版社2006年版。

二、栻卜

《史记·日者列传》载云："今夫卜者,必法天地,象四时,顺于仁义,分策定卦,旋式正棋,然后言天地之利害、事之成败。"司马贞索隐:"式,即栻也。旋,转也。栻之形上圆象天,下方法地,用之则转天纲加地之辰,故云旋式。"《汉书·艺文志》五行类所载三十一种,盖皆与栻占有关。今已发现的出土古栻有八件①,其中七件是汉栻,要之可分两类:太一栻和六壬栻。

六壬之名论者纷纭,要之,以清代叶悔亭《六壬晬斯》所议略有理致:"天干凡十,而课独取乎壬者,盖壬乃阳水,天一生水,为数之始。壬寄在亥,亥属乾宫,亦《易》卦首乾之义,此立名之宗也。"而六十甲子中壬有六位,故称六壬。前述出土的七个汉栻,有六个为六壬栻,另一个六朝晚期的栻亦为六壬栻。

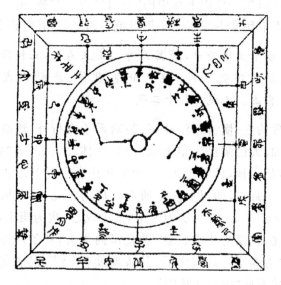

上图为安徽阜阳双古堆汉汝阴侯墓出土的六壬栻,其天盘中绘北斗七星,周布二十八宿,斗柄指向亢宿;地盘内层布八天干与四门、中层布十二地支、外层布二十八宿。后世天地盘所布要素更为丰富。六壬栻的占法,是以占时的月将所在旋转天盘以明天地变化之象,以占日的干支演四课三传而明主体的变化要素,进而列布天将、六亲、遁干、行年等,以综合分析求占之

---

① 参李零:《中国方术考》,第二章"式与中国古代的宇宙模式",东方出版社 2000 年版。

事的吉凶情况。

太乙亦作太一、泰一，本指北辰中宫天极星，《易纬·乾凿度》云："《易》一阴一阳，合而为十五之谓道……故太一取其数以行九宫，四正四维，皆合于十五。"《汉书·艺文志》五行家有《泰壹阴阳》23 卷，前述出土的七件汉栻中即有一件当属太一栻（亦作太乙，今为与后代三栻之太乙栻相区别，故早期栻用"太一"字）。太一栻后来分为太乙栻与奇门遁甲栻两种。《唐六典》卷十四太卜署载"太卜掌卜筮之法，以占邦家动用之事"，其第四种即为"式"："凡式占，辨三式之同异。一曰雷公式，二曰太乙式，并禁私家畜，三曰六壬式，士庶通用之。"其中"雷公式"当即遁甲栻（参《四库全书总目》之《遁甲演义》提要）。此二栻所用的取象基础即后世所谓的河图、洛书之数。

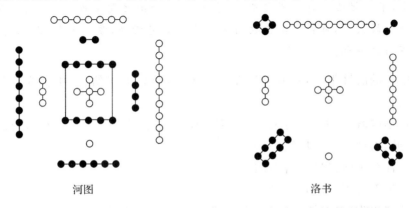

河图　　　　　　　　　　　　　　　洛书

朱熹《周易本义》首载易图释云："洛书盖取龟象，故其数戴九履一，左三右七，二四为肩，六八为足。"洛书是一个由三五参合而形成的"周三径一"的圆形"天"象。河图与洛书的关系与《周易》之先天八卦和后天八卦略同，河图盖取先天数象，而洛书则为后天数象，因卜筮乃欲观其变，故皆用后天八卦之洛书数象。其遁甲栻因用天干行布九宫，故隐甲而用三奇（乙丙丁）六仪（戊己庚辛壬癸）布局，然后因之而配星神诸要素。太乙栻则因后天八卦之乾居西北，故旋洛书数 45 度以使"一"居乾位（旧太一栻未作此旋位）。又遁甲栻之游宫包括五所在的中宫，而太乙栻之太乙则不入中宫，故仅行八宫而已。至于天地盘之演局，虽家法或有小异，要之皆列天地人三层之盘，天盘以上古"甲子年甲子月甲子日甲子时天正冬至日月合璧、五星联珠"（《太乙统宗宝鉴》卷 1）为上元甲子之始，天盘游宫所在以太乙积年数算得，然后以其所在为游宫"旋式"的起点。唯太乙三年一换宫，且不入中宫，而遁甲则以时干定直符九星所在；地盘不动，唯以九宫八卦定其位；人盘盖皆以八门布于九宫之侧。占用时，再因年月日时之干支要素而转动天人二盘，并匹配阴阳诸局及神煞、星命、关格等等，以为占断之用。

　　与龟卜取地象之腹甲为占不同，太乙、遁甲栻则取天象之洛书为占，盖欲法天动地静之全体大用。又以九宫旋游很难以工具示象，故后世亦或以骰子配合使用，但作为合用的栻盘似未见用者；至于六壬栻，亦因多用虚拟栻盘推出四课三传为占，而实物栻盘遂亦不得传用。

三、龟栻的礼术功能

　　《史记·龟策列传》载太史公言：

　　　　自古圣王将建国受命，兴动事业，何尝不宝卜筮以助善！唐虞以上，不可记已。自三代之兴，各据祯祥。涂山之兆从而夏启世，飞燕之卜顺故殷兴，百谷之筮吉故周王。王者决定诸疑，参以卜筮，断以蓍龟，不易之道也。

　　龟卜的决疑事项，刘瑛先生在《〈左传〉〈国语〉方术研究》中析为三目十八种类型。

　　1.军国政事：征伐、祭祀、卜纪数、朝觐、卜得天下、立嗣立君、选拔、迁都、筑城、出使、巡守、攻仇、卜谋。

　　2.社会生活：出生、婚姻、卜宅。

　　3.生理心理：疾病、卜梦。

　　朴载福先生则据《史记·龟策列传》所列七十项卜例总结为十二种类型[①]。

　　1.卜官。包括居官、去官、徒官。

　　2.卜病。包括病瘳、病甚、病祟、病死。

　　3.卜室家。包括居室家与居官家室吉不吉。

　　4.卜行至。包括行或不行、来或不来。

　　5.卜灾变。包括兵变、民疫。

　　6.卜年成。即卜禾稼熟不熟。

　　7.卜渔猎。即卜渔猎收获如何。

　　8.卜气象。包括雨不雨、霁不霁。

　　9.卜求财。包括求财、买臣妾牛马得不得。

　　10.卜盗。包括遇盗、候盗、击盗、盗来不来。

　　①　朴载福：《〈龟策列传〉与先秦龟卜卜法》，《考古学研究》第6辑，科学出版社2006年版。

11. 卜系囚。包括系囚有罪无罪,罪轻重,拘系久暂,有伤无伤,是否解出。

12. 卜谒见。包括请谒贵人得不得,吉不吉。

此两种归纳虽有春秋战国诸侯争战与秦汉大一统时代的差异,但合而观之,盖可略见早期礼仪生活中用龟卜以"决嫌疑、定犹与"的大貌。《仪礼》所载已有卜筮等差之用,士以下唯用筮法,《大唐开元礼》略同,且于官方祀典亦仅大祀、中祀间或用之,小祀皆从筮为用。至于民间纵有用者,盖已不绝如缕了。

栻占的应用概以《周礼·春官宗伯》太史之职所载为最早:"大师,抱天时,与大师同车。"郑玄注引郑司农语云:"大出师,则大史主抱式,以知天时,处吉凶。"从唐初《太白阴经》中的栻占应用以遁甲和玄女(六壬)为主的情形看,疑《周礼》所载盖亦为二栻之一,只不过汉以前太乙与遁甲栻通称"太一式"而已。至《唐六典》卷十四太卜署所载的用式之法中则提及九种应用类型:

> 凡阴阳杂占,吉凶悔吝,其类有九,决万民之犹豫:一曰嫁娶,二曰生产,三曰历注,四曰屋宅,五曰禄命,六曰拜官,七曰祠祭,八曰发病,九曰殡葬。

不过从其前文主论六壬栻法来看,此中所述的用式之法当亦以六壬栻法为说。而太乙、遁甲之法盖因朝禁民用而未作说明。明代万民英《三命通会·论支干源流》有一段总结三栻用法之语,颇为简明扼要:"然古今高人达士,稽考天数,推察阴阳,以太乙数而推天运吉凶,以六壬而推人事吉凶,以奇门而推地方吉凶。"此盖即太乙、遁甲为朝廷厉禁而六壬可行于民间的原因。不过,从宋代曾公亮、丁度《武经总要》和明代茅元仪《武备志》的兵阴阳记载看,其于三栻之法皆有较大篇幅的使用说明,盖三栻之法皆或有取于兵事,而兵书则不得行于民间。

太乙与遁甲栻法在宋元时代仍有明文禁止民间私习,盖至明后始为弛禁,沈德符《万历野获编·补遗》卷四"献异书"条云:"本朝谶纬之书皆有厉禁,惟奇门、六壬之属人间多习之,士大夫亦有笃好且奇验者,苦不得秘本真传,徒以影响推则耳。"其中未及太乙栻法。至《清史稿·艺文志》所载,则三栻中六壬类 6 种,遁甲类 3 种,太乙类 1 种。北京燕山出版社 2010 年出版的《术藏》收有六壬类 28 种,遁甲类 24 种,太乙类 5 种。此虽不能备,但亦略可看出三栻用于决疑的流行情况了。又《清稗类钞》方伎类载有壬遁术故事二条,亦未及太乙术法,应该也是因为传用者少的原因。

（原载《国学茶座》第 16 期,山东人民出版社 2017 年）

数术文化浅谈(三):拟数占之易筮法

与龟卜取天地运化之法象"建模"不同,易占则取天地生化之理数"建模"。而这一"建模"也代表了中国传统最重要的宇宙图式。《周易·系辞上》云:

> 《易》与天地准,故能弥纶天地之道。

所谓"弥纶天地之道"的"道"乃即用而言,与《中庸》"率性之谓道"的"道"意义略同,其背后还应有此道赖以行用的体在。若波浪之用,其背后有水在;风云之用,其背后有气在;唯此天地运行背后的体亦多以"道"(《周易》谓之太极,于致用中亦或称作神明)名之,体以用显,用因体存。中国早期著作盖以《老子》揭此最明:"有物混成,先天地生,寂兮廖兮,独立而不改,周行而不殆,可以为天下母。吾不知其名,强字之曰道。"其生化方式为:"道生一,一生二,二生三,三生万物。万物负阴而抱阳,冲气以为和。"《周易》所准拟的天地之道,正是在这样一种体用理解基础上的展开,故可以"推天道以明人事者也"①。

一、生生之谓易:《周易》的象数结构

《周易·说卦》云:

> 昔者圣人之作《易》也,幽赞于神明而生蓍,参天两地而倚数。观变于阴阳而立卦,发挥于刚柔而生爻,和顺于道德而理于义。穷理尽性以至于命。

> 昔者圣人之作《易》也,将以顺性命之理。是以立天之道曰阴与阳,立地之道曰柔与刚,立人之道曰仁与义。兼三才而两之,故《易》六画而成卦。分阴分阳,迭用柔刚,故《易》六位而成章。

此论《周易》象数建模的缘起,乃是圣人感通神明(作为终极实在的道在

---

① 永瑢等:《四库全书总目·经部一·易类一》,中华书局 1965 年版,第 1 页。

致用中的体之通名),从而选择具有"久长"意(《白虎通·蓍龟》)的蓍草来呈现神明之志。"参天"指八卦而言,八卦乃阴阳与太极三合的结果,因为太极隐而不显,其显必附阴或阳而成,故作为生成万物之基的"三"数之呈现就以阴阳三合的方式来完成,其结果乃以八个符号表示,是谓"观变于阴阳而立卦"。然八卦所代表的三生万物之基质乃是终极实在动而未发的状态,从宇宙生成论角度言之,仍属几微涉茫之际,故必两之以成章,才能显出有形之质,是谓"发挥于刚柔而生爻",以成就可示现万物之形质的六十四卦。此一过程虽有一些尚难理喻的逻辑存在,但却与现代生命科学中基因的四种碱基以三个一组结成一对双螺旋结构的"自在之数"颇相契合,它们都是通过"参天两地"的数理组合方式而使无形的终极"神明"得以呈现为一种可见的生化结构或实体存在。人们通过体道合德的方式赋予它理义象征,然后通过这种理义象征体知阴阳性理以至于天命(同《中庸》"天命之谓性"之"天命")。

《说卦》随后又指出了这种象数结构的呈现模型,其中即包含有所谓的先天卦象结构和后天卦象结构,二者的关系可以《中庸》"喜怒哀乐之未发谓之中,发而皆中节谓之和"来加以理解。即先天经卦表示太极寂然未动的定位状态,先天别卦表示太极发而中节的逻辑可能;后天经卦是指太极动而未发的生成状态,后天别卦则指太极发而中节的现实可能。宋代图书学对此有很好的图形展示。

先天卦象定位图:

阴阳参合太极图　　　　先天经卦方位图

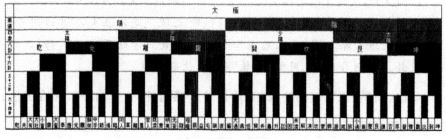

"先天"别卦次序图

后天卦象生成图:

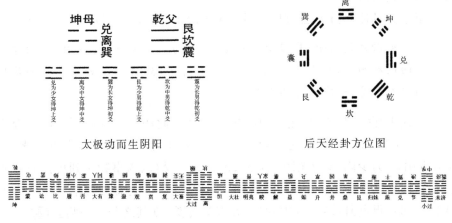

太极动而生阴阳　　　　　　　　后天经卦方位图

"后天"别卦次序图

一般认为,先天卦序明体,后天卦序达用。故在数术文化的运用中,后天卦序的出现要远比先天卦序广泛得多。当然,一些深于义理修养的人也或把先天卦序和后天卦位结合起来加以运用,此盖与道教丹道所谓"炼精化气,炼气化神,还神返虚"之意有相似之理。

二、观变玩占:《周易》的数占推演

《周易·系辞上》云:

> 圣人设卦观象,系辞焉而明吉凶,刚柔相推而生变化。是故吉凶者,失得之象也;悔吝者,忧虞之象也;变化者,进退之象也;刚柔者,昼夜之象也。六爻之动,三极之道也。是故君子所居而安者,《易》之序也;所乐而玩者,爻之辞也。是故君子居则观其象而玩其辞,动则观其变而玩其占,是以"自天佑之,吉无不利"。

此虽谓君子平居无事时当观象玩辞,而遇事犹疑时可观变玩占,但于用易之道而言,则是遇事犹疑而因变设卦,然后再据此卦而观象玩辞,故今依此致用之序述之。

所谓观变之观,盖当以内观为义。邵雍《皇极经世书》卷十二观物篇六十二载云:"夫所以谓之观物者,非以目观之也,非观之以目而观之以心也。非观之以心而观之以理。"此中之"理"当解为宋明理学所谓的天理,亦即易学之本体太极,它生成万物并寓于万物之中,其在人者谓之性灵、魂魄、精神云云,盖欲因"精义入神"(《系辞下》)而感动蓍数,使"悬物象以示于人"(《易纬·乾坤凿度》)。

至于其具体起卦方法,则以《周易·系辞上》所载大衍筮法最为经典:

> 大衍之数五十,其用四十有九,分而为二以象两,挂一以象三,揲之以四以象四时,归奇于扐以象闰,五岁再闰,故再扐而后挂。……是故四营而成易,十有八变而成卦。

宋代朱熹《周易本义》附"筮仪"述之较详。此法每三变后所得的过揲之策总为 36、32、28、24 四数之一,其中四揲之后即为 9、8、7、6 四数,9 为老阳,8 为少阴,7 为少阳,6 为老阴。老阴、老阳为变爻(因为事物达到极点时就将转化轮回),变爻形成的卦称为"之卦",又称"变卦",它意味着本卦中所含的变化。如筮得屯卦(䷂),其中六二、九五为变爻,则其之卦即为临卦(䷒)。

大衍筮法又称古筮法,因其成卦繁琐,故自六朝以降,或有以钱代蓍而占者,清代皮锡瑞《经学通论》之"论筮易之法今人以钱代蓍亦古法之道"中谓自"齐隋唐初,皆已用钱"。流行于唐末五代之际托名麻衣道人所著的《火珠林》占,即仅载以钱代蓍之法。今遵述其仪节如下:

画卦:用铜钱三枚,用手摇而掷于平处,看其组合情况:

> 一背二面称"单",画作"/",为少阳。
>
> 二背一面称"拆",画作"//",为少阴。
>
> 三背无面称"重",画作"○",为老阳。
>
> 无背三面称"交",画作"×",为老阴。

每掷一次画出一爻,自下而上,六次而得一卦。如遇老阳、老阴,则于其右侧画出变爻(老阳化阴,老阴化阳)。唯其摇卦之先,亦须焚香肃敬,凝神端坐,以排除杂念干扰,盖亦"观变"之遗风焉。

三、观象玩辞:《周易》的象义解读

所谓象、辞,即《周易》之卦爻象与卦爻辞。《周易·系辞下》认为八卦是圣人仰观天文之象、俯察地理之象、近取人身之象、远取事物之象而制作的。所以观象的目的就是要"假象以显义""因象以明理",从而明白求占者当前所处的境遇并判断未来行动的选择。故观象之观与观变之内观不同,乃外观之谓。

《周易》对经卦卦象的解说主要集中于《说卦》传,至其象辞传则是专对卦象、爻象的解读，其中"大象"是对六十四卦卦象的解释，此多将一个别卦分解为两个经卦，然后通过对两个经卦的取象和关系进行解说；"小象"则是对爻象的解释。另有杂卦和象辞则多及于卦之义理取象的解释。是知各传对卦象的解释不仅包括物象、事象，也包括德象（即义理取象）乃至位象（即卦位、爻位等）等，这也是后世学人观象解卦的基本要素。

汉代取象的角度和方法有所丰富和创新。孟喜、京房从节气、物候角度创立了卦气说，京房又从干支、五行角度创立了纳甲、世应、互体诸说，《易纬》、郑玄等进而从年月、时间角度创立了爻辰说，因而形成了一种以装卦为主的卦象展示形态。其实这些都是一种变通的取象方法，只不过跟早期发散式的取象思维不同，装卦法促成了专门化、固定化观象法式（亦可称法象）的完成。

至于"玩辞"，乃指解读卦爻辞而言，此辞是早期研治《周易》学人的观象记录。广义的辞也包括对卦象、卦辞之象征意义作进一步阐释和引申的十翼传文。

对经传之辞作学术理解和义理阐发，不能脱离其文本的训诂考证而随意附会。故玩辞亦当有其进阶，清代戴震在《与是仲明论学书》中说："经之至者道也，所以明道者其词也，所以成词者字也，由字以通其词，由词以通其道，必有渐。"闻一多于《周易义证类纂》中钩稽其中包括的古代社会史料计有四类二十余项。其一是有关经济事类，考证了器用、服饰、车驾、田猎、畜牧、农业（雨量附）、行旅，约涉及二十余卦。其二是有关社会事类，考证了婚姻、家庭、宗族、封建、聘问、争讼、刑罚、征伐（方国附）、迁邑，约涉及二十余卦。其三是有关心灵事类，考证了妖祥、占候、祭祀、乐舞、道德观念，约涉及十余卦。其四是余录，考证了无类可入者若干条，约涉及八卦。是知于文字、语词之外，若失考其物象（包括事象如史实等）、不明其德象（包括心理学、生命学、宇宙论、鬼神观等），乃至罔顾其象征，则于辞义之所指，吉凶之所示，固不能得其实矣。因玩辞所涉事项甚为琐细，姑举《周易·系辞上》所言以示其一斑：

> 彖者，言乎象者也；爻者，言乎变者也。吉凶者，言乎其失得也；悔吝者，言乎其小疵也。无咎者，善补过者也。是故列贵贱者存乎位，齐小大者存乎卦，辩吉凶者存乎辞，忧悔吝者存乎介，震无咎者存乎悔。是故卦有小大，辞有险易；辞也者，各指其所之。

又《系辞上》云："极数知来之谓占。""极数"以起卦为终，而"知来"则当以断卦为果。春秋时代用《周易》占筮时,是卦象分析与卦爻辞分析并用的。吉凶的判断取决于对卦象和卦爻辞的双重分析。现见于《左传》与《国语》的春秋时期占筮、论事的例子有 22 条。至汉代,最早被列为学官的三家易之一的梁丘贺"以筮有应,由是近幸",至其子临已"专行京房法"了,盖梁丘贺犹或用古观象玩辞之法,京房则转而用装卦的法象为占了。今以《庆元党禁》所载朱熹自占事以示古法之例:

> (庆元二年)冬十一月,监察御史胡紘奏汝愚唱引伪徒,谋为不轨,责授宁远军节度副使,永州安置。徐谊坐党汝愚,亦责团练副使,南安军安置。中外震骇。朱熹时家居,自以蒙累朝知遇之恩,且尚带从臣职名,义不容默,草封事数万言,极陈奸邪蔽主之祸,因以明汝愚之冤,缮写已具。子弟诸生更进迭谏,以为必至贾祸,熹不听,门人蔡元定入谏,请以蓍决之,遇遁之同人。熹默然,取奏稿焚之,因更号遁翁,遂以疾丐休致仕。

按遁(☰☶)之同人(☰☲),有一个变爻,依《易学启蒙》"一爻变则以本卦变爻辞占"之法,则当以遁卦初六爻辞为占:"遁尾,厉,勿用有攸往。"其象辞更申之云:"'遁尾'之'厉',不往何灾也?"朱熹于《周易本义》中申爻辞之义云:"遁而在后。'尾'之象,危之道也。占者不可以有所往,但晦处静俟,可免灾耳。"故以道自任的朱熹虽"义不容默",却更要认同天道而"与时行也",做出退隐的选择。

四、余论:筮占的礼术功能

《周易·系辞下》云:"《易》之兴也,其当殷之末世、周之盛德邪?当文王与纣之事邪?"此说与二十世纪发现的数字卦"年代最早是商代晚期"的史实略相吻合[①]。然在其与龟卜并行为用的先秦时代,人们多有"筮短龟长"(《左传·僖公四年》)的理解,故于占卜之时,多先筮后卜,如果二者结果不一致,则舍筮从龟。另外,在礼制规定中,亦颇有卿大夫以上用龟而士以下多用筮之实,如《仪礼》所载士礼,即是如此,这大概也是《周易》在秦汉以后较龟卜更为普及的原因之一。

以明清时期影响较大的筮占文献《黄金策》为例[②],其占断所及,盖已涉

---

① 李零:《死生有命,富贵在天:〈周易〉的自然哲学》,三联书店 2013 年版,第 6 页。
② 《黄金策》旧题明刘伯温撰,参清代王洪绪《卜筮正宗》所附,中医古籍出版社 2012 年版。

及人们日常礼仪生活的方方面面：

> 年时：天时、年时、国朝、征战、避乱。
>
> 身命：身命、求师、求名、仕宦。
>
> 婚育：婚姻、产育(附老娘乳母)。
>
> 疾病：病症、病体、医药、新增痘疹、鬼神。
>
> 各业：种作、蚕桑、六畜、商贾、学馆、娼家。
>
> 讼失：词讼、进人口、逃亡、失脱(附盗贼、捕盗捉贼)。
>
> 阴阳宅：家宅、新增家宅搜精分别六爻断法、附船家宅章、坟墓。
>
> 出行：出行、行人、舟船。

然《周易》虽为卜筮而作，却因其特有的宇宙建模而为轴心时代的先哲所重，此在《说卦》《系辞》传等中即有充分的表达。孔子亦有云："《易》，我后亓祝卜矣，我观亓德义耳也。幽赞而达乎数，明数而达乎德。"(帛书《易·要》)是即孔子所创立的儒学"幽赞""明数"双修之法，它利用个体生命中的两大本能——直觉与理智来实现凡俗的超越，从而成就作为人之本色的圣贤境界。所谓幽赞即以非理性的直觉投射于终极本体以得方向，而明数则是以理性的践履协和万物而趋近幽赞的非理性之目的，是即以"合内外之道"为取义的"德"之意。后世儒学乃至佛(止、观并用)、道(性、命双修)的进学路径，皆有取于此一建构：

孔子	《大学》	孟子	程朱
幽赞而达乎数	知止	立大	涵养须用敬
明数而达乎德	格物	集义	进学在致知

从具体的进道手段看，幽赞多以静坐、慎独、持敬通之，明数则探究万物之理而通其终极实在，是为安身立命之践履的礼之事，《说文》云："礼者，履也，所以事神致福也。"如此而与幽赞所持之本体互证并加以打通，以臻于乾卦文言所谓的"大人"之境："与天地合其德，与日月合其明，与四时合其序，与鬼神合其吉凶。先天而天弗违，后天而奉天时。"斯即孔子玩《易》而"后其祝卜"或"不占而已"之意钦。

(原载《国学茶座》第 17 期，山东人民出版社 2017 年)

数术文化浅谈(四):本象卜之天文法

《周易·系辞上》云:"古者包牺氏之王天下也,仰则观象于天,俯则观法于地,观鸟兽之文与地之宜,近取诸身,远取诸物,于是始作八卦,以通神明之德,以类万物之情。"此虽论先哲以仰观俯察之法幽赞神明而拟制一种认知世界的数理图式,然其仰观俯察的经验积累正亦可直接形塑人们对自然现象认知的结构。所谓见微知著者,若"火就燥,水就湿""月晕而风,础润而雨"云云,皆是通过对自然现象加以观察而用归纳、演绎之法得出的因果联系,此自然现象盖可区分为天文、地理、人文、物理四个大类。具体言之,则天文当兼括悬而在上者,是即《周礼·春官宗伯》保章氏之职所谓:

> 掌天星,以志星辰、日月之变动,以观天下之迁,辨其吉凶。以星土辨九州之地,所封封域皆有分星,以观妖祥。以十有二岁之相,观天下之妖祥。以五云之物,辨吉凶、水旱、降丰荒之祲象。以十有二风,察天地之和,命乖别之妖祥。凡此五物者,以诏救政,访序事。

所谓五物即指星体、分野、太岁(虚星)、云气、风。以类从之,则星体、分野、太岁皆属星占之象,而云气、风二者则为天地间游荡的气象。至于后世天文星占书或辑物象之鸟情、民讴等等,当别入物理杂占为允。另有中古时期传入中国的西方星命之学,以其用个体出生时的天象为占,故亦附此为说。

明以前公私目录中的"天文"象占,至清修《四库全书》乃别天文知识类文献为天文,而称与占验吉凶有关的星历文献为"占候"。占候者,谓以天文现象的征候占验人事之吉凶。然天文征候众多,故其观占之法乃有"凡天变,过度乃占"(《史记·天官书》)的原则,盖于天而言,其逾常的"过度"之变有可能对人类的生存产生意外的影响,须提前评估其吉凶所在,以求有备无患。

一、星占

迄今为止，人类对天文的观测经历了三个阶段性发展。一是源于轴心时代的以肉眼和地心说为基础的观测，具体代表成果以生活在北半球的中国的 283 星官说、古希腊和阿拉伯的 48 星座说为代表。二是源于西方文艺复兴时代的以望远镜和日心说为基础的观测，它通过大航海完成了南半球星区的测量，最终成果即是 1928 年国际天文学联合会对全天划分的 88 个星座。三是源于二十世纪六十年代的以微电子、信息和航天技术等为基础的观测，它使得人类对太阳系、银河系乃至全宇宙的观测成为可能。

肉眼能看到的全天星数在 6000 颗（六等星以下）左右，据现代天文观测初步统计，仅银河系就有 1000 多亿颗恒星，银河系外还有数十亿个星系，充满着约 137 亿光年的宇宙空间。我们不能说今日已不存在发生天文灾难的可能（比如太阳风及某些流星对地球的威胁等），只不过早先许多不确定性的天文变异在今日看来已是有规律可循的现象——属于"常则不占"的范畴。传统星占学对先民生存世界的指导和道德心灵的维系无疑有着重要的影响，也对形塑我们今日的宇宙思考和道德心灵有着一定的启迪意义。

与西方以区域命名星座不同，中国传统则是在天人合一的理念指导下，为天上的可见星团设官分职，为北极天皇大帝（北极星）配设了三垣"朝廷"和二十八宿"诸侯之国"，且此三垣二十八宿可与地上相对应的朝野侯国发生变异上的"纠缠"互动。其具体对应是以三垣诸星官对应朝廷，而以二十八宿分为十二次对应地上的十二州国分野（参下页图）。

三垣之设，乃遵《周礼·冬官考工记》营国建都的"面朝后市"之法，即以北极天皇及其所乘帝车北斗七星所在为中心，与其周边星群共命为紫微垣——寝宫；在紫微垣东北指定一处星群为天市垣——"国市聚交易之所"；又在紫微垣东南指定一处星群为太微垣——"天廷"，另在黄道附近选定二十八个星团作为行星运行之"宿舍"——"藩镇"，是为天官的基本架构。其中三垣星官或名中官，三垣星官及二十八宿之外的星官则称外官。据《晋书·天文志》统计：列宿星官 28 座 166 星，三垣中官 158 座 723 星，外官 97 座 575 星，总计 283 个星官 1464 星。凡此皆为恒星之可目见者，共以构成星空天文的观测背景。在此背景上观察"日月五星"七政的运行情况，以及彗星、流星、客星（新星、超新星）等的出没情况。通过人世吉凶祸福的对应记录，就形成了中国传统的星占系统。《唐六典》卷十秘书省之太史局下云：

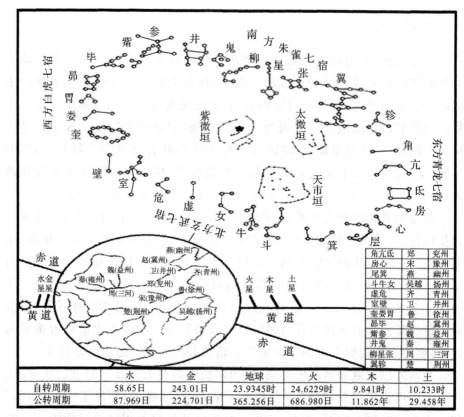

灵台郎掌观天文之变而占候之。凡二十八宿,分为十二次,……所以辨日月之躔次,正星辰之分野。凡占天文变异,日月薄蚀,五星陵犯,有石氏、甘氏、巫咸三家中外官占。凡瑞星、袄星、瑞气、袄气,有诸家杂占。凡测候晷度,则以游仪为其准。

下辑数例星占史事以见其概。

例一,《乙巳占》卷1"日蚀占第六":"夫日依常度,蚀者,月来掩之也,臣下蔽君之象。日行迟,一日行一度,一月行二十九度余;月行疾,二十七日半一周天,二十九日余而迫及日。及日之时,与日同道而在于内,映日,故蚀其象。大臣与君同道,逼迫其主,而掩其明。又为臣下蔽上之象,人君当慎防权臣内戚在左右擅威者。"故早期日蚀时要举行隆重的救日仪式,皇帝还要"诏求直言"以改政令之失,甚至要罢免权臣以应天之示警。

例二,《吕氏春秋·季夏纪·制乐》:"宋景公之时,荧惑在心,公惧,召子韦而问焉,曰:'荧惑在心,何也?'子韦曰:'荧惑者,天罚也;心者,宋之分野也；祸当于君。'"此次因宋景公之仁心而得以逢火星荧惑视运动逆行躲避，遂而平安无事。

例三，《后汉书·王莽传》载地皇四年（23年）："秋，太白流入太微，烛地如月光。"该年十月三日，王莽在渐台被杀，"新"朝结束。按太白于星占皆主兵革杀戮，而太微垣为天子寝宫之象，故"史传事验"颇以此为星占的经典故事之一。

例四，《春秋·文公十四年（前613年）》载"秋七月，有星孛入于北斗"，《左传》引周内史叔服语云："不出七年，宋、齐、晋之君，皆将死乱。"按此为世界最早的哈雷彗星（每76年出现一次）记录。所谓彗星、孛星，是根据其形状而加以区分的，《乙巳占》卷八"彗孛占第四十七"云："长星，状如帚；孛星圆，状如粉絮孛孛然，皆逆乱凶孛之气，状虽异，为殃一也，为兵、丧、除旧布新之象。余灾不尽，为兵、丧、水旱、凶饥、暴疾。长大见久，灾深；短小见速，灾浅。彗孛所当之国受其殃。"北斗为帝车，故象征兵丧的孛星出现在那里，则表示周天子有丧亡之难（周顷王时期，王室已衰微之甚），且影响及于辅弼藩王。据春秋史料所载，三年后宋昭公被害，五年后齐懿公被害，七年后晋灵公被害。唯此记录不免有后知后觉之嫌。

二、云气

云气占在现代学科分类中盖与气象学关系最密。二十世纪中叶，随着雷达技术与卫星技术的应用，人类对环绕地球的整个大气中的声、光、电等的变化及其现象生成的监测更为深入，气象学演进作大气科学，是为一级学科地球科学下面的二级学科气象学。大气科学根据地表不同高度的大气特点，把广义的大气层析为五个层面（参下页图）。

唯大气科学所观测的主要内容如风、云、雨、雪、霜、露、虹、晕、电、雷等大气物理现象，多发生在对流层，此间的大气受地球自身旋转、昼夜交替及地表山水平原分布、纬度差异和人类活动等多种因素影响，呈现出纷繁复杂的运动表象。因为大气存在于土壤、沙石、植物、动物直至地表以上数千千米内，故以今日的学理视角考察，传统的云气占可以从发生学的角度把"气象"分为五个细目：由天、地、人及物之实体所生发的气象，以及四者间相互交合而形成的气象。下文略引数例以示其意。

例一，天体"云气"。《乙巳占》卷4"星官占第二十三"云："夫五星者，昊天上帝之五使，禀神受命，各司下土，虽幽潜深远，罔不知悉。故或有福德佑

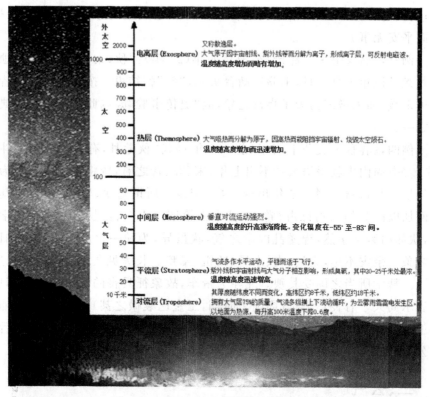

外太空
2000
1000
电离层 (Exosphere) 又称散逸层。
大气原子因宇宙射线、紫外线等而分解为离子，形成离子层，可反射电磁波。
温度随高度增加而略有增加。
900
800
700
太空
600
500
400 热层 (Thermosphere) 大气吸热而分解为原子，因高热而能阻挡宇宙辐射、烧毁太空陨石。
温度随高度增加而迅速增加。
300
200
100
90
80
大气层
70 中间层 (Mesosphere) 垂直对流运动强烈。
60 **温度随高度的升高逐渐降低，变化幅度在-55°至-83°间。**
50
40
30 气流多作水平运动，平稳而适于飞行。
平流层 (Stratosphere) 紫外线和宇宙射线与大气分子相互影响，形成臭氧，其中20-25千米处最浓。
20 **温度随高度迅速增高。**
10千米 其厚度随纬度不同而变化，高纬区约8千米，低纬区约18千米。
对流层 (Troposphere) 拥有大气层75%的质量，气流多纵横上下流动循环，为云雾雨雷雷电发生区。
以地面为热源，每升高100米温度下降0.6度。

助，或有祸罚威刑，或顺轨而守常，或错乱以显异，芒角变动，光色盛衰，居留干犯，句已掩灭。所以告示者，盖非一途矣。"此虽论星占，然其中"芒角变动，光色盛衰"句固非星体自身所能生发，而是云气折射星体之光影所致，故今归入云气占中。是与《田家五行》卷中天文类论日所引谚语"月晕主风，日晕则雨"同，其晕亦非日月所自生，而是云层中冰晶折射光线形成的视觉印象。

例二，地气物气。《史记·天官书》："故北夷之气如群畜穹闾，南夷之气类舟船幡旗。大水处、败军场、破国之虚、下有积钱金宝之上，皆有气，不可不察。海旁蜄气象楼台，广野气成宫阙然，云气各象其山川人民所聚积。"此段兼地气与物气而言之。《乙巳占》卷9"九土异气象占第六十四"亦有专论区域地气之异占。又如《晋书·张华传》载扬州分野之星"斗牛之间常有紫气"，乃豫章丰城地下之龙泉、太阿二剑气映射所致，斯盖物气之特尤者一例。

例三，人体之气。《史记·高祖本纪》："秦始皇帝常曰'东南有天子气'，于是因东游以厌之。高祖即自疑，亡匿，隐于芒砀山泽岩石之间。吕后与人俱求,常得之。高祖怪问之。吕后曰:'季所居上常有云气,故从往,常得季。'高祖心喜。沛中子弟或闻之,多欲附者矣。"按此"天子气"盖即因人而成者。《开元占经》卷 94"云气杂占"载帝王气数种,其一云:"天子气,内赤外黄,正四方,郁郁葱葱,所发之处,当有王者。"至于《乙巳占》中所载其他类型之将军气、军胜气、军败气、城胜气、屠城气、伏兵气、暴兵气、战阵气等等,皆人之所发,而兵阴阳中倚之实多。

例四,交合之气。此又可分为两类,一是人所感应之气,如《乙巳占》卷 1"日月旁气占第五"云:"夫气者,万物之象,日月光明照之使见。是故天地之性,人最为贵,其所应感亦大矣。人有忧乐喜怒诚诈之心,则气随心而见。日月照之以形其象,或运数当有斯气,感召人事与之相应,理若循环矣。"其占法亦多以云气在天星背景中的示现以及特殊云象立说,如《乙巳占》卷 8"气候占第五十一""云占第五十二"及卷九"图谋气象占第六十二""吉凶气象占第六十三""云气入列宿占第六十五""云气入中外官占第六十六""云气入外官占第六十七"所载。二是天地之云气交感,如《史记·天官书》"权,轩辕。轩辕,黄龙体"张守节正义:"阴阳交感,激为雷电,和为雨,怒为风,乱为雾,凝为霜,散为露,聚为云气,立为虹蜺,离为背璚,分为抱珥。二十四变,皆轩辕主之。"

例五,候风之占。风作为促成云气流动的能量,乃因热力及地球旋转、洋流潮汐、地形地貌等多种因素促成而生,除了推动云气流动而形成可见的气象外,亦多以一种可感而不可见的力量存在,所谓风占,则专指后一种现象而言。《灵台秘苑》卷 5"序略"云:"夫风者,所以鼓动万物焉。天之号令,在卦为巽,五行为木,二十八宿属箕。祥风应则和悦,咎风应则惨恶。吉凶之占,皆可以占。前世风角自为一家,有二说:先儒以风从四方、四方隅来,故谓之角;世传以巽为风,于五行在木,在八音为角。学者宜参之。"具体言之,"凡候风,必辨之于日辰、八卦、四维、刑德、音声、六情之列,发止、来向、回后、方所、时刻之殊,早晚、迟速、上下、高卑之异。"按风占虽与星占、云气占为传统星占书鼎足而立的三个组成部分,但因与云气为伴生关系,今则附于云气占中述之。

三、星命

星命特指中古时期由西方随佛教而传入中国的占星术(horoscope astrology),它不属于中国传统的星占书内容,然其因主体出生时区的基本星象为依据来推演个体的行年命运,实亦合于本象卜的基本范畴。

古巴比伦人将黄道两侧各八度以内的部分命作黄道带,分为十二部分,称为黄道十二宫(zodiac),十二宫从白羊宫(当时春分点所在)开始,太阳每月东移一宫,一年周旋 360 度,形成于迦勒底(Kasdim,前 626—前 538)时期的星占学即以此为基础而完成。此星占学后经希腊传入印度和中亚,并在六世纪左右随佛教传入中国。在厉行禁天文诸术的时代,此不关军国只占个人命运的"星占学"遂得以大行于民间。唯在其传播过程中,亦经由了受容地的改造,如印度于七曜之上又增加罗睺(白道升交点)、计都(白道降交点)为九曜(其传入中国后二曜的含义又发生了反转),在中国至五代时期,又增加月孛(月球远地点)、紫气(月球近地点)为十一曜,其后增的四曜皆为虚星,非实有星辰,故又统称为"暗曜""四余"。下据《七曜攘灾决》所附十二宫图(有改动)略加说明:

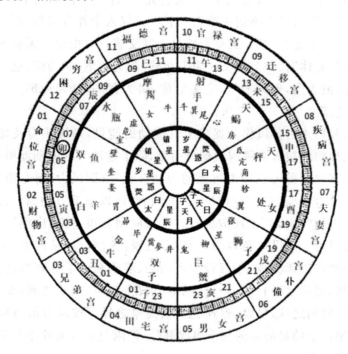

此图盖参仿栻盘绘制,以中间二条粗圆线分为三层,由内至外约相当于传统所谓的人盘、天盘、地盘。地道右行(顺时针),以十二支表示出生时辰,不动;天道左行(逆时针),以十二宿宫(相当于今之星座)表示。当占算之时,即以个人的出生宿宫旋转加于出生时辰上,此时地盘卯位(中原所在的北纬三四十度,以卯时为日出点)所对应的宿宫即是"命位"(相当于今日占星盘所谓的第一宫位)所在,然后即以命位为第一宫,逆布十二宫。至于人盘之七政四余,又各以其周天之数的"立成诀"之类的推算表查布于所在宫位,然后以各自的吉凶象征推算个人的流年及命运。

唐代杜牧(803—约852)《自撰墓志铭》云:"予生于角,星昴、毕于角为第八宫,曰病厄宫,亦曰八杀宫,土星在焉,火星继木。"此所谓之"角"(天秤座)即是旋其出生宿宫(假设为射手座)加于出生时辰(假设为半夜1—3点的丑时)所在的地盘后,地盘卯所对应的宫位,是为命位宫(亦简称命宫)所在,杜氏所谓的"病厄宫"即相当于上图中的"疾病宫"。

今存的星命著作盖以明代万育吾所著《星学大成》以及金山人编辑的《星平会海》和托名张果所著的《果老星宗》为代表,然其中已颇杂五行、四柱等术法。至于见载于明万历年间所修《续道藏》的《紫微斗数》,则又因紫微星垣及北斗、南极星曜为说,且多杂虚星以张其势,难副"本象"之理,乃"星命"仿拟之作,与拟《易》诸术同科,略之可也。

四、余论:占候的礼术功能

《史记·天官书》云:

> 日变修德,月变省刑,星变结和。凡天变,过度乃占。国君强大有德者昌,弱小饰诈者亡。太上修德,其次修政,其次修救,其次修禳,正(王)下无之。

此盖以日月星辰之守度乃天行之常,人可无与焉,然其如有失度,则恐或致人间秩序失常,因此作为人间秩序的维护者——君王就要修德、省刑、结和,借以引起终极关怀式的反省,从而沟通天人,参与造化,度过失序之时。这一反省改革过程往往也会通过一定的仪式加以展开,如《周礼》载有救日之弓、救月之矢,《礼记·昏义》载有"日食则天子素服而修六官之职,荡天下之阳事;月食则后素服而修六宫之职,荡天下之阴事",宋代理学家张载以此为"仁术",非"不知无益于救"也(《张子语录》)。也就是说,这些仪式本身实是一种道德自省的提撕,"天道神教,福善祸淫"(《乙巳占》序),是与因祭祀而按时获得终极关怀的意义略同。至于云气、风角之占,因其切近社会生活(包括农业、军旅),故对国家与百姓礼义秩序的选择与影响亦不容小觑。《礼记·礼运》载孔子语云:"夫礼,先王以承天之道,以治人之情,故失之者死,得之者生。"占候正是"先王以承天之道"的具体路径之一。

中国传统占候术之主体占星部分用的是星官之法,故其结果与普通百姓关系不大,而统治者为防百姓中有不安现状者欲与星官建立联系,故历代皆禁民间私习天文。至于占候术中的云气部分,因与农事和兵事关系密切,故处于禁习的两难边界。唯星命之学因与国政关系不大而得以渐行民间(其礼术意义参后本数占之"禄命法"),并与明中叶后的西方天学知识一起带动了天文弛禁,清后民间私习稍增,然亦规定:"习天文之人,若妄言祸福,煽惑人民者,照律治罪。"(大清律例》卷十七)

(原载《国学茶座》第 18 期,山东人民出版社 2018 年)

数术文化浅谈(五):本象卜之地理法

　　唐代孔颖达在疏论《周易·系辞上》的"天文""地理"之义时说:"天有悬象而成文章,故称文也;地有山川原隰,各有条理,故称理也。"认知自然的山川原隰,并在其间选择和规画^①营建人类赖以生存的文化空间,当即传统地理法的基本内容。施之于现代学科分类,认知、选择盖可属于自然地理学和人文地理学的范畴,而规画营建似当归于城乡规画与建筑设计领域。《汉书·艺文志》数术略云:

> 　　形法者,大举九州之势,以立城郭室舍;形人及六畜骨法之度数、器物之形容,以求其声气贵贱、吉凶,犹律有长短,而各征其声,非有鬼神,数自然也。然形与气相首尾,亦有有其形而无其气,有其气而无其形,此精微之独异也。

　　此中之"形"的对象包括地、人及物三种,分属于数术分类中的地理法、人文法和物理法三门。其论地理法中的"势"即指出于自然的山川原隰,而"九州"则出于人为的规画,乃"唯王建国,辨方正位,体国经野"(《周礼》)的结果,是为正史地理志的内容,唯其如何规摹"九州"与"立城郭宫室",才是数术中可与天文、人文、物理相并论的地理法之主要内容,唐以后公私目录所载以及传世的地理文献,皆当如是观之。盖"举"者,选择、谋画之义,"举九州之势"即是在天下九州的自然形势中选择谋画适合人类生存的物理空间,进而在此物理空间中进行人文规画和营建,以"立城郭室舍"。具体言之,则前者后世多延用"形法"一词称之,而后者则渐有"图宅术"之专称,或径以"图宅术"中的主要理论依据"堪舆"名之,唐宋近世转型以后,则多以"风水"一词来概论此种意义上的地理法。

---

　　① "规画"为古典文献用词,本文叙述早期文献中的营建理念,故用字从古。

一、形法——相宅的选择与规画

形法既以"立城郭室舍"为目的,则其选择过程就略可分为两个层次,首先是对自然地理的认知和了解,以选择出可"立城郭室舍"的物理空间,其后再对此物理空间进行人文规画,唯此又有多层展开,其最要者盖可分为三个层次,即关乎天下的区域划分、关乎区域的都邑与宅兆选址及关乎人本的宅兆规画和营建。其中前二者在《汉书·艺文志》数术略形法类中皆有专书涉及。

汉志中关乎区域划分的专书为"《山海经》十三篇",刘歆《上山海经表》云:"《山海经》者,出于唐、虞之际,……内别五方之山,外分八方之海,纪其珍宝奇物,异方之所生,水土草木禽兽昆虫麟凤之所止,祯祥之所隐,及四海之外,绝域之国,殊类之人。禹别九州,任土作贡,而益等类物善恶,著《山海经》。"故其书六朝以后虽被视为志怪小说之作,然早期则被视为具有规画天下意义的形法著作。《周礼·地官司徒》所载大司徒之职云:"以天下土地之图,周知九州之地域广轮之数,辨其山林、川泽、丘陵、坟衍、原隰之名物;而辨其邦国都鄙之数,制其畿疆而沟封之,设其社稷之壝而树之田主。""以土宜之法,辨十有二土之名物,以相民宅而知其利害,以阜人民,以蕃鸟兽,以毓草木,以任土事。"此九州、十二土云云,亦可视为《山海经》五山、八海之演绎和发展,而其如此划分的地理依据,固当有着关乎天地星野、四海八方等的宇宙论思考。后世正史地理志所及,亦仅为区域划分之更进一步的权变与细化而已。

至于都邑与宅兆选址,汉志中有一部专书涉及,即"《宫宅地形》二十卷"。其书已早佚,然循名责实,疑盖讨论如何在自然形势中选择可用于"立城郭室舍"的物理空间。成书于北宋时期的《地理新书》,其卷一"城邑地形"中辑述早期都城选址活动云:

> 《国语》周大史伯阳父曰:"国必依山川。"韦昭传曰:"谓依其精气利泽也。"是以古者王侯将营都邑,必先度可居之地,以审其吉凶,故豳公将居豳也,其诗曰:"笃公刘,于胥斯原。""陟则在巘,复降在原。""逝彼百泉,瞻彼溥原。乃陟南冈,乃觏于京。"

据《尚书·召诰》《洛诰》载周公经营洛邑的过程,即由少保先行相宅,然后周公亲临卜宅,以决其选,然后择日奠基以营建城郭宫室。盖彼时相宅当有数处之选,然后因卜以用其一。据《诗经·大雅·公刘》所载,此相宅之选当有"溥原""百泉"、冈巘的配合。后世有关形法选择之意颇有整合配入具名宅葬书中者,如前引《地理新书》所载之"城邑地形",又如《黄帝宅经》载地典回答黄帝"凡人宅居,何者大吉"时说,当具备"左青龙,右白虎,前朱雀,后玄武"的格局,具体言之:

> 左有南流水为青龙,右有南行大道为白虎,前有污池为朱雀,后有丘陵为玄武。[①]

此四象格局又被后世誉为形法选址的理想景观。盖相宅之对象虽有都邑与民居的小大之别,然其追求所居的"原衍"周围当有山水丘池相匹配的理念则是一致的。

汉志中还有一部讨论都城规画的《国朝》一书,也已早佚,揣其名义当与国都营建有关[②]。前《地理新书》所引《公刘》诗后文所及的"既溥既长。既景乃冈,相其阴阳,观其流泉",描述的正是早期都城规画前实地勘测的典型案例。在已选择的广袤空间中,以日晷定方位,又登上南面的朝山山冈以确定此都城空间的中轴线,明分阴阳(左右)区域,又要协调此都城与附近河流间的关系,以兼有水利之便。经过形势勘测后,进而在此形势环绕的空间中规画都城的功能分区,此《周礼·冬官考工记》有云:

> 匠人营国。方九里,旁三门。国中九经九纬,经涂九轨。左祖右社,面朝后市,市朝一夫。……九分其国,以为九分,九卿治之。

形法之选择与规画虽有国都、城邑、村落与民宅的小大之别,但其基本理念和程序都是一致的。

二、堪舆——图宅的造作与协调

形法选择的物理空间虽可以经验和感觉为主来作出判断,但"立城郭室舍"的人文规画和宅兆设计却需要有一个理法依据,此盖即"堪舆"术之所由起。考"堪舆"一词盖初见于《淮南子·天文训》:

> 太阴所居辰为厌日,厌日不可以举百事,堪舆徐行,雄以音知雌,故

---

① 敦煌本:《诸杂推五姓阴阳等宅图经》一,载拙著《敦煌本堪舆文书研究》,中华书局 2013 年版,第 258 页。

② 参辛德勇:《由国朝到宫室再到里坊:论〈两京新记〉在中国古代城市文献编述史上的意义》,《困学书城》,三联书店 2009 年。

为奇辰。

数从甲子始,子母相求,所合之处为合,十日十二辰,周六十日,凡八合。合于岁前则死亡,合于岁后则无殃。

甲戌,燕也;乙酉,齐也;丙午,越也;丁巳,楚也;庚申,秦也;辛卯,戌也;壬子,代也;癸亥,胡也;戊戌、己亥,韩也;己酉、己卯,魏也;戊午、戊子八合,天下也。

太阴、小岁、星、日、辰五神皆合,其日有云气风雨,国君当之。

或辑许慎注云:"堪,天道也;舆,地道也。"盖"堪舆"所指与自然存在意义上的"天地"不尽相同,而是通过整合时空变化中的天地要素("神")的配合关系,为人的自我生存活动提供时空选择上的宇宙论依据。从上文末段可知,其主要要素有五,即太阴,又称天一、青龙、太岁(与岁星有雌雄之分);小岁,即斗杓一年内阗转所指的变化,代表月份变化;星,为太阳一年所历之二十八宿,与时间、分野有关;日、辰则分别为十干、十二支所表达的时间标度(干为雄,支为雌)。其具体运作方式虽或可以表推,但更可能是以一种类似天地盘的模型推算,此模型疑即传统六壬栻的早期形态。《汉书·艺文志》"五行类"收有《堪舆金匮》十四卷,当是专论此术之作。

按《汉书·艺文志》"五行类"载有"泰一""羡门""天一""堪舆"诸栻法,依数术文献传承之例,知泰一即太乙栻,羡门疑或与后出之奇门遁甲栻有关。而天一作为堪舆之主神,疑"天一"栻即堪舆栻之异称,六朝后易名为六壬栻,南朝萧梁时已有六壬书名(《隋书·经籍志》"梁有《六壬式经》三卷,亡"),则出土发现的六件汉代六壬栻①,其在汉晋之际当即以"堪舆"及"天一"之名流行于世。李零先生认为:"择日和历忌是从式法派生。"②故《史记·日者列传》有用堪舆择婚期之说,然其模拟天地运转的结果固不限于时间的选择。还包括空间的配合与方位选择,此于宅葬营造中的时空与位序安排方面颇有应用,如现存唐代有关宅葬文献中黄黑道、月建法、刑德方等,故三国时代的孟康注扬雄《甘泉赋》"属堪舆以壁垒兮"云:"堪舆,神名,造《图宅书》者。"

"图宅"一词盖流行于汉魏六朝之际,若王充《论衡》、嵇康《释难宅无吉凶摄生论》以及《晋书》等。观诸书所载文献的片言只语,其法当即在宅墓营

---

① 参李零:《中国方术考》第二章"式与中国古代的宇宙模式",东方出版社 2000 年版。

② 同上,第 43 页。

造时,以一种理想的时空模型加以比对和安排,如有缺欠,则别加人工补足(如后世风水术中消砂纳水、补偏救弊之所为),至于其理想的时空模型之所从出,盖即以堪舆为代表的天地之道的演绎所得。六朝以后,作为试法专名的"堪舆"虽让位于"六壬",但在宅葬营造法术中,堪舆的有关概念仍承用未替。而图宅也因术法的丰富而析脉分科,分散为更能具体揭示对象的宅书、葬书、地理诸目。

从十九世纪末发现的以唐五代时期为主的敦煌宅葬文献看,除形法类文献外,其宅法文献的类型主要有阴阳宅法、五姓宅法、三元宅法(玄女宅法同)、八卦宅法。内含堪舆阴阳法、奇门三元法、易学八卦法。至于五姓宅法,仅是一种基于主体特征的个性选择,其具体术法仍出于前几种法象时空的宇宙论学理。葬书文献之法与宅法略同,唯以其处理的对象小于宅宇,故在理论致用上更为简约,且为配合丧礼的仪式展开,大大增加了时间选择和行为禁忌的内容。

五代以后,随着磁针技术的应用和发展,一种专用于宅葬空间选择的拟试工具——罗经(或称罗盘)得以出现。右图所附为 1985 年在江西出土的南宋时期墓葬中的张仙人俑,其手中所持即为罗经模型。虽未能检得此类罗经或有堪舆之别名,然其与试盘必有承袭关系。清代王道亨《罗经透解》自序云:

张仙人俑

南宋庆元四年(1198 年)朱济南墓(江西临川县官温泉乡冀源李村)出土

> 粤稽罗经之制,轩帝创其始,周公遵其法,指南针方位分定,然先天只有十二支神,汉张良配以八干四维,罗列于内,名为地盘,杨赖二公又加中、外两层,号曰天盘、人盘,合成三才,其中全度星历备细罗列,衍寓河洛五行之奥,显藏羲文八卦之奇,体精用宏,变化无穷,洞哉包罗万象,经纬天地。上可以格天运星度轮回,下可以辨山川方位吉凶,中可以定人间阴阳两宅,而万事利用之至宝也。

此中虽不乏依托之论,但其天地人三盘之结构和二十四山及周天星度的划分,当即由试盘改良而来,元以后,或借早期"堪舆"一词而用同"风水"之义,盖亦遥接图宅之旧理了。

另外,汉以后,随着个体营建的多样化需求和主体意识的提高,形法选择的地形配合与规画设计的方位取舍等或与主体的个性特征加以系联,如姓氏、生辰、祖居所在、营建时间等。而有五姓、八卦、阴阳、三元诸法蜂起,术理逾演逾密,以致过分夸大个体差异而枉顾人性所同之基本前提,遂使形法选择与规画设计之理念亦不得不与中国思想界一起经历了唐宋变革期的洗礼,而进入到了"风水"主潮的新时代。

三、风水——终极的贯通与体认

作为地理法的"风水"一词,盖出现于五代宋初之际,术界多引托名郭璞而实定型于北南宋之际的《葬书》为说①:

> 葬者,乘生气也。……经曰:"气乘风则散,界水则止。"古人聚之使不散,行之使有止,故谓之风水。风水之法,得水为上,藏风次之,经曰:"外气横形,内气止生。"盖言此也。

中国传统宇宙论认为,"形而上者谓之道,形而下者谓之器"(《周易·系辞上》)。器包括人们赖以生存的自然事物与人造事物,而道则是生成此两种事物的本源,亦称"本体"或"神"。"气"是道体生成事物之初的基本元素,这些基本元素在时空中激荡变化,遂形成了纷纭复杂的表象世界。五代之际,人们拈出能够推动"气"之聚散变化的动因——"风水"二要素,作为地理法中的核心概念。通过观察和调整影响此动因的结构组配,来抉择某处的地理空间是否有足够的"生气"以裨益居者的成长需求。

既以"生气"的选择与维护为标志,则形法之运用、理法之探索固当以此为鹄的加以转型。但也正因此标志性诉求而导致术者颇糅传统形法的自然选择(或称峦头)与图宅的规画设计(或称"理气")为一体,乃至相关文献所论的"峦头""理气"之辨实当为一种假想的"伪辨",如以"江西之法"为峦头代表,而以"福建之法"为理气代表②。循至于今,则前者多以"三合派"名之,

① 参余格格:《郭璞〈葬书〉伪书考》,《浙江学刊》2016 年第 5 期。
② 明初浙江义乌人王祎云:"后世之为其术者分为二宗:一曰宗庙之法,始于闽中,其源甚远,至宋王伋乃大行。其为说主于星卦,阳山阳向,阴山阴向,不相乖错,纯取五星八卦以定生尅之理。其学浙间传之,而今用之者甚鲜。一曰江西之法,肇于赣人杨筠松、曾文辿,及赖大有、谢世南辈尤精其学。其为说主于形势,原其所起,即其所止,以定位向,专注龙穴砂水之相配,而它拘忌,在所不论。其学盛行于今,大江以南,无不遵之者。"《王忠文公集》卷20《丛录》,《北京图书馆古籍珍本丛刊》第 98 册,书目文献出版社,第 366 页。

而后者多以"玄空派"称之,其实二者皆融形理之法以论形法选择与理法规画设计。故清代张心言《地理辨正疏·形理总论》特为指出:"不知峦头者,不可与言理气;不知理气者,不可与言峦头。"至清代赵玉材《地理五诀》特揭地理之道的"三纲五常"说,盖可为唐宋近世转型以来形法选择要素的一个代表性表达:

> 三纲:一曰气脉为富贵贫贱之纲,二曰明堂为砂水美恶之纲,三曰水口为生旺死绝之纲。
>
> 五常:一曰龙,龙要真;二曰穴,穴要的;三曰砂,砂要秀;四曰水,水要抱;五曰向,向要吉。

这里的"向"其实有两个层次的意义,一是早期"既景乃冈"的"既景"层次,即明其南北四向之位;二是"相其阴阳"层次,即结合主体需求和山水形势而定位图宅取向,并对山水环境之不足加以补偏救弊(消砂纳水)。前一层次的"向"与前述龙穴砂水并为传统形法范畴。至于或有"喝形"(如虾须蟹眼、卧牛翔凤、仙人舞袖、九龙入海等)之论,亦仅为即景取象以便居者的理解记忆和心灵投射而已,乃宅葬环境意义赋予的一种方便做法,非别有更多的学理意义。

至于第二层次的取向,则属于传统的宅葬规画设计范畴,故也兼括最后的补偏救弊(消砂纳水),是为风水理论诸家流派的特征所在。要之如今影响最巨的三合法,其兼山五行之理的渊源盖出于六壬栻法,而玄空之九星飞宫,固与遁甲栻法有着不可分割的关系。至于建筑空间的布局与建筑小品的营造,除了自然环境的调适和使用功能的考虑外,其设计理念的主要依据亦多取法于拟数占的数理宇宙论和拟象卜之结构宇宙观,由此以营造一个符合天地人相参的个体、群体乃至天神、地祇、人鬼的宜居空间。

四、余论:传统地理法的礼术功能

金朝毕履道在《图解校正地理新书序》中云:"宅葬者,养生送死之大事也。"清代蒋平阶于《地理辨正》自序中申云:

> 通三才之道曰儒,故天官、地理,皆学士家穷理之本业;而象纬之学,正三统、测灾祥,属有国家者之事。独地理为养生送死生民日用所急,孝子慈孙尤不可以不谨,宋儒朱、蔡诸贤间有发明,见于性理书中者班班可考。

与礼术的其他诸法相比，地理法之功用主要集中在为人们的存在空间提供选择依据，此不仅包括个体乃至群体生存的居住、工作及公共空间选择和营建，亦包括对传统生命理解与终极关怀中的神圣空间与幽冥空间的选择和营建。时至今日，风水作为一种礼术，在民间卜居择葬中仍占有重要的地位，人类学家庄孔韶先生甚至把风水师看作是"最后的乡村儒家"，并以其所做的田野调研为例云：

> 在黄村山谷，每当新屋落成的宴会上，总要把风水先生、木匠和泥瓦匠待若上宾，在座次上风水先生居中央，这是象征在他的领导下，为一个新家庭命卦确定住宅方向，整合天地人和谐的空间。人们完成了天时（吉日）、地利（好风水）、人和（欢聚一堂）的伟大的文化综合，人们由此获得的天地人象征符号的感应（有风水先生操演），履行天地人社会之和谐的宇宙认知观念，正是人生的目的。①

此虽以阳宅为说，然风水文化之理皆二宅兼通，而生民对阴宅的重视多较阳宅为甚。若《孝经》丧亲章即有"卜其宅兆而安厝之，为之宗庙以鬼享之"之论，孟子更以为"养生者不足以当大事，惟送死可以当大事"（孟子·离娄下》）。盖与生宅相比，死墓关乎终极归宿，最能激发生者的生气感应而成就其通天地人的生命境界吧。

（原载《国学茶座》第 19 期，山东人民出版社 2018 年）

---

① 庄孔韶：《"金翼"黄村山谷的风水实践》，《民俗研究》1999 年第 4 期。

数术文化浅谈(六):本象卜之人文法

《孟子·离娄下》云:"人之所以异于禽兽者几希。"《周易》贲卦象辞用"文明以止"来界定"人文",以与"刚柔交错"的"天文"相对,后世或又解作"人理之伦序"(宋程颐《周易程氏》卷二),即人类群体的文明教化。唯数术人文法所面对的是个体的文理,盖可谓狭义的人文概念,其专论当以《汉书·艺文志》数术略所载"《相人》二十四卷"为最早的代表,惜其书早佚,幸数术略小序中还存有一些线索:

> 形法者,大举九州之势,以立城郭室舍;形人及六畜骨法之度数、器物之形容,以求其声气贵贱、吉凶,犹律有长短,而各征其声,非有鬼神,数自然也。然形与气相首尾,亦有有其形而无其气,有其气而无其形,此精微之独异也。

此"骨法"乃兼形体而言,为生命之"表候"(《论衡·骨相》),与它相首尾的"气"则为生命的精神范畴,故较形体更加"精微"难辨。《论语·为政》载孔子语云:

> 视其所以,观其所由,察其所安。人焉廋哉! 人焉廋哉!

这里的"所以""所由""所安"分别指作为个体存在的形貌呈现、个体成长的本体提示和生命诉求的心智选择。荀子略以形、心、术当之(《荀子·非相》)、王符则以骨法、气色、德行当之(《潜夫论·相列》),赵蕤以骨法、容色、决断当之(《长短经·察相》)。此亦与传统生命理解中的形体、精神、心智参合为用之理一致,盖"天命之谓性"(《中庸》)的"性体"(种子仁)成就了一个得"五行之秀气"(《礼记·礼运》)的人,其形体即是人文法中的禄相表征;

"性体"亦称"精神",乃生成万物之后仍寓于万物之中的本体①,因形体之成长遭遇而呈现形态会有不同的变化;心智则是主体在整合"知以藏往"(《周易·系辞上》)后的选择与决断,如果它不干预或遮染自我性体的文理,就可以成全其形体存在的天命。后世相书所论,虽或各有侧重,要之皆未出此三分之目。较之于今日的学科分类,盖"所以"之形貌呈现研究多与生理学(physiology)、西医学(iatrology)相关,"所由"之行止活动研究多与生命学(life sciences)、中医学相关,而"所安"之心志诉求则多与心理学(psychology)、哲学相关。

一、视其所以——体相

朱熹曾指出:"天之所命,固是均一,到气禀处便有不齐。看其禀得来如何。禀得厚,道理也备。……如禀得气清明者,这道理只在里面;禀得昏浊者,这道理也只在里面,只被昏浊遮蔽了。譬之水,清底里面纤毫皆见,浑底便见不得。"(《朱子语类》卷四)形体正是生命"气禀"完成后的物化呈现,故此物化形态在理论上也应该呈现出其禀赋清浊的相关特征。所谓"得其偏者,形骨必浊;禀其粹者,神气必全"(《月波洞中记》"灵岳"),"察其人则观其形,观其形则知其性"(《太清神鉴》序)。成书于明代的相学集大成之作《神相全编》卷一"相说"云:

> 大凡观人之相貌,先观骨格,次看五行。
> 量三停之长短,察面部之盈亏;观眉目之清秀,看神气之荣枯;取手足之厚薄,观须发之疏浊;量身材之长短,取五官之有成;看六府之有就,取五岳之归朝;看仓库之丰满。观阴阳之盛衰,看威仪之有无,辨形容之敦厚,观气色之喜滞,看体肤之细腻。观头之方员,顶之平塌,骨之贵贱,骨肉之粗疏。气之短促,声之响亮。心田之好歹。俱依部位流年而推,骨格形局而断。

"骨格"即源于《汉志》以来诸家所谓之骨法体相,由此而作理论升华则有"五行""十相"(《玉管照神局》卷中)等形局类型。唯上段文字兼论相术三目,且序次稍乱(其中阴阳、神气、气色、气、声属"气相",威仪、心田属"心

① 析言之,精魄乃本体之固存于形体诸部分者,以"气"的形态呈现于外,如五脏六腑、血液细胞以至骨肉发肤等的功能;神魂乃本体之能动于形体中的自在形态,以"力"的形态呈现于外,若《庄子·天下篇》中"鸡三足"的"神足"。

相"),若依体相的纵横结构推衍,可表解如下:

		骨肉形容	度数	肤	毛	色	痣	纹
体相	全	肥瘦长短、厚薄粗细	三停(头干肢)	粗细润燥	粗细疏浊	五色		
	头	方圆、平塌、盈亏、疏浊	与干肢比例					
	身	背腹(三甲、三壬)	与头肢比例					
	肢	粗细长短	与头干比例					
	手足	胖瘦、厚薄	与身体比例	筋脉				

就骨法之度数而言,其大者盖有《月波洞中记》所载九骨之说,此颇为后世相书承用:

> 东西两岳高成为颧骨,势入天仓为驿马,耳齐为将军骨,左眉上隐隐而起者名曰日角骨,右眉上隐隐而起者名曰月角骨,绕眼圆起者名龙宫骨,鼻上一骨起者至脑名曰伏犀骨,耳两畔沟脑骨高者名曰巨鳌骨,两眉毛入边地稍高似角者名龙角骨,亦名辅角骨。

此九骨若有突显,皆为贵相。又在整个体相中,因为面与手更易于观察,乃至或有"八尺之躯不如一尺之面"(敦煌本《相书》)的说法。前引《神相全编》中的五官六府、五岳仓库诸说,亦皆因面而言,盖五官六府因五行为用,而与中医脏腑说相通;五岳仓库(或取四渎)乃至八卦九州之说,固与地理形势说匹配;另有九星十一曜、十二星宫之分,则又取诸天文星命之法,相书文献中多有图解,今拟录四图(九骨、五岳仓库、五官六府、十二星宫)示之:

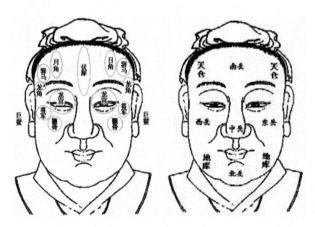

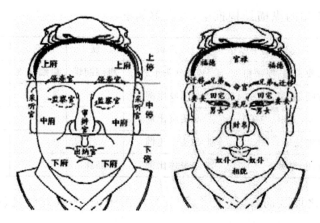

凡此"度数"之所从出多与宇宙结构论、生成论之建模及天文法、地理法中的本象描写相关,依"天人相副"之理而移布于人相中,以便于对个体特征差异作细节观察和描述,如某处之骨肉突陷、纹痣有无、色彩特征等等,以与现实中的个体命运加以比较和系联,大多没有特别的义理赋予。

另外,为与时间的展开相匹配,《潜夫论·相列》已有"部位为年时"之说,则以部位拟列年时之法自汉代起即已有应用了。据《神相全编》所载图例可知,其法为居中从上至下把面部析为十三部位,又各向左右延展,形成九十九个点位,分别拟定其所代表的年龄,然后据各点位的骨肉正变、肤色情况、斑纹形态等推断寿夭吉凶,是即所谓面部"部位流年"之意。

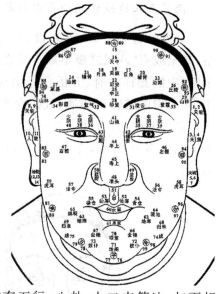

至于手相,传统虽把掌中主要线纹命作天纹(感情线)、地纹(生命线)、人纹(智慧线),但更重掌中的细微纹理象征,故所论颇为琐细。至于部位分判,亦有五行、八卦、十二支等法,与面相推法相似而稍简。此外还有一些"隐相"部位,如颈项、胸背、腰腹、乳脐、"下部"(肛、阴)等之特征,亦或引为推断参证之用。

要之体相皆以常相为正,变相为奇,奇则有吉凶之分判。如"谷也丰下,必有后于鲁国"(《左传·文公元年》叔服相公孙敖之子),"长颈鸟喙,可以共患难,不可与共乐"(《史记·越王勾践世家》范蠡论越王勾践),"有从理入

口,此饿死法也。"(《史记·绛侯周勃世家》载许负相周亚夫),"生燕颔虎颈,
飞而食肉,此万里侯相也"(《汉书·班超传》载班超相),"耳白于面,名满天
下;唇不著齿,无事得谤。"(《东坡志林》卷三载欧阳修相)等等,皆因异征为
断也。

在此基础上,进而"比类合谊",归纳出一些有代表性的形局,其最有影
响者当是"禽兽"形局(如龙形、虎形、鹤形等富贵,猪形、鼠形等贫薄)和五行
形局两种,其中后者初见于《黄帝内经·灵枢·阴阳二十五人篇》,盖细分则
有二十五种类型。此似与西方心理学之气质(temperament)类型(胆汁质、
多血质、黏液质和抑郁质)颇有殊途同归之理。且五行形局盖已成为华夏文
化的原型质素之一,起于清初而流行至今的国粹京剧之五大行当(生旦净末
丑)的界分,当亦与此有着一定的内在关联。若血型、星座、生肖以至于基因
类型之配属气质,盖所谓"得一察焉以自好"者,姑存以备数可也。

二、观其所由——气相

《汉志》谓"形与气相首尾",此"气"为个体生命中的性体呈现形态。《太
清神鉴》卷三"论气"云:"夫形者,质也。气者,用也。气所以充乎质,质所以
运乎气。"它们"周流于五脏六腑百骸毛发之间,七情出而发于皮肤之内,始
则为气,定则为色,其散如毫发,其聚如粟米,望之有形,接之无迹"(《相理衡
真》卷六"气论")。从生命的结构论之,此"气"当是性体中精魄因形质而外
显的形态。具体言之,又可分为气态、气色和气力三种形态。

气态为性体"感于物而动"(《礼记·乐记》)的初期形态,故尤精微难测。
相书参考医学"五运六气"之理,或析之为宽、和、刚、清、正五种(《麻衣神相》
卷1"论气"),或析之为青龙、朱雀、勾陈、螣蛇、白虎、玄武六种(《太清神鉴》
卷三"论气")。若吕后因刘邦头上之"云气"而每得之于匿所(《史记·高祖
本纪》),占候、兵阴阳中常说的将军气、伏兵气等等,皆为此种气相的呈现。

气色则为气态积久而沉淀于肤表的形态,与体相中表现更为稳定的肤
色不同,它可随主体内外境遇的改变而变化。也正因此,它在医学和相学两
个领域都很受重视。在相学中,气色与形局及"部位流年"相匹配,而系联其
吉凶象征(这在面相与手相中都很常用),其中特别是五官区域色彩异常与
五脏病变的联系,论者最多。另外,气态与气色皆或随时间与空间等的不同
而有所变化。"有一年之气色,春青,夏绿,秋黄,冬白是也。有一月之气色,
朔后森发,望后隐跃是也。有一日之气色,早清昼满,晚停暮静是也"。(《鉴

辨小言》"气色章")又有男女、老少乃至于地域等之不同,如"丈夫之气欲其刚毅,女子之气欲其和媚"(《太清神鉴》卷三"论气"),"地有南北之不同,南人气清稍厚,北人气厚稍清。淮人气重少响,秦人气沉少韵。人有老少之各异,老年不宜色嫩,少年不宜色枯。"(《麻衣神相》卷五"相形气色赋")。

气力在气相中的呈现虽伴有"神魂"的动能之力,但相学所因以观察的是"精魄"的强弱盛衰,而不是"神魂"的遮染善恶。《神相铁关刀》卷二"相神秘诀"云:

> 人以神为主,有神则发,无神则衰。神足则富贵福寿,神衰则夭折贫寒。神从何处见得,不徒眼中认取。合一身动作周旋,饮食起居,进退言语,视听声息中求之也。譬如坐则腰折是无神,坐如山峙是有神;立则足跛是无神,立如石蹲是有神;语则断续悲咽是无神,语如洪钟、宫商各叶是有神;默则眉锁容愁是无神,听则如聋如蠢是无神;视则昏昧不明,动则头倾身软,言不响亮,威不发扬,食则过缓过速,饮则如流如艰,不睡而鼻有声息,不语而口常呼吸,足摇手摆,睡仰行俯,此皆神不足之谓也。

此虽以"神"字泛称精神本体,但其具体所指则是形体运动中所呈现的"精魄"形态,故通常亦以"精力""魄力"等词名之。

气相之史传事验,则有叔向以单子"视下言徐"而断其"将死"(《左传·昭公十一年》),尉缭因"豺声"推秦皇"少恩而虎狼心"(《史记·秦始皇本纪》),温峤听桓温之"哭声"许为"英才降世"(《晋书·桓温传》),赵匡胤以诞时有"赤光""异香"且"体有金色"而得成太祖(《宋史·太祖本纪》),等等。

宋明之际,或即载行于血液中的"气力"而作轻清重浊之辨,以明其生命力的吉凶盛衰,其最著者如"太素脉法"所论,此亦"气相"目所当有之内容。

三、察其所安——心相

北宋张载首揭"心统性情"之理,后世学者多因之。其说以心为知觉,以性兼"天地之性"(神魂)与"气质之性"(精魄),而情则是"性体""感于物而动"的"气"。此"气"顺应"性体"而动为正,是即道德之"善";舍弃"性体"而往则有过与不及之患,是即道德之"恶",人此则不能全其"天命"矣。其顺应与舍弃的选择权则尽在心智之主宰。故《荀子·非相篇》有云:

> 故相形不如论心,论心不如择术;形不胜心,心不胜术;术正而心顺

之，则形相虽恶而心术善，无害为君子也。形相虽善而心术恶，无害为
小人也。

此"心"指未用修身工夫者的心，而"术"则是修身者所取之儒术，后世论
相者于此皆有因衍发挥。然辑其脉理，则心相之表征盖可从容姿与决断二
目推之。托名陈抟所撰的《心相篇》云："心者貌之根，审心而善恶自见。行
者心之发，观行而祸福可知。"

容姿乃对境而作，是一个人内在情欲发动的形体表达，盖兼形容表情与
行止威仪而言，今或以"人体语言"称之。敦煌出土相书即有"行步"专节，传
世相书论列尤多，如《玉管照神局》用《洪范》"视听言思貌"五事之目，以"五
事俱分明"为善征；《太清神鉴》卷四列"行部""论坐""论卧""论饮食"之节；
《神相全编》卷五有"相行论""相行篇""相坐""相卧""论食""相善""相恶"
等，皆欲于人之站立坐卧行等威仪中推其心相。与"行止威仪"伴生的视听
言息貌等"形容表情"则多散见之论，然以"忧喜见于形容"(《人伦大统赋》卷
上)，故此实为"心相"容姿中最便观察的部分。如"无忧而戚，忧必及之；无
庆而欢，乐必还之"(《长短经·察相》)；"胸中正，则眸子瞭焉；胸中不正，则
眸子眊焉。"(《孟子·离娄上》)；"眼视上，其心必高。眼视下，心有感思。眼
转动而不言，心有疑虑。眼视斜而口是心非，益己害人，言不可听。眼正视，
其人中正，无党无偏"(《神相全编》卷一"十观")。审其条目，颇与礼书所载
之"容礼"契合，斯盖儒者格物致知、"神道设教"之具体而微者欤。

决断乃临事所为，其结果虽有"悔吝""成败"之殊(《人伦大统赋》卷上)，
但却最能反映一个人的心志取向，故孔子曾引俚语云："相马以舆，相士以
居，弗可废矣。"(《孔子家语·子路初见》)刘劭乃有"五视"(居、达、富、穷、
贫)、"八观"(夺救、感变、志质、所由、爱敬、情机、所短、聪明)之论(《人物
志·效难》《人物志·八观》)，又《古观人法》论此云：

> 要之善相人者，不仅相人于举止动静之中，而每相人于形神气色之
> 外。则善观人者自不徒观人于属意矜情之际，而当观人于忽不及持之
> 时。故厘降试之，以观其诚；风雷感之，以观其度；恣之以财，以观其廉；
> 醉之以酒，以观其态，率繇是道也。

《周易·系辞下》有云："将叛者其辞惭，中心疑者其辞枝，吉人之辞寡，
躁人之辞多，诬善之人其辞游，失其守者其辞屈。"《玉管照神局》即有专设
"论言谈"一节，盖言语之组织，文章之撰作，并有主体的心志寄托，推而及于
书法的体势、器物的选择、朋友的交结等等亦然。故相刀剑、六畜、马、筮、印

诸术古亦或属于数术类中(如《汉书·艺文志》形法类即载有《相宝剑刀》《相六畜》二书);又如楚之相士对楚庄王云:"臣非能相人也,能观人之友也。观布衣也,其友皆孝悌、纯谨、畏令,如此者,其家必日益,身必日荣矣,所谓吉人也。"(《吕氏春秋·贵当》)

盖因心相有显微之别(心理学谓之意识与无意识),故诸家分类颇有异同,其大者如孔子有狂、狷、中行(《论语》)之说,传东汉郭林宗有"观人九德"(容物、乐善、好施、进人、保常、不忘、勤身、爱物、自谦)说(《玉管照神局》卷中),三国时期刘劭有十二性(强毅、柔顺、雄悍、惧慎、凌楷、辨博、弘普、狷介、休动、沉静、朴露、韬谲)说(《人物志·体别》)。宋以后遂有"性格"之论,然似皆未能在类型上达成共识。今心理类型学之探索,如大五人格(开放性、责任心、外倾性、宜人性、神经质)、九型人格(完美、全爱、成就、艺术、智慧、忠诚、活跃、领袖、和平),以及在荣格(Carl Gustav Jung)两种态度类型加四种功能类型之八分法(外倾思维型、外倾情感型、外倾直觉型、外倾感觉型、内倾思维型、内倾情感型、内倾直觉型、内倾感觉型)基础上形成的MBTI十六分法等,凡此皆与传统人文法的思考可相启发互通。且如求其该备,则传统人文法之最早类型如《黄帝内经》基于五行而分的二十五类型,实合参体相、气相、心相而成者,后世相书虽亦颇有推衍之论,然其整合类型盖仍未能超越而别为新构。

四、余论:数术人文法的礼术意义

人文法探索的终极目的无疑是想给迷茫的个体人生提供一些可行性指导。故其智愚、寿夭之推判,祸福、吉凶之预侦,贵贱、贫富之评估,皆欲为个体的人生建构一种能够自我参考和认同的模型,俾便其内省知心性有志道据德、变化气质之门径,外作知命运有"陈力就列,不能者止"(《论语·季氏》)之差异。荀子谓"相形不如论心,论心不如择术",其所谓的"心术"之正者乃是要让心通过"虚壹而静"的努力和持守,以达到解蔽成圣的自觉(《荀子·解蔽》)。王符强调"德行为三者(骨法、气色、部位)招",其目的固不限于得出一些心理类型,而是要以德行为目的以觉证道体之自然,是即《潜夫论·相列》篇末所指出者:

> 然其大要,骨法为主,气色为候。五色之见,王废有时。智者见祥,修善迎之,其有忧色,循行改尤。愚者反戾,不自省思,虽休征见相,福转为灾。於戏君子,可不敬哉!

　　《太清神鉴》卷三"论气"云："故君子以形为善恶之地，以气为骐骥之马，善御之，而得其道也。"又"论德"云："人之形美矣，苟无德则形以虚美，而天祸人损，遭之凌辱无疑也。"此在西方观人学中也颇有共识，如美国颅相学家塞缪尔（Samuel R. Wells，1820—1875）在其《观人学》前言中提到："一个人的长相决定了他的感觉，他的行为，从而决定了他这个人本身。但是人又能够指导和控制自己的思想、感情和行动，从而在一定程度上借助魅力或风度改变自己，变成人们希望的样子。你可以有节制或无节制、善良或恶毒、满怀希望或意志消沉、慷慨或自私、有信心或迟疑、虔诚或亵渎。总之，你可以自由选择想要成为的那种人，你的身体、大脑和其他特征也会随之适应这一类型，从而最终决定你的生活和所形成的性格。"[1]而心相之德行选择的结果，亦能于体相和气相有所影响，所谓"有心无相，相逐心生；有相无心，相随心灭"（《玉管照神局》卷中）。

　　当然，人文法的客观结果，亦或可为个体之择友、社会之用人提供一个理论视角和选择参考，是即刘劭所云："夫圣贤之所美，莫美乎聪明。聪明之所贵，莫贵乎知人。"（《人物志》序）

　　　　　　　　　　　（原载《国学茶座》第 20 期，山东人民出版社 2018 年）

---

　　① ［美］塞缪尔：《观人学》前言，王德伦译，中国商业出版社 2005 年版。

数术文化浅谈(七)：本象卜之物理法

本象卜中的"物理"特指万物之"文理"，它有常异之变，常则自然无碍，异则或有影响于个体的生存。《汉书·艺文志》称此为"杂占""众占"，《隋书·经籍志》以后的史志目录舍"杂占"目而并其内容于"五行"大类，遂致有关物理的"占测"泛然无所归系。

先民很早就已"纪百事之象，候善恶之征"，以"占事知来"而为之备(《汉书·艺文志》数术略杂占序)，俾能"食饮有节，起居有常，不妄作劳"(《黄帝内经·素问·上古天真论》)。析言之，独立的存在体为物，物与物交所形成的现象为事，故文献多以物兼事言，如郑玄注《礼记·大学》"格物"即云"物，犹事也"，浑言之，则物事不别。

《周易》有"枯杨生稊""视履考祥"诸征应之论，《山海经》有文鳐"见则天下大穰"、朱厌"见则大兵"等因果之例，《诗经》有"熊罴虺蛇众鱼旐旟之梦"，《春秋》《国语》所记灾异尤多，盖皆欲"举往以明来""通伦类以贯其理"(董仲舒《庙殿火灾对》)。《尚书·洪范》则析脉分科以拟其体系，而成"洪范九畴"之说。

> 初一曰五行，次二曰敬用五事，次三曰农用八政，次四曰协用五纪，次五曰建用皇极，次六曰乂用三德，次七曰明用稽疑，次八曰念用庶徵，次九曰向用五福，威用六极。

此以阴阳五行宇宙论整合物事之理，用五行气类统摄人心五事、治生八事、时空五纪、中和皇极、治民三德、疑事占卜、庶征常变、祸福教化。朱熹云："自一气而言之，则人物皆受是气而生；自精粗而言，则人得其气之正且通者，物得其气之偏且塞者。惟人得其正，故是理通而无所塞；物得其偏，故是理塞而无所知。"(《朱子语类》卷四)由此知古代"物理"实可兼天地人物四者而言，唯物象众多，故物理法仅取异象为论，且以天之过度异象已为天文法所及，故不重赘；而关乎地、人的形法虽别有专论，然其作为独立存在体的异动则仍归入此物理法中。

一、物象

《汉书·艺文志·数术略》杂占类著录图书 18 种,其中略可分为天象 5 种、体象 1 种、意象 2 种,其余 10 种可归入物象类:

> 《祯祥变怪》二十一卷。《人鬼精物六畜变怪》二十一卷。《变怪诰咎》十三卷。《执不祥劾鬼物》八卷。《请官除訞祥》十九卷。
>
> 《武禁相衣器》十四卷。《五法积贮宝藏》二十三卷。
>
> 《神农教田相土耕种》十四卷。《昭明子钓种生鱼鳖》八卷。《种树臧果相蚕》十三卷。

前五种是对一般意义上的物事异征进行占测,第六七两种是对日常的用物进行占测,后三种是对与农事有关的物事异征进行占测。隋唐以后,杂占归入五行类,不再独立设目,虽间有如宋代郑樵《通志·艺文略》中之列目,但其所收内容,亦非《汉志》杂占之以万物为对象矣。究其原因,此盖与汉代所形成的阴阳五行宇宙观有着密切的关系,所谓"天以阴阳五行化生万物,盈天地之间无非五行之妙用"(《宋史·五行志》)。述此史迹最明者盖为《隋书·五行志》:

> 《易》以八卦定吉凶,则庖牺所以称圣也。《书》以九畴论休咎,则大禹所以为明也。《春秋》以灾祥验行事,则仲尼所以垂法也。天道以星象示废兴,则甘、石所以先知也。是以祥符之兆可得而言,妖讹之占所以征验。夫神则阴阳不测,天则欲人迁善。均乎影响,殊致同归。汉时有伏生、董仲舒、京房、刘向之伦,能言灾异,顾盼六经,有足观者。刘向曰:"君道得则和气应,休征生;君道违则乖气应,咎征发。"夫天有七曜,地有五行。五事愆违则天地见异,况于日月星辰乎? 况于水火金木土乎?

《春秋》为编年体史书,其中颇记灾异之事,以为史鉴,唐代史学家刘知几谓"古之国史,闻异则书"(《史通·书志》)。知此亦非今传本《春秋》之所独作。汉儒因求"宇宙统一律法"以解之,汩其波者以《洪范五行传》为代表,其后董仲舒解《春秋》、京房解《易》、翼奉解《诗》等,影响中国文化最巨之阴阳五行宇宙论遂得以完成,顾颉刚先生称之为"中国人的思想律,是中国人对于宇宙系统的信仰"①。下辑《汉书·五行志》所载刘歆论列五行灾异类分与咎罚之对应表：

	常	木曰曲直	火曰炎上	水曰润下	金曰从革	土爰稼穑
五行	异	则木不曲直。	火不炎上。	水不润下。	金不从革。	稼穑不成。
	庶异征	田猎不宿,饮食不享,出入不节,夺民农时,及有奸谋。	弃法律,逐功臣,杀太子,以妾为妻。	简宗庙,不祷祠,废祭祀,逆天时。	好战攻,轻百姓,饰城郭,侵边境。	治宫室,饰台榭,内淫乱,犯亲戚,侮父兄。
五事	休征	(貌)恭作肃,时雨若。	(言)从作艾,时阳若。	(视)明作哲,时奥若。	(听)聪作谋,时寒若。	(思)睿作圣,时风若。
	咎征	(貌)狂,恒雨若。恶。	(言)僭,恒阳若。忧。	(视)舒,恒奥若。疾。	(听)急,恒寒若。贫。	(思)霿,恒风若。凶,短折。
	庶异征	服妖,龟孽,鸡祸,下体生上之痾,青眚青祥。金沴木。	诗妖,介虫之孽,犬祸。口舌之痾,白眚白祥。木沴金。	草妖,蠃虫之孽,羊祸,目痾,赤眚赤祥。水沴火。	鼓妖,鱼孽,时豕祸,耳痾,黑眚黑祥。火沴水。	脂夜之妖,华孽,牛祸,心腹之痾,黄眚黄祥,金木水火沴土。
皇极	建					
	不建	厥咎眊,厥罚恒阴,厥极弱。时则有射妖,时则有龙蛇之孽,时则有马祸,时则有下人伐上之痾,时则有日月乱行,星辰逆行。				

五行之征表现为"行止过度",推及于人事因素则多为主体无意识的产物；五事之征则表现为"容色不正",推及于人事则多为主体有意识的选择。其中"诗妖"略当于"谶谣",若纬书之"图谶"、后世流行的《推背图》《烧饼歌》《梅花诗》《藏头诗》等,皆可视为此类型的延伸。至于"脂夜之妖"则可理解为能汙心而致主体昏庸"不睿"的"脂液"变异。

正史"五行志"辑集有关类例甚多,其中《宋书》《南齐书》《魏书》又别增"瑞符志",以全其异征的吉凶之数,隋唐以后又从汉晋而舍"祥瑞"之数,盖或有取"君子问凶不问吉"之意,唯此"祥瑞"之符征在民间文化中的影响则是亘古今而广泛存在的。又以阴阳五行虽为一简明易行的宇宙论模型,但其施于具体庶征之咎应则或与今日之地震预测、天气预报面临同样的"误差"困境,如欧阳修即于《新唐书·五行志》中指出："若推其事应,则有合有不合,有同有不同。"故唐以后之正史"五行志"多仅记灾异而不为系联咎应,

---

① 顾颉刚:《五德终始说下的政治和历史》,《清华大学学报》1930年第1期。

盖仅欲为后世存回溯与统计之事例吧。

公私目录之"数术类"中与此物象有关的专书，盖有《灶经》《瑞应图》《地动图》《白泽图》《鸟情占》《百怪书》《占灯经》《逆刺占》《田家五行》等等，皆为今日研究灾害史、物候史、象征史、思想史等不可或缺的重要资源。

二、体象

此目特指主体感觉的身体异常，若疾痛惨怛、目眴耳鸣、意乱犹豫等等，其内容虽以主体所陈述的身体病痛感觉为主，然亦有可备专业人士辨识的"外应"，如唐代孙思邈《备急千金要方·治病略例第三》即云：

> 夫天布五行以植万类，人禀五常以为五脏，经络腑输，阴阳会通，玄冥幽微，变化难极。……夫欲视死别生，固亦难矣。此皆医之深戒，病者可不谨以察之，而自防虑也。

若医和谓晋侯之"疾不可为也"（《左传·昭公元年》），扁鹊谓"尸蹶"的虢太子"臣能生之"，（《史记·扁鹊仓公列传》），皆因体象而辨其生死，进而确定施治疗法以为验。按医学之兴，即与巫术（如医字之或体即作"毉"形）以及由巫术延伸而来的数术有着密切的关系，故孙思邈在《备急千金要方》序例中即强调医者除须习诸医学经典外，"又须妙解阴阳、禄命，诸家相法，及灼龟、五兆、《周易》、六壬，并须精熟，如此乃得为大医"。盖欲因数术诸法与生命之"体象"判断参合，以决其死生吉凶与施治方法。是知医者之术有诊、治二端，诊明病者之病理与命理，术决施治的疗法与用药，诊断（医理）为施术之前提，施术（医术）为诊断之延伸。故于诊断而言，历代医家皆重建构体象之理解模型，若五运六气之辨，三部九候之诊，经脉阴阳之别，五脏六腑之论，逐日人神所在等等，班班皆是。

《汉书·艺文志》专设方伎类，内置"医经""经方""房中""神仙"四目，后世公私目录皆因以别出"医家"类，而数术"物理法"之"体象"一目遂多阙略，其所存者唯余细事如主体感受之心惊肉跳、目眴耳鸣、眼跳喷嚏等等。如《诗经·邶风·终风》："寤言不寐，愿言则嚏。"郑玄笺："汝思我心，如是我则嚏也。今俗'人嚏云人道我'，此古之遗语也。"又《西京杂记》卷三："夫目眴得酒食，灯火花得钱财。"清代黄庭镜《目经大成》卷二："此症谓目睑不待人之开合，而自牵拽振跳也。盖足太阴、厥阴荣卫不调，不调则郁，久郁生风，久风变热而致。主以全真一气汤、十味益荣煎、艾人理血汤，不移时立住。"似早期系之于心灵感通的身体细微异动，亦渐在医学认知的进步中被括入了"微疾"范畴。

中古以后,对此类细事异常之关注的式微也反映在公私目录中。《汉书·艺文志》数术略杂占类载有"《嚏耳鸣杂占》十六卷",《隋书·经籍志》五行类亦载"《海中仙人占体腷及杂吉凶书》三卷",又附注云:"梁有《嚏书》《耳鸣书》《目睕书》各一卷,亡。"唐代犹有少许断简残编或见于敦煌出土文献,宋以后盖仅偶见于他书所载(如《玉匣记》《农家五行》等)矣。至于郑樵《通志·艺文略》杂占类所载之"《目睕书》一卷",疑为承录旧目,实非宋时新作。

三、意象

与体象专指主体身体的病痛异常相对,"意象"专指主体心事的疑虑异常,唯此异常无形可见,故需主体别择中介物象以呈现之,从而使之得到观察和吉凶系联。其常见者盖有托诸语言描述的占梦和托诸符号选择的扶乩、测字等。

清赵翼《陔余丛考》卷四十三"圆梦"云:

> 黄帝梦大风而得风后,梦人执弩驱羊得力牧,此梦兆之征于人事者。其后遂有占梦之术。

按黄帝占梦事见于晋皇甫谧《帝王世纪》,仅可视为幽渺之传说,然甲骨学家胡厚宣先生曾撰《殷人占梦考》,辑卜辞中占问梦象多种,如人物、鬼怪、天象、走兽、田猎、祭祀等,可知占梦活动在中华文明的早期就受到官方的重视。又《周礼·春官宗伯》载"大卜掌三兆、三易、三梦之法",以梦占与龟卜、易占相并论,盖因"龟卜梦兆,并是神[示]吉凶"(敦煌本《先贤周公解梦书》),《汉书·艺文志·数术略》以"《黄帝长柳占梦》十一卷、《甘德长柳占梦》二十卷"置于包括物象灾异等十八家杂占之首,且于小序中云:"众占非一,而梦为大。"

《黄帝内经》于脏气盛衰虚实之病梦有所分析,王符《潜夫论·梦列》亦对感梦、时梦和病梦有所论列。王充《论衡》虽反对当时流行的以梦为"魂行"(《纪妖》)说,但他也认为:"钻龟揲蓍,自有兆数,兆数之见,自有吉凶,而吉凶适与相逢……夫见善恶,非天应答,适与善恶相逢遇也……夫占梦与占龟同。"(《卜筮》)《隋志》载有京房《占梦书》三卷,其书虽佚,准其学术源流,疑或据阴阳五行之理"取象归类"以为释梦之法,具体言之,盖如王充《论衡·言毒》所载例云:"毒螫之生,皆同一气,发动虽异,内为一类。故人梦见火,占为口舌;梦见蝮蛇,亦口舌。火为口舌之象,口舌见于蝮蛇,同类共本,所禀一气也。"十九世纪中叶以来，奥地利心理学家弗洛伊德（Sigmund Freud）和瑞士心理学家荣格（Carl Gustav Jung）等在总结旧有梦说和临床梦象基础上，归纳出多种心理原型（archetypes），用以分析和治疗人类以及个体的精神障碍与心理创伤。中国传统丰富的占梦资源，无疑对解析中华民族乃至人类的精神历程和进行心理治疗有着重要的意义。

托诸符号选择的意象呈现，其早期形态如杯茭、花卜、草卜、鸡卜等的出现可能很早。但随着人们心理诉求的复杂化和多维化，更为丰富的形态得以出现，如设计简易模型（神龟推走失法、五鼓推走失法、天牢鬼镜图等）、组配选象范围（各种签占、神数等）。此与现代心理学中所用的一些简易测试法略同，如著名的"房树人测验"（Tree-House-Person），测试者可以从房屋及人的位置、距离、数量等信息上看出受测者与家庭的关系，以及心理疾患。比较而言，模型选象盖以扶乩最具开放性，而范围选象当以测字最具开放性。

乩卜之法的文献记载盖以东晋成书的道教上清派经典《真诰》为最早的代表，其叙录谓是魏夫人（名华存，251—334）"降授"而由弟子杨羲、许谧、许翙等人记录的作品，此较西方产生于希腊时期的"sciomancy"（箕卜）则稍为晚近。南朝宋刘敬叔《异苑》卷五载云："世有紫姑神，古来相传，云是人家妾，为大妇所嫉，每以秽事相次役，正月十五日，感激而死，故世人以其日作其形，夜于厕间或猪栏边迎之，祝曰：'子胥不在是其婿名也，曹姑亦归曹即其大妇也，小姑可出戏。'投者觉重，便是神来，奠设酒果亦觉貌辉辉有色，即跳躞不住，能占众事，卜未来蚕桑。"其法至宋代始广流行，而卜降对象亦不限于紫姑一神矣。按乩卜又称扶箕、扶乩、扶鸾、降笔、请仙等，盖各取术法之某一特点而名之，其法多由乩手虔诚祈祝请神（此为一种心里暗示意义上的神灵降临附体，对象众多，或不固定），然后默诵求卜者的问题，再用手扶一枚下悬尖笔的飞鸾（一般为木制丫形物），在平铺细沙的箕盘上书写或画图，其字画多龙飞凤舞、似是而非，故须由乩生加以记录和解读。

解字论事之法在先秦文献已有记载，如"止戈为武""反正为乏""推一合十为士"等，但此尚非数术学上的测字法。汉时有解字测时政之记载，盖可推为测字术的初起时代，如《后汉书·光武帝本纪下》："及王莽篡位，忌恶刘氏，以钱文有金刀，故改为货泉。或以货泉字文为'白水真人'。"应验刘秀在南阳郡春陵白水乡起兵复汉事。又明祝允明《志怪录》"测字"条载："往年有叩试事者，书'串'字，术者曰：'不特乡闱得隽，南宫亦应高捷，盖以寓二中字故也。'一士在旁，亦书'串'字令观，术者曰：'君不特不与宾兴，当更得疾。'

询其所以,曰:'彼以无心书,故当如字;汝以有心书,串下加心乃患字耳。'已
而皆然。"清代周亮工撰有《字触》一书,辑有数种解字游戏,亦包括测字法。
今存最早且专业的测字著作当为清代程省《测字秘牒》,其书颇引阴阳八卦
五行之法以解字,并特立测字十法以明之。

四、余论:杂占的礼术意义

《礼记·礼器》云:"礼也者,合于天时,设于地财,顺于鬼神,合于人心,
理万物者也。"盖谓天、地、人、物与本体的运动形态"鬼神"间皆处于感通有
序的生态平衡中,如果天、地、人、物之体有变异,则多因人心离经叛道所致。
清代赵翼《廿二史札记》卷二"汉儒言灾异"云:

> 上古之时,人之视天甚近。迨人事繁兴,情伪日起,遂与天日远一
> 日,此亦势之无可如何也。……战国纷争,诈力相尚,至于暴秦,天理几
> 于灭绝。汉兴,董仲舒治《公羊春秋》,始推阴阳,为儒者宗。宣、元之
> 后,刘向治《谷梁》,数其祸福,傅以《洪范》,(《五行志》序)而后天之与人
> 又渐觉亲切。观《五行志》所载,天象每一变必验一事,推既往以占将
> 来,虽其中不免附会,然亦非尽空言也。

物理重验证,故虽有附会失误,然覆例既多,自当别有更改与进步,从而
提升人们对自然万物之规律与秩序的认知,以成就其仁民爱物之心。对于
自体而言,若有不适,则调燮阴阳五行以和之,寻医问药而疗之;其或用选象
决疑之法,亦不违心理学意义上的"敬慎重正"之意。日本学者池田知久先
生于其所著《术数学》云:"如果经学是天人之学,那么作为其必然结果,就不
可能从经学内部完全排除术数的思维,经学的思维就不得不与术数性或神
秘性纠结在一起。……在经学中,术数的思维已经构成这一思想体系或理
论最本质的部分。"①此在有关物象灾异的物理法认知和建构中表现得最为
突出。

(原载《国学茶座》第 21 期,山东人民出版社 2018 年)

---

① 载[日]沟口雄三、小岛毅主编:《中国的思维世界》,孙歌等译,江苏人民出版社 2006
年版,第 123 页。

数术文化浅谈(八):本数占之历数法

　　宇宙之"品物流形"有时空两个展开向度,其中空间向度的展开是以品物的当下形态呈现的,而时间向度的展开则是以品物的历时变化呈现的。品物的当下形态呈现可因物象而得到观察,而品物的历时变化呈现则要依历数来加以了解。《汉书·艺文志》数术略之历谱序云:

　　　　历谱者,序四时之位,正分至之节,会日月五星之辰,以考寒暑杀生之实。故圣王必正历数,以定三统服色之制,又以探知五星日月之会,凶阸之患,吉隆之喜,其术皆出焉。

　　"历"本训"治",谓调治日月星辰移位、四时物候变迁等物象的动量变化规律以为用,但因规律无形可见,故别制一种人工符号——"数"来加以记录和推算。依历数而系联一些可以作为数量变化标志,特别是能对人们的生活带来影响的"凶阸之患,吉隆之喜"的物事之象,就被称为"历谱"。然从《汉志》所辑录的历谱书名看,疑多仅"序四时之位",或仅"会日月五星之辰",或仅载"序""会"之算法,未必皆契"历谱"名义之全貌,盖因受限于早期观测的计算能力和书写条件使然。随着文化的发展和文明的进步,人们对时间的认知和计算能力不断提高,与之俱进的不仅有历谱的书写内容,还有生活节奏的时间选择策略。

一、星躔物候——历数节律的推算依据

　　屈原在《天问》中曾追问:

　　　　遂古之初,谁传道之?上下未形,何由考之?……明明闇闇,惟时何为?

　　对此"明明闇闇"、虚无缥缈的时间认知和记录,中国先民在很早的时候就已经开始了,《尚书·尧典》载帝尧命羲和"钦若昊天,历象日月星辰,敬授

民时",确定"三百有六旬有六日,以闰月定四时,成岁"。现代学人研究认为,与《尧典》中的星辰观测"相符合的年代应在公元前 2000 年左右"①,此略相当于中国历史上的夏朝时期。

通过历象日月星辰来颁朔授时,是世界上所有文明古国的共同选择,唯中国传统所选择的阴阳合历(古印度历略同)较阳历(如古罗马的儒略历,现在通行的公历)、阴历(如古巴比伦历,现在通行的回历)更为复杂,因为它不仅要考虑阳历所用的太阳回归年的测算(365.2422 天),还要兼顾月亮绕地球公转的度数(29.5306 天),此当与传统人文信仰的本体关怀和"阴阳"理解密切相关。汉武帝时曾敕修《太初历》(前 104 年),至西汉末经刘歆修订而改称《三统历》(前 7 年),这是我国现存最早的一部完整历法。

> 太初历(三统历)明确采用以不包含中气的月份定为闰月的方法;引进了交食周期和交点年长度的概念和具体数据;建立了以上元为历元,并以此作为推算气、朔时刻及五星位置等的共同起算点的具体方法;定出了新的五星会合周期,和五星在一个会合周期内的动态表,以及在此基础上预推五星位置的方法;引用了二十四节气太阳所在宿度表和二十八宿赤道宿度表等。这些使中国古代历法的基本形式更加明朗,其走向已不容逆转。

以干支纪日的历史已见于殷商时期的甲骨文,其后历代相沿不辍。《五行大义》卷一"论支干名"云:

> 支干者,因五行而立之。昔轩辕之时大挠之所制也。蔡邕《月令章句》云:"大挠采五行之情,占斗机所建也。始作甲、乙以名日,谓之干;作子、丑以名月,谓之支。有事于天则用日,有事于地则用辰。"阴阳之别,故有支干名也。

此干支相互匹配的六十甲子循环纪日法是以太阳历为依据的,故其延续的序列实即与地球视运动的一个昼夜为基本单位加以推延,参考"历象"对此绵延不断的纪日干支做进一步的"节点"切分,即形成年、月和时的概念。自汉以后,年、月、日、时皆用干支标识,其与阴阳五行等本体生化要素以及物候、个体生命节点等加以系联,中国古典时期之"宇宙统一论"的阴阳合历与本数占模型也因此而得以完成。

---

① 张培瑜等:《中国古代历法》,中国科学技术出版社 2008 年版,第 2 页。

虽然如此，其对太阳视运动回归年和月亮绕地公转的时间测算仍难免会有误差，积年既久，则推算之时间与自然观察的时间便会有出入。如此则需要对既有的历法加以调整和修正，并提出更加精确合理的推算方法，如隋代刘焯《皇极历》对定气、定朔的采纳，唐代一行《大衍历》对实测与计算方法的改良，元代郭守敬《授时历》对实测精度的提升等等。要之在整个中国古典时期，历法陆续经过了一百多次的修订，这不仅体现了人类"格致"的进步，也说明了"历数推步"的艰难。时至今日，这种探索仍在进行中，如2006年，即因地球自转较铯—133原子钟的计时慢1秒，故作为全球标准的"世界时"即因此而增加一"闰秒"，中国国家授时中心补之于北京时间2006年1月1日7时59分59秒后，形成一个计时史上独特的"7时59分60秒"时刻。

二、阴阳五行——干支纪历的信息系联

国家颁历以"敬授民时"，百姓依历而安顿生活，有关论述在先秦文献中即多有记载，其系统文字则有《管子·四时》《礼记·月令》《大戴礼记·夏小正》《逸周书·时训》《吕氏春秋》十二纪等，其文多具列诸月物候与当务事宜，违令者各有灾异殃咎。这种因时纪历而系联物候事象的探索是开放而广泛的，如二十世纪七八十年代出土的秦简《日书》、长沙子弹库楚帛书、银雀山汉简之《禁》《三十时》《迎四时》《不时之应》等，多有相关文字乃至篇章，在《汉书·艺文志》数术略历谱类中即辑有十八种专书，其中必有一些理论上的总结与系统化，但在学理整合不足的情况下，家各为说、莫衷一是的问题也随之而出，如《史记·日者列传》载云：

> 孝武帝时，聚会占家问之，某日可取妇乎？五行家曰可，堪舆家曰不可，建除家曰不吉，丛辰家曰大凶，历家曰小凶，天人家曰小吉，太一家曰大吉。辩讼不决，以状闻。制曰："避诸死忌，以五行为主。"人取于五行者也。

文中提到七家择吉流派，其中堪舆、天人、太一三家分别为后来栻占六壬（历数多用其黄黑道与十二神将等）、奇门（历数多用其三元九星之目）和太乙的早期形态，皆因栻法演绎星象的配合情况，并从中提取特别节点以为人事占断的吉凶历象。另外四家分述如下。

建除源于月建,故又称十二直,夏历皆正月建寅,故《淮南子·天文训》云:"寅为建,卯为除,辰为满,巳为平,主生。午为定,未为执,主陷。申为破,主衡。酉为危,主杓。戌为成,主小德。亥为收,主大德。子为开,主太阳。丑为闭,主太阴。"其具体"排班值日法"是:正月节气的第一个寅日起建,至二月节气所在日重复一次前日的十二直,使其后之卯日得以重新起建,三月辰日、四月巳日至十二月闭日起建法同。历书或因以总结其吉凶歌云:"建满平收黑,除危定执黄。成开皆可用,闭破不相当。"(《协纪辨方书》卷四义例二)其中黄道吉、黑道凶的概念盖引自六壬栻法。建除法虽被后世的择吉通书所沿用,但其早期形态是否还整合了其他星历推法,则不能知详矣。

丛辰是指能"震"(《说文》"辰,震也")动万物而影响其成长的"时刻"名号,在历数择吉中多以"神煞"喻之。其来源较为复杂,如后世不能明其来源的各种历数选择神煞,大多可以归入"丛辰"之目,其名号多因干支纪历的节点标识,以及因干支纪历展开而系联的阴阳五行之生克扶抑、易占栻法之节点推算、星曜命历的禽宿轮直等而起,传之既久,则莫知所出,疏误滋繁,遂致混乱不堪,《汉志》历谱序已有"道术破碎而难知"之慨。据清修《协纪辨方书》统计,当时流行的各类择吉神煞已有一千余种,其中多为来历不明或吉凶失据者,故其书特设"辨伪"之目,以辟除大量理据不明或失当的"神煞",但也囿于历谱传承所载,仍保留有众多近乎游戏的神煞名目,这也应该是今日本数占之历象法所当进一步清理的内容。

"历家"早期多因干支阴阳而推系时间之吉凶禁忌,故"历术"亦称"阴阳"。《汉书·艺文志》诸子略阴阳家小序云:"阴阳家者流,盖出于羲和之官,敬顺昊天,历象日月星辰,敬授民时,此其所长也,及拘者为之,则牵于禁忌,泥于小数,舍人事而任鬼神。"《隋书·律历中》亦云:"夫历者,纪阴阳之通变,极往数以知来,可以迎日授时,先天成务者也。然则悬象著明,莫大于二曜;气序环复,无信于四时。日月相推而明生矣,寒暑迭进而岁成焉,遂能成天地之文,极乾坤之变。"又《汉书·艺文志》数术略历谱类所载书目虽多有星历之名,然亦当多引阴阳以为说,唯其中已整合丛辰、建除诸说而已。后世目录文献亦有专以阴阳称"历谱"者,如宋代尤袤《遂初堂书目》、郑樵《通志·艺文略》中皆设有"阴阳"专目,清修《四库全书》则与五行类合称"阴阳五行"。

"五行家"说依《汉书·艺文志》数术略五行类目录推之,盖多因栻盘及钟律推数而得。故李零先生认为"择日和历忌是从式法派生",然后"把各种举事宜忌按历日排列，令人开卷即得，吉凶立见，不必假乎式占"①。下表即为干、支及干支纳音与阴阳五行匹配关系表。

干 阴阳五行	甲阳木	乙阴木	丙阳火	丁阴火	戊阳土	己阴土	庚阳金	辛阴金	壬阳水	癸阴水	甲阳木	乙阴木	丙阳火	丁阴火	戊阳土	己阴土	庚阳金	辛阴金	壬阳水	癸阴水
支 阴阳五行	子阳水	丑阴土	寅阳木	卯阴木	辰阳土	巳阴火	午阳火	未阴土	申阳金	酉阴金	戌阳土	亥阴水	子阳水	丑阴土	寅阳木	卯阴木	辰阳土	巳阴火	午阳火	未阴土
纳音	海中金		炉中火		大林木		路傍土		剑锋金		山头火		涧下水		城头土		白蜡金		杨柳木	
干 阴阳五行	甲阳木	乙阴木	丙阳火	丁阴火	戊阳土	己阴土	庚阳金	辛阴金	壬阳水	癸阴水	甲阳木	乙阴木	丙阳火	丁阴火	戊阳土	己阴土	庚阳金	辛阴金	壬阳水	癸阴水
支 阴阳五行	申阳金	酉阴金	戌阳土	亥阴水	子阳水	丑阴土	寅阳木	卯阴木	辰阳土	巳阴火	午阳火	未阴土	申阳金	酉阴金	戌阳土	亥阴水	子阳水	丑阴土	寅阳木	卯阴木
纳音	井泉水		屋上土		霹雳火		松柏木		长流水		沙中金		山下火		平地木		壁上土		金箔金	
干 阴阳五行	甲阳木	乙阴木	丙阳火	丁阴火	戊阳土	己阴土	庚阳金	辛阴金	壬阳水	癸阴水	甲阳木	乙阴木	丙阳火	丁阴火	戊阳土	己阴土	庚阳金	辛阴金	壬阳水	癸阴水
支 阴阳五行	辰阳土	巳阴火	午阳火	未阴土	申阳金	酉阴金	戌阳土	亥阴水	子阳水	丑阴土	寅阳木	卯阴木	辰阳土	巳阴火	午阳火	未阴土	申阳金	酉阴金	戌阳土	亥阴水
纳音	覆灯火		天河水		大驿土		钗钏金		桑柘木		大溪水		沙中土		天上火		石榴木		大海水	

　　与建除、丛辰因星象、物候标识时间节律不同，阴阳、五行则是在前者基础上演绎成宇宙生成论中的形下质素，与《周易》所"幽赞"的宇宙生成论之形上系统正相衔接，在汉代完成了中国宇宙论系统的形上（太极动而生"三"）形下（阴阳、五行）之贯通。太极为宇宙的基因"一"，动而生阴阳，阴阳亦太极所素具者，故阴阳静则与太极合而为形上之"一"，阴阳动则挟宇宙的基因"一"而成为流动于形上形下之际的气"三"（此与量子所具有的"波粒二象性"略似），随着宇宙"基因"的成长变化，阴阳之气因缘而生五行质素，分别以金木水火土（印度"奥义书"作地火水风空，此与现代科学认知的基本粒子层级相似）名之，五行质素交错和合而化生万物，其中得"五行之秀气"者为人。董仲舒云："天地之气，合而为一，分为阴阳，判为四时，列为五行。行者，行也，其行不同，故谓之五行。"（《春秋繁露·五行相生》）自汉以后，阴阳五行作为中国传统宇宙论的"形下模型"，就被广泛应用于对人及万物运动变化的观察记录中（包括引入作为本数占《周易》与本象卜杕占的建模中）。《宋史·五行志》对此总结得最为简明："天以阴阳五行化生万物，盈天地之间无非五行之妙用。人得阴阳五行之气以为形，形生神知而五性动，五性动而万事出，万事出而休咎生。和气致祥，乖气致异，莫不于五行见之。"

　　至于因历数干支记录展开而系联的阴阳五行之四时、空间与物候盛衰秩序，若阴阳之"四时、八位、十二度、二十四节各有教令，顺之者昌，逆之者

---

　　① 李零：《中国方术考》修订本，东方出版社 2000 年版，第 43 页。

不死则亡"(《史记·太史公自序》),五行之历律调和①、寄生四季十二宫、刑冲化合等等,亦皆合序者吉,失序者凶。唯此既为一种学理推论,其对现实的预判固亦不免或在影响之间,《汉书·艺文志》在阴阳、历谱及五行三类小序中反复强调"小数家因此以为吉凶","坏大以为小,削远以为近"而"浸以相乱",这也是后世学人应该时时保持警觉的一种态度。

三、视听言动——历法通书的吉凶标注

《汉书·艺文志》数术略述历谱云:"序四时之位,正分至之节,会日月五星之辰,以考寒暑杀生之实。……凶阨之患,吉隆之喜,其术皆出焉。"今人研究认为当时历谱与日书分开使用,而历谱仅连续标明干支时序及相关阴阳五行和"节点"信息,诸"节点"如婚丧出行、洗衣沐浴、动土修造、碓硙栽种、买卖交易等之吉凶宜忌则由日书标识,故使用历谱时要先查日书以明其吉凶宜忌,再回检历谱以确定可用之时日。如秦简《日书》有云:"庚申、丁酉、丁亥、辛卯,以除室,百虫弗居。"有欲大扫除者就要因以回检历谱(或称历日、历注)庚申、丁酉、丁亥、辛卯四日所在,然后选择一日用之。初唐以后,由于书写纸张的流行,历谱与日书的内容遂得合录以便民用,于是便出现了"具注历日",其后直至清末,历书之"节点"(清时或名时宪书,民间亦称黄历、皇历)虽或有订正更易,然体例则承袭未辍。

下图为敦煌本《宋雍熙三年(986)丙戌岁具注历日》的前面部分。

---

① 黄大同:《"六十甲子纳音"研究》,《文化艺术研究》2009 年第 4 期。

　　此具注历日首行为书题及干支五行说明和该年的总日数标识。其后可分两部分。附录与正文。其附录中除首载书序外，另有六种相关吉凶宜忌信息，与早期的日书功能近似：1.当年丛辰所在（以二十四山标示），其目有太岁、大将军、太阴、岁刑、黄幡、豹尾、岁煞、岁破、害气、九卿、力士、九卿食舍、三公、畜官、博士、大耗、小耗、蚕官、奏书、伏兵、发盗、劫煞、天煞、地煞、丧门、吊客、三丘、五墓、丧车、破煞、年黑、金神七煞、岁德、合德，计三十四个。2.当年三元九宫之男女宫数（源自遁甲杗）、天罡、河魁所在月（源自六壬杗）。3.年九宫图，标示九方色，并附吉凶说明。4.七曜直日吉凶法（源自西方传入之星曜术）。5.部分丛辰所在日吉凶宜忌。6.五姓相关年月宜忌。

　　正文部分则逐日系联干支、五行、建除、七曜、人神在日（此示针灸宜忌）、当直丛辰等。与早期的历谱功能近似。

　　与宋代具注历日相比，清代时宪书的书前"附录"与正文所系联的信息内容方面还是有了一些具体的改动。以传世本清道光二十二年（1842）壬寅岁时宪书为例。其首面书题下接录的不是书序，而是"都城顺天府节气时刻"表和该年的总日数标识。下图为次页内容，其所附相关吉凶宜忌信息存太岁、岁德、岁德合所在及"年神方位之图"。图中首行小字交代了年干支的五行属性及纳音五行，以及岁德、岁德合所在之宜忌。"二日得辛，七龙治水"是指当年正月的第一个"辛"（天干）日在初二（喻意得金，或得"薪水"），第一个"辰"（地支）日在初七（龙少涝，龙多旱）。其后的"年神方位之图"（见下图）则是把具注历日的"年九宫图"与年神"丛辰"组合在一起而成，一目了然。

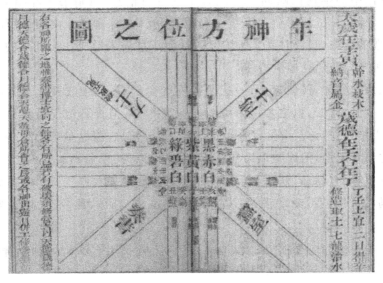

其后则依次为"壬寅岁各省太阳出入昼夜时刻""壬寅岁各省节气时刻"、逐月日干支表及日常事件的吉凶宜忌,后附男女命宫纪年及部分常用神煞的值日或所在方位干支。时宪书正文部分逐日干支所系的吉凶宜忌标注有月象、五行、二十八宿值日、建除,至于丛辰则不再标注,而是直接标注其所对应的事件吉凶宜忌,如"宜祭祀、沐浴""不宜出行""宜上官"等,据《通用时宪书》所列,此类民用择日事项有三十七种:祭祀、上表章、上官、入学、冠带、结婚姻、会亲友、嫁娶、进人口、出行、移徙、安床、沐浴、剃头、疗病、裁衣、修造动土、竖柱上梁、经络、开市、立券、交易、纳财、修置产室、开渠穿井、安碓硙、扫舍宇、平治道涂、破屋坏垣、伐木、捕捉、畋猎、栽种、牧养、破土、安葬、启攒[①]。此较宋代的具注历日更便于人们查检使用。

四、四柱八字——禄命推算的时间维度

据现存文献记载,以出生的历数推命盖形成于六朝之际,如《北齐书·方伎传》载北齐武帝高湛把自己的出生年月"托为异人"请术士魏宁推禄命,魏宁说:"极富贵,今年入墓。"结果当年高湛果然崩薨。又《隋书·袁充传》载仁寿初年太史令袁充曾上书云:"皇帝载诞之初,非止神光瑞气,嘉祥应感,至于本命行年生月生日,并与天地日月、阴阳律吕运转相符,表里合会。此诞圣之异,宝历之元。今与物更新,改年仁寿。"此中未及出生时辰,盖早期仅以个体出生年月日之干支系联"禄命信息",如本命元辰、行年(此与后世禄命法中的推运法略同)及月、日干支五行信息。《隋书·经籍志》载有《杂元辰禄命》《澁河禄命》《五行禄命厄会》及《八卦命禄斗内图》等径用"禄命"为题的著作,知此时系联于历数的禄命信息尚未形成一个统一的系统模型,各种"小程序"泛滥流行。

从唐初吕才著《叙禄命》一文所载五则命例看,其中或及年月日时四柱(如例三"武帝以乙酉之岁七月七日平旦时生"),但推算似仅重年月二柱信息,参以纳音、神煞及五行寄生十二宫、六亲等信息,盖已呈现出初步的禄命推步之系统思考,但因结果失准,故吕才皆引以为"禄命不验"之证。又从官方礼术机构的"禄命"法看,其所系联之信息要素有六:"一曰禄,二曰命,三曰驿马,四曰纳音,五曰澁河,六曰月之宿也。"(《唐六典》卷十四太常寺之

---

① 允裪等:《钦定大清会典则例》卷158引,台北商务印书馆1986年影印《四库全书》第625册,第138—139页。

"太卜署"）其中"禄"当指"天元"干禄，"命"当指"地元"支命，"纳音"为"人元"身命，此三者后世亦合称"三命"（参《李虚中命书》卷中），"驿马"为地支神煞之一，盖主变化而特为所重，"滏河"（沈括《梦溪笔谈·辩证一》以为义同"空亡"，恐不足据，以历数"空亡"一词东汉以来沿用未辍，唐初吕才《叙禄命》一文犹用其词，何以官修礼书遽易一义晦难明之词当之）与"月之宿"疑为"星命信息"，盖欲整合传统的历数禄命法与外来的天文星命法信息于"一炉"以提高推算的准确性。另外，从敦煌藏经洞所出土的禄命文献看，除星命外，尚有"六十甲子纳音性行法""推人行年命算法""推十二相属法"等，其中后者颇能结合年命属相与出生时辰论命。此时以"《禄命书》"（《旧唐书·经籍志》）为名的著作也得以出现，疑已汇集乃至整合诸"小程序"于一书，然从后世文献未载其推命系统来看，其整合的结果似未能形成共识并产生广泛影响。这种情况的改变盖至唐李虚中（761 — 813）才得以完成，韩愈《殿中侍御史李君墓志铭》云：

> 殿中侍御史李君，名虚中，字常容。……学无所不通，最深于五行书。以人之始生年、月、日、所直日辰支干相生、胜衰、死王相斟酌，推人寿夭、贵贱、利不利，辄先处其年时，百不失一二。其说汪洋奥美。关节开解，万端千绪，参错重出。学者就传其法，初若可取，卒然失之。星官历翁，莫能与其校得失。

按唐代公私目录未载李虚中著述，宋代载录四种：《命书格局》二卷（《宋史·艺文志》）、《李虚中命术》一卷、《李虚中命书补遗》一卷（《通志·艺文略》）、《李虚中命书》三卷（《郡斋读书志》）。又南宋廖中《五行精纪》辑引文献中有李虚中书三种：《李虚中命书》《五行要论》《直道歌》，此盖李氏著作之可见于今者。《四库全书》所收辑自《永乐大典》的《李虚中命书》，只有上卷少许文字与《李虚中命书》有关，余皆误辑《五行精纪》及另一形成于宋代的《鬼谷子遗文》二书①。如此，传本《李虚中命书》卷中谓李氏四柱法之四柱为除年柱外的"胎月日时"之干支纪录，则恐不足据。也就是说，李虚中所整合的四柱八字禄命法，仍当以韩愈所提到的年月日时四柱干支为是，唯其论命以年柱为主（干禄支命纳音身，所谓三命是也），而参合月日时的全部历数信息来加以观察和推论。此后禄命家颇有因李虚中之故法而加以改造，其最

---

① 参刘国忠《〈李虚中命书〉真伪辨》，载《唐宋时期命理文献初探》，黑龙江人民出版社2009 年版。

有代表性的有两派，一是引入胎元干支以增加推命考量的信息要素，此以传世文献中的《玉照定真经》《珞琭子赋》等为代表；二是改造旧法而以日柱为主并重新审定四柱干支间的关系，此以徐子平（生平不详，其活动时间有五代宋初和两宋之交二说）为代表，其著作亦无传本，以明代汇纂南宋徐大升所辑之"子平术"著作而成的《渊海子平》影响于世，是为明清以后推演禄命的主流术法。

五、余论：历数的礼术功能

历数展开的节点划分与信息系联，是中国传统文化中对时间及其伴生的空间认知所建构的一种"本数模型"，两千多年来，它不仅塑造了我们的民族文化结构（特别是宇宙观、世界观和生命观），也安顿了我们的民族心理情结。时至今日，当我们意识到我们所生存的宇宙已经有 137 亿年历史之后，我们仍然要在年复一年的四季轮回中生活，在传统的新年、清明、端午、七夕、中秋、重阳的节日中冥想时间的意义，在出生、成人、婚嫁、丧葬、祭祀中感悟着生命的节奏。在没有更为科学适用的"宇宙统一律"之前，传统历数的"本数模型"还将发挥着它的文化功能，为我们的生命节奏提供具有神圣意义的选择依据，清修《协纪辨方书》序对此有一个很好的总结：

> 天以日月行四时，人奉天而时。若向明而治，向晦而息，后王君公所以奉若天道也；日出而作，日入而息，群黎百姓所以奉若天道也。否则不能晨夜，不夙则暮，诗人讥焉，人人所知也。然则举大事，动大众，协乎五纪，辨乎五方，以顺天地之性，岂无寸分节解以推极其至精至微之理者欤。其支离蒙昧、拘牵谬悠之说，乃术士之过，而非可因噎而废食者也。

（原载《国学茶座》第 22 期，山东人民出版社 2019 年）

后 记

本书选辑旧文 33 篇,其中大多已发表过,唯有《敦煌本〈大唐刊谬补阙切韵〉疑难字考》一篇小文,未忍抛舍,姑附此充数,聊志彼时心曲之一斑。选文略依问学之序析为五组,大致对应于汉语、敦煌、儒学、礼俗、数术之域。

旧文发表时各从其刊所约,故体例不一,其格式异出者皆略为统一(如用尾注者皆改作脚注,部分文中注亦转为脚注等),俾便展读,余并如故,以存旧貌。另有明显的文字疏误,亦同改过,幸得稍解宿业之愆。

蓦然回首,从第一篇习作发表以来,已溷迹学圃 30 年矣。其间虽亦颇承大德馨咳,友朋切磋,学棣相长,然以资质鲁钝,终彷徨于圃篱之间,其于堂室之逮,向往而已。若诸文"偶遇"之获,实皆管窥蠡测所得,向为稻粱谋耳,岂敢生结集之念!然今因缘"文化传承与创新"之风口,吹拂所及,遂亦心旌摇摇,故为翻检旧文,于"悔其少作"之余,亦愿绵蕝陈迹,"视履考祥",或可备数"他山之石"欤。

"《诗》云:'缗蛮黄鸟,止于丘隅。'子曰:'于止知其所止,可以人而不如鸟乎?'"(《大学》)恭疏"爰止"一语,聊以识其栖止于"一国所固有之学术"的愿心。

本书结集之初因,实为敝校资深教授张涌泉与敝所所长王云路两位学长兄的鼓励和支持,责编牟琳琳女史辛苦编辑,匡正良多,谨此特申感荷之忱。

关长龙

2019 年 7 月 25 日

图书在版编目(CIP)数据

爱止国学丛稿/ 关长龙著 . —杭州:浙江大学出
版社，2019.11
ISBN 978-7-308-19489-1

Ⅰ.①爱… Ⅱ.①关… Ⅲ.①中华文化－文集 Ⅳ.
①K203-53

中国版本图书馆 CIP 数据核字(2019)第 194794 号

爱止国学丛稿

关长龙　著

责任编辑	牟琳琳	
责任校对	王荣鑫	
封面设计	周　灵	
出版发行	浙江大学出版社	
	（杭州市天目山路 148 号　邮政编码 310007）	
	（网址:http://www.zjupress.com）	
排　　版	浙江时代出版服务有限公司	
印　　刷	浙江印刷集团有限公司	
开　　本	710mm×1000mm　1/16	
印　　张	21.5	
字　　数	353 千	
版 印 次	2019 年 11 月第 1 版　2019 年 11 月第 1 次印刷	
书　　号	ISBN 978-7-308-19489-1	
定　　价	78.00 元